华林博士文库⑬

羌山有水自然成

四川汶川阿尔村非物质文化遗产及保护研究

巫宇军 著

图书在版编目(CIP)数据

羌山有水自然成:四川汶川阿尔村非物质文化遗产及保护研究/巫宇军著. —北京:商务印书馆,2022
(华林博士文库)
ISBN 978-7-100-17744-3

Ⅰ.①羌… Ⅱ.①巫… Ⅲ.①农村－非物质文化遗产－保护－研究－汶川县 Ⅳ.①G127.714

中国版本图书馆CIP数据核字(2019)第170028号

权利保留,侵权必究。

华林博士文库
羌山有水自然成
四川汶川阿尔村非物质文化遗产及保护研究
巫宇军 著

商 务 印 书 馆 出 版
(北京王府井大街36号 邮政编码100710)
商 务 印 书 馆 发 行
三河市尚艺印装有限公司印刷
ISBN 978-7-100-17744-3

2022年2月第1版　　开本 880×1230 1/32
2022年2月第1次印刷　印张 17 3/4
定价:98.00元

本书承稽山书院、横山书院联合资助出版
谨致谢意

华林博士文库编辑委员会

编　　委（按姓氏笔画为序）：

　　　　　王邦维　王丽娜　纪华传　李四龙　陈　明

　　　　　陈　洪　葛兆光　湛　如　潘建国

主办单位：

　　　　　稽山书院

　　　　　横山书院

　　　　　北京大学佛教典籍与艺术研究中心

代序 "自然"是硬道理

田 青

非物质文化遗产保护究竟要保护什么？

——保护传统文化，保护文化传统，保护我们民族的精神基因，保护我们民族的根与魂，保护我们祖先的创造，保护文明发展的基础，保护文化多样性，保护历史，保护未来……

我认为，这些回答都对，但最终，还是保护"自然"。

我所说的"自然"，包括两个概念：一个是我们称之为"大自然"的一切；一个是人类在以往的时间里"自然而然"所产生的文化。

非物质文化遗产的本质属性，就是"自然"。它是由自己的根须从自己的土地上吸取营养自然生出的枝叶和瓜果，它没有被人为嫁接，没有被化肥和农药污染，更没有被"转基因"。

这本《羌山有水自然成——四川汶川阿尔村非物质文化遗产及保护研究》，是我带的非物质文化遗产保护专业的博士生巫宇军在自己博士论文的基础上修改完成的著作。

就像大自然有其内在的规律一样，任何一种文化的生成都有其自然而成的内在规律，而一种文化的长期存在，也必有其应对复杂社会现实和时代变迁的特有机制，尤其像羌文化这样古老的文明。面对这一古老文明，巫宇军在研究之初就有许多困惑和追问，如：现在的羌人聚居区，许多羌寨都有数百上千年的历史。该地域民族众多且复杂，何以此境羌人能历千年而不改？羌区地震频发，环境险恶，为何羌人久居不弃？其生命力究竟来自何处？数千年来承传不断的羌文化，近代以来，尤其近几十年，却急剧衰变，原因又何在？为寻找答案，作者选取一个典型族群文化个案——位于偏远深山中的阿尔村作为研究对象，两年间五次进村。在累计四个月居村时间的基础上，写出了他的博士学位论文。这篇在答辩之后被答辩委员们一致评为优秀的论文，从非遗保护的目的出发，用人类学等多学科的方法，以实际考察为基础，深入探讨了羌人与大自然的关系，与历史的关系，与传统的关系，并从今天的羌人如何传承祖先留下的非物质文化遗产、如何面对今天的生活以及如何面对已经发生巨大变化的"自然"出发，以真实且生动的实例为切入点，向读者展现了一个古老民族在今天的处境，以及他们的困惑和努力。

叙述和研究这个古老民族的历史与文化的成果已经不少了，巫宇军采用了一种最简单但又最直观和便捷的方式——从观察和记录羌人的一天、一年、一生入手。通过从清晨到夜晚的"一天"，可以窥见普通羌人生活的常态；通过春、夏、秋、冬四季轮换的"一年"，可以展现羌人完整的、从古到今基本的生活方式和生产方式；而通过一个羌人从出生到死亡的"一生"，则可以触摸到羌人的灵魂，勾勒出这个古老民族和同样古老的文化绵延赓续至今的奥秘。毕竟，对"羌"这个在甲骨文中就已出现、曾经被称为"四夷"（北狄、西羌、东夷、南蛮）的其他三个族群都已烟消云散而唯我独存的古老民族和独特文化，世上绝大多数人都感到陌生。作者在长期深入考察和忠实纪录的基础上，试图分析羌文化形成和长期承传下来的内在机理，力求对羌文化的特性和价值做出自己的理解和恰当的判断，同时寻找造成这种文化在近年来衰落的根本原因。这些问题的解决，对羌区非物质文化遗产保护意义重大，因为只有如此，才有可能在羌区非物质文化遗产保护中制定出切实有效的保护措施，也才有可能判断什么"保护"行为很可能实际上是破坏，从而指导人们如何进行保护，以实现真正意义上的活态传承。

  作者意识到阿尔村的羌文化本就是一个庞大、完整而又复杂的文化体系，其各文化现象之间相生相成，互为表里，又自成一格。如何与人和睦相处，如何与自然融洽共处，如何保证各种规约的有效，如何维持族群社会运转的良性循环等，都有其特有的规律和机制，作者以被列入第二批"国家级非物质文化遗产名录"中传统舞蹈类的"羊皮鼓舞"为例指出："对于羌人而言，敲击羊皮鼓有其非凡的功能，何时能敲何时不能敲有专门讲究，不同的鼓点节奏甚至力度都各有作用，而羊皮鼓舞只是其特定文化现象中的一小部分，还有更多的形式与之共同构成整个文化事项，它们之间互为补充，互为依托，各有其用，若把羊皮鼓舞从具体的人、事、物抽离出来，几乎是无法存在也不能存在的，因此，所谓的羊皮鼓舞的传承就远不是单纯的艺术问题，对于这种文化形态，也就不是仅靠保护个别羊皮鼓舞传承人、靠其积极授徒就能实现活态传承和保护的。"正如作者所言，把一个古老祭祀仪式中的一部分"肢解"并独立出来，不但是不完整的，而且也不利于有效的保护。作为在我国非遗保护工作初期即亲自参与具体工作的我，虽然理解这是非遗保护工作者在大众还对非遗保护工作缺乏理解而传统文化在急速流失的情况下不得已而为之的策略性选择，但也一直对此怀着深深的遗憾。

"要研究羌文化，先做羌人。"这是本书作者明确的自我要求。羌人的一切日常生产生活行为，作者也都尽可能去亲为，希望学会学好，甚至在"学习"中忘却了自己的身份，完全把自己当作一个阿尔村的普通村民，努力使自己和当地羌人一样，能在同等的物质条件下具有生存下来的能力。作者通过这样"忘我"的"学习"最终认识到："文化的定义很多，但都离不开'人'，人是文化的主体。"而人与自然的关系，人的日常生活与精神世界的关系，则是作者着重观察与探讨的内容。

我特别欣赏作者对羌人与信仰有关的一系列行为的考察和论述。羌文化包含大量自然宗教的内容，由于长期以来人们对自然宗教行为怀有十分矛盾的复杂心理，一方面惊叹羌人的许多"巫术"匪夷所思、神秘莫测，一方面又因现代科学无法解释而持怀疑态度，兼之其他多种原因，以致社会主流对自然宗教大多否定，学界也多避而不谈。

为能准确认识羌文化，为羌人非物质文化遗产保护廓清道路，作者大胆地另辟蹊径，从人类认知方式切入，经详细分析，提出了"功能认知体系"概念，认为"科学与真理之间远没有人们想象中那么紧密。科学只不过是一种解释现象之间联系的体系。实际上，所谓知识，就是为不同现象之间表象上表现出的某种关联建立的解析方式，知识体系则是某一类解析方式的集合、汇总以及条理化、规范化、系统化。人类的所有知识体系莫不如此，只是不同体系因观察者不同、角度不同、应用目的不同、客观条件不同等因素，在解析方式上呈现出差异，实无高低之分，也难断孰正孰谬，即使其中一些未必与事实相合（这是所有知识体系都必然存在的）"，"在一个比较成熟的知识体系中，不合事实的知识自有其合理性和实际功能。'横看成岭侧成峰，远近高低各不同'，任何一个知识体系都不能够、也不可能站在一个角度看到所有角度呈现出来的全部关系和现象，既然如此，也就不可能反映所有的事实，更不必说揭示真理了。不过，人类各种成熟的知识体系虽不能最终解决真理问题，却不因此失去价值，它们的价值在于应用层面，也就是说，都是一种功能认知体系"。以此为基点，作者重新解读了人类的知识及文化，进而对羌人庞大复杂的神魂系谱及认知观念进行了深度解析和阐证，论证了羌文化的"自然性"和"实用性"，对羌文化的性质、内涵、表现形态、形成根源、存续动因及内在机制、近代演变和衰微等问题做了系统深入分析。

作为巫宇军的导师，在和他讨论并决定论文题目与内容之初，我就向他谈了我对原始宗教的看法，我在20世纪末就曾经指出："人类发明宗教，除了追求永恒而外，还有一个非常现实的目的——认识自然并征服自然。""在宗教产生之初，即原始宗教阶段，大部分原始宗教的内容和形式都属于当时社会生产力的一部分；即使用现代唯物主义的观点来考察，只要你不带任何偏见的话，也会理解当时人们的祷告、礼拜、歌舞、献祭乃至命令、恐吓、呼风唤雨，无非是为了让自然听命于人类的意志和愿望。无论是狩猎部落出发前模拟猎物的歌舞，还是农耕民族播种前祭拜大地的仪礼，都是当时生产手段或生产技术的一部分。只是在其后漫长的岁月中，这些人类初始阶段混沌不分的意识形态和生产技术才逐渐发展成两种截然不同的形态——科学与宗教。"①

巫宇军用他的实地考察和诚实的研究为我的观点提供了生动的实证，他在详尽记录了羌人的一次求雨仪式的全过程之后另起一段，但只写了四个字："是夜，大雨。"我第一次读到这四个字的时候，曾经击节赞叹，心潮澎湃，就像我在现场感受到这场让羌人无限欣慰的大雨一样。

我也欣赏巫宇军在本书结语中的这段话：

> 至此，阿尔村羌文化，这从远古走来的文明，其形貌，其特质，其形成，其承继，其演变，已尽述如前。而贯穿这诸多问题的主脉，演绎出其百态千姿的根本原因，则可以概括为"自然性"，亦可说是"自然而成"。这也正是本书以"自然"为母题的原因。
>
> 不过，还需要说明，这"自然"，实包含有以下三层含义：一是羌文化不是按照人的某种主观意志和理想人为建构起来的，而是羌人生活的点滴累积落成；二是羌文化是处理，或说反映人与自然万物之间相依相存关系的一种文化，人在

---

① 田青：《科学 宗教 艺术》，载侯样祥主编：《我的人文观》，江苏人民出版社2001年版，第297页。

自然在，反之亦然，自然在人也就在；三是人及其文化实乃自然产物之一种，并无所谓的"人化自然"和"自在自然"之区分，"人化自然"不过是"自在自然"之一态，"自在自然"则是人及其他所有自然物"'人'化自然"之集合。人与自然难分彼此，并非像某些理论认为的那样人独立于自然，高于万物而存在，也并非只有人才有思想，才有文化，才有审美，才有社会，只是人自身无法逾越的生理上的局限阻碍了人对其他自然物及其行为的理解而已。有幸的是人还有超离物质形态的意识，使人有可能通过其他方式获得一定程度的感知，羌人则对此有着深刻的认识。并充分地利用着，这使他们超越了人，超越了物质，与自然融为了一体。

老子所说的"人法地，地法天，天法道，道法自然"，是人类复杂智慧最简洁的表述。

能认识到保护非物质文化遗产就是保护自然，是非遗保护理论的一大进步。

2019 年 8 月 23 日

目 录

代序 "自然"是硬道理（田青）..................1

导　言..................1

上　篇　阿尔村非物质文化遗产考辨

第一章　释比文化..................39
　第一节　释比简述..................39
　　一、释比的职能..................40
　　二、释比及经文的类别..................42
　第二节　阿尔村释比传承及系谱..................49
　　一、谁是释比？..................49
　　二、阿尔村释比系谱..................59

第三节　阿尔村释比法器..................................70
第二章　羌人的一生：平凡而丰满..................................82
　第一节　出生..................................82
　　一、分娩..................................82
　　二、送竹米..................................87
　　三、祭拜..................................88
　第二节　成人冠礼..................................89
　第三节　结婚..................................90
　　一、选择对象..................................91
　　二、提亲..................................92
　　三、许口酒..................................92
　　四、订婚酒..................................93
　　五、过彩礼..................................93
　　六、婚礼..................................94
　第四节　做生..................................113
　第五节　丧葬..................................114
　　一、火葬..................................115
　　二、土葬..................................116

第三章　羌人的一年：自然与生活的谐和变奏..................................141
　第一节　历法体系..................................141
　第二节　正月·耍狮子..................................143
　第三节　二月·教牛与牛山歌..................................151
　第四节　三四月·进山..................................160

第五节 五月·大小端午..................................162

第六节 六月·许愿......................................166

第七节 七八月·宣佛子与制麻..........................172

第八节 九月·还愿......................................175

 一、释名..176

 二、会首与释比....................................177

 三、还大愿的主体、场所和时间....................179

 四、筹办还大愿....................................182

第九节 十冬腊月·杀年猪与"年味"....................199

第四章 羌人的智慧：御灾·建筑·服饰·医药..........203

第一节 抵御自然灾害..................................203

 一、求雨..204

 二、还天晴愿......................................209

第二节 建筑文化......................................211

 一、碉楼..212

 二、祭祀塔..214

 三、民居..218

 四、坟墓..232

第三节 服饰文化......................................234

 一、头帕和帽子....................................234

 二、长衣..235

 三、坎肩..236

 四、腰带、围裙、鼓肚子..........................237

五、裤子与绑腿 238
　　六、鞋子 238
　　七、刺绣 240
　第四节　医药文化 242
　　一、药物治疗 243
　　二、法术治疗 246

下　篇　阿尔村非物质文化遗产及保护研究

第五章　阿尔村羌人认知观念研究 259
　第一节　人类认知简析 260
　　一、功能认知体系 260
　　二、"科学方法"辨 271
　第二节　羌人的"神魂系谱" 278
　第三节　羌人之"生命宇宙观" 287
　第四节　羌文化的"自然性"与"实用性" 293

第六章　阿尔村羌文化形成的原因 307
　第一节　古代的"羌"与羌文化的孕育 307
　　一、历史的继承 307
　　二、历史之沉积 318
　第二节　生存环境与羌文化之间的关系 324
　第三节　地缘关系对羌文化的影响 342

第七章　阿尔村羌文化承续之道 351
第一节　阿尔村社会关系 351
一、阿尔村社会关系网络之特点及形成 351
二、家门族房和四大门亲 356
第二节　社会管理模式与知识的传授 358
第三节　羌人的教育观念 369
一、在实践中学习 369
二、人尽其才，兴趣为先 373
第四节　多元互补的管教、监督机制 378
第五节　经济维持 388

第八章　阿尔村羌文化之演变与衰微 400
第一节　元明清与民国时期羌区社会及文化的变迁 401
一、土司制度与改土归流 401
二、里甲制与保甲制 408
三、受"制"后阿尔村羌文化之嬗变 417
第二节　工业化理想与羌文化的凋蔽 430
一、从民主改革到"文革" 430
二、改革开放与羌文化衰落的加剧 449

第九章　阿尔村非物质文化遗产保护研究 462
第一节　现代化与贫富关系辨析 463
第二节　五四精神与非物质文化遗产保护 474
第三节　非物质文化遗产保护意义再探讨 489
第四节　保护方法略论 497

一、解铃还须系铃人：政府主导 498
二、"纯本位视角"与"体察感知"：学术研究 499
三、有为与无为：增强基层组织与利用宗族 508
四、需要提醒的几个问题 511

结语 回归自然 523
参考文献 530
后　记 538
后记之后记 546

导　言

在中华文化史上,"羌"的出现甚早,目前所知中国最古老的文字——殷商甲骨文里便有大量关于"羌"的记载,而根据传说,羌人祖源更可远溯至炎帝、大禹。从史料可看出,羌人曾是中华大地上非常活跃的群体,而且族繁势盛。历史上被称为"羌"的部落就有上百个,他们足迹遍及整个西部,有许多更深入中土,甚至远抵东部海滨。西周、春秋时的申、吕、齐、许、纪、向、州、郭、厉诸国①,以至姬周王室与西方诸戎,皆与羌人有密切的族源关系。在漫长的历史进程中,在各种原因作用下,古羌部落分化出的许许多多分支,因各自不同的历史际遇和生存条件,有着不同的发展历程,其中大部分逐渐融入或演化为其他民族。有学者这样评价:"羌人在中华民族形成过程中起的作用似乎和汉

---

① 申位于今河南南阳;吕原在陕西,后迁河南南阳;齐即今山东;许在今河南许昌境内;纪位于今山东寿光;向位于今安徽怀远;州位于今山东安丘;郭位于今山东东平;厉位于今湖北随县。参见费孝通主编:《中华民族多元一体格局(修订本)》,中央民族大学出版社1999年版,第88页;冉光荣、李绍明、周锡银:《羌族史》,四川民族出版社1985年版,第35—36页。

人刚好相反。汉族是以接纳为主而日益壮大的，羌族却以供应为主，壮大了别的民族。很多民族包括汉族在内从羌人中得到了血液。"[①] 不过，尽管如此，有一部分迁徙到四川岷江、涪江上游等地区的羌人却始终没变，而且繁衍不息，自秦汉一直存传至今，在该地区居住长达两千多年，形成了我们今天的"羌族"。在现在的羌人聚居区，许多羌寨都有数百上千年的历史。该地域民族众多且复杂，羌人何以能历千年而不改？这里又正处龙门山脉断裂带，地震频发，强烈地震长则一两百年，短则三五十年就会爆发一次，小型震动司空见惯。2008年5月12日14时28分发生的汶川特大地震就在羌人聚居区，其破坏之大，世人尽知。如此险恶环境，为何羌人久居不弃？其生命力究竟来自何处？数千年来承传不断的羌文化，近代以来，尤其近几十年，却急剧衰变，原因又何在？

一般来说，一种文化的生成总有其自然而成的内在规律，而一种文化的长期存在，则必有其应对复杂社会现实和时代变迁的特有机制，像羌文化这样传承久远的古老文明就更应如是。所以，从前述的追问出发，本书试图通过分析羌文化形成和长期承传下来的内在机理，力求对羌文化的特性和价值做出比较准确的理解和恰当的判断，同时寻找造成这种文化衰落的根本原因。这些问题的解决，对羌区非物质文化遗产保护意义重大，因为只有如此，才有可能在羌区非物质文化遗产保护中制定出切实有效的保护措施，也才有可能判断什么"保护"行为很可能实际上是破坏，从

[①] 费孝通主编：《中华民族多元一体格局（修订本）》，中央民族大学出版社1999年版，第28页。

而指导人们进行保护,实现真正意义上的活态传承。

一、已有研究综述[①]

关于"羌",史书、古籍多有记载,但真正对"羌"这个群体及其文化进行学术研究却是从近代开始的,如今,研究成果已蔚然大观,在不同历史时期呈现出不同特色。

20世纪初期至中期的民国时代,在中西文化激烈碰撞、交融和民族危亡、国族论争等极其复杂的背景下,中外许多学者投入了大量精力于羌族族源考证和比较研究,所涉领域以历史、考古发现、语言、民俗、宗教为主。如:1920年,英国牧师陶然士(Rev. T. Torrance)出版《青衣羌——羌人的历史、习俗和宗教》(The History Customs and Religion of Chiang)[②],1936年又出版《中国最早的传教士——古代的以色列人》(China' First Missionaries: Ancient Israelites)等著作,以传教为目的对羌人习俗与宗教观念进行探索。1933年,美国学者葛维汉(D. C. Graham)

[①] 关于羌族及其文化,学界诸多学者在研究时都对前人成果进行了爬梳整理,其中2004年耿静,2009年常倩,2010年邓宏烈、孔又专、吴丹妮等还发表专文进行综合评述,诸文或详或略,各有侧重。在此根据本研究的特点,既考虑全面反映羌文化研究的总貌,又突出与本研究相关的文论,在适当借鉴吸收前人综述之长,同时进行核证的基础上,有所取舍、补充和生发。以上所列学者述评详见:耿静:《羌族研究综述》,《贵州民族研究》2004年第3期;常倩:《近百年来羌族史研究综述》,《贵州民族研究》2009年第3期;邓宏烈:《国内外羌族宗教文化研究评述》,《中央民族大学学报(哲学社会科学版)》2010年第1期;孔又专、吴丹妮:《各为其功 筚路蓝缕:羌民族宗教、文化研究百年(一)》,《阿坝师范高等专科学校学报》2010年第2期;孔又专、吴丹妮:《百家争鸣 渐成显学:羌民族宗教、文化研究百年(二)》,《阿坝师范高等专科学校学报》2010年第3期。

[②] 原件现存阿坝州汶川县档案馆。

对岷江上游羌民聚居地区进行首次人类学考察,并在《羌人的习俗和宗教》(The Customs and Religions of the Ch'iang)中较为详细地描述了羌人的宗教观念。1934年,日本学者中岛敏撰文《宋朝与西夏西羌部落之争》①,讨论宋和西夏战争对西羌的影响。此后,顾颉刚《东汉的西羌》、马长寿《四川古代民族历史考证》、丁马肃《白兰羌与白兰山》与《史上羌民之记载分析》、董作宾《殷代的羌与蜀》、刘朝阳《小乙征羌方考》等论著相继发表。对古羌人的历史源流及其与现代羌人的关系进行了探讨。庄学本是国内最早在羌区进行民族学考察的学者,他在1937年发表了《羌戎考察记》。其后则有刘恩兰《理番的地理概况》与《四川西北边区的羌民》、胡鉴民《羌民之经济活动型式》、高中润《理番县羌戎之组织与生活》、于式玉《黑水头人——苏永和》等著作。胡鉴民《羌族之信仰与习为》、邵云亭《萝葡寨的民俗》、王文萱《四川西部羌人之信仰》、孙天纬《佳山寨的一年》、吕朝相《羌民生活一瞥》等偏重民俗信仰。语言学方面有闻宥《川西羌语之初步分析》、《汶川瓦寺组羌语音系》、《汶川萝葡寨羌语音系》、《理番语二枯音系》、《羌语方言中若干强子音之来源》等等。

中华人民共和国成立后,为摸清家底,识别各不同民族,维护国家的统一和民族团结,20世纪五六十年代,在全国范围内进行了广泛而深入的社会调查,对羌族调查的主要成果有:《西南少数民族情况参考资料·羌(尔玛)族情况》②,《羌族》③,1962年

---

① 〔日〕中岛敏:《宋朝与西夏西羌部落之争》,《历史学研究》1934年第1卷第6期。
② 1953年由西南民族学院民族研究所编印,1984年重印时汇编为《羌族调查材料》。
③ 参见《中国民族》1961年第4期,四川少数民族社会历史调查组羌族小组编印。

第3期《中国民族》①,《羌族简史简志合编》②。同期,中国科学院民族研究所、四川少数民族社会历史调查组编印了《羌族地区近代经济资料汇集》、《羌族地区土司资料汇辑》、《羌族社会历史调查》、《阿坝藏族自治州理县通化乡社会调查报告(羌族调查材料之三)》、《汶川县绵虒羌族乡社会调查报告》、《汶川县雁门羌族乡社会调查报告(初稿)——羌族调查材料之一》、《理县通化乡社会调查报告》、《茂汶羌族自治县黑虎乡社会调查报告》等,基本弄清了中华人民共和国成立前至1964年羌族地区的社会历史面貌,积累了大量资料。有些研究者参与了上述调查,在此基础上,不少学者进行了更进一步的研究。比较突出的研究成果有马长寿《碑铭所见前秦至隋初的关中部族》(1965)与《氐与羌》③、李绍明《关于羌族古代史的几个问题》④、黄烈《有关氐族来源和形成的一些问题》⑤。

20世纪80年代,随着"文革"结束,学术之风重振,同时因考古在"文革"期间不但未曾中断,还有许多重大发现,此期的羌族研究在原来探源和调查的基础上,借助考古发现,有了更广更深的发展,出现了许多重要史学成果:著作方面有《羌语简

---

① 其中登载了四川省民族事务委员会在成都召开的关于羌族问题的学术讨论会内容,该会议集中讨论羌族族源和羌族古代史分期。
② 1963年四川民族调查组羌族小组编印。
③ 20世纪60年代初写作,但未完成,20世纪80年代整理出版。
④ 李绍明:《关于羌族古代史的几个问题》,《历史研究》1963年第5期。
⑤ 黄烈:《有关氐族来源和形成的一些问题》,《历史研究》1965年第2期。

志》①、《羌族源流探索》②、《羌族史》③、《羌族简史》④、《中国古代民族史研究》⑤。多达402本的民族问题五种丛书也相继出版。⑥论文方面则有顾颉刚《从古籍中探索我国的西部民族——羌族》⑦，李绍明《唐代西山诸羌考略》⑧，《论氐和羌、戎的关系》⑨，陈泛舟、曾文琼《解放前羌族原始宗教之管见》⑩，林忠亮《试析羌族的古老神话》⑪，吴贤哲《羌族民间故事巡礼》⑫，佐藤长《羌族的来源及其在前汉的活动》⑬，王俊杰《论商周的羌与秦汉魏晋南北朝的羌》⑭等，这些深入的研究基本厘清了羌族的演衍历史。

---

① 孙宏开编著：《羌语简志》，民族出版社1981年版。
② 任乃强：《羌族源流探索》，重庆出版社1984年版。
③ 冉光荣、李绍明、周锡银：《羌族史》，四川民族出版社1985年版。
④ 《羌族简史》编写组：《羌族简史》，四川民族出版社1986年版。
⑤ 黄烈：《中国古代民族史研究》，人民出版社1987年版。
⑥ 到1991年，《中国少数民族》、《中国少数民族简史丛书》、《中国少数民族自治地方概况丛书》、《中国少数民族语言简志丛书》、《中国少数民族社会历史调查丛刊》基本完成。
⑦ 顾颉刚：《从古籍中探索我国的西部民族——羌族》，《社会科学战线》1980年第1期。
⑧ 李绍明：《唐代西山诸羌考略》，《四川大学学报（哲学社会科学版）》1980年第1期。
⑨ 李绍明：《论氐和羌、戎的关系》，《西南民族学院学报（哲学社会科学版）》1980年第4期。
⑩ 陈泛舟、曾文琼：《解放前羌族原始宗教之管见》，《西南民族学院学报（哲学社会科学版）》1981年第1期。
⑪ 林忠亮：《试析羌族的古老神话》，《西南民族学院学报（哲学社会科学版）》1981年第2期。
⑫ 吴贤哲：《羌族民间故事巡礼》，《西南民族学院学报（哲学社会科学版）》1981年第4期。
⑬ 〔日〕佐藤长：《羌族的来源及其在前汉的活动》，梁今知译，《青海师范大学学报》1982年第2期。
⑭ 王俊杰：《论商周的羌与秦汉魏晋南北朝的羌》，《西北师大学报（社会科学版）》1982年第3期。

可以说，学者们上述几个阶段的努力探索，为羌族研究的后续拓展打下了极为坚实的基础，这些成果也是本研究能够展开的前提。

20世纪90年代前后至21世纪初，随着时代思潮的变化和中国社会的转型，羌族研究悄然发生着改变。这一时期，世界政治、经济多变。随着改革开放不断深化，综合国力不断增强，国际影响力不断增大，国人的民族自信也逐渐恢复，思想空前活跃，国内外学术交流频繁。同时，经济发展也暴露出多种负面效应。而此时"西部大开发"已提上议程，多种新的关系和将要面对的各种复杂问题呼唤相关研究参与。一时间，不同学科、不同视角的羌族研究纷纷出现，可谓全面开花。既有传统研究的继续深入，也有新的学科参与进来，还出现了许多交叉学科。下面择其与本书相关的研究进行概述。

人类学、社会学、民族学、民俗学等学科方法的运用是这一时期羌族研究的一大特点。如：徐平《羌村社会：一个古老民族的文化和变迁》[①]运用民族学和社会学结合的方法，对汶川县绵虒乡羌锋村的经济活动、社会结构、人生礼仪、宗教信仰进行了研究，并联系羌族历史上的巨大社会变迁，提出文化的本质在于适应、适应带来变迁的理论设想。李锦《羌笛新曲》[②]以20世纪100年中一个羌族家庭的变迁为研究对象，透视了羌族在近现代历史大潮冲击下的选择与适应问题，是一本以家庭为对象的民族志著作。卢丁、工藤元男主编的《羌族社会历史文化研究：中国西部

---

① 徐平：《羌村社会：一个古老民族的文化和变迁》，中国社会科学出版社1993年版，2006年上海人民出版社再版时更名为《文化的适应和变迁：四川羌村调查》。
② 李锦：《羌笛新曲》，云南大学出版社2001年版。

南北游牧文化走廊研究报告之一》①是以理县桃坪乡为对象，经过长达一年半的综合调查后完成的，涉及桃坪乡的历史地理、生产经济，羌人的衣食住行、婚姻家庭、生育死葬、宗教信仰、医药、传说、音乐舞蹈及考古文物等，建立起了该地域的民族及民俗学资料库，还对一些专题进行了较为深入的研究。以上这些都是比较典型的微民族志，其研究方法颇具启发性，对于分析羌族社会内在运行机制以及进行比较研究打下了基础。

羌族宗教信仰研究是这一时期羌族研究的另一亮点，在前人研究的基础上有了更深入的探讨，涌现了大量著作和论文。如蒋亚雄的《绿野探踪：岷山羌、藏族舞蹈采风录》②是我国研究羌族宗教舞蹈的重要著作。王康、李鉴踪、汪青玉合著的《神秘的白石崇拜：羌族的信仰和礼俗》③被誉为是继《羌族史》后，又一部全面反映羌民族宗教文化的重要著作。钱安靖编著的《中国原始宗教资料丛编·羌族卷》④是羌族宗教的资料集。于一、李家骥、罗永康合著的《羌族释比文化探秘》⑤学术价值主要体现在对"释比"图画经卷《刷勒日》的研究上。《西羌古唱经》⑥是近年来较

---

① 卢丁、〔日〕工藤元男主编：《羌族社会历史文化研究：中国西部南北游牧文化走廊研究报告之一》，四川人民出版社2000年版。卢丁、工藤元男课题组1999年冬至2002年之间又对西南地区进行了调查，并于2003年出版了"中国西部南北游牧文化走廊研究报告之二"之《四川西部人文历史文化综合研究》，但该阶段的调查和研究范围较大，已不限于羌文化。

② 蒋亚雄：《绿野探踪：岷山羌、藏族舞蹈采风录》，上海音乐出版社1990年版。

③ 王康、李鉴踪、汪青玉：《神秘的白石崇拜：羌族的信仰和礼俗》，四川民族出版社1992年版。

④ 钱安靖编著：《中国原始宗教资料丛编·羌族卷》，上海人民出版社1993年版。

⑤ 于一、李家骥、罗永康：《羌族释比文化探秘》，中国戏剧出版社2003年版。

⑥ 茂县羌族文学社整理编辑：《西羌古唱经》，阿新出内（2004）字第29号。

为重要的一部羌族宗教唱经资料汇编集。陈兴龙《羌族释比文化研究》[1]在对羌区40多位老释比掌握的经文进行全面录音的基础上，结合调查访谈资料，对释比经典进行了全面系统的分析和研究，涉及释比文化的诸多方面，资料丰富。赵曦《神圣与亲和：中国羌族释比文化调查研究》[2]则是建立在作者20多年实地考察的坚实基础上，对释比文化进行的全面、深入、系统的研究。有关羌民族宗教文化的论文则有（以发表先后为序）：李绍明《羌族以白石为中心的多神崇拜》[3]，美国格莱汉的《羌族习俗》[4]，钱安靖《试论以白石崇拜为表征的羌文化》[5]，杨吉生《羌族，"白色"的民族》[6]，李鉴踪《羌族白石崇拜渊源探》[7]，钱安靖《论羌族原始宗教》[8]，《论羌族原始宗教与北方民族萨满教相类》[9]，王康《试论羌族的民间占卜》[10]，杨永忠《北川羌族原始宗教信仰遗俗拾萃》[11]，汪青玉《论羌族的火崇拜》[12]，杨松、周发成《羌族羊图腾崇拜浅

---

[1] 陈兴龙：《羌族释比文化研究》，四川民族出版社2007年版。
[2] 赵曦：《神圣与亲和：中国羌族释比文化调查研究》，民族出版社2010年版。
[3] 李绍明：《羌族以白石为中心的多神崇拜》，载宋恩常编：《中国少数民族宗教初编》，云南人民出版社1985年版。
[4] 〔美〕格莱汉：《羌族习俗》，钱谦译，钱安靖校，《宗教学研究》1988年第1期。
[5] 钱安靖：《试论以白石崇拜为表征的羌文化》，《宗教学研究》1988年第4期。
[6] 杨吉生：《羌族，"白色"的民族》，《中国民族》1989年第2期。
[7] 李鉴踪：《羌族白石崇拜渊源探》，《文史杂志》1990年第4期。
[8] 钱安靖：《论羌族原始宗教》，《社会科学研究》1990年第5期。
[9] 钱安靖：《论羌族原始宗教与北方民族萨满教相类》，《宗教学研究》1990年第Z2期。
[10] 王康：《试论羌族的民间占卜》，《西南民族学院学报（哲学社会科学版）》1990年第6期。
[11] 杨永忠：《北川羌族原始宗教信仰遗俗拾萃》，载北川县政协文史资料委员会编：《北川羌族资料选集》，1991年。
[12] 汪青玉：《论羌族的火崇拜》，《羌族研究》1991年第1辑。

析》[1]，彭文斌《论羌族神林信仰的内涵》[2]，李鉴踪《略论羌族的配偶神信仰》[3]，赵曦《羌族释比经典中的神灵系统与社会历史》[4]，屈小强《古羌—蜀人的虎—鱼—蚕崇拜》[5]，汪青玉《羌族的祭坛、神树及其信仰观》[6]，徐铭《羌族的生活环境与宗教信念》[7]，钱安靖《羌族原始宗教今昔》[8]，马廷森《论羌族宗教的伦理道德》[9]，周毓华、彭陟焱《羌民族原始拜物初探》[10]，杨健吾《羌族原始宗教遗俗及其社会影响》[11]、《羌族原始宗教与羌族社会教育》[12]，李绍明《从石崇拜看禹羌关系》[13]，张昌富《嘉绒藏族、羌族的白石崇拜》[14]，曾永成《羌族白石崇拜与汉字"白"的构形》[15]，徐铭《羌族白石神信仰

---

[1] 杨松、周发成：《羌族羊图腾崇拜浅析》，《羌族研究》1991年第1辑。
[2] 彭文斌：《论羌族神林信仰的内涵》，《羌族研究》1991年第1辑。
[3] 李鉴踪：《略论羌族的配偶神信仰》，《中央民族学院学报》1991年第4期。
[4] 赵曦：《羌族释比经典中的神灵系统与社会历史》，《阿坝师专学报》1992年第2期。
[5] 屈小强：《古羌—蜀人的虎—鱼—蚕崇拜》，《西南民族学院学报（哲学社会科学版）》1993年第5期。
[6] 汪青玉：《羌族的祭坛、神树及其信仰观》，《中南民族学院学报（哲学社会科学版）》1993年第3期。
[7] 徐铭：《羌族的生活环境与宗教信念》，《西南民族学院学报（哲学社会科学版）》1994年第2期。
[8] 钱安靖：《羌族原始宗教今昔》，《宗教学研究》1994年第4期。
[9] 马廷森：《论羌族宗教的伦理道德》，《西南民族学院学报（哲学社会科学版）》1995年第5期。
[10] 周毓华、彭陟焱：《羌民族原始拜物初探》，《西藏民族学院学报（哲学社会科学版）》1997年第4期。
[11] 杨健吾：《羌族原始宗教遗俗及其社会影响》，《青海社会科学》1997年第4期。
[12] 杨健吾：《羌族原始宗教与羌族社会教育》，《宗教学研究》1998年第3期。
[13] 李绍明：《从石崇拜看禹羌关系》，《四川文物》1998年第6期。
[14] 张昌富：《嘉绒藏族、羌族的白石崇拜》，《民族艺术》1999年第2期。
[15] 曾永成：《羌族白石崇拜与汉字"白"的构形》，《文史杂志》1999年第3期。

解析》①，周蔚蔚《论氐羌民族火崇拜与祖先崇拜"叠合"现象形成的原因》②，李雄燕《略论古羌族对道教神仙信仰的影响》③，阮宝娣《羌族释比与释比文化研究》④，陈兴龙《神奇的羌族释比文化》⑤，《羌族释比经典的性质和价值》⑥，马宁《羌族"释比"的传承和谱系研究》⑦，贡波扎西《羌族释比经典及其研究价值初探》⑧，张茂军《羌族原始多神崇拜的历史研究》⑨，等等。由于羌人祭拜的神种类和数量都很多，体系极其庞大复杂，这一阶段学者们对其中不同神的形式、功能、性质、内涵等等方面做了大量的、专门的探讨，使得本书在解读羌人精神世界方面有了更多的参照和依据。值得一提的是 2008 年 12 月出版，由四川省少数民族古籍办公室主编，集国际音标、汉文对译、汉文说明、汉文意译为一体的百科全书式《羌族释比经典》⑩，更使全面而系统地研究羌族历史、文化成为可能。但该经典最大缺陷是把各地不同的经典综合在一起，未标明各段经典的提供者和所属区域，无法进行更深入的分

---

① 徐铭：《羌族白石神信仰解析》，《西南民族学院学报（哲学社会科学版）》1999 年第 3 期。
② 周蔚蔚：《论氐羌民族火崇拜与祖先崇拜"叠合"现象形成的原因》，《云南消防》2003 年第 12 期。
③ 李雄燕：《略论古羌族对道教神仙信仰的影响》，《贵州民族研究》2007 年第 5 期。
④ 阮宝娣：《羌族释比与释比文化研究》，中央民族大学 2007 年博士学位论文。
⑤ 陈兴龙：《神奇的羌族释比文化》，《阿坝师范高等专科学校学报》2007 年第 2 期。
⑥ 陈兴龙：《羌族释比经典的性质和价值》，《西南民族大学学报（人文社科版）》2007 年第 9 期。
⑦ 马宁：《羌族"释比"的传承和谱系研究》，《湖北民族学院学报（哲学社会科学版）》2008 年第 1 期。
⑧ 贡波扎西：《羌族释比经典及其研究价值初探》，《西华大学学报（哲学社会科学版）》2008 年第 2 期。
⑨ 张茂军：《羌族原始多神崇拜的历史研究》，山东大学 2008 年硕士学位论文。
⑩ 四川省少数民族古籍办公室主编：《羌族释比经典》，四川民族出版社 2008 年版。

析，颇为遗憾。

2003年云南大学和西南民族大学合作，对汶川县龙溪乡阿尔村的人口、经济、政治、社会、文化、风俗习惯、法律、婚姻家庭、宗教、科技、卫生、教育、生态等方面进行了调查，出版了何斯强、蒋彬主编的《羌族：四川汶川县阿尔村调查》[①]。2008年西南民族大学推出了一套"民主改革与四川民族地区研究丛书"，其中《四川民主改革口述历史资料选编》、《川西北藏族羌族社会调查》、《四川民族地区民主改革大事记资料集》、《四川民族地区民主改革资料集》、《民主改革与四川羌族地区经济发展研究》、《民主改革与四川羌族地区社会文化变迁研究》等书对于研究羌族传统文化衰变的原因有着重要的史料价值，是对20世纪五六十年代调查材料的补充。

在交叉学科研究方面，李鸣《碉楼与议话坪：羌族习惯法的田野调查》[②]、《羌族法制的历程》[③]，龙大轩《乡土秩序与民间法律：羌族习惯法探析》[④]等著作为本书研究羌文化在传承中对羌人行为的监督、约束机制提供了参考。金艺风等编《中国羌族民歌研究：乐谱资料集》[⑤]、《中国羌族二声部民歌研究》[⑥]搜集了不同羌寨的许

[①] 何斯强、蒋彬主编：《羌族：四川汶川县阿尔村调查》，云南大学出版社2004年版。
[②] 李鸣：《碉楼与议话坪：羌族习惯法的田野调查》，中国法制出版社2008年版。
[③] 李鸣：《羌族法制的历程》，中国政法大学出版社2008年版。
[④] 龙大轩：《乡土秩序与民间法律：羌族习惯法探析》，中国政法大学出版社2010年版。
[⑤] 金艺风、汪代明、沈惹晓贞等编：《中国羌族民歌研究：乐谱资料集》，民族出版社2009年版。
[⑥] 金艺风、汪代明、沈惹晓贞等编：《中国羌族二声部民歌研究》，民族出版社2010年版。

多羌歌、民歌。季富政《中国羌族建筑》[1]是第一部系统研究羌族建筑的著作。这些研究都为本论题的研究提供了大量材料和专业依据。

对羌区非物质文化遗产保护的研究是近年来兴起的,2005年以后关涉羌文化的各类研究或多或少都会谈及如何保护羌文化,特别是2008年"5·12"汶川大地震以后,此类论文海量出现。但目前尚无系统、深入探讨如何保护羌文化的论文,大都停留在保护意义、重要性及整体操作的讨论层面,而且多是对我国非物质文化遗产保护初期一些认识的反复阐述,对羌文化的特性、价值和特殊传承规律都有待进一步分析和总结。

还需特别提及的是,在笔者考察期间,由北京文化遗产保护中心策划主持并于2009年春夏之交启动的"阿尔羌文化保护项目"正在笔者考察的阿尔村实施,其特点是"由阿尔村人自己动手记录和保护自己的文化"[2]。2011年初,该项目告竣,并于是年5月出版了《阿尔档案》一书,成为记录阿尔村羌文化最为全面、翔实的资料集。此时,笔者也完成了动笔撰写前对阿尔村的最后一次调查。"阿尔羌文化保护项目"的开展和《阿尔档案》的出版,为本研究与调查的顺利进行打下了良好的基础,提供了极大的帮助。另外,阿尔村人也根据需要选用了笔者采录的部分材料,其中个别图片收入《阿尔档案》。

综合分析前人成果,可归为两类:一类偏重调查收集资料;

---

[1] 季富政:《中国羌族建筑》,西南交通大学出版社2000年版。
[2] 王云霞:《后记》,载阿尔村人编著:《阿尔档案》,文物出版社2011年版,第245页。

一类侧重分析研究。前一类涉猎范围极广，大到整个羌族，小到一村一寨，两者比例均衡。后一类虽几乎涵盖羌文化所有领域，但大都以"羌族"作为一个整体进行研究，深入微观剖析者仅得一二，而且长期集中在羌族族源考证和"羌"与汉族、其他十几个少数民族关系的辨析上。尽管近期对该群体本体文化的研究不断出现，但由于各种原因，未能充分展开，尤其对于羌文化本体的综合分析和其中包含的智慧和价值，更有待进一步研究、挖掘和总结。

二、调查区域的选择

当然，应该肯定绝大多数将不同地域的文化事项组合起来进行的整体分析都是基于细致的调查，其所察所论之价值毋庸置疑。不过，当笔者深入羌村羌寨考察，回观已有论著，却常常发现现实中仍然存在不少用宏观论断难以解释的现象。这说明宏观研究有一定局限性。文化总是与人的生活密切相关，在人们的日常生活中生发而成，并随人的生存需求而或留或变，因此，并不存在一经形成就亘古不变的文化。固然，在漫长历史岁月中，许多成体系的文化也会分崩离析、散落各地，因而存在"礼失求诸野"的情况，所以宏观研究也有可能根据不同文化形式表面上的一致性重构整体。不过，各地不同文化现象的组合很多时候也不见得就是原貌。微观考辨却有可能发现文化生命中另一种内在的一致性。因此，选择文化体系相对较为完整、范围较小的一定区域进行深入调查，对于宏观研究是一种必要的补充。实际上，宏观研究本应建立在大量的微观研究之上，以往研究宏观与微观比例的严重失调，必然影响对羌文化认识的客观和准确。

或许有人会问，对一个小范围的羌村进行研究，即便很深入，得出的结论是否具有代表性呢？纵观历史可以发现，并未见有一个统一的羌人政权规范羌人行为和文化①，但仔细考察人们所称的"羌文化"，却具有某种一致性，也就是说这种文化的一致性是民间自然形成的，一种民间自然形成的文化应该是侧重功能实用而非象征，也不以审美为主，尤其是古老的文明。

一般而言，功能实用在具体操作时往往表现为因地制宜，也即因时因地因人等等而在形态上呈现出差异性，因此，小范围的羌文化，其形式很可能不具广泛代表性。不过，恰恰是这种差异性，体现的才是一种稳定成型文化思想特质的内在一致。所以笔者窃以为，只要把眼光和脚步放到羌人日常生活的点点滴滴中去，就有可能透过形式上的差异，体察、感知其内在的某些一致，从这个角度看，小范围深入研究的结论是有可能具有代表性的，至少是得到普适结论的基础和前提。

根据以上分析和认识，同时出于能力、时间、经济等现实的考虑，本研究选择一个羌人聚居的村寨——四川汶川阿尔村作为考察对象。之所以选择阿尔村，有以下几方面理由：

1. 该村位于羌人主要聚居区茂县、汶川、理县的交汇处，是一个范围不太大的纯羌人村寨，而且地处深山，相对比较独立，其社会关系主要集中在村中紧邻的4个村民小组（也即4个寨子）

---

① 西夏王朝所辖为党项羌人，统治时间190年，虽然不短，但就羌人历史而言并不算长，而且所辖范围不算太大，因此西夏文化应不会是羌文化的主体。

内，所以在有限时间内进行全面深入的考察是可能的。

2. 该村因受外界的影响较少，传统文化自成体系，留存丰富；据称羌文化特有的释比及其文化发源于此境，目前村中仍有多名释比，释比的传统活动依然是羌民日常生活的重要组成部分，时常可见；另外，该村羌语保留完整，是不多见的纯羌语村寨。因此，在该村全面接触和深入了解羌人传统文化并不困难。

3. 由于阿尔村国内外知名度都颇高，早在20世纪初便有外国传教士前来进行长期深入的调查，20世纪80年代以来，到此采访考察的学者络绎不绝，目前又正在进行地震灾后重建和"风貌改造"（又有称"文物修复"）。可以说大多数到汶川考察的学者都会慕名而来，故在阿尔村能接触到、看到多种多样的外来调查者，从政府到民间，从团体到个人，从商界到学界，他们不但在此村留下了足迹，还留下了多种保护形式和观念。

4. 虽然阿尔村为纯羌语村，但绝大部分村民都同时掌握了汉语的四川方言，交流上的语言障碍大为减少。

三、调查区域地理概况

（一）羌区

根据2000年第五次全国人口普查统计，全国羌族人口为306072人，其中阿坝藏族羌族自治州的茂县80950人，汶川县29839人，理县13623人，绵阳市北川羌族自治县91000人，其余，少数居住在阿坝藏族羌族自治州的松潘、黑水等县和绵阳市平武县，另外在甘孜藏族自治州的丹巴县东部、陕西汉中市宁强县和略阳县、甘肃省武都地区以及贵州省铜仁地区的石阡县、江口县等地也有部分羌族定居。其中石阡、江口两县有1431人，阿坝州松潘等县的羌族人口数据可参考1998年资料，那时松潘县有5278人，马尔康县1355人，其他县各有数百人不等。从以上资料可以看出，羌族主要聚居区是茂县、汶川县、理县和北川县。①

有学者对羌区部分乡镇、县的语言使用情况进行了调查，结果如表1：

表1：羌族单语、双语在总人口的百分比②

地点	只会羌语	会羌、汉语言	只会汉语
理县桃坪	—	100%	80%
理县蒲溪	0.05%	100%	25%
茂县曲谷	0.05%	100%	30%
茂县黑虎	—	100%	35%
茂县县城	—	2%	98%
汶川萝卜寨	—	100%	55%
汶川绵虒	—	100%	65%
北川全县	—	0.05%	99.95%

---

① 综合参考以下资料：张曦主编：《持颠扶危：羌族文化灾后重建省思》，中央民族大学出版社2009年版，第10页；周毓华著：《白石·释比与羌族》，中国文联出版社2010年版，第9、15页；贾银忠主编：《中国羌族非物质文化遗产概论》，民族出版社2010年版，第1页；徐平、徐丹：《东方大族之谜：从远古走向未来的羌人》，知识出版社2001年版，第91页。

② 黄成龙、徐世梁：《羌族语言文字灾后重建需求调查报告》，载张曦主编：《持颠扶危：羌族文化灾后重建省思》，中央民族大学出版社2009年版，第99页。

由表1可见，作为羌文化重要载体的羌语，在羌族人口很多的北川县全境几近消失，而茂县、汶川、理县的许多地区情况虽不容乐观，但仍然相当程度地存活着，因此，一般认为羌文化保存较好的羌区是茂、汶、理三县。但在这三个县，羌人居住点也不是均衡的，而是集中在部分区域，详如下：

茂县：主要分布在赤不苏区、沙坝区和较场区。其中赤不苏区位于县西，辖雅都、维城、曲谷三乡；沙坝区位于县中部，辖回龙、飞虹、黑虎、三龙、白溪、洼底等乡；较场区位于县北，辖较场、太平、石大关、松坪沟四乡。①

理县：主要分布于县东部的桃坪、木卡、通化、薛城、蒲溪高半山及沿河谷一带。②

汶川县：集中分布于威州、龙溪、雁门、克枯、绵虒、玉龙等乡镇。大部分在县的中部以北。③

在地理位置上，茂、汶、理三县彼此接壤，茂县居东，理县在西，汶川处南，这就可以看出，三县交汇的地域是羌人最多最集中的地方。这由图1可得到直观的印象。

从宏观看，羌族主要聚居区域地处青藏高原和云贵高原板块

---

① 参见四川省阿坝藏族羌族自治州茂汶羌族自治县地方志编纂委员会编：《茂汶羌族自治县志》，四川辞书出版社1997年版，第65—67、113、699页。
② 杂谷脑、甘堡、米亚罗、川西林业局亦有零星分布。参见《理县志》编纂委员会编纂：《理县志》，四川民族出版社1997年版，第140页。
③ 1982年，汶川县各乡镇羌族人口为：威州乡4588人，龙溪4110人，雁门4033人，克枯2933人，绵虒2175人，玉龙1452人。绵虒、玉龙居县南端，其余皆在县中北部。参见汶川县史志编纂委员会编：《汶川县志（1986—2000）》，巴蜀书社2007年版，第164页。

图1：阿尔村在茂、汶、理羌区的位置①

结合部，位于成都平原西北角上，其西南两侧为横断山脉，北面是长江黄河上游流域分水处，中国腹地的主要水系，大多经此地流出。

---

① 底图采自孙农斋主编：《四川省地图册》，成都地图出版社1995年版，第191页。

（二）阿尔村

笔者选择调查和研究的阿尔村，在四川省的省会成都西北方向约170公里的地方，行政上隶属阿坝藏族羌族自治州汶川县龙溪乡。

阿尔村是龙溪乡，同时也是汶川县最北端的村落，深藏于崇山峻岭之中，其东面、北面分别与茂县的黑虎、三龙等乡镇接壤，西面和理县的桃坪、通化毗邻，正位于茂、汶、理三县交点上，几乎可以说是羌族聚居区核心地带的中心点（详见图1）。

从阿尔村南面循山沟溪水旁的道路下山约8.5公里处是龙溪乡政府所在地，叫联合村，溪水曰龙溪沟，再沿路下山约3公里可达山脚，称东门口，山脚有一沿河的国道，河名杂谷脑河，古谓"沱水"，为岷江最大支流，国道为213线，又叫成阿公路，是成都与阿坝州政府之间的主要干道。自山脚由国道向西进约40多公里可去至理县县城杂谷脑，向南行约11公里可抵汶川县城威州。

阿尔村现有4个村民小组，本书取其传统叫法，以"寨"称之。这4个寨子为：阿尔寨、百家夺寨、巴夺寨、立别寨。历史上，阿尔村称为"十合公"，也叫"十寨"，顾名思义，有十个寨子。这十个寨子又常被称作"阴阳十寨"或"阴五寨阳五寨"，太阳先照到的为"阳五寨"，后照到的为"阴五寨"。它们分别是：

阳五寨：阿尔、立别、瓦巴、自牙、软布。

阴五寨：百家夺、巴夺、木扎、二里、雪溜。

以上寨名均为音译，有时会略有差异，如百家夺也有称"白家夺"的。"阴阳十寨"中阿尔寨最为古老，现以巴夺寨最大，人口最多。由于多种原因，除现存的 4 个寨子外，其他 6 个寨子已经废弃。如今只有个别打猎或放牧的人偶尔会在废弃的寨子临时搭棚小住。现阿尔村共有 178 户人家，其中巴夺寨 58 户，阿尔寨 52 户，百家夺寨 44 户，立别寨 24 户，人口总计约 700 多人。[①]

阿尔村现在的 4 个寨子集中在五座围成一圈的大山上（参见图 2），五座山围出的中部谷地是个较为开阔的地带，4 寨分列于诸山，面面相对。百家夺寨和立别寨靠南端，阿尔寨和巴夺寨靠北端。巴夺寨大部分在谷底，其余三寨皆在山上。百家夺寨所在的苏达奇山，位于村东南；阿尔寨和立别寨同在阿巴奇山，位于村西，阳五寨皆在此山之上；另外三座山在巴夺寨辖区，其中村西北为与阿巴奇山相邻的萨搭奇山，村东为垒依奇山和洛格奇山，垒依奇山略偏东北，洛格奇山居正东，洛格奇山因形似坐佛，又名"佛山"，紧挨苏达奇山。以上山名均为羌语音译，其中"奇"意为"神"，因此，五座山都可以称为"神山"，高度均在 3000 多米以上。

五山间有三条较大的山沟水流出，汇合成龙溪沟源头，其中阿巴奇山和萨搭奇山之间的阿尔沟是龙溪沟主源，萨搭奇山、垒依奇山之间为巴夺沟，垒依奇山、洛格奇山之间为巴夺小沟（又称"洛格奇沟"），为龙溪沟支流。三沟汇合于巴夺寨中部。

[①] 阿尔村人口数据资料来自阿尔村人编著：《阿尔档案》，文物出版社 2011 年版，第 1 页。

图2：阿尔村远景[①]

十寨之中以巴夺寨海拔最低，约2200米；百家夺寨次之，约2250米；立别寨再次，约为2300米；阿尔寨约为2400米。此4寨相互间步行往来耗时均在15分钟之内。如果从巴夺寨出发沿阿尔沟进山，步行约40分钟，沟左山腰为软布，沟右半山是木扎，沿沟再前行约20分钟，沟右有一河坝，称为雪溜河坝，由此上山，坡甚陡，攀爬一个半小时左右可抵雪溜，海拔约2900米。若不上山，继续沿沟而行，至沟尾再登山，约一小时左右可达二里。软布、木扎、二里三寨海拔均为2700米上下。瓦巴在阿尔寨和立别寨西北面上行15分钟处，海拔约2550米；继续上行约15分钟，

---

① 本图为笔者拍摄的实景照片（从北向南拍摄），图中文字为笔者标注。

至 2700 米左右则为自牙寨。①

阿尔村由于所处山高地偏，与外界连通不易，且未发现对促进现代经济发展特别重要的资源，在各历史时期又总居于所属行政区划的边缘偏角位置，远离中心，游存于人们最不敏感的视线边沿，甚至于常常逸出众人的视野，故而社会和政府各部门对其关注较少。不过也正因此，阿尔村受外界影响相对要小得多，文化传统得以较完整保存。

四、缘起与调查

选择研究羌文化，既有偶然的成分，也有一些必然的因素，略述如下。

站在今天这个时间点回望过去的十年，对于中国非物质文化遗产保护而言，是不平凡的十年。

此期间，除了昆曲、古琴艺术、新疆维吾尔木卡姆艺术及中蒙联合申报的蒙古族长调民歌等入选联合国教科文组织"人类口头和非物质遗产代表作"，中国政府更出台了多项政策，颁发了各种文件，设立了从国家到地方的分级保护机构，动用了难以计数的人力和财力，取得了举世瞩目的丰硕成果，全国上下涌现了一股史无前例的保护非物质文化遗产的热潮，可以说，"保护非物质文化遗产"的观念在中国已渐入民心，日益成为全社会的共识。但国家制定的政策和保护措施是否已经落实，效果如何，怎样进

---

① 本书海拔数值均为笔者实测所得，由于所用仪器非专业精密设备，故存在误差，兼之影响海拔的因素很多，同一地点海拔数值在不同时间和气候条件下存在波动情况，文中所列仅供参考，重点在表明相对高差，目的在于使读者有较为直观的感性认识。

一步完善保护体系和机制，则有待检验和进一步探讨。而近些年，保护中一些功利行为的逐渐出现，人们的非议也开始见于各类媒体。这又说明，中国的非物质文化遗产保护遇到了新问题。那么问题的症结在哪里？如何解决？非物质文化遗产保护如何才能最终落实和持之以恒？希望通过调查和研究来回答这些问题是笔者初始的愿望。

要做到这一点，就必须深入实地、全面分析和切实求证。之所以选择"羌族文化"作为研究对象，是因为突如其来的"5·12"汶川特大地震使羌人聚居区遭受了巨大的破坏，抢救和保护羌族文化一时间成为我国当前非物质文化遗产保护工作中最为紧迫的任务，但是该如何抢救，如何保护，如何避免重建中的二次破坏等问题，本来就处在摸索阶段，无论在理论上还是实践上都很不成熟，以不成熟之策用于燃眉之急，难免存在问题。因此，把羌族文化保护研究放在首位既是形势所需、责任所系，也是人们心愿所在。

原初，本拟把整个"羌族文化生态保护实验区"作为一个研究对象进行整体考察，但甫入羌区，问题便接踵而来，先前通过阅读获得的对羌文化的认识和印象，在与现实所见逐相比较时，不能统合的地方越来越多。渐渐地，笔者感到了情况的复杂。羌区各地的文化似多有差别，而"羌族文化"所指却颇为模糊，常常混而谈之，具体应用到保护实践中则多有不符。换言之，原有的"羌族文化"并不能直接套用到非物质文化遗产保护之中。而在阿尔村居住的日子里，笔者看到了羌人生活的闲适与安然，也从许多远远投来的审视的目光里看到了如笔者这样的外来人对当地宁静生活的扰动。进一步的了解，则更使自己感觉到了文化之间的差异，意识到阿尔村的羌文化本就是一个庞大、完整而又复杂的文化体系，其各文化现象之间相生相成，互为表里，自成一格。如何与人和睦相处，如何与自然融洽共处，如何保证各种规约的有效，如何维持族群社会运转的良性循环，等等，都有其特有的规律和机制，"羌族文化"所包含的内容在阿尔村的有与无、同与异，都各有原因和道理。只是这些都隐含在羌人微不足道的日常生活中，在外人看来或许显得零乱，但那不是羌文化缺乏系统性，而是不同文化之间的差异造成的理解上的错位。这种差异可用一例说明。

例如，接受现代教育的人按照自己的知识体系和归类法，把羌文化中的羊皮鼓舞列为艺术类型，认为那是羌人创造的独特艺术形式，但实际上，对于羌人而言，敲击羊皮鼓有其非凡的功能，何时能敲、何时不能敲有专门讲究，不同的鼓点节奏甚至力度都各有作用。而羊皮鼓舞只是其特定文化现象中的一小部分，还有更多的形式与之共同构成整个文化事项，它们之间互为补充，互为依托，各有其用，若把羊皮鼓舞从具体的人、事、物抽离出来，几乎是无法存在也不能存在的。因此，所谓的羊皮鼓舞的传承就远不是单纯的艺术问题，对于这种文化形态，也就不是仅靠保护个别羊皮鼓舞传承人、靠其积极授徒就能实现活态传承和保护的。

因是，对于强调活态传承的非物质文化遗产保护来说，落实保护羌文化首先要做的就应是重新认识和定位羌文化，否则，保护将成为空谈，甚至变成另一种形式的破坏。但在有限的时间内，断不可能对"羌族文化生态保护实验区"里存在诸多差异的各地羌文化逐一进行调查，必须结合实际有所选择。在经过初步考察、对比和分析之后，笔者决定选择阿尔村，对其文化进行定点的深入调查和研究，放弃了研究整个"羌族文化生态保护实验区"的计划。

2010年和2011年两年间，笔者先后五次进住阿尔村，在时间安排上则有意选择春、夏、秋、冬四个不同季节，同时充分考虑阿尔村羌人各传统文化活动的特有时间规律。五次调查的一些基本情况可见表2：

表2：阿尔村调察过程简表

阳历		居住时长	阴历	所历节气	侧重调查或适逢的较大文化事项
年份	月日				
2010	2月5日至20日	16天	腊月二十二至正月初七	立春、雨水	春节、丧葬，考察汶川县绵虒镇及羌锋村
	8月10日至9月5日	27天	七月初一至八月二十七	立秋、处暑	求雨、七月半宣佛子、修建房屋、丧葬，考察二里、汶川县布瓦村及县城（威州）、理县桃坪乡及理县县城（杂谷脑）
2010	11月3日至30日	28天	九月二十七至十月二十五	霜降、立冬、小雪	十月初一集体还愿、家庭还愿、杀年猪、杀牦牛、安家神、婚礼、集体建牛栅栏，考察雪溜及打猎，考察瓦巴、自牙，阿尔小学撤并事件，考察龙溪中心小学
2011	2月6日至3月1日	24天	正月初四至二十七	立春、雨水	耍狮子、教牛、打猎、丧葬、送竹米
	4月20日至5月14日	25天	三月十八日至四月十二	谷雨、立夏	耕地、唱牛山歌、播种、进山采集、买猪仔、五四青年节、"5·12"三周年，考察木扎

表2所列时间，除间中偶尔几次往其他羌区的短期考察（威州、杂谷脑各留宿1夜，其余皆当日返回），均不含路途往返，故

在阿尔村实际居住天数 120 天左右。

两年、120 天，对于了解认识一个陌生的文化体系而言，实在是太短，杯水车薪亦不足以喻之。但由于许多不得不离开的原因，只能反复出入。为了有效利用这有限的时间，笔者采取的是重点与全面相结合的办法。释比文化是阿尔村的最大特点，故在重点调查对象的选择上侧重释比。一开始，受近年来非物质文化遗产保护较为偏重艺术门类的思维影响，还把音乐、舞蹈列入了重点关注范围。

表 3：阿尔村重点调查对象简表

姓名	寨属	调查重点	其他擅长技艺
余世荣	巴夺寨	释比、羌歌	建筑、唢呐、编织、口弦、耍狮子、打猎
朱金龙	巴夺寨	释比	羌医、建筑、耍狮子、编织、打猎
朱光亮	巴夺寨	释比	口弦、唢呐、各类手工技艺、耍狮子、打猎
马永清	阿尔寨	释比	建筑等
王新英	阿尔寨迁居巴夺寨	羌歌	羌绣、织麻布、羌舞、口弦
陈兴亮	巴夺寨	羌歌	羌绣、织麻布、羌舞、口弦
王世林	立别寨迁居巴夺寨	羌歌	建筑、羌舞
朱忠福	巴夺寨	羌医	建筑、羌舞
罗秀琼	巴夺寨	羌医	羌绣
余正国	巴夺寨	释比	羌歌、羌舞、建筑、编织、采集、打猎

随着调查的展开，认识的深入，原来的许多思维定式都被一一打破。因羌文化各要素之间有着千丝万缕的联系，用现代学科分类的方法实难辨其轻重、得其要旨，也难以进行割舍。幸而，阿尔村人个个都是多面手，通过与几个重点调查对象的长期深入接触，亦可获得多方面的材料，而探访中又与他们每个人的家庭成员和往来亲友经常接触，则使调查的范围大大扩延，后来竟已可把整个村寨打通连接了起来，其社会和文化的脉络更为清晰。所以，整个调查过程实际是与阿尔村所有人从陌生到熟悉的过程，甚至有些是从初时的怀疑、抵制到后来如亲人知交的转变。至于访谈的次数、时间的长短则无法以量计。一旦有问题，事无巨细，总会有或长或短的交谈、探问、讨论。与谈的人员有时是经挑选的，有很多时候又是不固定的，关键取决于能否把问题弄清楚。表3是十个重点调查对象的一些简要信息，言其简要，主要指表中"其他擅长技艺"一项实际不是真实情况的准确反映，不准确并非指其不太擅长，而是他们擅长的实在太多，表中所列只是笔者所见或所知的一部分而已。

表3中还未包括房东余世华。余世华的实际技能在阿尔村不算太好，有些甚至操作不来，这和他的人生经历与众不同有关，但其羌文化知识储备在阿尔村却可称最丰，理论水平和识见能力在全村亦列前茅，尤其他那非凡的记忆力，众所公推。他不但能记住自己整个家族的族谱，包括历史和现在的远亲，还能记住村中其他家族的族谱，而且记得比别人更为清楚和准确。这点不但得到阿尔村人肯定，以记忆力强见称的释比和羌医都如是说。比如，按余世华弟弟余世荣（释比）的说法："我们哥哥对我们余家

的整个家谱可以说是倒背如流。"① 羌医朱忠福则说:"我们高祖那些,我们还了解一点,再往前就记不清楚了。余正国他们爸爸啊,就是余世华,小的时候爱来我们家耍嘛,我父亲经常给我们摆这些条(按:"摆条"即聊天,这里指聊朱家祖辈的往事)。我们有些记不清楚,但是余世华他记性相当好,他比较清楚一些。"② 可见余世华记忆能力之超凡。两年间笔者与其相处的日子最多,获得的印象也是如此,几乎可以说凡是他听过、见过的,多数都能记住,大体不差。甚至村中各家人员的构成、姓名、年龄、经历等等,无论大小,他都一一了然,在笔者单独前往其他家庭调查时,发现余世华提供的资料差错极少。更为难得的是,遇到他没记住的人和事,他就坦言,绝不捏造。因此,余世华提供的资料可信度颇高。有了这位房东的指点和帮助,调查少了很多障碍,也能迅速进入其文化体系。另外,表3虽未包括百家夺寨人员,但余世华家原来便属于百家夺寨,往来亲友中百家夺寨者众多,故实际与百家夺寨人接触的机会不亚于巴夺寨。余世华对百家夺寨情况又知之最详,所以并不影响调查的全面性。

然而,要真正理解一种文化,仅靠观察和交谈是远远不够的。因之,人们提出了体验、参与的研究方法。但要体验、参与到什么程度,则是个无人给出确定标准的问题。还有研究者指出,作为一个"侵入者",研究人员应该与研究对象保持足够的心理距离,尽可能做一个冷静的旁观者,以免自己的出现干扰、破坏了

---

① 2010年8月18日采访余世荣录音。
② 2010年8月21日采访朱忠福录音。

一个知识自洽体的内在构成。而且要警惕研究对象面对外人时或压抑或夸张的表达，力求寻找其真实的思想。

这些问题，笔者认为，对于一个研究者而言，最为重要的是要有洞悉研究对象的能力。虽然研究者可能对研究对象产生一定影响，应该警惕，但如果始终保持距离，躲躲闪闪地从旁观察，就总是不能改变"侵入者"的身份，那么，在研究对象眼中，研究者就始终是"异己"，其表达和行为也就始终不能自然。这样，研究者要获得准确可靠的信息虽不是全不可能，但显然要困难得多，对研究者判断能力、洞察能力的要求也要高得多。要使这个过程变得相对轻松而简单，改变研究人员"侵入者"形象应是较好的办法，而要做到这一点，一般是通过参与研究对象的活动，这一可减少人之间的隔阂，二可对其文化行为有亲身体验。

但在非物质文化遗产保护中，笔者认为，通常的参与和体验因带有心理距离，而且是局部的，故仍然是不够的，应该做到全方位的"忘我"。具体说，要研究一个不熟悉的文化体系，应想方设法先进入，如果不舍弃自己原有的文化思维，这种进入必然是不深入的，多数不可能真正进入，因此，要想进入以致融入一个不同的文化体系，首先要抛弃自己的文化思维。也即"忘我"。当然，"忘我"也未必真就能马上进入，但不这样做，进入的可能性很小却是大体可以肯定的。

有一种意见认为，研究者的"局外人"身份是不可能完全改变的。"局外"是永远的存在。这话不是没有道理，但正如"人不可能两次踏进同一条河流"一样，过分夸大了进入不同文化体系的不可能性。试想，无论什么样的文化体系，在人员构成上都非一成不变，总会有新陈代谢，有老年人的逝去，有新生命的补充，也有新个体的加入，例如娶进的媳妇、上门的女婿，还有其他原因流入的其他非亲人员等。那么，难道他们也不可能进入新文化体系吗？答案应该是否定的。文化之间的同化现象同样说明不同文化体系有融入之可能。应该说，能否进入和融入主要看一个人是否愿意进去和融入。

那么，对于一个希望非物质文化遗产保持生命力，能够继续活态承传的研究者来说，与研究对象保持距离，无论是心理上的还是身体、行为上的，也即不愿意"忘我"，怎么能够深入其研究的文化体系之中呢？不能深入又怎么能够知其存亡之道呢？不知其存亡之道又怎能找到使其将来不需借助外力就可以自然活态传承的办法呢？不能深入理解是最基本的问题，而自我意识的独立存在和不断干扰则是此问题解决的最大障碍，故而在这里强调"忘我"。"忘我"是前提。

"要研究羌文化，先做羌人。"这是笔者在研究羌文化时的自我要求。不过，这种要求不仅是心理上的，还是行为上的。

之所以要如此，是因为有了"忘我"之心并不能实现融入。笔者自认为，在方法上应从学做羌人开始。在此略陈一二，以求方家指正。

任何文化都是人类活动的结果，而人类活动最基本的是与自然的相处，因之，人类文化有许多是与自然相处的文化。那么，要进入一个非己文化体系，当可以先从进入其依存的自然开始。试举一例，羌人居住高山，出入全凭步行，不管这山有多高，那路有多遥。而羌人一如常人，并无特别之处，同样有老有幼，有男有女，体质有强有弱，可他们却人人皆然。那么，羌人能做到的，自己也就应该能做到。于是，初入阿尔村，笔者便专门徒步往返阿尔村与龙溪乡政府之间的17公里山路以体察之。我想知道，这在羌人如家常便饭，在城里人却似天方夜谭的事情实际到底如何。事实证明远没有想象中那么可怕、艰难和漫长，相对日后的许多跋涉，这几乎是微不足道了。除此之外，羌人的一切日常生产生活行为，自己也都尽可能去亲为，不是为了体验和观察，而是真的希望忘却自己的身份，完全把自己当作一个刚刚入住阿尔村的普通村民看待，希望自己能和当地羌人一样，在同等的物质条件下有生存下来的能力。当然，之后自己发觉，在这么短的时间里，要掌握这种生存的本领过于天真，没有长期的积累是全无可能的。但没有实际感受便无这一"发现"，而有了感受和"发现"，始知其文化之深浅。

对自己这些"怪异"的行为，其间许多人善言相劝"不必如此辛苦"、"没有必要"，可自己仍然执意坚持。这种"忘我"或许近于"迂腐"，但自己心里十分清楚，不放弃对现代交通工具的依赖心理，不去除畏惧长途跋涉的情绪，不可能真正理解羌文化这种走出来的文明。事实上，这样的想法和做法有如打开了一道大门，不但许多疑难迎刃而解，还能发现许许多多没有这种经验之时不可能想到的问题。实际上文化观察若没有生活经验的直接"言说"，没有必须付出努力，甚至痛苦才能做到的克服困难的感受，就难以直达其文化之灵魂，也就无法真正领会一种文化行为之所以如此而非其他的必然，也不能够举一反三地，甚或一通百通地识别出各种看似无关的文化现象之间的同根同源、同理同脉。

只要愿意像羌人一样生存，羌人的各种文化行为也就自然形成了。可以说，羌文化自己就扑涌而来，无须绞尽脑汁去揣摩。当一袋五十斤的大米或肥料扛上肩头，一百斤的玉米杆压在背上时，那种感觉绝非纯粹的观察者能够明白，而再要攀爬几十级台阶或走上一两公里坡坎，感受又会深一层，但若就此打住，则离其文化之脉还远。因为一次的感觉和第二次又大有差别，若干次以后，虽然在外人眼里，从表面行为上已难以看出你与一个普通羌人有多大的不同，但只有自己知道，羌人还有很多技巧自己没有发现和掌握。而这些，再善于表达的人也无法一一为你点出。一个孩童在羌区成长为羌人，应该就是这样的一个过程。一种文化样貌的定型也应是在这一过程中逐渐完成。一个非物质文化遗产保护的研究者在面对千差万别的不同文化时不就是一个不更世事的少儿吗？何妨做一回小学生呢？

后来才知道，这些行为顺便带来的好处竟是前面提到的很难做到的"侵入者"身份的自行消失，可谓"无心插柳柳成荫"。其实连羌人自己都不觉意，虽然他们许多人口中仍然客气，但心里早已悄然改变了态度，以致"忘他"了。所以才可能有开始时礼貌善意地婉言拒绝，后来却不断邀约的打猎，也才会有想到了即招呼同往的上高山采集，也才会有自然流露的信任和无拘无束的言谈。

当然，对于研究者而言，除了能"进"，还有能"出"的问题。但没有"进"，何来"出"？在未"进"之前便想着如何"出"，能力强者或者可能，但对于笔者而言却甚为困难，全心全意为之，尚且难"进"，而况再分心于截然相反的"出"？因此，自己只能"忘我"地先求"进"，待需要"出"的时候再想办法了。

另外，任何一种文化，哪怕是最传统保守的文化，也不是掺不得一点"沙子"的文化，更不可能是纯粹得只有一种观念的文化，而且，研究者的一些不同观念也不见得就能对一种成熟的文化体系产生实质性的影响。因此，笔者认为，在非物质文化遗产保护和研究领域，一个有"忘我"之心、愿意融入所研究的文化体系的研究者，不必过于担心自己那难以完全除去的原有文化思维和观念会对研究对象产生不良影响，尽管有时在与研究对象接触中会有意见的分歧、观念的碰撞。事实上这种思想的交锋在任何一种文化体内部都是经常发生的，并不是只有外来研究者参与时才出现。应该认为，一个"忘我"的研究者在被研究对象接受并可以充分交换意见的情况下，这种讨论更多表现出的是知识自洽体内部的思考。

本书绝大多数材料就是通过这种调查方式获得，书中的所有观点和论证则完全建立在这些调查的基础之上。

上 篇

阿尔村非物质文化遗产考辨

由前文可知，今天我们称为"羌族"的群体，人口甚少，即使是"5·12"汶川大地震发生前，也不过约略30万而已，聚居区域则主要集中于成都西北山区一个不太宽的狭长地带之中，所占面积并不大。而羌族史研究却表明，居住在这狭小空间内不多的人群，来源竟极其复杂。前面提到，历史上名称与"羌"有关的族群就多达上百个，他们因各种不同的原因或早或迟陆续流徙到了现在的区域里，又各自在不同的自然环境中衍变，故现在羌人聚居区内的羌民种类繁杂，不同寨子间的文化也有明显的差异。因此，要对阿尔村传统羌文化进行研究，首先要做的就是通过实地观察、访谈，并结合史料，将该村寨的传统文化形态与许多研究论著中统而称之的"羌族文化"进行对比辨析，把那些所谓"代表"整个"羌族"的，让人感到各地皆然的，"有代表性"的，但在阿尔村却并不存在或有很大差别的文化现象区分出来，还复阿尔村羌文化的本来面目。上篇各章做的就是这种考辨工作。

另外，由于近代以来多种因素的影响，阿尔村羌文化各方面也有不同程度的变异，甚至有的文化要素已经或正在消失，本书主要目的又在于对传统羌文化进行研究，因而上篇内容还原的并非完全是现实情况，而更侧重于考证其传统样貌。

还要说明的是，阿尔村传统文化保存虽相对完整，但出于多种原因，上篇所涉不少事项笔者未能亲见亲历，只能取自口述。亲眼目睹、亲身经历和口述之间的差距是明显甚至是巨大的，为了尽可能减少失真，笔者采取的方法是，先与羌民中专擅某一技能的人士进行深入交谈，以求全面系统地了解，在此基础上再广泛核较互证。因此文中提到的所有文化现象的口述者都不止三两人，均是经向多人反复了解，最后综合所得，再进行辨析核实而成，故所有材料的出处都不是唯一的，有所标注的只是取其较有代表性者，而更多的情况则无法一一标明访谈对象。

再有，正如前面提到的，用现代学科分类的方法对羌文化进行研究有一定局限，不容易整体把握其文化本质，故在上篇有意模糊了这种分类模式，而主要以羌人的现实生活为主线展开，只把个别分歧比较少的文化现象集中归类。这也是基于以下认识，即羌人的许多文化行为，包括人们常说的宗教、艺术，更多地表现为生产生活的一种技术和手段，有着明显的实用功能，具有现实的作用，乃当地社会生产力的一个重要组成部分，而不表现为渺茫的愿望和寄托或纯粹精神上的述求。这样安排也是为下篇进行相关论证做准备。

之所以要独辟一章介绍释比文化，不仅是因为阿尔村释比多，释比文化特别发达，更主要的是在阿尔村，释比几乎全方位地介入当地人的日常生活，如不先做专门介绍，后面的许多文化现象就难以理解，也不容易说明白。因而把释比文化放在第一章。

第一章 释比文化

第一节 释比简述

"释比"是羌语的音译,"释"为辅音,"比"为核心词,故又可简称"比",在羌区的不同地方,因羌语方言差异,发音稍有不同,如还有"释卓"、"许"、"释谷"等。在阿尔村,称为"释比"。

汉语中似无可与"释比"对译之词,因此人们通常根据释比的一些特有行为为其定性。由于释比是专指主持祭祀、驱鬼、招魂等法事之人,故释比常被理解为巫师、端公、经师、祭司、萨满等,各人理解略有差别,基本一致。同时,人们也指出,释比不脱离生产,有妻室儿女,无专门的宫观庙宇和社会组织,因此与专职从事宗教活动者有所区别。

据笔者在阿尔村的调查考证,以上描述基本适用于阿尔村,可得该村释比之大要。不过也应指出,就阿尔村的情况看,村寨内的话语系统无论自称还是他称,几乎都不会出现"释比"这一词汇,对"释比"最为常见的称呼是直呼其名或以辈分相称,如

"余三伯"、"朱大爷"、"朱金龙"等,向外人介绍也是如此,只在外人对释比的行为表示兴趣时才有可能用到"释比"这个词。但对于保护羌文化和研究释比的人员则例外,此时"释比"一词成了沟通、交流、理解的桥梁,被频繁使用。

另外,许多学者对释比有很高的赞誉,如称之为"羌族文化大师"、"百科全书式的人物"、"羌族社会的精神领袖"、"德高望重且权力至高无上之人"、"宗教领袖"、"令世人尊重和崇拜之人"等等。对此,笔者不能完全认同,因为在阿尔村的释比很多,他们在村寨中地位、声名各不相同,并不都表现出如上特点。的确,阿尔村释比中有学者们描述的那种人物,但更多的是与一般人无异,与石匠、木匠、铁匠等具有专长者差别不大,只是术业有专攻而已。

一、释比的职能

前面说释比全方位介入阿尔村人的日常生活并非夸张,这一点,只消看看阿尔村中掌握释比技能的人在什么场合以释比身份出现就可以明白。同时为更清晰具体地阐明释比的职能,在此将调查所得的阿尔村释比出现的各种场合做一汇总。

(一)释比与个体生命历程

满月:新生孩子若为男孩,满月后须请释比主持,将孩子带到房屋最高层的小罩楼房顶,在供奉白石神的白石塔前祭拜。

成人冠礼:无论男孩女孩,在孩子满12周岁当年的十月初一,于山神庙或自家火塘边要举行成人冠礼,请释比主持。

结婚:请释比测算订婚、结婚的良辰吉日;新娘离开娘家前留下的"回头馍"要请释比念经、施法；男方家庭在迎娶新娘进门前必须请释比攮新人邪。

做生：满60岁的老人做生，由释比主持拜寿仪式。

丧葬：释比自始至终参与丧葬的整个过程，绝大多数环节都要由释比主持或指挥。比如：释比主持杀落气羊、推算下葬的时间和地点、带队并指挥挖墓坑、主持杀改罪羊、带羊皮鼓队等去迎接买丧事物品的人和货、给办大夜的两支羊皮鼓队神杖开光施法、攮死人邪、主持下葬事宜、推算死者魂灵是否回来及何时回来等。

（二）释比与家事

咂酒开坛：对于家庭而言，时常会有用到咂酒的时候，比如婚礼、建房、重要客人或贵宾光临等。凡喝咂酒必有开坛仪式，此仪式须由释比主持。

建房：家庭建房前首先要请释比选址、择时；房屋建造过程的许多环节都必须请释比办理相关手续，包括：挖基脚前安四角地神；基脚挖好后奠基；选安财门的日子及主持安财门仪式；盖屋顶的择日和敬神；安白石神、铁三脚和家神；咂酒开坛；等等。

还家庭愿：若家中有重大事情需要还愿，就要请释比主办。

教牛：幼牛长至适合耕地的齿岁要经过"教牛"才能下地，必须请释比主理。

（三）释比与村寨集体事务

转山会：每年六月初六全寨要举办集体许愿性质的转山会，由释比主持敬拜仪式。

十月初一：每年十月初一全寨会进行集体还愿，此为阿尔村各寨最为隆重的活动，由释比主持整个还愿过程。

建祭祀塔、碉楼：祭祀塔和碉楼等属于集体拥有的建筑，建造过程诸环节请释比的情况同民居，祭祀塔建成后还要举行开光仪式，也必须由释比主持。

（四）释比与异常事件

抵御自然灾害：阿尔村在遇到干旱时会求雨，遇到阴雨连绵成灾的情况则要还天晴愿，这两种活动都由集体发起和组织，具体则要请释比操办。

法术治疗：当个人身体不适，需要用法术医治时，就要请释比治疗。在阿尔村，释比治疗的方法很多，根据具体情况而定，常见的有：看水碗判断症因、中坛招魂、送茅人、送血光、送花盘、踩铧头、化臀子、捞油锅、打油火等等。

二、释比及经文的类别

释比的类别一般与法事和经文的分类相关联。在学术界，经文的分类方法过去较为统一，以上坛经、中坛经、下坛经分之，但近些年学界在分类问题上出现了异议，提出了多种新的分类方法。

上中下坛分类法最早见于1986年1月钱安靖《羌族宗教习俗调查资料》，载于《羌族社会历史调查》一书中。该文认为释比法事根据性质可分上中下三坛，上坛属神事，中坛为人事，下坛为鬼事，相应地经文也分上中下坛，详文见下。[①] 后来的多数学者从钱说。

---

① 参见并转引自和志武、钱安靖、蔡家麒主编：《中国各民族原始宗教资料集成：纳西族卷·羌族卷·独龙族卷·傈僳族卷·怒族卷》，中国社会科学出版社2000年版，第496、518页。

端公以其所作法事的性质不同，分为上中下三坛，上坛为许愿还愿，请神敬神，属神事一类。如每年播种前许愿，收获后谢天还愿；或当年村寨无病无灾，风雨调适，五谷丰稔，照例须请端公谢天谢地，请神还愿；或因稀儿少女、爹娘生病、修房造屋等许愿还愿，作这类法事认为是吉利事。中坛为人事，即占卜吉凶、驱邪治病、消灾除害；或打太平保护以解秽、驱邪、招财进宝，婚丧嫁娶敬神还愿等，大抵属人事，但与邪魔鬼怪有关。如羌人凡遇三灾八难，生病医治无效，必以为邪魔作祟，鬼怪缠身，须请端公驱邪逐鬼，皆属中坛。下坛为鬼事，即全为赶鬼逐鬼法事，如为久病重病患者赶鬼治病，为死者解罪解煞，为凶死者招魂超度（又称招魂"除黑"）等，全为鬼事。羌人死后须请端公开路和解罪解煞，据说其灵魂方能顺利归西，特别是凶死者，须请端公招魂"除黑"，其灵魂乃得超度。

1988年赵曦首先提出新论，他根据调查，认为羌族没有三坛的术语，提出白黑二元分类。[①]2007年陈兴龙在《羌族释比文化研究》一书中认为应淡化释比分类，并根据"羌语中不存在与'坛'相对应的词汇"，"'坛'的概念在羌语中是比较模糊的，或者说羌语中没有这个概念"，且"释比经典并不着意区分神、人、鬼，在释比经典乃至羌人的信仰中，神、人、鬼是不可分割的"等理由，

---

① 参见赵曦：《神圣与亲和：中国羌族释比文化调查研究》，民族出版社2010年版，第51页。

明确提出"应该抛弃以'坛'分类的做法",替之以"部"进行分类的观点,其根据为"在接受访问调查的时候,绝大多数释比和羌族老人都习惯以'部'(段,羌语 dio)来称相应的经典"。按此法,陈兴龙等在编《羌族释比经典》时将 500 多部经典分为 23 类。①

2008 年,阮宝娣在其博士学位论文《羌族释比与释比文化研究》中说:"在我对羌族地区进行田野调查过程中发现,释比们并没有对唱经进行明确分类,更没有所谓的上坛经、中坛经、下坛经的分类概念。"但同时也认为"从唱经的主要内容来看,将释比唱经分为上坛经、中坛经、下坛经是恰当的"。②

2010 年赵曦在其新著《神圣与亲和:中国羌族释比文化调查研究》一书中依据更多的调查,总结"羌族民间关于释比有着五种说法:1. 羌族三坛端公;2. 羌族两堂端公;3. 羌族白黑端公;4. 羌族十二派端公;5. 羌族白黑黄释比"。肯定了释比分类的存在。作者经分析和引证陈兴龙、阮宝娣的有关观点后,认为"羌族释比的三坛分类法不甚妥帖,不符合这个文化的本相与实质",又进一步结合调查和经文论证,提出按白鼓、黑鼓、黄鼓分类的新三分法。"白性质神"范围很广,包括原来的上中坛;"黑性质神"主要是邪;"黄性质神"为鬼邪,是凶恶的鬼灵。③2011 年 4、5 月间,赵曦在龙溪乡指挥筹建以释比文化为主

---

① 参见陈兴龙:《羌族释比文化研究》,四川民族出版社 2007 年版,第 26、174 页。
② 参见阮宝娣:《羌族释比与释比文化研究》,中央民族大学 2007 年博士学位论文,第 89、90 页。
③ 参见赵曦:《神圣与亲和:中国羌族释比文化调查研究》,民族出版社 2010 年版,第 49—66 页。

题的羌人谷民俗文化博览馆二馆,采用的就是白黑黄分类法。

据资料显示,早在1943年3月,民国政府教育部蒙藏教育司编的《川西调查记·羌人之部、羌人之信仰》中就记载有"端公有红白两种"的调查结果。1954年,西南民族学院编的《羌(尔玛)族情况》则调查得有"根据余老端公说:端公分上下坛。上坛和神打交道……下坛和鬼打交道"。①

查钱安靖调查的相关资料,他专事调查释比经文共有四次:

一是1983年10月调查理县桃坪乡增头寨杨步山②;

一是1983年11月调查汶川雁门乡袁正祺③,龙溪乡阿尔村余明海、朱顺才,绵虒乡沟头寨王治国;

一是1984年11月调查绵虒乡沟头寨王治国,龙溪乡阿尔村余明海、朱顺才;

一是1984年12月调查汶川雁门乡袁正祺。

钱在对桃坪杨步山和龙溪乡余明海、朱顺才调查时记为上中下坛,调查绵虒王治国时记为"分上、中、下三坛(又称上、中、下三堂)",调查雁门袁正祺的资料开篇如是说:"过去萝萄寨(索桥小寨邻队)端公张华山说,端公共有16部经,他所说的我不大清楚。我知道上坛经(请神、敬神、许愿、还愿)12部,中坛经(打扫房屋打太平保护、治病送鬼)12部。至于下坛经(驱赶鬼怪、怪、同魔鬼打仗)乃将中坛经语气念得很重,且为谩骂、命

---

① 参见和志武、钱安靖、蔡家麒主编:《中国各民族原始宗教资料集成:纳西族卷·羌族卷·独龙族卷·傈僳族卷·怒族卷》,中国社会科学出版社2000年版,第496页。
② 又有称"杨茂山",似与"杨步山"为同一人,不知何者为确。
③ 另有一"袁真奇",似应为"袁正祺"之误。

令式，念唱时端公面目凶狠严峻，表示对邪魔毫不客气，也可以说为12部。共36部，但端公基本经典为24部。"看这段话语气似应为袁正祺讲述，钱安靖整理润色。后来钱安靖总结为："释比唱经按所做法事性质不同，或分为上中下三坛，或分为上坛和中下坛，或分为上下坛。"①

由以上情况看，钱安靖的上中下坛分法很有可能是根据调查，并结合前人考察资料综合得出，似非完全出自人为创建或作为研究者的客位分类。

2011年5月7日，应赵曦邀请，笔者随同阿尔村几位资深释比一同前往参观龙溪乡羌人谷民俗文化博览馆二馆。在归途中阿尔村释比们对白黑黄分类法展开了讨论。他们对这种分类法皆不能认同，其中一部分人还强烈反对，并说："我们阿尔村只有上中下坛，没有什么'白黑黄'！那是错误的！"之后笔者经反复求证核实，发现阿尔村村民和释比们都能说出与"上坛"、"中坛"、"下坛"对应的专门羌语词汇，他们多数会顺带如是解释："上坛就是敬神的，中坛是结婚、安门那些和人有关的，下坛就是死了人、或者是被鬼害之类的。"

调查中还了解到，阿尔村羌语更新极为缓慢，比如阿尔村羌人传统只使用连脚一起裹缠的绑腿，没有袜子，故羌语无"袜子"一词。但袜子传入阿尔村的历史也已经不短，可至今阿尔村羌语

---

① 综合参考《中国少数民族社会历史调查资料丛刊》修订编辑委员会四川省编辑组编：《羌族社会历史调查》，民族出版社2009年版，第128—174页；和志武、钱安靖、蔡家麒主编：《中国各民族原始宗教资料集成：纳西族卷·羌族卷·独龙族卷·傈僳族卷·怒族卷》，中国社会科学出版社2000年版，第518—547页。

中仍无"袜子"一词。依此特性，羌语中出现上中下坛专有名词应需要较长的时间，而不会短期内形成。经观察，对羌语中没有对应词的事物，阿尔村人尽皆使用相应的汉语名称，未见有人能够"创造"出新的羌语词。换言之，"上坛"、"中坛"、"下坛"的羌语词不是新创词汇。

综合以上情况，笔者以为，分类问题存在地区差异。上中下坛分法可说有理有据，应该肯定。至少对于阿尔村来说，释比经文用上中下坛分法是合适而且准确的，即使在语言翻译上存在不确切的可能，也不应完全否定其按神、人、鬼分类的方式。但要指出的是，阿尔村的上坛经包含了许多中坛经的内容，故有"懂上坛就懂中坛"之说，与袁正祺所说雁门中下坛相近的情况不同。而以"部"称释比经典一说，在阿尔村则完全不成立。2011年4、5月间，笔者请该村三位老释比（其中一位是当年担任《羌族释比经典》录音翻译的朱金龙）指认《羌族释比经典》中适用于阿尔村的经文并加以解释时，凡称"部"的经文他们都迅速跳过或翻过，仔细询问得到的回答是"我们这里没有这个"。

不过，学者们的异议显然也是基于大量调查而发生，这说明羌区的情况复杂，不同村寨不一样，而这又与羌人来源多样，羌区各地文化和自然环境差别巨大有关。因此，用任何一种方式进行简单的统一显然都不实际，也不可行，至少目前无法做到。故而更应该强调先单独深入剖析和研究，待条件成熟再做大范围的比较分析，然后才对能否统一和如何统一进行判断和思考。

此外，虽然上中下坛的经文、法器、程序、地点、适用场合等等泾渭分明，区别明显，绝不能混淆，但对于一个释比而言，却是可以同时掌握的。也即是说，法事和经文有上中下坛分别，释比却不能简单地以此分类。以阿尔村为例，一个释比可能是"全卦子"，即上中下坛都懂，比如余明海；也可能仅懂下坛，如朱光亮；也可能只懂上中下坛的其中一小部分，具体因各人偏好、师承、机缘等不同而不同。有的释比被称为"上坛释比"，有的叫"下坛释比"，通常是指他平日主要从事的法事而言，未必其他全然不懂。

阿尔村释比经典究竟有多少？钱安靖当年以阿尔村余明海、朱顺才为调查对象采录了30部上坛经和2部中下坛经，共32部。① 根据赵曦的调查，以阿尔村为主的龙溪乡释比体系保存了上百部释比经典。②《羌族释比经典》收录最为全面，调查到羌区有500多部经典，整理成文的也有362部，可惜未按人和村寨区别，无法得知阿尔村的经文数量。阿尔村余明海是当年《羌族释比经典》采录的主要释比之一，据说录音时间最长的两位释比余明海居其一，其个人所录磁带多达18盘。③ 已知记录500多部经典共用磁带117盘④，那么18盘磁带占总时长约15%。

笔者在实地调查中未能获得阿尔村释比经文的准确数据，原因是阿尔村释比无人能说得清楚，只知道即使是余明海，也没能

---

① 参见和志武、钱安靖、蔡家麒主编：《中国各民族原始宗教资料集成：纳西族卷·羌族卷·独龙族卷·傈僳族卷·怒族卷》，中国社会科学出版社2000年版，第529页。
② 参见赵曦：《神圣与亲和：中国羌族释比文化调查研究》，民族出版社2010年版，第21—22页。
③ 信息由余明海长子余世华提供。
④ 参见陈兴龙：《羌族释比文化研究》，四川民族出版社2007年版，第26、174页。

掌握全部经文。按阿尔村目前相对最全面的两个释比之一余世荣的说法，而今纵是阿尔村所有释比掌握的经文合而计之也不完整，其中中坛因懂的人较多，有可能比较完全。①

第二节 阿尔村释比传承及系谱

一、谁是释比？

要梳理阿尔村释比的传承系谱，首先遇到的问题就是，判定一个人是否为释比的标准是什么？简单说就是，谁是释比？

之所以有此一问，原因有二，一是学术界对一些较为严格的释比传承方式，尤其是隆重的出师谢师形式的关注、记录、强调以及其阐释叙述方式容易令人形成如此印象，即认为释比的传承和产生应遵循某种规定的程序，只有按照程序产生的方能称之为释比。② 如：

> 学习端公首先要拜师许愿，祈求神灵保佑其聪明健康，并立誓遵守师规，同时要给师傅拜礼，即猪膘、大米、白酒等各数斤……学成后，还要还神愿谢师傅方能行职。出师时，

---

① 依据2010年8月18日采访余世荣录音。
② 较有影响的释比传承方式有：1941年胡鉴民在《羌族的信仰与习为》中描述的茂县三龙乡凋花寨端公谢师礼要请毒药王加法术演示；1943年张宗南在《萝卜寨羌民的端公》中介绍的汶川县雁门乡萝卜寨端公拜师、学艺方式和满师"解卦"须送谢师礼，还要宴请九寨老端公并展示法术、还愿等；近年来学界较多关注的汶川县绵虒乡羌锋村严格的拜师谢师形式。

学端公者邀请本寨及邻村端公出席谢师仪式——盖卦。主人杀数只到数十只鸡作祭祀的牺牲,条件允许的还要杀猪宰羊,以还神愿,同时大宴众端公和宾客。弟子以衣帽鞋袜等礼品谢师;为师的端公则回赠几样法器给弟子。①

新释比是由老释比授徒盖卦而产生的……所谓盖卦,是指徒弟学艺完成之后所接受的一项严格的正式考验。②

普通人要成为释比,必须首先拜师,并经过三到五年的跟师学习、实践过程,掌握了释比唱经、各种仪式程序、制作仪式用具的方法、各种法事程序、咒语、占卜方法等,完全具备了作为一个释比的能力,再通过传统的解卦仪式,即出师仪式,得到天神及众位神灵的认可,才能真正成为被羌族社会接纳的释比。

在汶川县调查的9个释比……没有一个举行过传统的解卦仪式,余明海、张富良、王治升、张生云、赵邦蓝、杨贵生都是以简单地向祖师、神灵通明方式解卦的……朱金龙擅长跳释比的羊皮鼓舞,没有学会所有的释比经典和法事,不能解卦;朱光亮也没有系统学习释比经典和法事,他极其擅长释比法术表演,虽继承了释比下坛的大部分法术,但也不

---

① 王康、李鉴踪、汪青玉:《神秘的白石崇拜:羌族的信仰和礼俗》,四川民族出版社1992年版,第107—108页。
② 陈兴龙:《羌族释比文化研究》,四川民族出版社2007年版,第16、17页。

具备解卦的资格。①

上面引文中提到的"盖卦"与"解卦",实为一物,似非羌语,更像四川方言的音译,是检验学习者对所学掌握与否的一种通俗说法。事实上,如果以"没有学会所有的释比经典和法事,不能解卦"标准衡量,不但朱金龙、朱光亮不能盖卦,连在茂、汶、理三县威信很高的著名老释比余明海都不具备资格。

另一个原因是,在调查中发现,阿尔村人对释比的判定也有差别,对于同一个人,一部分人说是释比而另一部分人说不是的情况常能遇到。即便是精通下坛法术的朱光亮,也有人说他不能算释比,原因是他"只懂下坛的一部分"。

由是,问题便产生了,若以"全面与否"作为释比的判断准则,可能从古到今没有一人符合要求,这便会导出"羌区无释比"的荒谬结论。就算退一步,用"盖卦与否"来检查,整个羌区当前勉强能称得上释比的也寥寥无几,而目前,释比重镇阿尔村就一个都没有,这显然与阿尔村至今仍然普遍存在、处处可见的释比文化现象不相匹配。可以认为,"追求全面"的评判标准过于苛刻,有失偏颇,也不合实际。在非物质文化遗产保护中,这种观念必然会把许多释比排除在外,使得日渐衰微的释比及其文化得不到应有的重视和保护。而若以此方式来强调释比文化的衰亡,则既不符合事实,也是对释比文化的误读,更会埋下许多祸根,

---

① 阮宝娣:《羌族释比与释比文化研究》,中央民族大学2007年博士学位论文,第77、120页。

日后很可能因此进一步加速释比文化的衰落。

调查发现，在阿尔村，"盖卦"一词使用频率极低，有的释比甚至不知何谓"盖卦"，其因尚未查明。要注意的是，在过去，阿尔村释比师父对徒弟掌握程度进行考核另有个专门的羌语词，曰"得格入革寺"，相应的考核方法亦别具特点，与众不同。其法如下：

> 考的时候，师父让所有徒弟紧闭双眼坐在磨房里的水车上，然后把磨房的水闸提开，人便随着水车旋转起来。师父会提前告诉徒弟们："虽然你紧闭双眼，但是，眼前能够看到：青面獠牙，无头，缺腿，浑身血淋的鬼怪，凶猛的野兽等，非常恐怖的一个场面。如果害怕了，睁开双眼，一切都消失了。"旋转一段时间停下后，师父一个一个单独问弟子，刚才你看到些什么？最先看到什么，然后看到什么？如果弟子能始终紧闭眼睛并回答出来，就说明他学到了。若只能说出其中一部分，说明只学到了一部分。而因害怕睁开眼睛的，就什么都没有学到，也学不到。①

不过，这种方法也只留传说，已无人操作，可说已经失传，"得格入革寺"一词现在也很少使用。尽管如此，这些传说亦能给我们一些信息和启示，即在释比传承、产生和判定方面同样存在地区和文化差异。结合前面提及的各地释比文化之间在形式上存

---

① 综合以下材料：2011年2月25日采访余成发录像、2012年4月8日电话采访余世华；阿尔村人编著：《阿尔档案》，文物出版社2011年版，第176页。

在的诸多差别，说明其背后很可能另有原因，因此不能将释比文化现象简单地抽离、汇总，孤立地看待和分析，应将其与当地的其他文化现象一并观察才可能获得较为客观和准确的解释。让我们把这个工作放在下篇，在此主要就阿尔村释比及其文化的一些基本要素做一呈现。

经与阿尔村的许多释比相接触交往并深入访谈，笔者发现，不但传说中的磨房考试法有别于其他地区，现实中，阿尔村释比的传承也和前面引文所说有很大不同，显得随意，既不特别神秘，也不特别郑重其事，而且，学习起来亦不像许多人以为的那样困难。只要愿意，都可以学，只要有心，也都能学好。花费更不似其他许多严格的传承方式那般昂贵。兹举几例：

> 朱光亮：那年，我说师父教我一下嘛。他说，我晓得你这个娃儿的脾气好，你要安心要学哩，我就教你。我安心要学，他就教。但我没进过学堂。不识文化的人就恼火，记性不好。就口头传嘛。一两句话，我要问好多回哦。师父说，哎哟，你这个小伙子，那么记性不好。还有些羌语话，是没听到过的羌语话，恼火的嘛，念不实在的嘛……咬口（按：即拗口）的嘛。咬口的那些，都要学几道。咬口就翻不过来，学会了就对啰，学会了就随便翻。没学到就恼火，咬也咬不实在，这么吼，不是的，那么吼，不是的。那个音要变的嘛，不得行。就这么学，学到啰。九几年，（师父）喊我去盖卦。他说，今晚上你守棚子的时间，火烧大一点，铧头烧红一点，你自己去整哦。那时间我和我们的一个王老表

在守玉砂厂，晚上我把三把铧头烧红，下坛经念完，请祖师爷下来，化一碗水，眯了一点，吹到火坑里头。哎呀，我心头虚，头一回把我汗都吓出来了，不敢，怕怕怕。怕啥子啊？怕那个火。回来跟师父说不得行……二一回（按：即第二回）又去整……眼睛眯到，舌头拿出来，抵到（烧红的铧头）舔了两下。哦？冰的。哎，我说对啰对啰，心头高兴……我就回来问师父，师父说这下好了，得行了说……我从那就学到啦。学到过后我就没用。师父说啥时候用得了我给你说啊。有回子他有点不好，感冒啰。有人请他，他来喊我说，晚上你去给他化一碗水，踩一个铧头。我说哎呀师父我还没做过的嘛。他说不怕的，你去嘛……我就心惊胆战地就去……烧了三个铧头给他弄下来过后，我就回来了，十二点就回来啰。第二天我就师父那儿去了，拿了两瓶酒，给师父拿起去。师父问，昨晚上如何？哎呀，师父，昨晚上我巴实啰。有啥子问题？没得问题啰。（师父说）对啰对啰对啰。那就该你来啰……人家要请到，我都不会来了，我要指到你，我那徒弟会啰。你就去啊。就这个样子。我从那就开始在用啰。[1]

马永清：学踩铧头、打油火那些不难，主要是有几句话，就背熟就行。几天就学会了嘛。背的时候，你是阴到（按："阴到"即避开人）背嘛，一般是房背高头啊，干净地方背，就可以啦……我师父没在的时候（按：意思是去世了）我就

---

[1] 根据2010年8月20日上午采访朱光亮录像整理。

开始单独做……如果师父在，不可能单独去。必须要跟师父一起的嘛。①

余世荣：我是七几年，二十多岁才开始学……有空或者有机会，我们父亲去给其他人做事情（按：指做法事）的时候，去给他帮忙嘛，那样学会的。其实撵死人邪的咒语就几句话。这几句话也并不是很神秘，还是挺容易，多半都是汉语。②

陈兴亮：踩铧头我是跟化水一起学的。踩铧头跟化水是一个师父（按：指咒语中要念的祖师名，不是授业之师）的嘛。踩铧头那个哩，师父的名字都要念到，化水这个哩，名字不提都还是要得。咒语要说到。教的时候，咒语念到了，念完了，那就可以了嘛。（我）爸爸说的，厕所上那些地方就念不得，其他地方都可以。现念现煮饭都得行，念耍嘛，它自然心头都要冒上来，他这样说。那天，我在教我们大娃娃，他四十六了嘛，他有点害羞，呵呵呵地笑。不怕的，下一次你就可以了，我说。多给他念几遍，他还是记得到，基本上还是学会了。③

朱金龙：1983年以前我当村长的时候，我经文那些都还不会哦，我那几个小娃娃反而比较可以，他们天天跟到爷爷身边，可以说，那个鼓鼓随便会敲，上坛经文随便会念，我们么兄弟，释比方面更比我懂，（因为）他一直在父亲身边，但是三十九岁就肺气肿去世啰……学的时候，徒弟有七八个

---

① 根据2011年5月6日采访马永清录音整理。
② 根据2010年8月18日、2011年5月10日采访余世荣录音整理。
③ 根据2011年4月22日采访陈兴亮录像整理。

人啊,师父就在那儿念。我父亲就两三句一段,分好多个段落来给你,你把这几句先念了,然后再接下段。我岳父(按:指余明海)就一串念,不停,中间停了他就接不上去了,又要开始。①

阿尔村释比的学习也不是只跟定一个师父,如余明海的师父除了自己父亲,就至少还有其叔叔余成芝、阿尔寨的马观音堡和木拉寿三人。余明海长子余世华回忆道:"四几年时四爷爷(按:即余成芝)就死了,父亲还没有学精通,祖祖又请了一个阿尔的释比,叫马观音堡,他是个残废。父亲把他从阿尔背到白家夺,烟酒茶供起,想要学精(即完全精通)一点,整整学了一年时间,当时一起学的有王保全、杨兴发等四五个人。"②

以上列出的几位已是目前阿尔村最有影响力的释比,他们学习释比尚且自然随性、不拘一格,其他就更是如此。阿尔村释比传承的这种大众化、生活化的特点实应值得注意,或许这才是最为普遍常见的方式。阿尔村乃至羌区释比文化的丰富多样和无限生机很可能正与这种看似不严格的传承方式有关。

另外,实地考察也告诉我们,在阿尔村,多数情况下,学成释比很多时候并不需要大肆张扬、广而告之,尤其是带有私密性质、暗中进行的下坛法术。因此,一个人是不是学会了释比的有关技艺,或他掌握了哪些释比的技能,在其展示之前,外人是无

---

① 根据 2010 年 8 月 21 日采访朱金龙录像整理。
② 阿尔村人编著:《阿尔档案》,文物出版社 2011 年版,第 217 页。考察期间余世华、朱光亮等也反复向笔者提起此事。

法得知的。学没学成，只有其本人和师父知晓。在开始实际操作之后很长时间内，常常也只是小范围的亲戚知道。如余世荣说："我第一次去做这个事情是在马灯①，给我们一个亲戚的女儿送血光，大概是（一九）九一二年吧。那时候知道的人很少，除了自己亲的人，其他的人不了解。"②还可举朱光亮为例，他说："朱金福老爸死的时候，我就开始打钎，他们的客多，那个时间好多客人哦，跳了（按：指跳了羊皮鼓舞后）……我把钎子拿出来，打了五根，看的有些人，吓惨了。鼓鼓耍下来过后……好多人吓到啰，有些没看到过，吓到啰，说，哦——，你原来是这么一个人，这位朱大爷，惹不得哦。怕我，不敢惹我啰。"2006年后汶川县萝卜寨搞旅游开发，其间，朱光亮第一次当众演示捞油锅，给余世荣留下了深刻印象，他这样描述道："跟你说，那个清油啊，烧红以后，他可以在锅里头丢几个东西，他还敢捞出来哦，那年在萝卜寨搞古羌文化节的时候他都表演了，没有一点法术那怎么行嘛。"③朱光亮谈起马永清则说："马永清不知道行不行，他们师父教过，不晓得教的哪些，我不晓得啊。捞油锅没看到过他，打钎，我没看到过他，招魂，这个哩，听说跑过几回，招回来没招回来我们也弄不清楚，踩铧头啊，捞一下油锅啊，这些没看到过，懂不懂，我们也不晓得。"④而作为马永清表哥的余世华则亲眼见他做过，因而就非常肯定，马永清自己也淡淡地却又十分自信地说

---

① 马灯是龙溪乡距离阿尔村最近的一个村，位于半山，原来与阿尔村合称"胜利村"，后来单独成村。
② 2011年4月26日上午采访余世荣录音。
③ 2010年8月18日采访余世荣录音。
④ 2010年8月20日采访朱光亮录像。

"没问题"。①

以上这些都说明，即便是阿尔村人，也不十分清楚村中其他人的底细，就算是有所听闻，他们也只在"眼见为实"之后才会认可。

因此，笔者主张，对于体系庞大、包罗万象的释比文化，不应以学习者掌握释比文化的多寡作为判定其是否为释比的原则，也不应以某一地区或某一释比文化类别的具体判断方式套用于不同地区、不同类别上面。另外，释比文化在各地存在差异，要求一个地方的人全面掌握整个羌区的释比文化，既不可能，也没必要。应该持有的态度是，看其所学部分是否完全掌握，是否已经可以独立操作，并能解决相关问题。如能做到这一点，即使他习得的只是释比文化中的极小部分，也应视为释比，毕竟在某一点上他是精通的。而对于那些无一精通者，不能实际操作者，则不应以释比称之，即使他了解很多有关释比的知识。余世华就是这样的典型，他可以给你讲得很清楚，解释得很明白，也能指出和纠正释比的一些错误言行，但自己却不会操作。

按照以上思路，就可以看到阿尔村其实有一个庞大的释比群体。由于释比们各自掌握的技能不尽相同，兼之学习释比具有随意性，通常是就近学习，以能者为师，即使是自己师父，学习者也还可以根据自己兴趣、能力等实际情况对学习内容有所取舍，这就使得其系谱表现出交错复合的特点。恐怕也只有这种灵活的传承方式造就的复杂、多样的释比群体和系谱，才能与纷繁多态、蔚然大观的释比文化相称，满足羌人生活中对释比频繁、多元的

---

① 2010年8月19日采访马永清录音。

需求。

下面便根据调查所得，对阿尔村错综复杂的释比系谱尝试做一勾勒。

二、阿尔村释比系谱

纵观整个阿尔村，其释比传承方式既有家族传承，也有师徒传承，交相混合，而且许多释比的师父实际往往不止一个，师承体系因此显得不太严格和分明。又由于阿尔村羌人相互间或远或近都有亲缘关系，故此阿尔村人的习惯是把释比的代际关系与亲缘的辈分相对应，以一辈为一代，对长辈均以"老辈子"尊称。不过，具体到每个人，在师承上多数还是有主次差别，下面理出的也只是就其主要师承而言。

要对阿尔村的释比系谱进行分析，可以有多种归类方法，比如，可以按寨子归类，也可以按家族归类，亦可按师承归类。鉴于阿尔村释比传承方式的复杂和多样，在这里综合运用以上几种归类法，总体上先以寨子划分，再根据不同寨子的特点，或以家族传承为主干，或以师徒传承为骨架，在此基础上穿插其他相对较为松散或零碎的传承方式，作为呼应和补充。

（一）百家夺寨释比系谱

余氏家族是百家夺寨的大家族，从最早落户百家夺寨的余家祖先算起，繁衍至今已十五代。据该家族第十三代长孙，也是目前阿尔村公认记忆力最强的余世华讲述，其家族释比系谱可说与族谱相始终，除第十五代年纪尚幼，还未开始学习，其余十四代皆为释比，代续不绝。阿尔村目前能追溯的最早的释比系谱便是百家夺寨余家。故百家夺寨以余氏家传释比系谱为骨干。下面先以表格方式简述之，见表1-2-1：

表1-2-1：百家夺寨释比系谱表[①]

家族		姓名	释比师承及掌握情况
余氏家族	第1代	竹元富	从茂县牟托迁至百家夺寨定居。释比，具体情况不详
	第2代	铁龙波	释比，具体情况不详。
	第3代	依玛	同上
	第4代	七曲	同上
	第5代	伏音波	同上
	第6代	余天龙	开始使用汉式姓名，并按字排辈。释比，具体情况不详。
	第7代	余知明	释比，具体情况不详。
	第8代	余化鹏	同上
		余化龙	同上
	第9代	余尚洪	余化鹏长子。据传为"拉比"。所谓"拉比"即会飞的释比，是学艺最精、最全，水平最高的释比，拉比上中下坛皆精通，但因过于精通，常常会绝后。传说余尚洪便是因此没有后代。
		余尚德	余化鹏次子。释比，具体情况不详。
	第10代	余永寿	余尚德长子。释比，上中下坛均掌握。
	第11代	余成龙	余永寿长子。卒于1969年，近80岁，释比，但不全。
		余成芝	余永寿次子。20世纪40年代去世。是余家"成"字辈中释比水平最高者，上中下坛全面掌握。由于余成芝的三个儿子对释比兴趣不大，其父余永寿要求他把释比全部传给余成龙儿子余明海。但因去世较早，未能尽传。
		余成富	为余化龙曾孙。由于其父不是释比，故师从余成芝，会上坛，中坛不全，下坛则不会。

① 主要根据余氏家族第十三代长孙余世华回忆，并结合其他调查结果整理而成。

续表

家族		姓名	释比师承及掌握情况
余氏家族	第12代	余明海	余成龙长子。生于1912年,卒于2006年阴历十月二十二,上中下坛全面掌握。师承多人,先从父亲余成龙学习,再师从叔叔余成芝,后又拜阿尔寨马观音堡为师,据说还向阿尔寨木拉寿学过。去世前于茂、汶、理三县负有盛名,尤以上坛精绝,下坛水平亦很高。后上门巴夺寨。
		余明山	余成龙次子。2008年"5·12"地震中去世,终年83岁。曾向余成芝、阿尔寨马观音堡学,但只懂部分上坛,中下坛均不会。
		余明虎	余成芝长子。已故。略懂上坛部分,中下坛不会。从其父习得。
		余明龙	余成芝次子。1928年阴历十一月二十三生,健在。能掐算时辰,懂大部分中坛,尤其精通撵新人邪,上坛略懂一二,其余不会。从其父得。
	第13代	余世荣	余明海次子。1948年阴历十一月二十五生,健在。乃其父上门巴夺寨后所生,现住在巴夺寨。上中下坛皆通,是目前阿尔村相对最为全面的释比。但是他虽精于上坛和下坛,却也不完全,如未掌握踩铧头、捞油锅等法术。中坛较之其妹夫朱金龙略逊。
	第14代	余正国	余明海长孙,余世荣侄子。生于1982年正月初二。处于学徒阶段,羊皮鼓舞动作技巧纯熟,但上坛、中坛经文未能熟稔,下坛则因年纪太小不宜学习。在年轻一辈中已属佼佼者。师从爷爷余明海,现从其叔叔余世荣、姑父朱金龙学习。随祖辈、父辈居住于巴夺寨。
其他		余世龙	余永寿弟弟的曾孙。1953年阴历八月十八生,健在。懂中坛撵新人邪,略晓部分下坛,如丧礼坐唱,但口齿不清,有些错乱。师承不详。现正向亲家朱光亮学习下坛,未出师。虽然余世龙属于余氏家族,但由于属于远支,更重要的是目前师从外家族,其中坛的师承又未明,所以暂归入其他类。
		王保全	1920年阴历十一月二十二生,健在。曾向余成芝、阿尔寨马观音堡学习,但只懂部分上坛,中下坛不会。
		王四狗	上中下坛皆通。可能师从余尚德。已故。

百家夺寨释比系谱以图式表示如图 1-2-1：

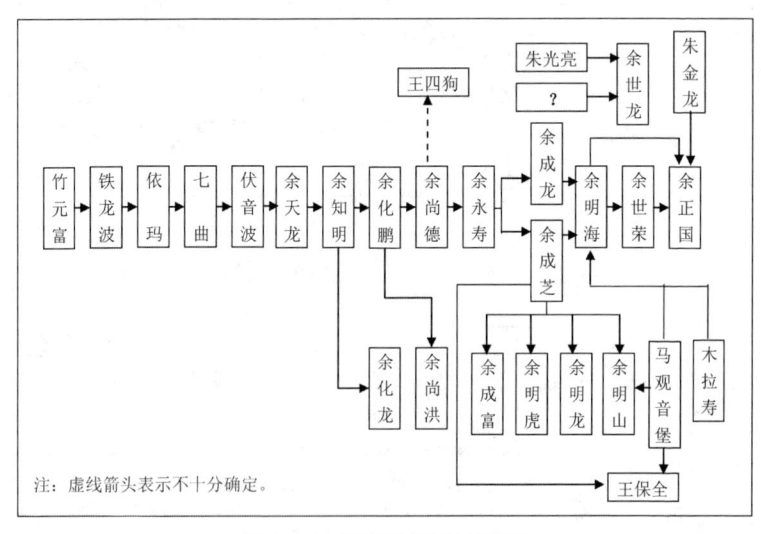

```
竹元富 → 铁龙波 → 依玛 → 七曲 → 伏音波 → 余天龙 → 余知明 → 余化鹏 → 余尚德 → 余永寿 → 余成龙/余成芝 → 余明海 → 余世荣 → 余正国
                                                    ↓         ↓ ⇢ 王四狗
                                                 余化龙   余尚洪
朱光亮 → ? → 余世龙    朱金龙
余成富  余明虎  余明龙  余明山   马观音堡   木拉寿 → 王保全
注：虚线箭头表示不十分确定。
```

图 1-2-1：百家夺寨释比系谱图

（二）巴夺寨释比系谱

巴夺寨的住民颇为庞杂，除寨中原有的大宗族，即同姓不同宗的朱家大房二房和杨家大房二房，还不断有新的迁入户。相应地在释比传承方面也较为复杂，两房朱家似都有家传，但其间向外学习者亦多，呈现出家传和师传交错的局面，总而观之，巴夺寨有两条较大的传承脉络。以表格描述如表 1-2-2：

表 1-2-2：巴夺寨释比系谱表①

系别	姓名	释比师承及掌握情况
朱家二房支系谱	朱阳春	朱家二房。清朝时人。拉比，师承不详。
	朱文寿	朱阳春之子。清朝时人。拉比，得自父传。
	朱星贵	朱文寿之子。1962年去世。释比，上中下坛皆精通。父传。
	朱顺华	朱家二房"顺"字辈。释比学自朱文寿，具体不详。
	朱五生	朱顺华之子。释比家传，具体情况不详。已故。
	杨福星	可能是朱文寿徒弟。懂上坛，不懂中坛和下坛。已故。
	朱顺才	朱家大房"顺"字辈。生于1912年，卒于1995年阴历三月。上中下坛皆通，尤其精于上中坛，下坛较少操作。师从朱星贵。朱家大房"顺"字辈以前是否有释比传承无考。
	朱金龙	朱顺才之子。生于1951年阴历十一月初九，健在。1983年开始从父学习释比，同时得岳父余明海指导。上中下坛皆懂，以中坛最为精熟，上坛不及余世荣，下坛不完全，但会踩犁铧和打钎，只是很少操作。为当前阿尔村与余世荣齐名的释比。又因羊皮鼓舞跳得好，被选定为羊皮鼓舞国家级传承人。
阿尔寨马观音堡支系谱	朱光才	朱家二房"光"字辈。2006年去世。下坛释比，据说水平甚高，一说超过朱光亮的师父陈天才，一说与朱光亮水平相当。师从阿尔寨的马观音堡和马四喜。
	朱忠正	朱光才之子。1956年阴历十一月二十生，健在。擅长中坛撵新人邪，据说会打钎，其余不详。从父学得。
	陈天才	20世纪50年代由二里迁至巴夺。1922年正月初三生，卒于2002年阴历九月二十二。阿尔村著名的下坛释比，但不完全，只是部分精通，不懂上中坛。师从阿尔寨马观音堡。
	陈兴亮	陈天才之长女。1942年阴历六月十四生，健在。是阿尔村（甚至有可能是整个羌区）唯一的女释比。三十多岁开始学习，42岁出师，下坛释比，会看水碗、打油火、踩犁铧、插钎（但没正式用过）、挑翳子、用草药止血等，不懂上中坛。传自其父陈天才。

① 综合余世华口述及与各位健在释比访谈笔记整理而成。

续表

系列	姓名	释比师承及掌握情况
阿尔寨马观音堡支系谱	朱光亮	朱家大房。1935年阴历八月初一出生，健在。精于下坛，如踩犁铧、看水碗、打钎、捞油锅、化嬎子等。不懂上中坛。主要师父是陈天才，也曾向余明海、朱顺才学习过。
	马八金	会下坛。师从阿尔寨马观音堡。其余信息不详。

巴夺寨释比系谱以图式表示如图 1-2-2：

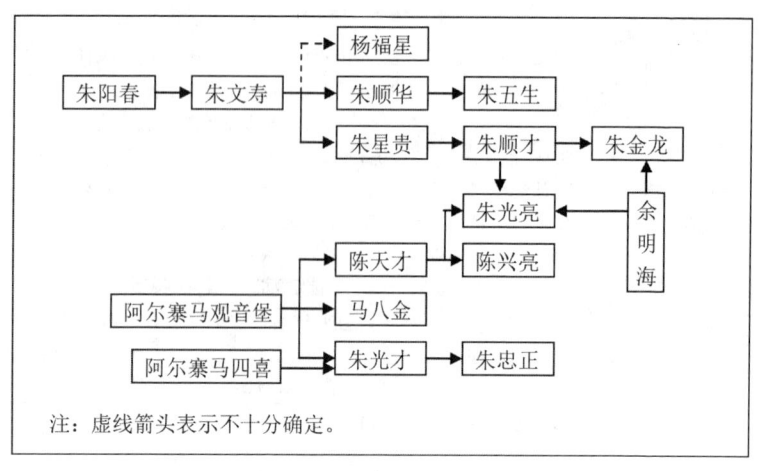

图 1-2-2：巴夺寨释比系谱图

注：虚线箭头表示不十分确定。

（三）阿尔寨、立别寨释比系谱

据说"阴阳十寨"之中，雪溜是释比的发源地。但雪溜的释比传承情况已无从稽考。后来，阿尔寨成为释比最多、最发达的寨子，上中下各坛释比都有，水平亦高，近世以来，十寨的其余各寨，甚至外地村寨的释比都源于阿尔寨，或直接师从阿尔寨释比。这种情况在前述百家夺寨和巴夺寨释比系谱中已可以看出。

调查得知，阿尔寨大姓为"马家三房"，其实上房姓王，另外两房才姓马，但这两房马家同姓不同宗，分别称"马家中房"和"马家下房"，"上中下"乃依落户阿尔寨先后排序。其中马家下房释比代传有序，是阿尔寨释比的主脉，另两房释比极少，偶有一二人也是学自下房。因此，阿尔寨释比传承以马家下房家传为主。但人们已记不清三四代以前传承人的具体情况，在此只能根据调查所得略做梳理，大体能反映该寨家族传承和对外寨影响之特点。立别寨人少，释比更少，而且完全学自阿尔寨，故一并述之。需要指出的是，当今阿尔寨释比已经衰落，上坛已无传人，中下坛释比也只有一二人。

阿尔寨、立别寨释比系谱详见表 1-2-3：

表 1-2-3：阿尔寨、立别寨释比系谱表 ①

序号	姓名	释比师承及掌握情况
1	马文寿	阿尔寨马家下房。据说是拉比，清末时去世。
2	马春寿	阿尔寨马家下房。上坛释比。家族传承（即不一定父传）。
3	木拉寿	阿尔寨马家下房，姓马，与马春寿为兄弟（未能查知是否为亲兄弟），大概于20世纪50年代初去世。法力高强，人称"半拉比"，上中下坛皆精通。师承不详，但应属于家族内传承。
4	马开荣	阿尔寨马家下房，又名马宝生，与马春寿、木拉寿为兄弟（亲缘远近不明）。只会上坛。师从木拉寿。
5	马观音堡	阿尔寨马家下房。上中下坛皆晓，下坛更为厉害。师承不详。
6	马腊寿	阿尔寨马家下房，与马观音堡为堂兄弟，1975年去世。精通部分下坛，法力高强。师从木拉寿。

---

① 综合余世华口述及与各位健在释比访谈笔记整理而成。

续表

序号	姓名	释比师承及掌握情况
7	马成林	四川阆中人,原名杨继芳。大概生于1919年,卒于1992年。少年参加红军,1935年红军离开羌区北上时因病掉队,当国民党欲将之杀害时,马腊寿以钱物酒席担保收养,后作为上门女婿,改名换姓。得马腊寿下坛释比真传。
8	马永清	阿尔寨马家下房。1955年阴历七月初五生,健在。与马成林平辈,为阿尔寨当今唯一较为全面的下坛释比,不懂上中坛。师从马成林。
9	马松林	阿尔寨马家中房。上坛释比,阿尔寨的十月初一还愿由他来主持,有"张三爷"(为上坛释比法器,后有介绍)。师从马成斌的爷爷(名不详)。后迁至龙溪乡直台村。已故。
10	马五生	阿尔寨人。师从木拉寿,但不精通。
11	王万金	阿尔寨人,属于上房。可能师从木拉寿,精通经文,但不会用鼓。
12	朱星明	立别人,原姓余,上门巴夺朱家后改姓。上中下坛皆通晓,专门负责立别寨十月初一还愿。师从木拉寿后迁至龙溪乡直台村。已故。
13	余成发	朱星明弟弟。1929年正月初六生,健在。会部分上坛,据说能踩铧头。师从其兄朱星明。后迁居巴夺寨。
14	马成龙	阿尔寨人。1940年阴历十月二十二生,健在。不懂上坛,懂一点中下坛,不是很完全。
15	马四喜	阿尔寨人。会下坛。其余不详。
16	何星才父	阿尔寨人,名不详。会部分上坛,能操作部分。其余情况不详。

阿尔寨、立别寨释比系谱以图式表示如图 1-2-3：

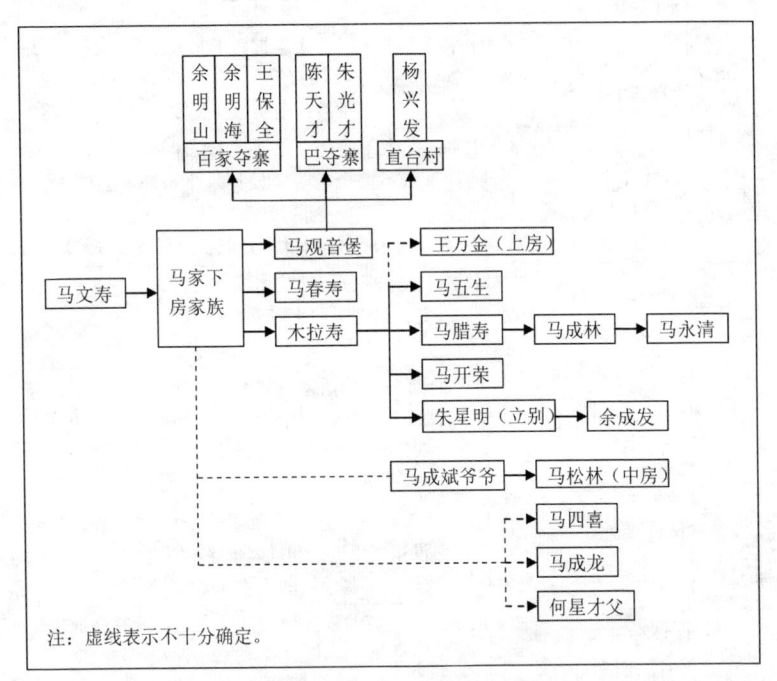

```
                            余余王  陈朱   杨
                            明明保  天光   兴
                            山海全  才才   发
                            百家夺寨 巴夺寨  直台村
                                ↑    ↑      ↑
                                │    │      │
                         ┌→ 马观音堡 ──→ 王万金（上房）
                         │
  马文寿 → 马家下 ──────┼→ 马春寿  ──→ 马五生
          房家族         │
                         └→ 木拉寿  ──→ 马腊寿 ──→ 马成林 ──→ 马永清
                                    ├→ 马开荣
                                    └→ 朱星明（立别）──→ 余成发

              ┄┄┄→ 马成斌爷爷 ──→ 马松林（中房）
              ┄┄┄→ 马四喜
              ┄┄┄→ 马成龙
              ┄┄┄→ 何星才父

注：虚线表示不十分确定。
```

图 1-2-3：阿尔寨、立别寨释比系谱图

（四）阿尔村现有释比及学徒

在对阿尔村释比传承系谱进行爬梳整理之后，有必要将目前阿尔村健在的释比及正在学习者做一汇总，以便对当今阿尔村已知的释比及传承状况有一整体把握。下面以表格形式辑录之，见表 1-2-4：

表1-2-4：阿尔村现有已知释比及学徒汇总表

姓名	出生日期（阴历）	寨属	释比水平及师承
余世荣	1948年十一月二十五	巴夺寨	水平：上中下坛全面掌握，上坛及下坛较强，中坛稍弱，不会下坛的踩犁铧、捞油锅、打钎。 师承：余明海（父传）。
朱金龙	1951年十一月初九	巴夺寨	水平：上中下坛全面掌握。上坛稍弱，中坛最为精熟，下坛不完全，羊皮鼓舞水平最高，会铁板算，能踩犁铧、打钎。 师承：朱顺才（父传），兼学余明海（岳父）。
朱光亮	1935年八月初一	巴夺寨	水平：精于部分下坛法术，如看水碗、踩犁铧、打钎、捞油锅和化鬏子等，不懂上坛中坛。 师承：陈天才（师传）。
马永清	1955年七月初五	阿尔寨	水平：部分下坛法术，如下坛招魂、打油火、踩犁铧、打钎、掐算丧事中的各种日子时辰等，不懂上坛中坛。 师承：马成林（家族内部传承）。
陈兴亮	1942年六月十四	巴夺寨	水平：部分下坛法术，如看水碗、踩犁铧、打钎（但没正式用过）和挑鬏子等，不懂上坛中坛。 师承：陈天才（父传）。
余明龙	1928年十一月二十三	百家夺寨	水平：能掐算时辰，懂大部分中坛，尤其精通撵新人邪，上坛略懂一二，其余不会。 师承：余成芝（父传）。
马成龙	1940年十月二十二	阿尔寨	水平：略懂少量中下坛，不懂上坛。 师承：不详，估计为家族内部传承。
王保全	1920年十一月二十二	百家夺寨	水平：只懂部分上坛，中下坛均不会。 师承：余成芝、马观音堡（师传）。
朱忠正	1956年十一月二十	巴夺寨	水平：擅长中坛撵新人邪，据说会打钎。 师承：朱光才（父传）。
余成发	1929年正月初六	立别寨	水平：据说会部分上坛，能踩铧头。 师承：朱星明（兄长，家族内部传承）。
余世龙	1953年八月十八	百家夺寨	水平：懂中坛撵新人邪，略晓部分下坛，如丧礼坐唱，但口齿不清，有些错乱。 师承：中坛不详。现正向亲家朱光亮学下坛，未出师。

续表

姓名	出生日期（阴历）	寨属	释比水平及师承
余正国	1982年正月初二	巴夺寨	水平：学徒，未出师。羊皮鼓舞动作技巧精熟，但上坛、中坛经文未能熟稔，下坛则因年纪太小不宜学习。总体水平在年轻一辈中属佼佼者。 师承：原来师从爷爷余明海，现从其叔叔余世荣、姑父朱金龙学习。
何世刚	1966年十二月三十	阿尔寨	水平：学徒，未出师。 师承：拜余世荣为师，同时尊重和请教朱金龙、朱光亮等其他释比。①
杨俊清	1973年十一月二十	巴夺寨	水平：学徒，未出师。羊皮鼓舞水平佳，但经文基本未掌握。 师承：正在向朱金龙、余世荣学习。
杨林	1983年十月十二	巴夺寨	水平：学徒，未出师。羊皮鼓舞水平较好，但不懂经文。 师承：正在向朱金龙学习。

由于阿尔村释比具有潜隐特性，因而表1-2-4的总结、评价只能是粗略而大概的，他们真实水平很可能更高，实际掌握的技能也很可能超出人们已知的范围。倒不是因为他们有意隐瞒，而主要是因为他们常常并不觉得自己自然习得的一些"常识"有什么特别，在没有具体事件发生，或者话题没有直接谈论一些具体问题之时，外人往往很难知道一个释比究竟掌握了多少技能。另外，村寨中也存在一些未曾显露本领的释比。余世华就说阿尔村现在还有人会吞钎化骨术，此人不在表1-2-4中（表中释比均不会此术）。不过这人不愿抛头露面，因此不能透露姓名。还有，在师辈健在的情况下，徒弟即使学成一般也不会表现出来。朱光亮学成

---

① 2011年2月18日，何世刚宴请师父余世荣，同时，也请朱金龙和朱光亮赴宴，表达的就是这种心意。

后几年人们才知道他会踩铧头便是例证。陈兴亮从没在大庭广众之前踩过铧头，因而对陈兴亮会否踩铧头，村中许多人持怀疑态度，但笔者却在登门拜访之时偶然间碰到了一次，可见并非虚传。因此，阿尔村实际有多少释比，他们水平有多高，其实是个不易弄清楚的问题。

第三节　阿尔村释比法器

释比在做法事之时都会用到一些特别的物件，人们通常称之为"法器"。但在阿尔村羌人话语系统中似无"法器"这词，他们总是直呼其名。为行文方便，这里权且借用"法器"一词统称之。

阿尔村释比的法器很多，但有不少已遗失，或在"文革"中被毁。在此仅就笔者调查所见实物进行介绍。从阿尔村现存释比法器看，绝大多数有上坛、下坛之分，而且区分严格，泾渭分明，不可混淆。

猴皮帽

猴皮帽，顾名思义，即是用猴皮制就的帽子。猴皮帽只能用于上坛，尤其是十月初一集体还愿之时，还愿的释比必须戴猴皮帽。不过，不必专人专用，可以借用和换戴，有多个释比轮替还愿时，由还愿者戴。

阿尔村现存三顶猴皮帽，分别属于朱金龙、余世华、余世荣三家。其中，朱金龙家的历史最长，为金丝猴皮，制作的具体年代不详；余世荣家的历史最短，是2000年左右余明海用当地山上猎获的金丝猴皮制作而成的。

许多人认为，猴皮帽必须是金丝猴皮，但笔者调查的结果是，余世华家的为黄猴皮，于1950年左右猎猴制成。对此，余世华说："一样的，没弄到金丝猴，黄猴也行。"[①] 余世荣则说："反正，就是一张猴皮嘛。只要是猴皮就可以。"[②]

无论是金丝猴还是黄猴，猴皮帽都是用整张皮制作，以猴颈部为界，上端围缝出帽形，帽内面可用红布或白布作衬里，猴脸作为帽的正面，五官朝前，无帽檐，套戴在释比头上。猴皮其余部分整张展开，戴时平铺披在释比脑后和肩上。猴尾皮毛完整保留，自然拖垂于后。另外，帽顶部有三个支耸的柱状物，空心，中者高，两边低，乃用猴子四肢之皮做成。用以还愿时插白纸条。有条件的情况下，帽正面会系挂一些贝壳，余世荣称之为"陪伴"，他还说："绝对不允许用野兽牙齿骨头。"（图1-3-1）因所用猴子不同，帽形有所差别，金丝猴毛长尾长，整体看起来呈方形，黄猴毛短尾短，整体如喇叭形。（图1-3-2、图1-3-3）

图1-3-1：猴皮帽之三柱及贝壳（正面，余世华家存）

图1-3-2：金丝猴皮帽（背面，余世荣家存）

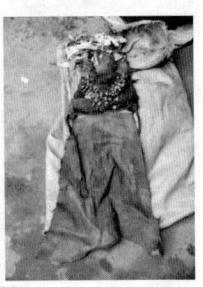

图1-3-3：黄猴皮帽（正面，余世华家存）

---

① 2011年4月25日采访余世华录音。
② 2011年4月26日采访余世荣录音。

笔者对余世荣、余世华两家猴皮帽做了测量，尺寸如下：

黄猴皮帽：长度约91厘米，最宽处51.5厘米，中部宽32厘米，顶部宽21.5厘米，顶部正面用四根线串着53个贝壳，贝壳大者长2厘米，宽1.5厘米，小者长1.5厘米，宽1厘米，帽顶端插白纸的三柱，中柱高14厘米，两边高10厘米。

金丝猴皮帽：近于方形，连尾约长101厘米，帽中部宽约40厘米，尾长约45厘米。无贝壳"陪伴"。（图1-3-4）

至于用猴皮制帽的原因，笔者调查所得与其他学者考察的情况大同小异。这里还可以将余世荣在谈论其他话题时随口阐释的版本做一记录[①]，这种版本因是在闲聊时不假思索地自然道来，故无任何前期准备，也无任何约束，也就未经任何修饰，其中或许包含了言外的其他信息：

> 余世荣：羊皮鼓，好像就是一种传说嘛，拿经书这个小伙，拿回经书以后，在半路好像就走累了吧，他就在一窝大树下休息一会。歇了一会儿以后哩，他好像很困，就在那个地方睡着了。睡着以后哩，然后就好像是有一只羊过来，把经书给吃掉了。然后这个拿经书的小伙，他的名字叫作遐拉嘛，他（醒来）看了一下，哎呀，经书没有了。他就坐在那窝树底下发愁，哎呀，我把那个经书也弄掉了，回去以后，怎样给父亲去交待嘛。然后哩，好像就是说，从树上跳了一只猴子下来说，哎呀，你不用愁，你有什么愁的嘛，这

---

① 根据2011年4月26日采访余世荣录音整理。

样，我给你想个办法，你把这只羊子杀了，杀了以后把这个羊皮蒙成一个鼓，然后哩，把羊肉吃了。后来，他就把这只羊子给杀了，把羊肉吃了，羊皮就蒙了一个鼓。为什么释比要戴一个猴皮帽，好像就是为了感谢这个猴子，给他做了一件很好的事情。然后他就猎捕了一只猴子吧，把它的皮剥下来，就缝了，制作了一个猴皮帽，然后羊肉吃了，羊的一身，从胃、肠、心，整个都吃了，你念释比经文时候，把鼓拿起，鼓一敲响，这个释比经文就自然会，好像就是说，从自己的心中和脑袋中回想起来，可以说经文一点都没有忘掉，也没有丢失，就是这个道理。为什么那个猴头的骨头还专门做了一个"张三爷"？做十月初一的时候，这个猴头，这个张三爷，必须要先走，要一个人专门把它抱起，抱到庙子上去，就是这个猴子对释比经文起了很大的作用，所以，要尊重这个猴子吧，主要的意思大概就是这个。

图1-3-4：金丝猴皮帽正、背面

张三爷

不妨顺着余世荣的话题，先介绍一下"张三爷"。余世荣已说得很明白，张三爷是用猴子脑壳做的，十月初一还愿时用。就目前考察的情况来看，十月初一还愿也是阿尔村唯一的一个使用张三爷的场合，因此，张三爷属于上坛法器。但只在集体还愿时用，家庭还愿则不需要。平时供于家中神龛之上，每到十月初一集体还愿便请出。

调查得知，如今阿尔村只余世华家有张三爷，乃余明海遗物。故村中无论哪一寨十月初一还愿都要用它。但实际上张三爷不是属于集体的，而是负责十月初一集体还愿的释比个人专有之物。据了解，过去阿尔村除了余明海有张三爷，巴夺寨朱顺才（朱家大房）、朱星贵（朱家二房）、阿尔寨马松林、立别寨朱星明几位主办各寨十月初一还愿的上坛释比也都各有一个。

余家的张三爷为圆柱形，用白纸围裹而成。由于每次十月初一还愿都要加裹一张白纸，因而柱面总是白色，圆柱顶部则因长期受烟火熏染而变得乌黑。余世华说，白纸只加不减，但不还愿则不加，每年最多只加一张白纸，遇到同一年里不同寨子分别用同一个张三爷还愿时，就要把前一个寨子加上的白纸取下换掉。因此张三爷直径与年俱增。据说余家张三爷有四五百年历史。经测量，其直径今约18.5厘米，将中间包容物占据的尺寸和白纸可能折叠和缠绕不止一转等因素考虑进去，取其半径，以单层纸计至少也有3厘米的厚度，即按今天厚度1厘米的普通书籍用纸约100张来估算，其历史在三百多年以上应该是可以肯定的。

这个年代久远的张三爷内中包有何物始终是个谜。人们可以确定的是其中心有一个完整的猴头头骨，但有的调查称还有"代表猴子五脏的金屑、木片、水银、柴灰、泥土"①。此说在阿尔村是难以取证的，因无人敢拆开一看，曾有学者欲探其究竟，最终就是因惧怕而未果。② 余世荣则否定此说。那就是说，即使新制张三爷，他们也不会放入除猴头头骨以外的其他物事。

余家张三爷高约26厘米，中腰用牛皮捆扎，牛皮带上插白旗、香，挂着一个羊角、一只鹞子爪、一个大小没有具体要求的铜铃。两面白旗展开后，一支长约23厘米，一支长约14厘米。（图1-3-5、图1-3-6）

至于"张三爷"名之由来，余世华说与纪念张飞有关，但其间联系却无法讲得清楚。③有学者将张三爷解读为"猴头祖师"或"释比祖先"④，不过这样的称呼在调查中没有得到支持，阿尔村人只承认金丝猴是至高无上的，因它帮助释比重新忆起了经文，但绝无"祖师"、"祖先"之意，即不以猴为"祖"，也不以猴为"师"。他们称呼张三爷的语气直接而肯定，没有表现出存在他称可能的丝

---

① 参见阮宝娣：《羌族释比与释比文化研究》，中央民族大学2007年博士学位论文，第152页；赵曦：《神圣与亲和：中国羌族释比文化调查研究》，民族出版社2010年版，第43页。
② 据余世华回忆，赵曦曾请求朱顺才、余明海打开一探究竟，但朱顺才在解开外面少数层后，不敢继续。因此，张三爷内含何物至今仍然是个谜，目前所有说法都只是传说或猜测。
③ 依据2010年11月29日晚采访余世华录音笔记。
④ "猴头祖师"见赵曦：《神圣与亲和：中国羌族释比文化调查研究》，民族出版社2010年版，第158—159页。"释比祖先"见阮宝娣：《羌族释比与释比文化研究》，中央民族大学2007年博士学位论文，第151—152页。

图 1-3-5：张三爷
（余世华家存）

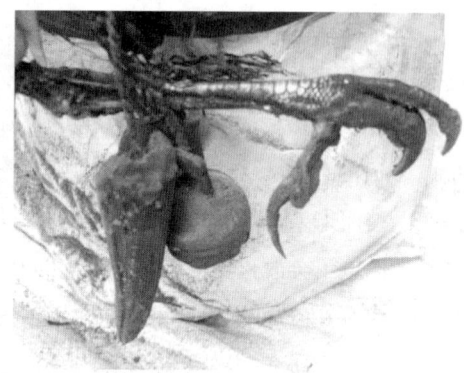

图 1-3-6：张三爷上的爪、角、铃
（余世华家存）

毫犹豫和含糊，连余世华也不例外。因此，尽管不知其名来历，还是依当地人口语称为"张三爷"较为合适。在经文翻译中似更应谨慎，若凭臆测以"祖师"对译恐怕会引致一些研究走向歧路。还要说明一点，"张三爷"很可能也只能取其音，而不能取其义。

羊皮鼓

由余世荣的讲述，我们还知道了羊皮鼓的传说来源，而敲羊皮鼓的目的则在于回忆经文。

但笔者在阿尔村看到，击鼓与念唱经文关系密切的只有十月初一还愿等大型上坛法事，大量用鼓的丧葬等下坛法事，绝大多数情况下，击鼓时并不念唱经文。上下坛用鼓的不同之处至少还有两方面，一是鼓上所配物件不同，上坛要在鼓的边框别上三束白纸条和一只割下的还愿羊耳朵，下坛则不用这些，而是系上一些五色线，这个规矩极为严格，绝对不能混用；二是上下坛羊皮鼓舞的姿态、步法、节奏等皆不同，上坛的缓慢而凝重，下坛的急速而灵动。因此，阿尔村的羊皮鼓本身在大小、用料、颜色等方面虽无上下坛之分，但在使用时却是上下坛区别明显，在不同的场合以不同的身份出现，起不同的作用。

经调查，阿尔村全村现共有羊皮鼓至少29个，其中四五个年代久远，其余均是2000年以后制作。详见表1-3-1：

表1-3-1：阿尔村羊皮鼓调查统计表

寨属	拥有者	数量	说明
巴夺寨	余世华	1个	较古老。用了约四五代人。
	余世荣	1个	祖传。
	朱金龙	1个	祖传。
	朱光亮	5个	1个老鼓，只自己用，其余为新鼓，较小，可外借。
	马正德	6个	
	杨俊清姐夫	1个	2000年后新制，已由余明海开光。
百家夺寨	王志军	7个	
阿尔寨	马永清	7个	1个老鼓，其余为新鼓，具体情况不详。

4个老羊皮鼓的尺寸数据见表1-3-2：

表1-3-2：阿尔村4个老羊皮鼓调查表

拥有者	羊皮鼓外观描述及尺寸数据
余世华	鼓圈外面牛皮带上别有一只变黄的白山羊耳朵。鼓面稍有变形，直径宽处50.5厘米，窄处49厘米，厚度18.6厘米，内深18厘米，鼓圈壁厚约7毫米，鼓内径约45.5厘米，内把手用降龙木制作，长42.5厘米，把手两端有雕纹，宽4厘米，中间手持部分宽2.7厘米，鼓内周以金刚藤固定，藤圈外径42.4厘米，内径约39.5厘米。鼓槌竹制，长约27.5厘米，槌头裹羊皮。鼓内牛皮绷绳上用尼龙绳系着三个喇叭形铜铃，口径：居中者约4.5厘米，两边者约3.9厘米；长度：居中者约4厘米，两边者约4.5厘米。

续表

拥有者	羊皮鼓外观描述及尺寸数据
余世荣	鼓圈外面绑带间别有黑、黄、白色山羊耳朵三只。鼓厚20厘米，鼓面外径50厘米，鼓内周以金刚藤固定，藤圈外径29厘米，内径约27厘米，内把手用杨柳木制作，手持部分宽2.5厘米。
朱金龙	鼓已有些变形。原直径应为50厘米，变形处最大为55厘米，鼓厚约19厘米，鼓圈壁厚约4毫米，内把手用松树制作，长约35.4厘米，两端刻有条纹图案。把手握手处长12厘米，两端一长10.5厘米，一长13厘米，宽3.5毫米，鼓内无法铃。鼓槌用竹根做成，长约25厘米，但鼓槌已非原有，使用中与人误换了。
朱光亮	老鼓稍有变形，鼓面为山羊皮。鼓外径49.3厘米，内径约47厘米，厚度18厘米，鼓圈壁上有孔，用以穿牛皮带绷鼓（所有羊皮鼓均如此），孔间距约8毫米，鼓内周以金刚藤固定，藤圈外径约33厘米，木质内把手长42.4厘米，把手两端有雕纹处长一端为17.6厘米，一端为15.8厘米，宽约2.7厘米，把手握手处长9厘米，宽约2.5厘米。厚约2厘米，鼓内有三个喇叭形铜铃，乃2010年在汶川买回，口径约3.8厘米，铃体长约3.8厘米。鼓槌略弯，竹制，长约43.2厘米，槌头包红布。

羊皮鼓的外观形貌见图1-3-7—图1-3-10。

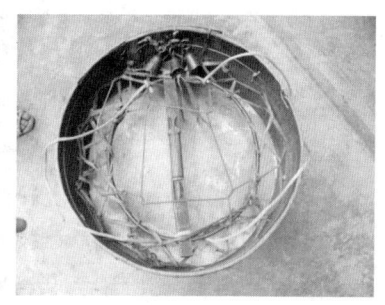

图1-3-7：羊皮鼓（余世荣存）　　图1-3-8：羊皮鼓背面（朱光亮存）

图 1-3-9：鼓上的白纸和羊耳（余世荣存）　图 1-3-10：鼓上的五色线（朱光亮存）

关于羊皮鼓的制作，据余世荣介绍，鼓圈必须用杉树制作，因为杉树既能弯曲又非常结实，其他木材太硬，无法圈起。制作时，将杉树板用开水煮软，然后马上圈起来。也有个别用火烧，但很少，因容易烧糊，易断。现在还有个别人选用斑竹，也是用开水煮过才弯圈。鼓的大小一般是直径50厘米，厚度18厘米—20厘米左右为宜。与笔者调查测量情况相符。按朱光亮的说法："小很了不好看，大很了拿不起，太深又不好抓。"蒙鼓的羊皮必须是祭祀杀的羊，三四十斤重的羊剥出的皮便可绷一个鼓，羊皮剥下后烈日下先暴晒两天，然后刮皮，若不刮，鼓就不响亮，刮皮的当天太阳要特别猛。需注意的是，用来绷鼓的皮与做羊皮褂子不同，绷鼓的皮千万不能硝皮子，否则敲不响。另外，每次用鼓之前要用

图 1-3-11：烤羊皮鼓

火烤，烤了之后鼓声才响亮，但要烤鼓的背面，即有把手的一边，免得把皮子烤坏，如图 1-3-11。余世荣和朱金龙还说羊皮鼓的皮子使用寿命大约十年，届时只须将损坏的皮子取下，重新蒙上新羊皮即可。①

其他法器

关于其他法器，由于前人已调查甚多甚详，大同小异，故这里不再详细描述，仅就笔者调查所见进行汇总，略做简要说明。详见表 1-3-3：

表 1-3-3：阿尔村现有其他释比法器汇总表

名称	数量	简要说明
猪肩胛骨	1 个	十月初一集体还愿用，属于上坛，全村只有 1 个，朱金龙持有。
牛皮包	1 个	十月初一还愿用，朱金龙持有。内有鹰爪 1 只（长 22.5 厘米）、野猪牙 1 只（弯形，长约 9 厘米）、羚羊角 1 只（长 8.8 厘米）、羚羊角芯 2 个（分别长 13.5 厘米、10.5 厘米）、贝壳 1 个（长约 7 厘米，宽约 4.5 厘米）、豹子牙 1 只（长 5.5 厘米）、铜铃 2 个（小的长 3 厘米，大的长约 7 厘米）。
神杖	4 根	不能上庙，即十月初一还愿不用神杖，可用于祭祀塔、城隍庙等地及丧事。4 根神杖持有者分别为马永清（马成林传下）、朱金龙（1979 年制）、王志军（与余松涛共有）、马正德，后二者制于 2000 年，由余明海开光。神杖一般选择从小被藤缠绕，自然长大后呈螺纹状的树木枝干制成。朱金龙持有之神杖头为生铁铸，双面人头像，一男一女，其余三根均为单面，木质，直接雕刻而成。

---

① 综合 2011 年 4 月 23 日采访余世荣、4 月 25 日采访朱光亮、5 月 2 日采访朱金龙录音整理。

续表

名称	数量	简要说明
剑	4 或 5 把	分长剑短剑，长剑用于上坛，短剑用于下坛（但 2010 年十月初一集体还愿斩害兽也见使用）。朱金龙有短剑 1 把（连鞘长约 47.4 厘米，去鞘后剑柄约长 11.5 厘米，剑身约长 36.2 厘米，剑身最宽处约 2.3 厘米），余世华有长剑 1 把，据闻朱金福有长短剑各 1 把，陈峻青可能有 1 把。后三者笔者未能亲见。
下坛帽	1 顶	下坛专用，分公母帽，阿尔村只有一顶公帽，由朱光亮奉师命往龙溪乡垮坡村夕格寨请回，母帽较小较薄，仍在夕格。帽子由绵羊毛、牛毛混合擀成，有环状帽檐，含帽檐直径约 36 厘米，帽腔内径约 17.5 厘米，帽高约 9.1 厘米，帽外上部系有许多五色线，另有两只野猪上牙层叠在一起，长的獠牙间距达 13 厘米。
法铃	5 只	余世华家 1 只（最古老，原为一对，另一只在"破四旧"时被毁）、王志军 1 只（较古老）、马永清 1 只（较古老）、朱金龙 1 只、朱光亮 1 只（2010 年于汶川县城购得）。
响盘	7 个	朱金龙 1 个（于阿坝县购得），马永清 1 个，马正德 2 个，余正国 1 个（于北京购得），百家夺寨 2 个。朱光亮 1 个（买自夕格，约 120 元，直径约 11.3 厘米，以牦牛角为敲槌，槌头直径约 2 厘米，长约 3.5 厘米）。
生铁铧头	2 把	用于下坛法术。笔者仅亲见 2 把生铁铧头，朱光亮 1 把，陈兴亮 1 把。其余未知。
钢钎	2 套	用于下坛法术之打钎。朱光亮 1 套（5 根，雨伞骨架制成，长约 13.2 厘米，最粗处约 0.6 毫米）、朱金龙 1 套（原 3 根，现存 2 根，材料不详，分别长 13.6 厘米、13.3 厘米）。
卦	1 个	用途不详，只余世华家有 1 个。

第二章　羌人的一生：平凡而丰满

文化的定义很多，但都离不开"人"，人是文化的主体。那么，要了解羌人的文化自当从人说起。每个人的人生又都是自出生开始，进而一步一步走进人类建构的文化系统中去，受其形塑，直至带着深深的文化烙印而终老，因此，追寻一个羌人的人生轨迹应是进入羌人古老文化体系的上好途径。让我们从新生命的诞生开始。

第一节　出生

一、分娩

关于过去羌人分娩，普遍认为是在羊、牛或猪圈中进行。如：徐平著《文化的适应和变迁：四川羌村调查》：

> 过去妇女生小孩，是自己到牛、羊圈中生产，用牙、剪刀甚至石头砸，以切断脐带……①

---

① 徐平：《文化的适应和变迁：四川羌村调查》，上海人民出版社2006年版，第132页。

陈兴龙著《羌族释比文化研究》:

　　过去,家乡的妇女分娩都在堂屋的二门角内,或在牲畜圈内进行,现在一般都有乡村医生助产,也有家庭条件好的会去县医院生小孩。过去,如果产妇还没有满月便开始做家务事,甚至下地劳动,会被认为是最勤劳的。许多产妇为得此殊荣,不讲生理科学、不顾身体状况而进行体力劳动,得病者不计其数。现在,社会进步了,羌人的认识有了很大的转变,逐渐抛弃了对身心健康不利的礼数,相信医生、相信科学的人是越来越多了。[①]

何斯强、蒋彬主编《羌族:四川汶川县阿尔村调查》:

　　据村寨乡村医生罗秀琼介绍,新中国成立以前,阿尔村孕妇有在自己家里底层的牲畜圈内生产的旧习俗,认为分娩不洁有污秽,胎儿生下来以后,用石头砸断或用牙齿咬断脐带,将脐带和胎衣埋入土里,也有的扔进粪池。[②]

葛维汉著《羌族的习俗与宗教》:

　　一般羌族的接生婆帮助产妇在牛棚中分娩,用洗过的剪

[①] 陈兴龙:《羌族释比文化研究》,四川民族出版社 2007 年版,第 105 页。
[②] 何斯强、蒋彬主编:《羌族:四川汶川县阿尔村调查》,云南大学出版社 2004 年版,第 274 页。

刀剪脐带，还使用棉布、衣服和其他未消毒的物品和工具，导致产妇和新生儿的死亡率高。①

王康、李鉴踪、汪青玉著《神秘的白石崇拜：羌族的信仰和礼俗》：

> 生产时多在牛羊圈中，接生条件极差，疾病常威胁着大人小孩的生命。②

雍继荣著《羌族生育文化》：

> 十月怀胎，一朝分娩，把母亲的痛苦与喜悦推到极至。但是迎接新生儿的却不是温软的襁褓，而是冰冷的土地。由于羌族石砌楼房底层多作为牛羊圈，新生命来到人间的第一个印记就留在了这里。其中缘由一说是因二楼居室供奉有诸多神灵，神灵喜欢洁净，孕妇生产就只能选择它处，底楼至少是背风，自然成为首选。③

赵曦著《神圣与亲和：中国羌族释比文化调查研究》：

---

① 葛维汉：《羌族的习俗与宗教》，耿静译，饶锦校，李绍明审订，载李绍明、周蜀蓉选编：《葛维汉民族学考古学论著》，巴蜀书社2004年版，第39页。
② 王康、李鉴踪、汪青玉：《神秘的白石崇拜：羌族的信仰和礼俗》，四川民族出版社1992年版，第222页。
③ 雍继荣：《羌族生育文化》，载张曦主编：《持颠扶危：羌族文化灾后重建省思》，中央民族大学出版社2009年版，第235页。

新中国成立前，孕妇在其母亲或者孃孃的陪同下，到最下层的牛、羊圈蹲式生产，处理脐带与胎盘后抱着新生儿回到火塘层间的里屋。这是游牧生产生活方式与早期图腾崇拜的反映，同时也说明羌族所居住的自然环境对人的生命力有极强的要求。①

以上诸论，前三者是对某一具体村寨而言，后四者则是普遍论之。其中《羌族：四川汶川县阿尔村调查》所言阿尔村正是笔者调查对象，文中提到的"村寨乡村医生罗秀琼"就是笔者房东余世华之妻。经核实，并无此事。

当然，由于羌人分布广泛，各地习俗多有差异，故并不排除其他地方有这种现象的可能性。不过对于这种现象的评价，却不能简单而论。

时年65岁的余世华说：

> 阿尔村没有在羊圈牛圈猪圈生育的规矩。一般是在火塘的火坑边生产。羌语老话"火坑这边生了个儿子或者女子"就是这个意思。因为以前房子小，以前本来就冷，害怕感冒，生小孩如果感冒就是最恼火的，严重的会要命的，所以就在火坑边烧上一堆火，小孩和大人都不会感冒。在阿尔村一般不允许打发出去的女子在娘家生孩子，如果有的话，就在猪

---

① 赵曦：《神圣与亲和：中国羌族释比文化调查研究》，民族出版社2010年版，第217页。

圈羊圈隔一部分出来，铺草，放床，生育后七天才上来，但只是听说，没见过。①

76岁的朱光亮也说："生娃娃在火塘进柴方的两边角落，在一边铺个床，满月40天后才可以坐起来。火塘烧大火，小孩大人都不会感冒。"②

此外，经观察和了解，火塘确是羌人整座房屋最暖和的所在。笔者还留意到，火塘各个方位中，进柴方位被烟熏烟呛的机会最少，基本上属于"无烟区"，其原因，有可能主要是缘于这个方位一般靠近门，风从门外来，烟则被吹向内走。

关于圈内生产，据朱光亮说茂县赤不苏有此规矩。因他有一舅母为赤不苏人，曾经带着身孕住在朱家，一日临产，她自己便自动自觉跑到圈里，故而知之。但赤不苏圈生之俗也不是产妇与猪牛羊共处。朱光亮所了解的实际情况是：在房屋底层，有半边为专门堆放草料的隔间，与猪牛羊圈分开，草料间又隔成内外两部分，在里间设分娩的床铺，放一张桌子。床边有独木楼梯直通上层。生育后，楼上从床旁的独木梯端水下来把新生儿洗净，产妇及新生儿就在产床上生活直至满月（实际为40天）。满月后产妇携子通过床旁的独木梯直接上到楼上屋内。此隔间因无通风口，密不透风，又有两层，还堆满草料，因而不但不会寒冷，还"热乎得很"。③

---

① 根据2011年5月2日下午采访余世华录音整理。
② 根据2011年5月3日上午采访朱光亮录音整理。
③ 根据2011年5月3日上午采访朱光亮录音整理。

可见，即使在圈中生产，也是为产妇及新生儿的安全保暖等考虑。至于有关神灵喜欢洁净，不喜孕妇污秽，故不可在屋内生产之说，恐怕或为托辞，或是规矩初定之时有另一番现在已经无法确知的原因，绝不至如一些人猜测的那样是出于对产妇及新生儿的轻贱之意。

二、送竹米

人们告诉笔者，在阿尔村，孩子出生后第三天，新生儿父亲便往岳父家报喜，并请岳父家的亲戚朋友来喝"报喜酒"。喝报喜酒的同时，由岳父家确定收竹米的良辰吉日，但这个日子一般不会超过满月，所有亲戚朋友就在定下的日子"送竹米"。孩子不管是男还是女，满月之前都要送竹米，至今仍是。

笔者在村里看到，到了送竹米的日子，实际上各家各户均会派人前往，人们一路互相邀约，整个过程主人家并不出面邀请，村民们交口相传，届时尽皆自觉自行携礼而去，竟无一缺漏。

送竹米时，一般亲戚朋友带一升米、猪蹄、鸡蛋若干，岳父家还要带一坛咂酒、被子、醪糟、猪油、两只下蛋母鸡和一身孩子的新衣。所送礼物可多可少，但米必不可缺。

另外，只有女性和孩子舅舅才能看望母子。女性与"月母子"（按：即坐月子的妇女）"摆龙门阵"（按：即聊天），孩子的舅舅则必须抱抱孩子。

主人家宴请送竹米的亲戚朋友后，还在他们的背篓里装上少许物品（如鸡蛋、米等）带回。此外还会煮一锅鸡蛋，染红，临走时给岳父家每人两个。

在已有文献中通常称此为"送祝米",也许是取其"祝贺"之义。但阿尔村却称为"送竹米",该称谓基于以下传说:

> 传说突然有一年,大片竹子全部开花了,而开花以后的竹子结了果,这果子好像是谷子一样,一吊吊的真像是结了稻谷一般,族人们就认为是竹子结了米,于是把竹子结的果摘了回来当米吃。当时寨子里有一位妇女正生了小孩在坐月子,族人准备把这摘回来像是米的竹子果送给她吃。在送的途中,族人遇到了一位不知情的人,那人问他们:"你们到哪儿去?"族人们就告诉他:"我们去给那户坐月子的人家送点竹米。"当年,族人们就把竹米收藏起来,只要有妇女坐月子,寨子里的妇女就去给她"送竹米"。结果当年开了花的竹子全部死光了,来年长出了新的嫩竹,没有了竹米。于是,人们就用米来代替竹米,久而久之,就把这坐月子"送竹米"的习俗传到了今天。①

三、祭拜

满月的孩子需上房背祭拜的行为至今仍存,笔者调查期间村里虽有多名新生儿出世,但均未能遇上,只得先事前询问惯例,再事后了解实际情况。大致如下:

孩子满月后,由母亲头顶着米筛,带孩子上房背祭拜。若是女孩,仅在房背进行;若为男孩,仪式颇为隆重:准备太阳馍馍、

---

① 阿尔村人编著:《阿尔档案》,文物出版社2011年版,第60页。

月亮馍馍各一个，请释比主持，带上香、蜡、刀头肉、敬酒，孩子先由母亲带上房背，再由父亲带至位于房子最高层的小罩楼房顶，在供奉白石神的白石塔前请安。仪式结束后，将太阳馍馍、月亮馍馍和刀头肉分给同宗族所有人家。

第二节　成人冠礼

孩子年满 12 周岁，要举行成人冠礼，仪式时间为当年阴历十月还愿期间，例如十月初一。形式有集体和单独两种。集体的是当全寨在山神庙共同还愿时，寨中所有满 12 周岁孩子一起举办，单独的则由各家在自家火塘边独自进行。但无论哪一种形式，都必须由释比主持，还必须准备雄鸡一只、羊一只、柏枝、香、蜡、刀头肉、敬酒、羌红、红丝带、绵羊毛线和一套衣服，绵羊毛编成细绳套在孩子脖子上、手腕上，羌红系在手上。仪式如下：

> 释比走在前，拿着道具，孩子的舅舅带着衣服，孩子牵着羊；走到庙前或火塘里，由释比点柏木枝来念经通知神灵，释比给孩子念经祈祷，给羊解秽，挂羌红；然后孩子的舅舅给孩子穿一套新的成人衣服，再由释比来念经说祝福语给孩子系吉祥带，挂羌红；最后，释比在神灵面前杀鸡开光来还愿。仪式做完后，由孩子把那只羊牵到山上去放生，这样，这个成人冠礼就做完了。①

---

① 阿尔村人编著：《阿尔档案》，文物出版社 2011 年版，第 62 页。

释比祈祷时所念为中坛经，大意是请神灵保佑孩子平平安安、清清白白地长大，百年长寿、人发千口，发子、发孙、发富、发贵。

不过，成人冠礼在村中消失已久，阿尔村十月初一还愿长期停办大概是其中一个重要原因。因此，村中许多年轻人对此毫无概念，老年人，尤其是主持还愿的释比则都能述其详细。

成年冠礼定在12周岁是大原则，但实际操作起来也并不十分严格，会稍有上下浮动，特别是集体还愿不正常的年代，如20世纪80年代前期的几次集体还愿，偏离更大，朱金龙说，有个别的虽只有十岁也"一起办了"。

第三节 结婚

结婚不仅是关乎两个人终身的大事，同时还是两个家族间的大事，因此，传统社会对婚姻的缔结极为谨慎、重视，羌人群体也概莫能外。在阿尔村，具体表现为从对象选择到完婚的过程漫长、环节甚多、仪式隆重、组织严密、考虑周全，在试探和日渐了解中使得两个人和两个家族由疏而密，从生渐熟，自远至亲，最终水到渠成。

但而今，阿尔村在婚姻方面与传统差别已大，尤其是婚礼，基本不按传统规矩操办。2010年11月22日（阴历为十月十七），余世荣次子余正虎婚礼选择"照老规矩办"为多年来仅见。笔者适逢其境，也收到了主人家的结婚请柬，而且始终参与其事，得之极详。不过，由于新娘唐丽是云南彝族姑娘，虽然女方尽从阿尔村习俗，有不少环节还是不得不或省略或调整。加上其他原因影响，实际并不能完全如"老规矩"。阿尔村人就反复强调"还不完整，只做了六成"，但有此具体事件作为基础，便能逐一推问，加之其他补充，其他许多细节亦多数能大体知悉。

笔者所了解的阿尔村传统婚姻大致如下。

一、选择对象

人们常批判传统的包办婚姻，其实，根据笔者与阿尔村人接触了解到的信息（包括他们的心态），客观地说，对于人员流动不大、人际交往不广、婚配范围较小的传统社会，尤其像阿尔村这样结婚对象主要在本村和距离不远的周围羌寨的情况，父母的意见是建立在长期的观察和考虑上的，双方的孩子都是看着长大的，对对方的家庭也已经非常了解，因而这种"父母之命"绝大多数并非孤行专断的一己之意，而是有着长远的考量，因而更为成熟和稳妥。过去虽然存在指腹亲、怀抱亲、童子亲、调换亲、买卖亲、转房亲、抢亲等多种形式①，但一方面，以上婚约最终能否成功大多还须经长期的观察，另一方面，以上形式虽多，但并不是主要的方式。实际上婚配对象多数是在父母与子女商量、研究并相互让步、妥协中确定的。

---

① "指腹亲"指双方孩子未出生前就指腹定下的婚约，若为异性则为夫妻，若为同性则为兄弟或姐妹；"怀抱亲"指孩子尚在婴儿时期就定下的婚约；"童子亲"指孩子七八岁时定下的婚约；"调换亲"指双方家庭都有儿有女的情况下，相互调换女儿作为儿媳；"买卖亲"指童养媳；"转房亲"指已婚的哥哥或弟弟过世，其妻转嫁家庭中未婚的弟弟或哥哥的情况；"抢亲"指用"抢"的方式娶妻，多发生在寡妇身上。

二、提亲

在阿尔村，第一次提亲小伙子不出面，而是请当地或能言善辩，或德高望重，或与两家关系都不错的人（俗称"红爷"）前往女方家先做试探。红爷一般有两个，也可以是一个，如余正虎、唐丽结婚的红爷便是新娘的姐夫兄弟二人，以新娘姐夫为主，这兄弟二人同时又是余正虎的表哥。

如果对方不同意，就此作罢。如果遇到男女双方相互喜欢且心意已决，但父母、亲戚反对，或者是女方本人不情愿，但双方父母已经认可的情况，就都要多方设法调和和努力，结果不外两种：一是各让一步，一是依绝不让步者意愿而定。

三、许口酒

如果对方有意，男方就带上礼物亲自前往说亲，若同意就确定下来，女方家则在当天办一桌酒席款待男方，称为吃"许口酒"，又叫"开口酒"。此次不叫其他人。宴罢男方临走时，女方会送鞋垫给男子作为定情物。

通常，吃许口酒时便订下日期吃订婚酒，由于这个日子必须请懂得测算日子之人（一般是释比）根据男女双方出生年月日（阴历）[①]推测，故也可过一段时间再定。

吃过了许口酒，双方关系就正式确立，从此，男女双方不但可以正常往来，而且两个家庭的各种劳作还要前往相帮。

---

① 阿尔村一般不用时辰，故与"生辰八字"有所不同。

四、订婚酒

订婚酒在女方家举办,参加人员主要是女方家门和女方的姐妹。

男方根据女方提供的人数,在吃订婚酒的日子,请自己房族的兄弟姐妹约八九人,背上菜蔬、烟酒和女方的定婚用品如衣服(至少6套衣服,其中2套白布内衣,4套麻布或买的外衣)、鞋袜等,前往女方家操办酒席。阿尔村的老人们说,酒席每一桌的人数有讲究,过去不管是结婚还是其他各种活动,如建房、安神、丧事等等,凡是宴席都是八人一桌,现在则一般十人一桌。男方出发前和到达女方家门口时都要燃放鞭炮。女方家虽热情接待,但不会插手酒席的置办。

开席前红爷和长辈向众人宣布订婚事宜,介绍女方亲戚朋友,同时希望双方关系和谐,农忙时互相帮助,遇困难相互支持。临别时女方在男方背篼里装少许物品。男女双方互赠纪念品,其中云云鞋和鞋垫必不可少。

订婚后双方来往更密,春耕、播种、修建……无论大事小事都要帮忙。闲暇时,女方给男方做鞋垫、云云鞋等,男方同样送礼品给女方。遇到节气,男方还要到女方家"送节"。

不过,在此期间若感情不洽,男女方都可提出解除婚约。只是谁先提出,谁就承担之前一切费用。

五、过彩礼

随着双方感情和了解渐深,可以考虑婚嫁时,男方就请释比根据双方出生年月日(阴历)择定婚礼的良辰吉日,然后将结婚期单交女方。日子确定后，男方就要向女方过彩礼。

在不同时期，彩礼的类型有所不同，以前侧重物品，如衣服、腊肉等，而今有偏向礼金的趋势，但簪环手饰（指耳环、簪子、手镯、戒指）始终不能缺，家中没有就要花钱购买。

六、婚礼

举办婚礼的环节很多，前后至少要四天，须经接亲、送亲、迎亲、举办婚礼、谢客、回门等若干步骤，以下结合余正虎、唐丽婚礼具体介绍。

（一）第一天：男方接亲、搭棚，女方办正席、花夜

正式婚礼的前一天，男方一方面要前往女方家"接亲"，另一方面要在自己家准备"搭棚"；女方则举办"正席"和"花夜"。

接亲队伍通常由8人组成，包括吹唢呐2人、红爷2人、姑婆（若姑婆不在，孃孃也可以）1人、童女1人、催亲客2人。其中催亲客又称童男，童男童女必须未婚，而且父母均健在，兄弟较多。

接亲时，姑婆背个包包，内装头绳、梳子等；童女拿着二尺八长的红盖头；催亲客一人提着个酒壶，壶盖压一张红纸剪成的花，壶嘴也插着红纸花（图2-3-1）；另一人提着一块长约四五十厘米，宽约十五六厘米的猪肉（一般是腊肉），约重三四斤，肉上裹着一张细条红纸，夹着一份喜分钱、一叠黄纸；插着三支香、一对蜡和一把刀，统称为"封刀肉"（见图2-3-2，指由封、刀、肉三部分组成，"封"指其上有一封喜分钱）。村人曰：封刀肉极为重要，无封刀肉，厨师不敢动刀。酒壶和封刀肉男女方各自准

备，用以调换。接亲队未到，女方不得开席。

余正虎、唐丽婚礼亦有接亲一节，接亲队人员构成根据实际情况，设有唢呐手1人、姑婆1人、童女2人、童男2人。（图2-3-3、图2-3-4）红爷本就是女方家人，故实际是到代表女方的红爷家接亲（新娘的父母及其他亲戚没来）。为了表示新娘是从遥远的云南过来，在婚礼前新娘还专门到汶川县城住了一晚，然后再用车接回。

图2-3-1：酒壶 　　　　　　　图2-3-2：封刀肉

按老规矩，接亲队到达女方家门时，唢呐手吹《接亲》调，女方家派人手托木盘，上有两个酒杯、一壶酒、一些香烟，拦着接亲队不让入内，并高声叫道："红颜鬓旁月老大人，你们爬坡上坎、登山涉水，路上受了霜风、冻了龙袍、散了龙架，来到贵府，辛苦了。敬请大人饮酒二十四杯，饮过二十四杯。"然后要求接亲者"转手"进点喜分钱，通常要经多次"转手"方得进屋。接亲队须在女方家住一夜。余、唐婚礼只有唢呐手吹《接亲》调，其

余均缺。

图 2-3-3：接亲队　　图 2-3-4：唢呐手（中）与童男

正席通常在中午 12 点左右开始，花夜在晚上进行。

花夜时，在堂屋中间摆几张桌子，放上各色各样的水果、糖果、干果。接亲的和女方的亲朋好友围坐一起唱"盘歌"（图 2-3-5）。盘歌曲调不多，但歌词可以任意编改，不过有许多歌词已基本形成固定的范式，内容涉及羌人生活的各种细节，或意味深长，或生动有趣，或劝人识物。形式以对歌为主，一部分人提问，另一部分解答，间中一起合唱。例如："今晚上夜深长，一笼干炭烧成灰，一锅开水熬成醋。大家都是姐妹人，好玩好耍今晚上。一年有几个火烧天（按：指丧事，丧事亦称忧事），十年难遇闰腊月。""这首盘歌由你来解哟的花儿呐吉，什么树儿则，哟啊，吊关刀？""这首盘歌由我来解哟的花儿呐吉，皂角树上吊关刀。""什么过河不脱鞋？""牦牛过河不脱鞋。""铜钱花，妹儿花，麻榴层层摇钱树嘞，一枚的铜钱多少个字来？采花妹儿你来解呐。""铜钱花，妹儿花，麻榴层层摇钱树嘞，一枚的铜钱六个字嘞，采花妹儿我来解也"……"花夜"一般会通宵达旦，至少也要闹到深夜。

余、唐婚礼无女方花夜和正席，婚礼当天一大早到红爷所在的百家夺寨接亲。上述盘歌唱词及图2-3-5的"花夜唱盘歌"实际是后面的男方花夜场景实况，据阿尔村人说两者相差不大，故用之。

与上同步进行的是男方家准备"搭棚"材料。

图2-3-5：花夜唱盘歌

图2-3-6：搭棚

所谓搭棚，即用不落叶的松树枝叶在户外宽敞位置搭建一"门"形简易棚架，宽约3米，高约2.5米，上贴对联横批（图2-3-6），作为第二天接受亲友挂礼的场所。搭棚的松树枝要在婚礼前一天到山上砍回，第二天一早搭建。

（二）第二天：女方送亲、男方迎亲和举办婚礼

1.送亲

按照阿尔村原来的传统，送亲通常在第二天早晨六七点左右。送亲前要先给新娘"上梳"，吉时一到，男方唢呐手吹起

《送亲》调，身穿红嫁衣、脚穿嫂嫂做的"花花鞋"的新娘在神龛上烧香、点蜡、祭拜祖先，再与父母"哭嫁"拜别，然后由亲兄弟或堂兄弟背出大门，在大门处新娘要将一把筷子朝后扔向堂屋，扔的时候不能回头。女方家准备的圆馍馍出大门前留下来，由家中小弟兄交与释比，释比在上插一面白旗并念经，此馍称为"回头馍"；太阳馍馍和月亮馍馍则背到男方家，其中太阳馍馍由男方族房各家分吃，月亮馍馍"头端"（做的时候用手捏两下作为记号）给新郎吃，"尾端"（做的时候捏一下）给新娘吃，中间给释比吃。

图 2-3-7：送亲队伍　　　　图 2-3-8：对歌

前往男方家途中新娘有轿坐轿，无轿骑马，路程不远就步行。女方送亲队伍十分庞大，由母舅亲戚、新娘的姐妹老庚们[①]和女方寨子每户一人组成，男方接亲队的唢呐手一路吹奏《长路牌》。（图 2-3-7）

[①] "老庚"一般指同年出生的人，同年同月出生的叫"金老庚"，不同年出生的也可认老庚，称为"和气老庚"或"仁义老庚"。

2. 迎亲

当送亲队伍行至男方家门前,男方锣鼓、鞭炮齐鸣。双方女性在门前对歌,一般是女方送亲的唱一句,男方迎亲的应一句,均为羌语。图2-3-8为余、唐婚礼对歌实景。根据实况录像,得知当时所唱的唱词大意是新媳妇聪明贤惠、能干漂亮,到男家后善持家务,能养儿育女、喂大肥猪等等。女方还会唱道:"你们家九年的陈腊肉做喜事时不拿出来,我们就不让新娘进门来。"男方则应:"我们家九年陈腊肉煮起了,背溜①开了。"云云。

对歌边唱边进,将至大门,男方家知客司手托木盘,上有花生、瓜子、香烟、猪肝、水果、筷子、两杯酒等拦着送亲队伍,如同前述女方家拦接亲队一般,既犒劳送亲人员,也索要喜分钱,之后才放行进门。

3. 攮新人邪

攮新人邪是婚礼上一个极其重要、必不可少的环节。羌人发现,新娘过门时一种邪气会随之而来,遭遇此邪的轻者昏迷不醒,重者有生命之危,这种邪气便称为"新人邪",必须在新娘进大门那一刻由释比作法攮出,方能保得平安顺利。

余正虎、唐丽婚礼的攮新人邪由朱金龙主持(图2-3-9),婚礼当天一早他就来到余家准备。攮新人邪需要一个直径约20厘米的圆馍馍(图2-3-10),上插两面白旗,另要一个升斗(图2-3-11),装满五谷,五谷可用青稞、玉米、油麦、黄豆、大米等的其中一种,

---

① "背溜"是指猪背脊梁骨两边的长条肉,通常整条熏制成腊肉。

上插三支香、一对蜡、一个鸡蛋和一份喜分钱①，还需要一瓶酒和两个酒杯。撵新人邪之前先在门口烧些纸钱赠与邪，同时念劝其不要伤害他人。

图2-3-9：朱金龙撵新人邪　　图2-3-10：撵新人邪之圆馍馍和白旗　　图2-3-11：撵新人邪之升斗和酒

余、唐婚礼中此节颇受重视，但见新娘一迈上大门槛②，朱金龙立即从升斗中抓起一把大米掷向蒙着红盖头的新娘头上，大喝一声"Fei！"接下来高声念道：

> 日吉子良，天地开张，新人到此，大吉大昌。钱财一份白如银，将来回送车马神。天煞归天界，地煞富裕民，年煞月煞归地府，日煞时煞走如云。娘家车马请回转，婆家香火出门迎。Fei！（又向新娘掷出一把米）至今回送车马神，天长地久万万春。
>
> 附一马头，上插红旗，炮响三声人进之（此时门外燃放

---
① 撵新人邪完毕喜分钱归释比，通常为12元。
② 由于余家大门方位虽早定下，但尚未安门，故"大门槛"实为将来安门之位。

鞭炮），人人说是神仙过，却是门府家下娶亲会。远得一龙车，龙也是个车，车来车挡住，马来携金鞍，接新人来到此，暂驻一时间。

一张桌子四角方，张纳陈募鲁班钻，四方坎起云牙板，中间焚起一炷香。道香得香，灵宝回香，香罩三界遍满十方。借动主家一把瓶，瓶不是金来不是银，却是当中挑一个，巧手挑作见人打做瓶。瓶内装的是何物？不是金来不是银，杜康造酒酒一瓶，此酒募来有何用？将来此酒募来回送车马神。点酒三巡。

附议：东方一朵紫云起，南方一朵紫云开，两朵腾云共结彩，迎接新人引进来。一步一莲花，二步二莲花，步步莲花进华堂，在娘家千年富贵，在婆家万代兴隆。

天无忌，地无忌，日无忌，月无忌，时无忌，百无禁忌。姜太公在此，请煞回避。[①]

至此撑新人邪完毕，新娘可迈进大门。

4. 敬神

随着新娘进门，唢呐手吹奏起《落心调》，直至敬神完毕。

按老规矩，新娘进门后要先到堂屋，男方家把一个制作洋芋糍粑的面槽倒扣在地上，让新娘坐在上面。阿尔村人说这样坐了以后，新媳妇在婆家自然就会做饭了。

同时，两个童男在家神神龛上敬三支香、一对蜡，主婚人

[①] 2010年11月22日余、唐婚礼"撑新人邪"实录。

（由朱忠正担任）手捧插着两面白旗的圆馍馍从大门处开始边唱经文边行至家神神龛（图2-3-12），最后把馍馍放在神龛上。所唱经文从最大的神——太阳神和月亮神念起，进而水神、陆地神、草坪神……一直到白石神，均为羌语。余世荣解释说，意思是天上下来了一个仙女，与人间的男子配成了一家，生儿育女。再往后，男方家屋主——通常是新郎父亲（余世荣，图2-3-13）——边燃点香柏，边敬请诸神，方式为大声念出天上、地下、寨子、家里、祖先的所有神名，念完则说新郎某某、新娘某某来看你们了，请各位神保佑新人金银满屋、富贵双全、白头偕老等等。

图2-3-12：敬神（主婚人朱忠正）　　图2-3-13：敬神（新郎父亲余世荣）

5. 拜堂

敬神完毕，待吉时一到便开始拜堂（图2-3-14）。按传统，拜堂应在家神面前进行，摆上糖果、瓜子、花生、香烟和两杯酒。典礼开始时，唢呐鞭炮齐鸣，双方父母就位，新郎新娘男站左，女站右，三叩九拜，先拜天地，再拜高堂。主婚人朱忠正朗声唱礼主持仪式。唱词如下：

今日佳偶配佳妻，鸾凤和鸣正吉时，齐眉举案多喜庆，弯贵月泰香羽玉，男出华堂，男站左、女站右，男女并站，与天地位前，三叩九拜。一跪：一二三叩首，起；二跪：四五六叩首，起；三跪：七八九叩首，起。

转拜高堂，拜过天地拜高堂，男婚女配理所当，共结誓约山海固，永远情意地长久，先拜祖先，宗行四礼，起口于君说。端祥，一拜天地盖再恩，叩首，跪，起；二拜日月照明恩，叩首，跪，起；三拜国王水土恩，叩首，跪，起；四拜父母养育恩，叩首，跪，起，四礼礼毕。桃之夭夭正相当，齐鸣筝筝配凤凰，离弃家人同相见，三拜归地天长，天长地久，地久天长，夫妻交拜结纳祥。一张红绸二尺八，特殊美女头上搭，新郎举手来揭盖，现出芙蓉一朵花，夫妻双双入洞房，天长地久，地久天长，恭喜恭喜，主家万事大吉。①

图 2-3-14：拜堂

礼毕，男女双方的亲朋会争着要把己方的新人抢先送进洞房，称为新郎、新娘"抢洞房"。据说谁先进洞房以后家中谁就能主事。

---

① 以余、唐婚礼实录为主，部分参考《阿尔档案》进行补充。参见阿尔村人编著：《阿尔档案》，文物出版社 2011 年版，第 67 页。

6. 挂礼

挂礼指众亲友给新人挂红、赠礼、祝福，在拜堂结束后不久进行，地点在搭棚处，由总管主持，称为"叫礼"。搭棚处摆有一张桌子，上有糖果、香烟、瓜子、花生、酒，还有一本收礼登记簿，专门有两人负责登记和收礼。棚子边地上用麦草做成席子，新郎新娘站在旁边恭候，其中新郎接受挂红并叩头、敬烟、敬酒回礼。结婚时挂红只挂男，不挂女。[①] 亲友的赠礼过去主要为鞋、衣服和一道红，现在除了一道红不变外，其他多改为礼金，礼金从二三十元到八九百元不等，视经济情况、关系亲疏而定，但其中也有一定规律。例如：先前甲家举办婚礼时乙家曾经送礼金100元，下一回乙家举办婚礼时甲家至少会回100元，通常回120元或更多，如此递增，一般不会减少。因此，收礼登记是阿尔村各家办事的重要手续，以此作为日后回礼的凭据。

挂礼有一定顺序，红爷首先上礼。然后是四大门亲，四大门亲里又以舅家为先，其次姑爷，再次姨爹，往后是亲表叔，四大门亲之后是家门长辈。以上人员挂礼，总管都要一一念名字叫礼，例如余家婚礼负责叫礼的总管朱金龙如是叫礼："鸣炮迎接红爷大人陈前！穿针引线，遇水搭桥，天上无云不下雨，地下无红爷不成亲。红爷大人辛苦了，爬坡上坎，飞机来接火车载，你为他们成双成对立下了汗马功劳。鸣炮迎接！"[②] 笔者在余家婚礼挂礼现场听到的挂礼者在给新郎挂红时最常说的话是"听爸爸妈妈的话"、"夫妻和睦"、"白头到老"。（图2-3-15）其他的亲友挂礼则不再叫

---

① 但做生、冲喜可以给女的挂红。
② 2010年11月22日余、唐婚礼总管"叫礼"实录。

礼，自行前往即可，最后由新郎的兄嫂收拜。通常挂礼者都会带上一串鞭炮在挂礼前燃放，放鞭时唢呐手吹奏《迎宾》调。

图 2-3-15：给新郎挂红　　　　图 2-3-16：正席

7. 正席

因亲友众多，挂礼完毕往往已是中午，挂礼结束，正席也随即开始（图 2-3-16）。也是客人太多之故，常常无法提供足够多的席位让所有人同时用餐，因此只能分批上席。批次之间则由声音嘹亮的唢呐用不同曲调司令，吹《接客》调表示上席，吹《感谢》调表示换席。但先上后上也有一定讲究，一般是红爷、男方四大门亲、送亲队伍、寨中年长者及远道客人先上，而且其中男方四大门亲各选一人与寨中长者共一桌，女方母舅组成另一桌。这两桌不换席。

正席的菜肴一般都有十几个，如余正虎、唐丽婚礼筵席每桌有十八道菜。按老规矩，"香"、"酥"、"扣"、"盘"四样菜不可或缺。余世荣为笔者详细讲解了"香"、"酥"、"扣"、"盘"的制作方法，兹录如下：

香：必须用精肉制成，加上生姜、大蒜，切得极细，然后用灰面（即麦子面）做成馍馍状，蒸熟，再揭盖用干净抹布把上面的水分抹去，倒上调好的鸡蛋黄，再盖上蒸熟，熟后撒上"星红"（按：

来源不明，可能是一种红色果汁），此谓之"香"。"香"要与"花肉"配成一碗（或盘）。所谓"花肉"，并非肥瘦兼有的肉，而是取自猪背溜上的纯瘦肉，但要加工成云朵状，故谓"花肉"。加工方法是：先在肉上切出许多薄片，但不切断，三片一组，其中两片卷成筒，第三片覆盖其上，组与组之间方向相对。（图2-3-17）卷的时候须加进豆粉才不易分离。卷好后纵向切成块，使卷出的云朵造型在侧面显露出来。每一碗有6个"花肉"和9个"香"，每桌一碗。

图2-3-17："花肉"造型

酥：取猪腹部带肥肉部分，切成条状，约十几厘米长，二指宽，加上鸡蛋、豆粉和少许酒，放入清油锅中煮，待凝固后取出，切成直径约3厘米的圆块，再下锅煮熟，之后加上生姜、大蒜、味精、盐等调料即可。一盘十个左右，每桌一盘。

扣：用块状肥肉，切成边长约10厘米的正方形，煮熟后再在上面划切分成9块，但不能断，须保持底部相连，放入盘碟时盘底要垫一层菜，如泡菜。"扣"一般在婚宴前一天做好，第二天上桌前再蒸熟蒸热。一桌一盘，一盘一个。

盘：由猪肘子煮熟，加生姜、蒜、辣椒、味精即为"盘"。一桌一盘，一盘一个。

席间会有隆重的"谢红"仪式（图2-3-18）。谢红即谢红爷。谢红由总管带队，用一个大木盘托着两道红、两双鞋、两吊肉、两包香烟、两瓶酒和一个贴着许多"囍"字、鼻子耳朵插满彩枝、口衔着贴红猪尾，被打扮得五彩斑斓、样态可掬的三香猪头（"三香"指香、蜡、柏枝，见图2-3-19），在热烈喧天的锣鼓唢呐队①簇拥下来到席间的红爷座前。余、唐婚礼的另一位总管朱忠正高声致谢辞："红爷大人，你爬坡上坎，登山过水，天上无云不下雨，地下无红不成亲，今天主家用三香猪头来敬红爷大人，请你红爷大人笑纳。"三香猪头本是敬献红爷的，但实际上红爷又会回送给主家。谢红时，红爷须饮酒若干杯，总管还要将两道红交叉挂在红爷身上。

图2-3-18：谢红爷　　　　　图2-3-19：三香猪头

图2-3-20：对唱（女方代表）　　图2-3-21：对唱（男方代表）

① 唢呐吹奏《感谢》调。

对唱是婚宴上另一高潮,唱的歌虽然主要只有两首——《十二月花》(又称《七解》)和《祝酒歌》,但时间却需半个小时以上。由前面提到不换席的两桌主唱。笔者在现场看到的情形是,一旦对唱开始,不少亲友便会陆续汇集过来站到周围跟着唱,还有一些则在自己座位上远远地高声应和。(图2-3-20、图2-3-21)当时所唱的形式及内容如下。

女方母舅组成的一桌首先起唱《十二月花》。这首歌采用一问一答的形式,主体部分是从一月到十二月开什么花,一方问,另一方一一回答:

《十二月花》歌词(大意)[①]

问:男女结合是哪里来的?

答:男女结合是从天上来的,自从开天辟地就已存在。

应:天上下来了一个仙女到人间。

接:下凡到人间后她就嫁给了凡人。

续:嫁到人间以后,生儿育女,人类从此开始繁衍。

问:正月开的什么花?

答:正月玛珑花[②]从矮山一直开到高山上。

问:二月开的什么花?

答:二月水石花[③]从矮山一直开到高山上。

问:三月开的什么花?

---

① 根据2011年2月20日采访余世荣录音整理。
② "玛珑花"根据羌语音译,此花形状大小如珠子,天蓝色,正月间开花。
③ "水石花"根据羌语直译,此花长于水中的石头上,类似于苔藓。

答：三月桃花从矮山一直开到高山上。

问：四月开的什么花？

答：四月黄花花①从矮山一直开到高山上。

问：五月开的什么花？

答：五月萉圃花②从矮山一直开到高山上。

问：六月开的什么花？

答：六月甜荞花从矮山一直开到高山上。

问：七月开的什么花？

答：七月黄杨木花③从矮山一直开到高山上。

问：八月变了什么样？

答：八月用黄杨木锄头开沟，用竹兜撒种，种上冬青稞。

问：九月变了什么样？

答：九月一种黑黄绿红相间的鸟开始成群，从高山飞到矮山上。

问：十月变成什么样？

答：十月间杀年猪，开膛破肚放猪血。

问：十一月变成什么样？

答：十一月最高的山已被大雪封盖，雪一直下到了矮山上。

问：十二月变成什么样？

---

① "黄花花"根据羌语意译，指一种黄颜色的小花，此花开时，说明当地可以开始种玉米了。
② "萉圃花"根据羌语音译，此花开于山上，叶子约十几厘米长，叶子两面都蒙着一层白灰色，花约三十多厘米长，直径约四五厘米。
③ "黄杨木花"根据羌语直译，虽然当地人也称之为"黄杨木"，但是否与学名为"黄杨木"之植物同属未考证。

答：十二月三十那天各家各户大门上都贴起了门神对联。

《祝酒歌》是应和歌，内容是赞美新媳妇、祝福新人和主家，同样是女方先唱，每赞美一句，男方便肯定地重复一遍：

《祝酒歌》歌词（大意）①

嗨——，天上的仙女到了大地上，来到了我们这里。

嗨——，来到这里以后，和凡人成了亲。

嗨——，嫁到这儿以后，人类得到了繁衍。

嗨——，我们的仙女，欠你们的给你们送来了。

嗨——，我们的仙女，能喂大肥猪，能用大牯牛耕地。欠你们的给你们送来了。

嗨——，我们的仙女，能给九间房子做饭。欠你们的给你们送来了。

嗨——，我们的仙女，能建九间新房子。欠你们的给你们送来了。

嗨——，我们的仙女，养育的儿女多得像云布满一条沟。欠你们的给你们送来了。

嗨——，我们的仙女，养育的后代像一座山上杉树的枝叶那么多。欠你们的给你们送来了。

嗨——，我们的仙女，打下的根基像杉树的根一样宽广牢固。欠你们的给你们送来了。

---

① 根据2011年2月24日采访余世荣录音整理。

嗨——，我们的仙女，繁衍子孙如分开小葱一般。欠你们的给你们送来了。

嗨——，我们的仙女，使一家人的烟火吹散发展出一百家。欠你们的给你们送来了。

嗨——，我们的仙女，使一百家人的烟火吹散发展成千家。欠你们的给你们送来了。

嗨——，旧的一年过去了，新的一年到来了。

嗨——，过去的一年是虎年，新来的一年是兔年。

嗨——，旧的月份过去了，新的月份来临了，过去的是十二月。

嗨——，新来到的是正月，算算今天是什么日子？

嗨——，算来今天是二十二。

嗨——，算算今天的属相是什么？

嗨——，算来今天是属狗。

嗨——，今天是属狗，这家在祝酒。

嗨——，请人算算这天日子好不好？

嗨——，请人算来，今天这家敬神非常好。

嗨——，今天敬神神愿意，今天请客人欢喜，今天整个一天都很好。

嗨——，火塘四周的位子，是左边站起来，还是右边站起来？一起站起来。

嗨——，第一次站起来，这家很好！

嗨——，第二次站起来，这家也很好！

嗨——，第三次站起来，这家非常好！

婚宴结束，全寨各家分别接待客人，提供晚餐，安排住宿，不得有怠慢，否则视为全寨的耻辱。当天晚上亲朋好友还要到新郎家闹花夜。

8. 男方花夜

男方花夜的形式和内容同女方花夜近似，不再赘述。

（三）第三天：谢客、谢厨、谢吹吹

婚礼后的第二天中午男方家再次举办盛宴，款待前来贺礼的亲友以及村寨中相帮的所有人员，是为"谢客"、"谢厨"、"谢吹吹"。

谢客、谢厨的宴席结束后即拆除收礼的棚子，称为"拆棚"，宣告婚礼圆满结束。然后在锣鼓唢呐鞭炮声中隆重地"收堂"：厨师先将剩余的菜移交给主家，主婚人用封刀肉上的香、蜡敬主家家神，再燃点柏枝、香、蜡敬拜主家火塘铁三角中最大的神。同样隆重的是，厨师们还要敲锣打鼓地逐一前往所有提供厨房的邻里家中，在其火塘燃点柏枝、香、蜡敬拜铁三角中最大的神，并在其大门上挂一道红。（图2-3-22）

最后谢吹吹，即谢唢呐手。主家以一双鞋、一瓶酒、一道红和120元的喜分钱（路程远的喜分钱通常为200元）表示谢意，唢呐手则在主家家神前吹着《落心》调三鞠躬，然后边吹边倒退而出，渐行渐远。（图2-3-23）

图 2-3-22：谢厨　　　　　　　　图 2-3-23：谢吹吹

（四）第四天：回门

翌日，新娘新郎在两个催亲客陪伴下，带着太阳馍馍、月亮馍馍、香、蜡、柏枝到女方家回门。女方家召集四大门亲前来喝"回门酒"，并把新人带来的太阳馍馍和月亮馍馍分给大家吃。但太阳落山之前新人必须回到男方家中，不能留宿女方家，返回时还须带上女方家做的太阳馍馍和月亮馍馍。至此，结婚的整个仪式才算结束。余、唐婚礼无此节。

第四节　做生

在阿尔村，做生分给小孩做生和给老人做生两种。

给小孩做生是在满6周岁和满12周岁时做，但现在此俗已基本消失，只有比较特殊的时候才做。例如2010年就有一位满6周岁的小女孩做生，那是因为该女孩三岁时亲生父亲因车祸去世，其继父疼爱此女，为其做生，采用的就是满6周岁做生的传统方式。虽然小女孩家住汶川县城，其家门和四大门亲绝大部分住阿尔村，远在25公里外的深山里，但他们仍然依俗纷纷携礼前往。

尽管在阿尔村八九十岁的老人很多，但满60岁就算长寿，因此，给老人做生定在老人60岁开始，男性逢9进10时做，女性由0入1时做。由于阿尔村人年龄都按周岁计算，故男性做生为59、69、79……周岁，女性为60、70、80……周岁。2010年11月，朱金龙家人为其做生就是按照"逢9进10"的规矩。朱金龙1951年出生，到2010年刚满59周岁，所以他做的是60大寿。

不过，如果父母有一人仍健在一般不做生，除非父母吩咐。余世华59周岁时便没有做生。若是父母在时做，做生者要先给祖先磕头，再给父母磕头。在过去，祝寿要送寿面2斤、点心1盒、酒1瓶，儿女还要为其做内外寿衣各一套。现在一般改送礼金，不过，平辈不送寿礼，只挂红和放鞭炮。晚辈不能挂红，因挂红只在长辈对晚辈或平辈之间进行。拜寿仪式由释比主持。

第五节　丧葬

生命终结是一个人一生中最重要也是最后的一件大事，这在阿尔村表现得尤为明显。如果说阿尔村婚嫁过程让人感觉到更多的是慎重，那么，这里葬礼给人印象最深的则是团结和隆重。人从死亡到埋葬按正常三天内完成，其动用的人员、办事的效率、组织的有序、众人投入的财力、精力和情感，不但在人一生仪礼中，即使在全寨所有活动中都是最大、最好、最隆重的。

目前，阿尔村丧葬方式有土葬、火葬两种，其中火葬最古老，但现在土葬最普遍，由于两者过程大同小异，故在此略谈火葬，详述土葬。

一、火葬

据说，古时阿尔村均实行火葬。现在火葬一般用于凶死者，如摔死、车祸、跳崖、上吊、淹死、被野兽咬死、被杀、自杀、得传染病、难产而死等非正常死亡者。但朱光亮指着几个坟冢告诉笔者，这些老人是自己要求火葬的。其原因不一，有的是个人偏爱，有的是以此避免日后坟墓被盗等等。火葬这种古俗在阿尔村一直延续至今，笔者调查的两年间就发生过不止一次，但未曾亲见。以下记述是与许多阿尔村人交谈得到的信息之综合，也参考选用了《阿尔档案》中的相关资料，火葬的两张图片（图2-5-1、图2-5-2）即是转引自《阿尔档案》[①]。

图2-5-1：劈开棺材（棺材上端为举斧者）
（转自《阿尔档案》，2010年2月摄）

图2-5-2：点火
（转自《阿尔档案》，2010年2月摄）

[①] 选自《阿尔档案》随附光盘，参见阿尔村人编著：《阿尔档案》，文物出版社2011年版。

阿尔村的火葬在规定的火坟地火化（图2-5-3）。原来每一姓氏宗族都各有独立的火坟地，不同宗族不得进入，后来渐行合并。目前全村四个寨子共有5个火坟地，其中百家夺寨全寨合用一个，位于老寨

图2-5-3：阿尔寨火坟地（右下角）

子的入口处；阿尔寨全寨合用一个，位于距古碉楼不远的老路旁；立别寨全寨合用一个；巴夺寨朱姓合用一个、杨姓合用一个。

火化通常在死后三天进行，也有当天火化的，这要根据当时的情况而定。火化前一般要进行验棺。火化时，先用斧头劈开死者脚所在端的棺木板，在棺木的四周堆放干柴，然后点火。必须把死者的每个部分，也就是全身都烧成灰。火化尸体通常只需几个至十几个人即可完成，一般是中老年人，偶尔也会有年轻人参与。点火后人们便在一旁喝酒，时而整理一下柴火。第三天收拾骨灰，将其装在"匣子"里入葬，起丘坟，插上花圈。

二、土葬

土葬在阿尔村不但常见，还是羌人诸文化行为中保持传统最多、最完整的事项。其程序和要求非常复杂，有许多具体的规定，在实际操作上，因不同的人和不同的条件而有所差别。笔者考察期间共参加葬礼三次，两次在阿尔村，一次在相邻的马灯村（随被邀请的阿尔村羊皮鼓队前往），每次都不太一样。另外由于丧事

为突发事件，故前期程序都只能从旁了解。以下描述乃综合实际观察和村民的讲述梳理而成，笔者未能调查了解到的部分，主要参考阿尔村民们自己撰写的《阿尔档案》一书。

在阿尔村，六十岁以上的人或未满六十岁但有后代，若属正常死亡，就会采取土葬。全过程大致如下：

（一）临终守护

阿尔村人认为，当老人久病不愈，长期卧床，不吃不喝，就说明即将离世。此时亲戚朋友都会前来帮忙，轮流在老人跟前守夜，直到他去世。

（二）穿寿衣

老人弥留之际，亲人要先为其剃发净身，尔后帮其穿上不同颜色的寿衣服饰，包括：头帕、衣服、腰带、绑腿、袜子、鞋子等。寿衣必须为单数，如三件、五件、七件，最多九件，以五件和七件为常见。

老人咽气前，守护的子女或亲人必须将手腕放在他颈下，一旦发现呼吸心跳停止，所有子女、四大门亲立即到位准备后事。首先马上用猪油裹上一小块银子放入死者口中，称"口含银"。然后将其身上所穿衣服换下烧掉[①]。死者身上穿着只有最外一件与在世时相同，其余全部更换，绑腿也不例外。完成后，把尸体放于棺木盖上，以草纸枕头，用干净毛巾把脸遮住，端正躯体。

（三）准备棺材

与此同时，用酒杯盛火塘灰倒进棺材，然后在棺材里铺放纸

[①] 烧衣服的时间是下葬第二天傍晚，地点在新坟处。

钱，火塘灰杯数和纸钱张数与死者年龄数目相当，再把子女亲手绣好的枕头放入，枕头内装柏木枝叶。

（四）烧刀头纸

死者放在棺材盖上后，在棺材盖前放一升粮食（如：玉米、大米），然后点一对蜡、一炷香，孝子们前来跪在死者面前边哭边烧纸钱，称为"烧刀头纸"。烧刀头纸前孝子不许哭。烧纸完毕，待纸灰晾冷后把纸灰装进一个袋子，挂在死者胸前，再装一个馍。这样，死者在往阴间的路上就有钱用、有午饭馍吃。

（五）入棺

接下来，在堂屋中央摆两根长凳，将棺材置于其上，棺材前面设一张桌子，桌上放一升粮食，粮食上插一对蜡、一炷香，然后将僵硬的尸体移入棺材内，用柏木枝垫好尸体后盖上棺材盖。

棺材外的下方放一把稻草把、一盏油灯，棺材上面搭一把麻丝、几件死者生前穿过的衣服。

（六）杀落气羊

据余世华、杨廷德介绍，死者生前未落气之时，先选出一只羊，无论男女都必须是黑色公山羊，不能用母羊，让他（她）摸一下羊角，死者入棺后，即在棺材旁杀这只被摸过角的羊，叫作"杀落气羊"。"落气羊"羌语称为"哦呃"，是"马"的意思，意指死者骑着这匹"马"去往阴间。这个过程由释比念经主持。[①]

（七）丧礼筹备

与上述事务同步进行的，是一方面派人通知没有到位的亲戚

---

① 此节主要根据 2011 年 2 月 27 日下午采访余世华、杨廷德录音整理。

朋友，一方面立即延请释比。根据释比推算出的下葬日子、时间和地点（通常死者生前已自行选好安葬之地，释比主要确定坟墓的具体位置）进行丧礼筹备，具体如下：

1. 首先安排执事人员，确定总管、支客、内管（一般由女婿或侄女婿担任）、外管（即倒酒者，又称"上壶"，常由女婿或侄女婿担任）、礼房、菜厨、饭厨、打杂、管桌、担水、烧水等。

2. 请文笔先生写灵位、对联、执事名单。写之前须准备一升粮食、刀头、敬酒、干盘子（指装有香烟、干果的盘子）、喜分钱。喜分钱归文笔先生；灵位牌插粮食上。

3. 将执事名单张榜公布。

4. 安排一人带两瓶酒、一刀纸、香、蜡、鞭炮去请死者舅家。[1]

5. 安排一人带上两瓶酒、两包烟、一摞纸钱、香、蜡、鞭炮，到其他寨子请羊皮鼓队。[2]

6. 计划席数、桌数，商定菜谱以及所需要的一切物品（视丧家经济条件而定）。

7. 安排四个人到县城购买丧礼所需物品及酒菜等。

（八）挖墓地

第二天一大早，释比带十几个人，携刀头、敬酒、香、蜡、纸钱、粮食一升、火炮（即鞭炮）、一捆柴火和简单的下酒菜到选定的地点挖墓坑。抵达后，释比先敬香、点蜡、念经、办交涉（即请示土地神），再鸣炮。之后其他人按释比定下的方位和尺寸

---

[1] 根据2011年2月27日下午采访余世华、杨廷德录音整理。
[2] 根据2011年2月27日下午采访余世华、杨廷德录音整理。

开挖墓坑（墓坑长度一般为成人的七脚半长，墓坑长边要正对山包），释比则回丧家办理其他事务。

（九）杀改罪羊[①]

所谓"改罪羊"是指替死者担待生前罪过的绵羊。由于死者在世时曾在山上打猎、采药、砍柴等，羌人认为这会犯下许多罪孽，故须向辖管大山和山中万物的山神菩萨敬献羊一只，请菩萨原谅，并让此羊承担死者生前所有罪过。过程概述如下：

释比先准备白纸旗四支、削好的木片三根（每根约七八寸）、香、蜡、纸钱、柏木枝、刀头、敬酒、一升粮食。然后释比手拿犁铧一个、镰刀一把，在前头带队，释比后跟着一个孝子，孝子手持拐杖，背上披一件死者在世时的衣服，孝子后跟随四个人，敲着羊皮鼓，再后又跟四人敲锣打鼓，牵一只羊，往后还有四人，其一扛一捆柴火，最后再跟七八个人。队伍围着死者棺材转一圈后出门走到寨子的沟口（释比在绕棺材时须用镰刀敲犁铧，但出门后不能敲，羊皮鼓舞则不停）。

队伍行至目的地后，释比点香、蜡、柏木枝，用削好的三根木片立成山门状（图2-5-4），然后念经，请示山神菩萨，之后给本地死得不明的鬼魂烧些纸钱，再拿点燃的柏枝熏羊并念经，待时辰一到，由四人抬着改罪羊开杀（图2-5-5）。杀羊采用"大磨"刀法，即直接用刀从羊的颈部割杀进去。然后剥开羊肚，割下羊肝在火里烧熟，取一些熟羊肝敬山神菩萨，剩下的羊肝就地吃掉

[①] 图片选自《阿尔档案》随附光盘，参见阿尔村人编著：《阿尔档案》，文物出版社2011年版。

图 2-5-4：杀改罪羊时做山门　　图 2-5-5：杀改罪羊
（转自《阿尔档案》，2010 年 3 月摄）　（转自《阿尔档案》，2010 年 3 月摄）

（羊肉不煮，事毕背回）。完后鸣炮，最后释比边用镰刀敲犁铧，边唱上坛经边往回走，其余人跟唱而回，孝子则哭着走。回到丧家给死者烧纸点香蜡，让死者安心上路。以上落气羊和改罪羊的羊肉，用以招呼前来相帮的其他人员和吊唁赶礼者，与死者同宗的皆不能吃。

（十）接开笼酒

派往县城买东西的人回到离寨子不远的议话坪必须停下[①]，派一人回寨中报信。接信后释比即带着羊皮鼓队和皇伞队前往迎接。

"皇伞队"是阿尔村丧事中必有的组织，且只在丧事中出现，在此略为描述。皇伞队人员均为女性，亲戚和朋友皆可，愿意者为之，无具体规定，亦无单双之分，人数多少也没有要求，笔者所见葬礼中的皇伞队均不少于三人，不超过九人（图 2-5-6）。所

---

① 每个寨子都有这样一个指定的地方，不同寨子可能在同一地点，也可能不同，这个地方祖先早已定下，具体原因尚待考证。百家夺电站附近是原来十寨的共同议话坪，此处必须停下，原因有二，一是该地因集体议话，是十寨神鬼集中之所在，须把酒"开笼"知会各路神鬼；二是这里是阴五寨阳五寨分岔口。

图 2-5-6：皇伞队

谓"皇伞"，是把雨伞撑开，上面搭放着各种羌绣，羌绣多为衣服及饰物，也有云云鞋，必须是全新未用过的，可向亲友邻里借，丧礼结束即归还。皇伞队及相借羌绣者都会得到少许喜分钱。至于皇伞队的作用却尚未完全明了。虽然调查中获得了一些说法，但均不甚确切，不少还有附会之嫌，为免误导，在此不提。

迎接队伍到达议话坪便燃放鞭炮、羊皮鼓队唱跳羊皮鼓舞，皇伞队和其他人员围成圈唱跳忧事锅庄（按："锅庄"是一种许多人围着圆圈跳舞的舞蹈形式）。随后，释比举行"开笼"仪式，通明死者，给天地和死者敬酒，接着大家开始饮酒，稍事歇息后回寨。

回寨路上，买东西的在前面走，释比、羊皮鼓队、皇伞队全体唱忧事歌随后，持法铃者摇铃，持鼓者敲鼓，持皇伞者举伞，边走边唱，一直到死者家里。

到家后，羊皮鼓队要先绕丧家火塘逆时针跳唱一圈，再出来绕棺材跳唱一圈才停下，然后孝子酬礼答谢。买回的所有物品交由内管分派至执事人员手中。

以上过程称"接开笼酒"。

（十一）办大夜

入夜，全村上下的男女老少及外地的亲友闻讯皆会不请自来。此风气古已有之，由调查可知其至今未改。人们来后围着棺材跳锅庄，以忧事锅庄为主（图2-5-7），若死者已满60周岁，则会加入一些非忧事歌舞，而且死者岁数越大，喜丧的气氛越浓。这种锅庄往往通宵达旦，据说过去更是如此。以下是笔者根据实录整理的阿尔村部分忧事锅庄的曲目名称：《马尾子咧》、《日布米米》、《风吹两条坳》、《擦擦擦威嘞》、《鸡儿子龟儿子》、《秀呀嘞——嘎布嘎瞎麻》、《金袖子，银袖子》、《金花银花》、《衣充白》、《茄子花麦子花》、《郫县八百里的长桥》、《忧咪啦》、《马幺妹》、《玩伞金伞拐帕子》、《油麦子拉萨》、《一根扁担》、《丰收歌》、《籽籽籽连是老连盖》、《恰几恰那》、《羞呀嘞》、《挽西弯转》、《金菜花银菜花》、《东钗阳谢》。

图2-5-7：跳忧事锅庄

除此以外，同时进行的还有另外一些更为重要的活动：

傍晚时分，本寨羊皮鼓队到寨子路口去迎接外寨的羊皮鼓队，当两支羊皮鼓队回到丧家门口，释比先给双方的神杖开光、解秽、戴孝，然后进门在家里绕棺材跳、唱一圈，最后向棺材鞠躬，孝子酬礼。

大约晚上八点左右，母舅们一行将到，孝子们和两支羊皮鼓队一起到路口迎接，孝子们须跪迎（图2-5-8）。母舅们一路唱忧事歌而来，最常唱的是《忧咪啦》（图2-5-9）。接到母舅队伍，丧家燃点鞭炮，孝子们起身簇拥着母舅，羊皮鼓队则夹道击鼓。离丧家门口不远处，母舅们改唱另一首专门的忧事歌，悲壮沉痛，边走边唱直到门口。此时，由舅家代表和主家代表主唱，主家在门内，舅家在门外，主家手端一长条木板，上有酒两瓶、烟两包和干盘子（上放花生瓜子等干果）挡着舅家不让进门，双方对唱特定的忧事唱段若干段（图2-5-10），其间舅家须喝酒若干杯，主家满意后边唱边退将母舅让进门内，一直唱到火塘。进入火塘后，众人变换阵型，改唱专门的唱段《纳莎》，曲调和唱词均改变，边唱边绕火塘逆时针转三圈，后面的人手搭前面人的肩膀，踏着步子边走边唱（图2-5-11）。唱的方式为母舅带头唱一句，其余人重复一遍，内容主要是为主家祈祷求福。三圈完毕众人齐吼三声

图2-5-8：跪迎母舅（马灯村）　　图2-5-9：母舅唱《忧咪啦》（马灯村）

图2-5-10：丧家与母舅对唱（阿尔寨）　　图2-5-11：火塘唱《纳莎》（阿尔寨）

"欧吼"后全体坐下，主家和舅家对坐，舅家居上首位，由主家装烟倒茶、摆上酒席给舅家请安。随后，舅家到灵堂祭拜死者，磕头烧纸。

约子夜时分，由舅家代表和总管主持，给死者亲戚分发白色麻布孝衣和孝帕，领到的当即穿好孝衣，戴好孝头帕，腰系麻绳，在死者灵前跪拜、点香、烧纸、哭别。

之后的整个夜晚，主家和母舅们在火塘，边喝边聊边唱。唱的内容为从死者出世开始，到长大、结婚、培养孩子、给老人送终等，一生的经历都必须唱到。再往后，死者的儿子、女婿、孙子、孙女婿等等，无论年纪大小（笔者见过年纪最大的孝子已七十多岁），须按顺序轮流手托盛着腊肉的盘子和一瓶酒跪在母舅面前，恭听母舅训导和祝福。母舅则接过盘子和酒站起来唱（现多由懂规矩的释比代替），内容大致是："你的父亲（或母亲）一生含辛茹苦将你拉扯大，从矮山到高山，挖药、打猎、砍柴，一辈子吃尽了苦，受尽了累，舍不得吃、舍不得用，使得一家人发成九家，九家发成百家千家，像小杉树的根越长越长越牢固，像分开小葱种满坡，像云朵布满各山沟，而今太阳落山了，你的父亲（或母亲）去世了，你能够孝敬，从黑羊白羊中挑选出好的，在黑石头白石头里筛选出好的，花钱费米，母舅都看到了，一文去了万文来，你的父亲（或母亲）

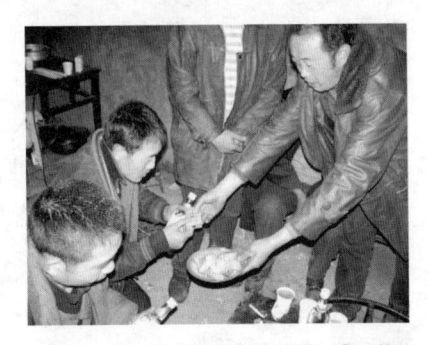

图 2-5-12：逝者留给后代的酒、肉、烟

会在阴间保佑，暗里扶酬，还在身后留下了九年的陈酒、九年的陈腊肉给你们，喝不完、吃不完。"唱完，母舅会将盘子及酒又递回孝子孝孙手中，表示其丧父（或丧母）为他留下了九年的陈酒、九年的陈腊肉。休息一阵，换下一个。待全部唱完，天也快亮了。（图 2-5-12）

天亮之前，主家烤热一个圆馍馍，人人必须吃一点，可消灾祛邪，释比则在火塘铁三角最大的神位前点柏枝或三支香念祷。天刚亮的时候，由释比起头开始在火塘唱《纳莎》，一部分人先唱，另一部分人重复，唱三遍后站起来逆时针绕铁三角再唱绕三圈，之后，释比在前头，舅家、主家随后，其中主家需有一人背着一条几十斤重的猪背溜腊肉，孝子捧着鞭炮，上插三支香殿后，众人唱着《纳莎》从火塘一直上到房顶，在房顶逆时针唱转三圈，最后释比在房顶下水道口点香烧纸将死者灵魂送走，同时鸣炮结束。

早餐后，收拾相关物事准备发丧。

（十二）送老归山

发丧前，唢呐锣鼓鞭炮齐鸣，全体孝子和亲戚朋友哭跪于棺材周围，与死者做最后的告别。然后一位年长者带领正孝（即死者亲生儿子）手拿早已准备好的草把，从棺材旁哭着倒退出门，在十字路口或三叉路口把草把烧掉，再转回来发殡。

发丧时间一到，孝家一部分人拿着所有花圈先行，孝子孝孙在大门外夹道下跪，候等棺材出门。灵堂里，释比站于棺材后侧边，先告慰死者安心离去，然后含口酒，一跺脚，"Fei！"地猛吆喝一声把酒喷在棺材上，再念咒语并用力向棺材掷两把米，随后舅家众人先在棺材上用力拍几下，齐呼"欧——"，再赤手抬棺材出至门外宽敞地带，把一根直径十几厘米，长约三米至四米的木杆（称为"龙杆"）捆在棺材上部。准备就绪后，由死者的小儿子手捧插着灵位牌的粮食升斗在前，其余的人，一位年长者手挥镰刀开路、一人扔买路钱、一人提一把斧头，另两人各持一长条板凳，村里的青壮年一起动手，抬着龙杆，托扶着棺材在一路鞭炮声中循阴路[①]前往墓地。途中遇到沟坎，或需要休息，棺材就置于两长条板凳上。一路上释比在后面不时向棺材掷米以攮死人邪。

遭遇死人邪同新人邪一样，轻者昏迷不醒，重者危及生命。据阿尔村目前最资深的释比余世荣介绍，他曾三次碰到有人被死人邪击中，他也三次都成功施救。余世荣一边描述其三次施救过程一边对笔者如是讲解：

> 死人邪是由于没有妥善安抚死者，亡灵游离出来所致，须释比念咒以米镇之，而且同一程序完成后不能随意重复操作。遭遇死人邪者似乎与其所处方位和与死者关系无关，各人表现症状不完全一样，一般会脸色突然大变，或发白，或潮红，有的全身乏力，有的口吐白沫，但很快都会昏迷，此时，释比要立即向其脸上掷一把米，米不一定很多，甚至十几粒都行，但必不可少，也可以是玉米、青稞等五谷，同时念咒语，咒语也只有简单几句，并不复杂，但经这样处理，

[①] 据阿尔村释比说，在阿尔村，阴魂走的路称为"阴路"，发丧必须走阴路，亡灵才能顺利到达墓地。但阴路并非只有一条路，表面上，阴路和日常的道路并无分别，阴魂只是走其中一些，全村各寨都有较为固定的阴路，城隍庙都位于阴路上。已经确定为阴路的，一般不能在其上辟地建房住人，这会挡住阴魂的路，同时也会给这家人带来不祥。

中邪者不多一会便能慢慢苏醒恢复。①

到达墓地后，棺材用长凳架放在墓坑旁，解开绳索，取下龙杆。抬棺队伍离开丧家后，羊皮鼓队和皇伞队才从家里出发，羊皮鼓队先在灵堂唱跳一圈，接着出门边敲边走，抵达墓地后，羊皮鼓队围棺材逆时针唱跳一圈，然后释比念经请师祖师爷，唱词全为羌语，大意是"旧的一年过去，新的一年来临；旧的一月过去，新的一月来临，新的一月是某月。算算今天是什么日子，算算今天生肖是什么？算来今天是属某物。我的师祖师爷师父，我走到哪里你们也来到了哪里，我的神杖，我回到哪里神杖也回到哪里"，表达的意思是：请师祖师爷在天之灵，保佑徒弟能做好法、念好经给这位死者送终。请到师祖师爷后，羊皮鼓队继续围着棺材跳下坛羊皮鼓舞。

实际上，丧事所跳羊皮鼓舞都是下坛羊皮鼓舞，包括前面提到的丧事中各个环节羊皮鼓队所跳之舞。笔者所见的下坛羊皮鼓

图 2-5-13：下坛羊皮鼓舞阵型 　　　　图 2-5-14：下坛羊皮鼓舞

① 根据 2011 年 5 月 10 日采访余世荣录音整理。

舞阵型一般是：最前面的持神杖，手摇响盘，紧随神杖的人扛着用麦草扎的五彩草把旗，手摇响盘，其后是若干敲羊皮鼓者。整个队伍的人数必须为单数，不能为双数。（图 2-5-13、图 2-5-14）

在请了师祖师爷后，羊皮鼓队跳羊皮鼓舞时，下坛释比取出已施了法术的钢钎准备"打钎"。目前阿尔村乃至整个羌区，打钎最为知名的朱光亮多次详细向笔者介绍讲解打钎的各种规矩和要领，笔者也近距离对打钎过程做了摄录。略述如下：

打钎是指用约五寸长的钢针穿过任一敲皮鼓者的一边脸颊，敲鼓者带着穿透了脸颊的钢钎继续不停地跳，时间无具体要求和规定，全由释比随意掌握，朱光亮说，有时长达十几二十分钟，直至释比示意停止才由释比取出。打钎一般用于丧事，逝者年纪在 60 岁至 70 岁之间打三根，70 岁以上可打五根，最多的打七根[①]，目的在于替死者改罪，道理与杀改罪羊相似，只是以生人脸颊穿刺替受罪责。阿尔村众释比皆说："只有满 60 周岁才有资格享受此待遇。"阿尔村释比打钎之钢钎乃用普通雨伞骨制作，并非某些书中说的银针。朱光亮制作钢钎的方法大致如下：取伞骨较细的一根，截下约 5.5 寸长，将一头磨尖，另一头扎上五色线。朱光亮强调，五色线并非普通的线，更不是为了装饰好看，其来源有讲究。一般来说，羌人所有丧事的灵位上都必然供有人们制作的五色线，但钢钎上的五色线必须从年纪较大的老人去世时的丧事中采集。朱金龙说七十多岁的就可以，朱光亮则说要八九十岁的

---

① 据说转山会时亦可打钎，但只打三根，目的在纪念已故的大禹。但笔者未能得见，不知实况如何。

才好。估计是各人习惯和偏爱不同。采集方法也特别，待这些线经孝子亲戚们磕头作揖、烧香拜哭供到第三天，在墓地上，下坛释比只能背着人偷偷地取一些下来，回来配齐五色，再系到钎子粗端，念上咒语方可使用。钢钎平时无须特殊保养，只在使用前一天取出，用酒精擦去上面的锈即可。笔者观察到，实际上虽经擦拭，上面依然锈迹斑斑。打钎过程为：在使用的当天清晨，释比先对钢针下咒施法，到达墓地，如前述把师祖师爷请到后，释比取出钢钎和一把尾部系有五色线的刀，然后在羊皮鼓队中随意选择打钎对象，第一个选中的人让其咬着刀，从第二个选中的人开始打钎。释比左手食指和拇指捏着皮鼓队员一边脸颊，以食指前一指节长度为准（称为"一拐"）在其口内量定打入点，右手持钎果断刺入约四五厘米。通常打钎时其余敲鼓者要举起皮鼓围在四周挡着并用力击鼓，每次使用的钎均为单数，常为三根或五根，许多时候，释比也会在自己脸上打钎。钢钎打出后皮鼓队继续跳，直到释比示意取钎，再一根一根取出。打钎不会出血，亦不会有任何不良后果。钢钎取出后脸上可见到一个小孔，但第二天即行消失，不留任何痕迹。若取钎时偶有少量渗血，只要释比念止血咒一摸即止。阿尔村老老少少许多人脸上都曾被打钎，有的多达二三十次，却无一人留下印迹。（图2-5-15—图2-5-20）

取钎完毕，皮鼓队再接着跳几圈方停，之后便是皇伞队和舅家、孝家一起唱跳忧事锅庄，与办大夜时一般。跳锅庄时间可长可短，视下葬时辰而定，由释比掌握。（图2-5-21）

跳锅庄结束，释比站在较高处念经给死者告白，然后向孝家扔衣服、向在场的人扔馍馍、给有关人员派喜分钱。余世荣对其

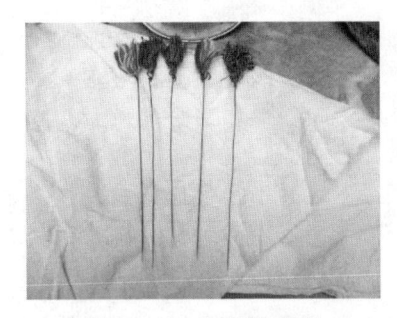

图 2-5-15：朱光亮的钢钎

图 2-5-16：开始插钎

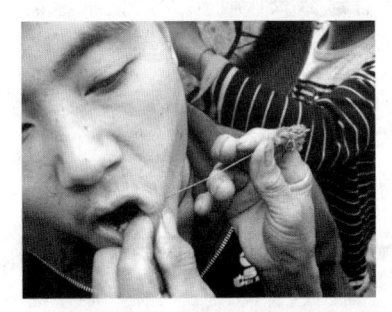

图 2-5-17：钢钎穿透后

图 2-5-18：朱光亮带钎继续跳舞

图 2-5-19：自己插钎的朱光亮

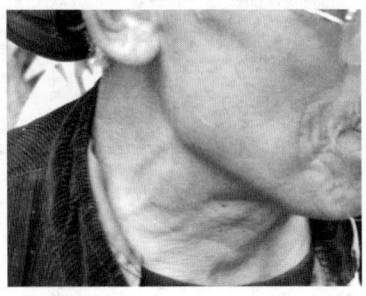

图 2-5-20：取钎后留下的小洞

图2-5-21：坟地跳锅庄

中具体含义进行了翻译和解释，略述如下：

告白：即先再次简略总结死者一生的劳苦贡献，继而安慰死者，人人都有一死，要安心离去，而且其子孙亲人已经竭尽全力医治，但你的寿命只有这么长，确实无力回天，请不要责怪他们，而要保佑他们。

扔衣服：即把老人去世后放在棺材上的几件衣服，扔给其子女和晚辈，表示是老人留给后人的"衣路"。

扔馍馍：馍馍本是用来给老人去阴间路上做干粮的，到下葬时，老人已经高高兴兴地归山，剩下的馍馍他也吃不了，而在场的所有人都很辛苦，故留给他们。据说这种馍馍很特殊，胆小的小孩吃了可以壮胆，晚上睡觉磨牙的人吃了可以治好。由于馍馍有限，因此人们会挤着去抢馍，甚至还有悄悄去偷馍馍的习惯。暂且不讨论这些说法的实际效用，可以肯定的至少是，到这时候，几乎所有人也都已经饿了。

派喜分钱：喜分钱是给所有帮忙做事、出钱出力之人的，比如送花圈、送馍、打皇伞等人。喜分钱数额很小，以前是一个铜钱、一分、两分、六分、一毛、一毛二、两毛、六毛、一块、一块二、两块、六块、十二块等，现在最多也不过是十二元。但钱少情意重，同时也讨个吉兆，因此无论如何都要表示一点。

以上事项完成后，留下验棺、下葬的人，其余一律离开墓地，尤其女性不得在场。

待众人离去，释比指挥留下的人在墓坑里铺满纸钱（图2-5-22），然后全部烧尽，再用绳子捆好棺材，小心移吊放入墓坑，摆正棺材位置使其对准释比定位的山头。之后舅家和释比下到墓坑里稍微移开棺材盖验棺（图2-5-23），检查死者在棺材里有无变形，该装的东西是否有遗漏，并用柏枝沾水在其脸上轻拂为死者洗脸（实际并未接触），同时口中念祷，与死者做最后的告别。这碗水由死者的亲生儿子喝完，也是死者留给他们的"衣路"。验棺过程必须用布或花圈等物遮挡，以免生人的影子投射到墓中，否则，据说会将生人魂魄带走。

最后，释比在墓坑边上四个角用锄头各锄一下并分别说"天无忌，地无忌，年无忌，月无忌。大吉大利"。接着先由孝子填头三把土，众人再用土填满墓坑空隙，埋平后在棺材的位置正上方用石头砌坟（图2-5-24）。坟呈半个长方体形状，坟头约半人高，坟尾与地面平，从侧面看是直角三角形，沿地为长边，正面为短边，上面为斜边（图2-5-25），砌完后，绕坟三圈跳羊皮鼓舞，另

图2-5-22：在坟坑内铺烧纸钱　　　　图2-5-23：验棺

一种形式是众人绕坟三圈唱《纳莎》，再后将五彩草把旗和十几个镜子（把两支香摆成十字形，再用不同颜色的绣花线由内往外相间编若干道方形环，叫"镜子"）插在坟包上部，点香、燃蜡、烧纸钱、鸣炮。至此，下葬结束。之后返归时必须沿抬棺的来路原路返回丧家，不能乱走。

图 2-5-24：开始砌坟　　　　图 2-5-25：新坟

在天将黑未黑之时，孝子们要再到死者坟前，生一堆火，给死者点香、燃蜡、烧纸钱，如此连续做伴三个下午。阿尔村人解释道，这是因为死者归山后前三天，独自一个人会感到害怕，需要陪伴。在这三天内，必须烧掉死者灵位牌、所有花圈和抬棺材的龙杆。

（十三）糊丧、谢厨、谢客

下葬后的第二天，丧家要进行糊丧，糊丧后则设酒席感谢相帮的所有人员和客人。

所谓"糊丧"，是指在砌好的坟上糊黄泥巴，再贴上黄色的纸钱，这是阿尔村葬礼必不可少的环节，须由全体孝子（包括孝孙、女婿、孙女婿等）来做。笔者所遇三次葬礼均有糊丧。（图2-5-26）

糊丧时间通常不必很早，多在早上九点以后太阳照到寨子上时开始准备。由于坟地一般都离水源较远，特别是像阿尔寨、立别寨这样在山上的寨子，故需要安排一部分人背水，另一部分人则带上挖泥的工具和香蜡纸钱等其他物品直接去墓地做准备，阿尔村人说，有些糊丧还一路上敲锣打鼓。但锣鼓并非必须，由丧家自定。到达墓地后，孝子们先点香蜡，烧纸钱，鸣炮，众人或背泥或背石块，待水来后，将黄泥调成糊状糊在坟包的正面和两侧，上部则补充一些干土，整个坟包贴满黄颜色的纸钱，两侧及正面直接贴上即可，上部因无湿泥，故须用石块或泥块压着。另外，还要在正面用两根石条架起一块石板，石板下的孔洞用来放烧纸钱用的火盆，石板上面可放酒等其他物品，也常常加些土用以插香（此步骤有的在砌坟时已完成）。根据地形，有些还会在坟前面加砌一个石台地防止水土流失，笔者参加的阿尔寨糊丧便有此节（图2-5-27）。完毕后，孝子们跪于坟前点香蜡烧纸钱祭拜，最后燃放一长串鞭炮。

孝子们糊丧归来常常已是午时，执事人员已在家中备好酒席。丧家便以此宴请前来帮忙的所有人员和吊唁的客人以示感谢，称作"谢厨"、"谢客"。至此，整个丧礼结束。

图2-5-26：众人糊丧　　　　图2-5-27：糊丧后的坟

（十四）回煞

葬礼结束，释比根据死者准确的生辰八字、死亡日期和时辰、出殡时间、下葬时间推算死者灵魂是否回来，何时回来。如果推算结果为不回则罢。如果算出要回，就将回来的时间告知丧家。届时，丧家做一桌死者生前爱吃的饭菜，桌上八个位子都摆好筷子、装满饭的饭碗和斟满酒的酒杯，再打开家中所有房门，把家里所有"出气的"安置好（所谓"出气的"，主要指动物，如狗、猫、鸡、猪、牛、羊等，要转移到亲戚家并关牢不能让其出来），然后在家里地面撒满火塘灰，包括窗台和各个角落，边撒边倒退而出。最后锁好大门，全家人离开自己家住到邻居或亲戚家。二十四小时后再返回查看。进门之前，先在家门口或从钥匙洞朝里放一枪冷枪，提醒死者灵魂，若还没离开，现在可以走了，再开门进去。

如果撒的灰上面有某种动物的脚印，做好的酒席有动过的迹象，例如酒杯里的酒少了一点，或者碗筷移了位，或者菜掉在桌子上了，说明死者灵魂化成某种动物回来过，此谓"回煞"。

关于回煞，阿尔村人所说甚详，大多都知道，似是常见之事，但笔者未能了解到近年来实例的详情。故以上只是根据人们较为普遍的口传整理。回煞必须回避的原因也需要进一步了解。

（十五）祭三"七"、办百期、三年祭、立墓碑

祭三"七"：指从死者去世那天算起的第一、二、三个七天。例如：初二去世的，第一个七天是初九，叫"头七"；第二个七天是十六，叫"二七"；第三个七天是二十三，叫"三七"。若是初二夜里子时后去世则算初三，这样，算出的下葬时间和三"七"

都不同。朱金龙说，在阿尔村，撞"头七"为不好，也即"头七"那天的阴历日子含"七"，如初七、十七、二十七，为撞"头七"；撞"二七"、"三七"或者三"七"都没撞到则为好。具体原因朱金龙未能讲明白，待考。按传统，"头七"、"二七"、"三七"这三天，孝子孝孙要带上香、蜡、纸钱、鞭炮、酒等到坟前祭拜，现在仍然如此。

办百期："百期"指从去世那天算起一百天，但办百期却不能在满一百天时进行，而必须提前两三天。至于提前的原因，经调查，在阿尔村流传着一个传说，《阿尔档案》记录甚详，特摘引如下：

唐朝年代，布瓦有个老头专门测阴阳，他七八十岁的时候，年纪很大了，他有两个儿子，就对父亲说："爸爸，你专门为其他老百姓奔波四方，有名气的，你专门给人家测，怎么不给自己找个好地方？"这个老头走过很多地方，就测出布瓦那里有口水井是个很好的地方。儿子多方请求他，他才说："地势是有个好地势，但是你们两个可能享受不到，你们命生薄了。当我死了后，看你们能不能坚持正孝100天，不能出门也不能上街。"儿子就说："没问题，保证做得到。"老头才又说："我死了以后，衣服给我穿好，背上绑12根小竹子，你们把我背靠背地背上去，走到水井那里，丢进去，就这么'软埋'，不要棺材也不要下葬。丢进井之后你们就走，不能回头看。"老头还叮嘱说："这个很秘密，村上任何人都不能知道我埋在哪里，你们就在鸡不叫狗不咬的时候，把我丢到水井里。必须保密,如果有人问你们父亲哪里去了,就说访亲探友去了。到了七七四十九天,你们就到水井来看我一下。"

父亲死了之后,两个儿子按照父亲所说的做了。到了七七四十九天,他们俩去了水井那里,看到井旁边新长了一大圈竹子,青油油的,水井上头还冒了个土包包。之后,两弟兄回去了。三个月里,他们就在家里,一家人没有吃的了,就从寨子上亲朋好友借粮、盐巴等,不能再借了,感觉无法生活下去了。他们熬啊熬,实在熬不过了,这一天已经是第97天。一个就说:"已经97天,差三天没有啥子不得了,实在无法活了,走哦,下街去哦。"两弟兄协商:"生活不下去了,一家人要吃,走哦。"两弟兄出门到了龙山梁子下来,看得到汶川这个方向,还有几千米。结果,汶川下面的人往上看,不得了:布瓦龙山梁子上,几千兵马就在他们两弟兄后面贴到起,兵跑马飞的。兄弟俩自己不晓得,看不到他们身后这些兵马,别人却看得到。哪儿来的那么多兵马啊?那些当官的就去查。几个月了,寨子上慢慢就有人晓得了,说他们父亲埋在龙山水井那里。他们就派几十个人去挖,当天挖的坑坑,第二天这些坑又长好了,后来又派几百个人去挖,但奇怪得很,这个土坑总是要填起来,水井那个地方纹丝不动。当官的没办法,急得抓脑袋:这个成事了就不得了,这么多兵马,不久成他们两兄弟的天下了!

有天,有个女的去井边洗衣服,就听见一个老头在里头说话:"你们这些人哪里挖得动了!除非要用白狗、白鸡的血淋到，铜钉、铁钉钉到起。"这个女的被吓倒了，赶紧跑到村里，给保长甲长说。结果，长官就吩咐人用白狗、白鸡的血淋下去，用铜钉、铁钉钉起，果然能挖下去了。

挖出来，看见一个老头化成了个石头人样，已经登上了马背，但是还没有骑正。这些人就赶紧把这些挖出来，用火烧掉。当官的就吓唬老百姓："这个如果骑上去了还得了！压得到台（管得住），还对，压不到台，成了精，就要害人，吃家里人。"从这里以后，如果人死了，就不能等满100天，人们担心：如果满了100天，到底成了什么就不得了，对后人、家人不利。所以，办百期就不能在满100天的时候去办，而要提前两三天。

这个水井坟也就是现在大家所说的"布瓦太子坟"，而且当地有句俗语："好吃不过龙山水，好耍不过布瓦人。"站到布瓦龙山上，能看到整个汶川县城、龙溪乡以及理县茂县的部分地方，地势非常好。所以，古人一直认为这里是块风水宝地。①

给死者办百期的时候，主要亲戚都应到齐，主家准备一只羊，在死者的坟前烧香烧纸祭拜。阿尔村办百期之风至今未改，常有听闻，笔者居村期间也有发生，只是事后方知。不过，据说现在是否办百期还得看家庭经济情况而定，经济条件较好的，比较大型，差一些的，就只是沾亲带故的到坟山上去烧点纸，也有的不

---

① 阿尔村人编著：《阿尔档案》，文物出版社2011年版，第75—76页。

办。当然不办百期也未必全是经济原因。办百期时,前来的亲戚都会挂上一点礼,村民告知笔者,如今常见的礼是礼金,几十元或一百元。

三年祭:老人去世三周年,家人通常要请老人的舅家和主要亲戚给老人办三周年祭。此时,主家准备一只羊以及香、蜡、纸钱、鞭炮,请来锣鼓唢呐,到老人的坟前祭拜。而在这三年内,头三个月孝子不刮胡子、不理发,守孝三年。过年不贴红色对联(可以贴黄色、绿色),不能打扫楼梯、房梁和房屋内、墙体上各个角落,不能动老人在世时房子的模样,更不能装修或改建房子,以免惊动老人,因为据说老人去世后三年还住在家里的中梁上。按朱光亮的说法:"翻不得哦,再漏再啥子,房子都不要翻,不要改变,不要去打扫,要忌讳三年,满了三年,那就随便你扫,房子新修都可以。"① 另外,三年内子女不能办婚礼。笔者到阿尔村前两个多月,余世华家刚为余明海办了三年祭,据说当时在坟头杀了一只羊,有锣鼓唢呐,十分隆重热闹。

立墓碑:在阿尔村,据马永清等说,立墓碑并非完全必需,但若要立墓碑,须得满三年。而且一般夫妻双方都已去世,其后代才为他们合立一碑;只要有一方还在,是不立碑的。因此,有的坟墓就可能几十年后才立碑。立碑通常在清明节前一两天完成。

---

① 2010年8月20日采访朱光亮录像。

第三章 羌人的一年：自然与生活的谐和变奏

在对羌人的一生做了匆匆巡礼过后，我们不禁要问，他们在这平凡而丰满的人生当中是怎么过活的呢？要回答这个问题，最为简便也最为有效的方法莫过于看看他们一年之中的活动和行为，毕竟，人都是在年复一年周而复始的循环之中走完一生的。同时，人类的所有文化现象也都是这一过程的产物，换言之，各种类型的"文化"不过是对人类日常行为的归类和总结，也即，文化涵载于人们日常生活的点滴之中。那么，从羌人的日常行为入手，我们该能够一览其文化的形貌。下面就对阿尔村人一年的行为做大略的描述。

第一节 历法体系

在进入正题之前，有必要先对阿尔村人遵循的历法体系做一简单的介绍和分析。

同中国其他地区一样，传统的阿尔村人按照阴历来安排日常活动。阴历以纪月系统为基础,以纪日系统为补充,因此是个综合的历法体系。所谓纪月系统,即根据地球与月亮之间关系而定的历法,这种系统以一次月圆月亏为周期,月圆那一天称为望日,定为每个月第15或第16个日子,一个月周期为29或30天(实际一个月历时为29日12小时44分2.8秒,约为29.53天),一年12个月,共354.36天。但这种纪月系统只是"月历",而不是严格意义上的"年历",因为它不能准确反映一年的周期性规律,随着时间推移,它与年度周期规律的偏离会逐步增大。年度周期性规律以气候变化最为明显,而气候变化主要是由于地球与太阳之间的相对位置变动产生的。根据地球与太阳之间关系而定的系统便是纪日系统,纪日系统的年度周期为365.14天,与纪月系统相差10.78天。为能反映年度周期,阴历引入了纪日系统作为补充,其方法是根据纪日系统的年度天数,在纪月系统中每隔两年或三年增加一个闰月,经过这样的调整,阴历就能大体上与年度周期相合,不会偏离太远。不过,即使是增加了闰月的阴历,在安排农事或植物采摘活动方面仍然不方便,因为植物的生长与太阳的关系更为密切,用阴历来记录植物生长规律就颇为复杂,不便记忆,而采用纪日系统则十分简单。所以,阴历又引进了基于纪日系统的辅助体系——节气。节气系统是将一个纪日历年分为24节,一节约15天,每一节以该节点上明显的气候特征或自然现象,如雨水、大暑、霜降、大雪等分别取名,而且每个节气开始的准确时间用同样基于纪日系统的时、刻、分来表示。以上这些要素组构出了中国传统的历法体系。

由上述简略的介绍可看出,中国传统的历法体系的确是个综合体系,既有纪月系统,又有纪日系统。我们现在用的公元历法为欧洲历法，可称为"西历"。西历也称阳历，与中国的节气一样属于纪日系统。与阳历相比，阴历略显复杂，但阴历充分考虑了影响自然现象的多种不同因素，因此除了和阳历一样可以用于计时计事外，在安排日常活动方面更为客观和实用，换而言之，根据这样的体系来总结自然规律并进行预测更能获得准确的结果。也就是说，这种体系是以与自然客观规律是否相符为准绳，若不能做到这一点，宁可复杂一些，也不贪图一时方便，不因人想象性的理论建构和人的意愿或喜好而将其简化。阿尔村羌人正是根据这种与自然规律相符度更高的系统来行事的。也正是这种遵循自然的倾向，使得羌人历法体系的具体含义随着羌区各地自然条件不同而存在地区差异，各有特色。具体言之，阿尔村人利用了上述历法体系结构，但记录的是当地独特的自然规律，这种规律有些不适用于外界，甚至同一村中不同寨子也未必尽同。故而人们的日常行为也就参差有别。

阴历的月份与节气每年都会有一定程度的错位，尤其出现闰月时，但大体上还是基本保持一致的。因此为了叙述的方便，在以下的描述中把它们对应起来。

第二节　正月·耍狮子

正月是新一年的开始，这个月最主要的活动是辞旧迎新过春节。与过春节有关的活动实际应从正月前几天算起。

笔者初次到阿尔村是在腊月二十二，就当时所见，最初几日村里一片闲静，要到腊月二十五六，阿尔村人才开始备办过节物品，

图 3-2-1：余世华家 2010 年大门春联

佳节思亲
守孝三年满今宵喜迎新春
阴阳需相隔何必酒肴多餐

如余世华就是腊月二十六下山到县城购买年货的。除夕最为忙碌，要贴对联门神（图 3-2-1），又要准备年夜饭，还要祭祀。祭祀分几步，首先做好几样主菜，连同香、蜡、刀头、敬酒、钱纸、柏枝一起端到房背白石塔前祭拜白石神，然后带上同样的祭品到坟头祭祖，回到家再祭家中诸神。除夕夜饭后孩子们带上礼物到舅舅家辞年，尔后回来一家人在烧得很旺的火塘边共度除夕，夜里一点左右吃宵夜，吃完用猪油把火塘的铁三角里里外外抹上一遍，还规定一天内严禁烤脚、打骂、用汤泡饭等。除夕要留人通宵守夜。笔者也曾于除夕晚与余世华家人一起守夜，了解到和看到的实际情况是，上年纪者和女性夜深后一般会陆续去睡觉，只留下青壮年男性。最后是余世华的独子余正国与笔者一起守到了翌日清晨七时家人起床。房东一家告诉笔者，过去除夕守夜时，家中老人余明海常常给他们讲各种见闻故事直至天亮。

也许是通宵守夜的缘故，阿尔村人大年初一不能拜年，但要求初一早早出门取水并点香拜水神，还要烧香拜家中诸神。初一一大早，笔者看到余家门前的取水点旁陆续有村民前来点香念祷。村里的取水点随处皆是，人们一般到自己常去的地点拜水神。

初一早饭一般吃汤圆。从初二开始至十五，亲戚朋友间相互拜年，轮流请客吃饭。笔者也随着余家前往，连着几天都是如此，关系一般由近而远，至亲几家循完后，剩下的亲朋相互拜年频率约隔二三日一次。时常还出现"抢客"的现象。当几家同时请客，而一个人与他们的关系都差不多时便会发生，甚至笔者在与村人熟悉后的第二年正月再去，也一度成为被"抢"之客。羌人好客由此可知。

调查中常常听人们说起正月间阿尔村另一重要活动耍狮子（图3-2-2）。但已停办数年，尤其地震后，村中狮子也无。2011年正月间终于齐备了道具，却因十五已过也未能举办。故只能取之于口述。

图3-2-2：耍狮子[①]

耍狮子也叫"闹狮灯"、"扫灯"，必须初五过后才能开始，短的到十五结束，长的要三十才收灯。一般初六至初九在寨子村子内耍。初九起出寨出村甚至耍到乡里、县里。

耍狮子的队伍过去通常由笑和尚、孙猴子、狮子、乐队和唱狮灯的人组成，有时也可以没有孙猴子，唱狮灯人员可多可少，据说多时达十五人。阿尔村人认为自己居住在"南方"，用的自然是"南方狮"，但笔者在帮村里选购狮子时才弄清楚，他们所用狮

[①] 此图为2011年5月4日阿尔村庆祝五四青年节时拍摄以为参考，狮子等道具非自制，乃从外购买。

图 3-2-3：阿尔村实用狮头　　图 3-2-4：南方狮头图例
（采自网络）

子实际为双人北方狮，威武雄壮，而非广东流行的南方狮。两者区别可参看图 3-2-3、图 3-2-4。

阿尔村的狮子以前主要由村里自己制作，方法很简单，先用黄泥做出狮头模型，然后买一些彩色纸和笔，在模型上描画，不过必须要有红、白、青等色，再披上当地织就的麻布作狮皮即可。村民们说这种自制狮子虽然略显简陋，但形象逼真、憨然可爱，别有一番亲切感。

耍狮子可以帖子邀请也可以口头邀请。耍的时候笑和尚在前逗引，狮子腾跃跟随，乐队和唱狮灯的在后奏乐唱和，一路耍唱到主人家，过山有过山的唱法，过路有过路的说词，进门有进门的祝语，几乎是见什么就唱什么，随时应变，应景贴切，令人开怀，常常是这家没完，那家已争着招邀。下面是笔者采访时，朱金龙讲述的耍狮子景况：

朱金龙：……狮子头上，有红的，有白的，有青的，各种颜色都有，这些都要唱哦，狮子头上最中间这个包是红的嚯，

（唱）"狮子的头上一点也，红也——，嘿，一点哟，红也，红红的绿哦绿喂，角也有哦亮也，嘿，角也有哦亮也"。把主人家唱得高高兴兴的，（唱）"啊，狮子头上一点白，百事顺序过一年"，还要唱，（唱）"狮子头上一点青，清净平安过一年"。就这样子，全部要唱成吉利语。……（扫灯）好像是，作为一家人清净平安，扫除你的是非口嘴……开始就是，过门要唱祝英台、梁山伯，（唱）"前船坐的梁山伯，后船坐的祝英台"，把这些唱完啰，唱拢大门上了就，（唱）"这家主人财百兴，门神对子两边贴，左边贴的聚宝盆，右边贴的摇钱树"，要给主人家尽唱好的嘛，然后唱一句，就要敲锣打鼓噻，然后狮子啰，耍和尚啰就拜门神，（这时）主人家就要来关门噻，……这门要关，就要喊你唱，（唱）"左手开门金鸡叫，右手开门凤凰来"，意思就是要说几句吉利话，主人家才开门。主人家门开了，（唱）"狮子进门看四方，四方柱子顶中梁，中梁本身紫檀香"，紫檀香就是檀香木，然后唱完就堂屋上给他耍过去，转到里头就是家神，还有，（唱）"一对香炉圆又圆，一对金狮往上爬，香烟还是龙摆尾，烛花犹如凤点头"，烧香的香炉，香一点，不是那烟子啊，（像）龙摆尾这样子上去，蜡一点呢，那对蜡点起哩，烛花啊，好像凤在点头。有个老的就要唱老的，见有八九十岁的老的，就要喊（按：这里的"喊"即"唱"）"八十岁的老人千年哟，唵，千年哟，唵，这家的主人哟财源哟哦旺"。尽给他说一些金银财宝滚进来啰，是非口嘴扫出去啰，不好的喊狮子给他带走，哦，这一唱就金银满屋，这家子吃不完用不尽，……主人家给沏茶就唱茶，敬烟就唱烟，摆酒肉饭又要唱酒肉饭。比如主人家泡一碗茶，他就给唱这个茶，（唱）"一皮茶叶两头尖，知宾待客大热情，吃了烟的谢了烟，吃了茶的谢了茶，吃了清茶就谢了主"，这个给他唱起走，还要敲锣打鼓，狮子一耍，然后主人家高高兴兴给狮子挂红，给笑和尚挂红……。这家子还没有弄完，那家又喊啰："哎，我们家里面来哦——"①

除了敬茶、敬烟、酒肉饭招待、挂红，主人家一般还会给些喜分钱。在以前，狮子耍完，整个狮子要到三岔路上去烧掉，后来改为可以只烧狮子的部分须毛代替，狮头则保存到来年继续使用。烧的那天晚上同样要唱。耍狮子唱词全为汉语，无一句羌语，因此，此活动很可能传自汉区。阿尔村人都认为耍狮子是唐朝出现的，至于何时传入阿尔村却无人知晓。《阿尔档案》一书整理了当地耍狮子的部分唱词：

> 年年纳有个正月哟正吔——哎正月哟正吔——/门前纳有个金狮哟子吔——嗨金狮哟子吔——/门神纳对子两边哟帖哎——嗨两边哟帖哎——/左边纳帖勒摇钱哟树哎——哎摇钱哟树哎——/右边纳帖勒聚宝哟盆哎——哎聚宝哟盆哎——/左手纳开门锦鸡哟叫哎——嗨锦鸡哟叫哎——/右手纳开门凤凰哟来哎——嗨凤凰哟来哎——/狮子纳进门看四哟方哎——嗨看四哟方哎——/四方纳柱头顶中哟梁哎——嗨顶中哟梁

---

① 根据 2010 年 8 月 21 日下午采访朱金龙录音整理。

哎——/左梁纳本色堂香哟木哎——嗨堂香哟木哎——/右梁纳本色指堂哟香哎——嗨指堂哟香哎——

一个纳香炉圆又哟圆哎——嗨圆又哟圆哎——/一对纳青丝往上哟升吔——嗨往上哟升吔——/金炉纳不断千年哟火哎——嗨千年哟火哎——/玉盏纳常明万岁哟灯哎——嗨万岁哟灯哎——/烛花纳犹如风点哟头哎——嗨风点哟头哎——/香烟纳好似龙摆哟尾哎——嗨龙摆哟尾哎——/左盘纳三转点状哟元哎——嗨点状哟元哎——/右盘纳三转坐中哟堂哎——嗨坐中哟堂哎——

这家主人真大方/盆盆装肉碗装酒/满桌圣席吃不完/这家主人财百兴/一子下种万担仓/前仓谷子腾来吃/后仓谷子腾来卖/吃不完来用不尽/明中去的暗中来/一片茶叶两头尖/支宾待客它在前/吃了酒来谢了主/杜康造酒满街香/狮子头上一点红/红红绿绿过一年/狮子头上一点亲（青）/亲戚平安过一年/狮子头上一点云（荣）/荣华富贵过一年/狮子头上一点白（百）/百事顺序过一年/狮子头的九个包/金银财宝滚进来/邪魔妖怪扫出去①

正月好唱祝英台，祝英台/二月好唱祝英台/蚕子蛾蛾身上来/手拿文帽扫下来/三月好唱祝英台/一对燕雀来催工/三月催工散花台/四月好唱祝英台/四月芒种栽秧子/栽秧要栽三路秧/五月好唱祝英台/一对凉伞送路来/前伞照来祝英台/后伞照来梁山伯/六月好唱祝英台/一对龙船顺河来/前

---

① 阿尔村人编著：《阿尔档案》，文物出版社2011年版，第157—158页。

船坐来祝英台/后船坐来梁山伯/七月好唱祝英台/七月有个七月半/七月十三宣胡子/有钱人家宣胡子/无钱人家哭一场/八月好唱祝英台/八十八张雁鹅来/半山云头失了伴/飘洋过海来合群/九月好唱祝英台/九月有个重阳酒/杜康造酒满街香/金壶热酒银杯吃/十月好唱祝英台/高山云顶雪花飘/家家户户把猪杀/冬月好唱祝英台/雪花飘飘到家门/腊月好唱祝英台/门神对子两边贴/红红绿绿过一年

三根白树一盏齐/对面山上好姐妹/我同姐妹栽白杨/三根白杨一盏齐/白杨长得万丈高/白杨高头有花旗/白杨底下好遮阴/花针拿来好扎花/一扎扎得牡丹花/脚上穿起将合适/人人看到伸拇指

五月端阳阴阴天/情哥要上贝母山/走起路来像獐子/做起馍馍筛子大/挖起贝母麝香大/情哥高上叫一声/小妹在家乱了心/只盼哥哥早点儿回①

图3-2-5:编背篼

不过,春节期间的耍闹尽管热火,但调查发现,在阿尔村人心里,这些其实都并不很重要,无非是增加了一种打发闲暇时光的方式罢了,有固然好,若无似乎也无所谓。实际上,初六后如果天晴,有羊的

① 阿尔村人编著:《阿尔档案》,文物出版社2011年版,第158页。

已经上山放羊，随着气候渐暖，十五以后人们陆续开始做田间准备，如捡石头、捡烧地膜①等。还有的在房背上晒着太阳慢条斯理地编背篼（图3-2-5）。先解冻的阳面山上，甚至有人背粪到地头，开始耕地了。

第三节 二月·教牛与牛山歌

一般来说，惊蛰在阴历的正月底或二月初，惊蛰前后，阿尔村的春耕农忙全面展开。耕地前，各家都先要做好准备，如把地里的石头捡开，以免开耕时碰坏犁头；整修坍塌的田埂；把粪背到地头等。耕地通常要耕两道，土地解冻后耕一道，一则松土，二则让太阳把翻起的草根晒死，然后烧来做肥，下种前再耕第二道。随后进行播种。耕地采用二牛抬杠的方式，即两头牛扛着一副枷担，枷担中部有个皮带圈，用以挂拖约两米多长的犁杆，一人在前面牵牛，一人在后把住犁头。（图3-3-1）

图3-3-1："二牛抬杠"耕地

阿尔村的妇女是不耕地的，因此，耕地时通常要请一位男性亲戚或朋友帮工，称"请工夫"。播种同样要请工夫，不过不是请一两个，而是请十几个，多的甚至达三十多人，男女都请。（图

---

① 种植时采用塑料地膜是20世纪80年代才开始的。

3-3-2）由于地处山区，耕地很少，人均仅约2亩，每户不足10亩，加上一般都种植多种作物，不同作物的播种时间又有所不同，比如土豆和春青稞、春小麦在二月初播种，种玉米则是三月底四月初的事了，相应地要分别进行耕地和下种，所以，每次实际要完成的田间作业量并不太大，请工夫来做，无论耕地还是播种，常例是一天内即可做完，量大的最多不超过两天。对于每一户来说，自家地里的活分散在不同时段，每一次又只需一两天，其余时间就是被人请去"出工夫"或者休息。这种请工夫，工具自带，一般每户只出一人，故而不会影响家里的正常生活秩序。偶尔会有一家两三人同时出工夫的情况，但前提是这家有富余的"工夫"。不过即使有富余工夫，也一般不会全部出给同一家，而是出给不同的家户。请工夫不需要付费，只提供三餐。（图3-3-3）这种组织模式，在阿尔村不管是家庭还是村寨，可说已成为各类活动的范式，效率极高，效果也极佳。笔者调查期间常常参与田间劳作，也长期关注羌人以上行为，感受颇深。

图3-3-2：请来的工夫　　　　图3-3-3：请工夫，只管饭

这期间值得一提的还有"教牛"和"牛山歌"。

"教牛"就是教牛学习耕地。这听起来似乎有点荒谬,难道牛耕地还要教吗?在阿尔村,教牛却是非常重要的事情,直至今天仍然如此。教牛只针对没耕过地的幼牛,阿尔村的牛长到三岁就可以耕地了,但必须教过才能下田,否则无法耕地,不过一旦教会就不需要再教。因此,教牛也非每年都会发生。在确知2010年春将有教牛后,笔者本欲实察其细节,无奈主人家久候不回,故未能亲见。但事前事后释比们和村民已连比带划地详加描述,得以知其大略。阿尔村教牛有规定的地点、专有的仪式和特别的方法,兹述于下。

巴夺寨现有两个教牛的固定地点,一个位于靠内的嚓七老寨,一个位于靠外的阿尔小学旁,但都没有专名,只是两地皆有一块并不大的岩石,岩石前有一个颇为宽敞的田地。人们教牛前要在岩石处祭拜牛王菩萨。为何要选择这样的地方,当地人也已不知所以,只知道是祖先选定的,沿袭已久,无人敢也无人想要换个地方。

幼牛长至适合耕地的齿岁时,牛的主人便会提前找上坛释比联系教牛事宜,约定教牛的日子。由于教牛是在实践中进行,因此首先得等土地解冻,一般是惊蛰到春分之间,另外这个日子选择属马的为好①。教牛前一天,主人家做好太阳馍馍和月亮馍馍,然后酒肉饭款待释比和大约六至八个请来帮忙教牛的小伙子,同时确定第二天教牛的具体时间和诸般事项。翌日,人员到齐后,

---

① 其原因,按余世华的说法,是希望牛耕地时如马奔跑一般快捷,而且如马一样听话,但仅得一说,不知确否。

主人家找一人给牛穿好鼻绳，再牵上一头老牛到教牛地点，然后由释比拿着太阳馍馍、月亮馍馍、香、蜡、刀头、敬酒、柏枝在教牛地岩石处念经祭拜牛王菩萨和寨主神，称为"办交涉"。交谈中人们总会从正反两方面反复向笔者强调办交涉的必不可少，否则最温顺的黄牛也不受教。显然，这是阿尔村人长期经验的结果。交涉时所念经文与其他请神的上坛经相同，从天上诸神到地下山神、水神、草原神、路神等各神，一直到寨内神和主人家家中所有神都要请到，告知某某人家要教牛，请神保佑这只新牛平安健康，顺顺利利学会耕地方法，并给牛王菩萨许一只鸡，此愿将在当年十月初一时还。交涉完毕，割少许敬了神的刀头猪油在新牛角上抹一点，再后由属马、属狗的两个人，一个架枷担，一个牵绳子，这才开始教。教牛的过程与实际耕地并无不同，要唱"牛山歌"。但由于新牛不习惯，一开始会奋蹄狂跳，桀骜不服，众人需强行牵扯。由于已祭牛王和寨主神，加上老牛示范导引、人们以牛山歌唱和并拉扯，不多久，即使极为暴烈、野性难驯的牦牛也会渐渐驯服下来。通常教两三次即可，一天教一次，最难教的牦牛至多也不超过三次。这便是"教牛"。

人们常说"对牛弹琴"，似乎牛是最不可能听懂音乐的，但在羌区，此言差矣。耕地时若不唱牛山歌，按当地人的说法，"牛就不耕地了，动都不动"。这话可能有一点夸张，但多数情况确是如此。（图3-3-4、图3-3-5）

笔者在春耕季节遇见的所有耕地者无一不唱牛山歌，可以说阿尔村的成年男子无论嗓音条件如何，没有不会唱牛山歌的，阿尔村人耕地也没有不唱牛山歌的。对此，当地人早就习以为常。

对于他们而言，牛山歌并不是出于解除人的疲劳、抒发人的情感、排遣人在耕地时的枯燥烦闷之需要，而是字字句句唱给牛儿听的。如果说真有以上解乏、抒情等诸般功能，那也是针对耕牛而不是对人，因为在烈日下人不停歇地高唱实际是非常疲劳的，与解乏之目的南辕北辙。

图 3-3-4：不会唱牛山歌的少年和牛　　图 3-3-5：唱牛山歌

美国学者葛维汉在 20 世纪三四十年代考察羌区时所著《羌族的习俗与宗教》中也提到了牛山歌现象，不过在此书翻译为中文时却被改成："在犁地的时候，劳动者要高声吆喝，如果他停止吆喝，则牲畜也停止犁地。"其中第二个"吆喝"有注曰："译者注：原文本译为'劳动者要放声高歌'，但实际为叱牛耕犁田地，故译为'高声吆喝'为妥。"① 事实上，这种"吆喝"旋律明显、节奏有律、自成腔调，比多数劳动号子更具有乐曲的旋律感，已形成风格独特的唱曲，远非"吆喝"所能形容，因此葛维汉原文本的描

---

① 葛维汉：《羌族的习俗与宗教》，耿静译，饶锦校，李绍明审订，载李绍明、周蜀蓉选编：《葛维汉民族学考古学论著》，巴蜀书社 2004 年版，第 23 页。

述是准确的，译者恐怕对牛山歌缺乏足够的认识。

耕地是男人的事，牛山歌自然也只有男人在唱了。虽然几乎所有阿尔村人都谙熟汉语，日常交谈使用汉语几率过半，但唱词由自己现编的牛山歌却完全使用羌语，无论唱者年长还是年幼。不同人唱的牛山歌腔调大体近似，略有不同；内容则根据耕牛、地形、气候以及唱者的喜好、心情、性格、嗓音条件等等各不相同，随机应变；一般采用牵牛者与把犁者唱和的形式，一人一句，内容可相关也可无关；所表达的意思和起的作用一是指挥牛儿朝上、朝下或者转弯，再就是与牛交流，劝勉耕牛。从下面的访谈我们可以一窥牛山歌的特点：

采访余世荣：

余世荣：……耕地时候唱的那些。随心想怎么样唱就怎么样唱。……我们这些地方，人与牛一起耕地交流还是用羌语，来指挥这个牛。

……如果今天去耕地的时候有一条花牛，你就说：花牛，今天你从河坝耕拢山顶上啰，你今天辛苦啰，你辛苦，我从眼睛上看到你辛苦了，从心中也知道你辛苦啰，那么下午回家以后呢，主人家还是不会亏待你，同样还是给你精饲料吃，同样给你草食吃。你辛苦，没有你的话，我们今年的收成也就没有，羌寨这个地方离了你不行。说的这些，也是为了安慰牛，它虽然不会说话，但它同样还是有个耳朵嘛，它还是能听话，只不过是说不出来，有些时候是牦牛，犏牛，那些犏牛拉地很得行又听话……我们这些地方，牵牛的一个人，耕地的一个人，然后两个人一起对唱，你唱一句我唱一句，从音量上给牛力量嘛，这个牛，再累，它都好像很得行。

笔者：能不能唱一下？

余世荣：首先就是：（唱）意思是说，你口干啰，从舌头上，嘴里头啊，都苦啰——口干好像就很苦啰，你今天辛苦啰，你今天的苦累，我看在眼里，心中还是晓得你这个牛辛苦啰。就是这些意思。

……歌词根据牛的形状可以随意改嘛。不是固定的，随意都可以改。还有耕平地和耕坡地吼法都不一样。唱法都不一样。……调子是一样的，只不过词语上有些不一样。①

采访朱金龙：

朱金龙：……抄地啊（按：这里抄即耕的意思），唱牛山歌，把牛山歌唱起，牛都要跑得快些。

笔者：能不能唱一下牛山歌？

朱金龙：（唱）意思你苦你累，我眼睛里看到你，我心头晓得。（唱）这个就是：牛儿啊，跑快点，虽把你苦你累，我眼睛能看到你，我心头晓得你。因为太阳大了它不肯走了，就要给它唱。说今天太阳大，哎呀太阳把你晒得啊头部角根都起火一样，你口又干了，虽然你辛苦一天，但我主人家还是要供你一天。哦，它就从矮山，从河脚抄拢顶顶上。……（唱）刚才最后唱的是：牛儿，你辛苦了，你从河脚抄拢山顶，从河边啊，抄拢山顶啰，你苦你累了一天，我晓得，我

---

① 根据 2010 年 8 月 18 日上午采访余世荣录音整理。

就要供你一天。起码那玉米苞谷面牛坨坨拿出来，要给它喂饱哦，……这个语言上就要给它（讲）。……牛儿啊，快掐，你不掐哩，今天天上不定要下雨啰。

笔者：快掐是快走的意思？

朱金龙：哎，快走。你不走哩，已是抄拢这儿啰，明天还是你的任务，你走快点嘛，几下抄完啰，我们就好回去啰，你若不掐吧，我不是忍心打你，其实真正来讲，我硬着心举起，好像是要铲你，但是我打下来却是心痛你啊，我打下来其实很轻啊，我虽手上拿得个条子①，但是我不忍心打你。要给它唱哦，它有个耳朵的嘛，你想为啥子喊它朝上就朝上，喊它朝下就朝下，喊它拐就拐，喊它回过来就回过来，听得懂哦。②

采访王世林：

王世林：……耕地歌，用羌语嘛，牛架起，从边边打起走，走拢了转弯，转弯抄到中途要休息，休息了之后又继续耕，耕了，就休息吃中午，要给它吃牛坨坨，再耕上去，耕上去之后，抵到坎了。（唱）

笔者：唱的什么意思？

王世林：（意思是）牛牛，你们是一架牛，从边边要抄出去，坎坎高，要注意到，害怕牛绊下去，走拢外头抄拢底啰，又要转弯过来，再抄几里之后吃烟，休息吃烟要给你牛坨坨。

---

① "条子"即赶牛的鞭子，通常是前往田地途中从路旁折来的枝条。
② 根据 2010 年 8 月 21 日下午采访朱金龙录音整理。

这三张地抄完之后，走拢啰，抄完一张啰又接一张。这个牛山歌多得很，随机应变，随便你说。（换新词唱并解释）牛牛啊，你从河脚抄拢顶顶上；牛牛啊，这片抄了，翻过来又有一片；牛牛啊，你辛苦了，你累了，二牛抬杠，我们吃饭离不了你。①

据说，余世荣耕地唱的牛山歌，牛听了有时候都会流下眼泪。由此可见牛山歌对牛的影响之深。当然，在实际操作中，并不是所有牛山歌唱起来都这么连贯完整。由于山中田地形貌复杂，许多时候是因着地形地势指挥牛或上或下或转或停或快或慢，中间也有许多对牛的独白、吆喝，但总而言之，唱的特点还是非常明显，耕地时节，远远就能听到山谷间回荡着抑扬顿挫的牛山歌。

到二月末，许多野菜已经可以采摘，比如石格菜、足基苔、刺笼胞、苦麻菜、荠菜等，空闲时候或者田间作业的间隙，人们常常进行采集。另外，约莫春分左右，羊毛已长到约三寸左右长，需要纺羊毛线的开始剪羊毛。到二三月，便有人进村来卖仔猪了，阿尔村每户人家都会买上几头，家里人口多的一般买4头，少的起码也要2头，年年如此，所谓"穷不丢猪，富不丢书"。（图3-3-6）猪买回后，打猪草成为日常事务之一，猪草随处都是，而且老少都能做，并不算什么负担。（图3-3-7）

---

① 根据2010年8月24日夜晚采访王世林录音整理。

图 3-3-6：买猪仔　　　　　　图 3-3-7：打猪草

第四节　三四月·进山

节气方面，二月底或三月初为清明，三月中下旬是谷雨，立夏一般在三月底四月初，立夏之后为小满，在四月中下旬。

三月的活动与二月基本相似，只是播种的作物种类更多，除了土豆、小麦，量大的还有玉米，有谓"谷雨动手点起立夏"，意思是谷雨后就要种玉米，立夏后就不能再种。实际上阳五寨在谷雨前就已经点完玉米。另外，辣椒、莲白、兰花烟都在此时育苗。和麻① 也要下种。因此，谷雨左右，最迟到立夏，这一阶段的农忙结束。

农忙结束后，人们主要忙于进山，进入这个季节，漫山遍野都是新长成的绿嫩植物，笔者看到，阿尔村各寨的人们根据自家的情况和需要，或者挖野菜，或者挖药材，或者挖虫草，或者全家出动，分头采挖。有的成群结队，有的单独行动。采集回来的野菜有的现吃，有的腌制、储存；药材则先晒干，之后多数情况

---

① 和麻是当地一种耐高寒的麻，植株高约 3 米，杆有指头般粗细，麻皮薄软而长。

下是等人上山来购买；虫草也是药材之一，但因其名贵、价高、量多等原因而特别突出，另外其生长地较偏，要到海拔四五千米遥远的虫草山去挖，以前是边挖边自己烤晒，然后再卖，现在许多虫草货商干脆进到虫草山把羌人挖出还未加工的虫草直接就买走了。挖野菜和挖药材都是每天早出晚归。（图3-4-1、图3-4-2）笔者四月下旬在阿尔村居住期间，房东的妻子，羌医罗秀琼几乎天天早上七点一刻左右便背着背包出发，多数时候要到下午七点过才满载而归。人们若要挖虫草，一去就一两个月，中途隔一段时间回家背上粮食再进去，阿尔村绝大多数人家在虫草山都有自家的棚子，个别是几家合用。进山采摘活动除挖虫草主要集中在立夏前后到夏至之间外，其他的因为不同季节植物种类不同，可以一直持续到七八月份。其中石格菜生长周期最长，羌人喻其为"接药夫子上山，送药夫子下山"的菜，也就是说采药人从初春开始上山的时候就有石格菜吃，到秋末采药人都归来不再进山了还可以采到石格菜。①

图3-4-1：进山　　　　　图3-4-2：暮色中采集归来

① 阿尔村人编著：《阿尔档案》，文物出版社2011年版，第27页。

"清明时节雨纷纷"对于中国多数地方的人来说是常识,但阿尔村不同,当地民谚云:"冻惊蛰,晒清明"[1],也即清明时分这里艳阳高照、晴空万里。天气尽管有别,但清明祭祖却是相同的。村人说,按常例,每逢清明,各家各户都要到祖先坟头挂五色纸、上香、点蜡、放鞭、敬酒、烧纸。若有哪座祖坟垮了需要修复,或者有立碑的条件和需要时,其家族就会自发性地联合起来,出钱出物出力,在清明前一两天完成。届时,十几家二十家人一起在祖坟边做个丰盛的野餐,饮酒谈笑,与祖宗同乐。

四月下旬,不进山的人偶尔去田地劳作,为下一季做准备,闲中甚至有人在盖房子。

四月二十八祭拜药王对于阿尔村羌医来说极为重要。由于阿尔村有发达多样的羌医,山中药材又极为丰富,故挖药对于阿尔村人来说,既是经济来源,又是生存治病之本。所以,祭拜药王历来都备受重视。据笔者调查所知,每到这天,羌医朱金龙、罗秀琼都会跪在家神牌位前非常虔诚地供上三炷香、一对蜡、刀头和敬酒,并杀一只大红公鸡献祭药王。其他羌医亦然。

第五节 五月·大小端午

芒种通常在四月底或五月初,五月中下旬是夏至。

这个月份,进山情况与四月同,但约中旬夏至左右,挖虫草的已经陆续回来,此时,新一季的农忙也开始了。挖洋芋,收冬

---

[1] 阿尔村人编著:《阿尔档案》,文物出版社2011年版,第97页。

小麦和冬青稞，接着种荞麦，移栽兰花烟、辣椒和莲白等。到这一季的土地耕完，牛便全都赶进山天然放养。牛进山后要用木栅栏封住隘口，以免牛下山来践踏庄稼。人们只在进山时顺便看看自家的牛在什么地方，如果自己没看到也无所谓，村里其他人看到了都会相互转告。笔者就常常听到人们交谈中提及在山中什么位置看到了谁家的牛，情况如何。笔者也曾和余世荣一道上山寻找他家失踪的小牦牛。之所以知道已失踪，是因为村民们都说没看到，根据村民提供的线索，后来找到时已堕崖而亡，位置正是人们最近一次见其活动的地点附近。

在羌区，五月初五左右各地都会有不少活动，其中以茂县曲谷乡河西村西湖寨的"瓦尔窝足"（又被称为"瓦尔俄足"、"领歌节"、"歌仙节"）最为知名。以下是《茂汶羌族自治县志》的记述：

> "五月初五"羌语称"瓦尔窝足"，又称"领歌节"，在曲谷河西诸寨，每年农历五月初三，各寨先派几名妇女到高山西湖寨的热和梁子塔前，祭祀女神"入米珠"，请示节日唱什么歌。即领歌。次日，凡本寨出生的妇女有的戴上金银耳环、绣花头巾，穿着金丝银线镶成花边的衣服和云云鞋；有的还穿上相传在明清时制作的服饰刺绣珍品。节日开始，由老年妇女带头，挨家挨户跳古代歌舞祝贺，主人热情款待面蒸蒸酒、咂酒、吃羊肉、猪膘，逐户贺毕，妇女们带上咂酒、馍馍等到场坝上继续歌舞，欢庆三天。此间，男人料理家务，妇女们尽情歌舞，男人们陪伴她们，谦恭和气，这个节日对妇女很优待。80年代又被称为"羌族妇女节"。若当年寨里

13—50岁的妇女死亡,全寨就不再举行活动。①

在此基础上,后来的许多研究者对该地区的瓦尔俄足进行了较为深入详细的调查研究。尤其"5·12"汶川地震后,茂县曲谷乡瓦尔俄足作为羌族为数不多的首批国家级非物质文化遗产项目更加引人注目,比如2008年9月出版的《羌族文化学生读本》②、2010年1月出版的《中国羌族非物质文化遗产概论》③、2010年发表于《中国农业大学学报(社会科学版)》第1期的《震后羌族非物质文化遗产的现状与保护:以羌族"瓦尔俄足节"为例》④、2010年5月出版的《白石·释比与羌族》⑤等都以之为例。可以说茂县曲谷乡河西诸寨的瓦尔俄足俨然已成为羌族五月初五活动的代表。

由于笔者未对羌区各地的五月初五活动进行全面调查,对于茂县的瓦尔俄足是否具有代表性无法做出判断,但根据余世华、朱金龙等提供的信息,阿尔村的五月初五与曲谷河西诸寨显然不同,自有特色。名称上,按阿尔村羌语音译为"窝乐窝足",按语义直译即"五月初五",其中"窝"是五的意思,"乐"是月份的意思,

---

① 四川省阿坝藏族羌族自治州茂汶羌族自治县地方志编纂委员会编:《茂汶羌族自治县志》,四川辞书出版社1997年版,第677—678页。
② 冯骥才、向云驹:《羌族文化学生读本》,中华书局2008年版,第74—75页。
③ 贾银忠主编:《中国羌族非物质文化遗产概论》,民族出版社2010年版,第187—189页。
④ 赵旭东、黄承伟、盛燕:《震后羌族非物质文化遗产的现状与保护:以羌族"瓦尔俄足节"为例》,《中国农业大学学报(社会科学版)》2010年第27卷第1期。
⑤ 周毓华编著:《白石·释比与羌族》,中国文联出版社2010年版,第202—203页。

"窝足"即初五,这和茂县"瓦尔俄足"是一样的,只是口音略有不同,不过阿尔村无"领歌节"、"歌仙节"、"妇女节"之类的叫法;在内容和形式上两者差别较大,在阿尔村,"窝乐窝足"有大小端午之分,其中五月初五为小端午,五月十五为大端午,"端午"应该是为便于外人理解而借用汉语的一种解释方法,实际上羌语中并无"大小端午"这个名称。每年五月初五早晨,各家各户都会到房前屋后采集陈艾回来,和着雄黄、大蒜、生姜等泡很多的雄黄酒。初六一早,每家户主就会亲自登门把自家出嫁的女子逐一请回来吃饭,这一天称为"组哟喜"。其中"组"即"六",指初六,"哟"是"姐妹","组哟喜"的意思是在初六这天把姐妹们请回家。同样,自己家里的媳妇也会被她们的娘家请回去。村民们否认了姐妹们回娘家之后"男人料理家务,妇女们尽情歌舞"的说法,在阿尔村,回到娘家的女子们一样下厨房、做家务,只不过这一天大家一起聚聊,喝雄黄酒。出嫁女子回来无须带任何礼物,但必须上门邀请才会来,不请不回,也绝不可不请,否则会认为生分了。不过只能在初六请,初五不能回,其中的缘由目前已无人知晓。若出嫁女子的父亲、兄长已经去世,则由宗族男性中辈分最长者主请,余世华的二叔余明山于2008年地震中去世,其后的几年他便担当着这一角色。等到五月十五过了,在十六那天,要把泡在雄黄酒中的陈艾、大蒜、生姜等全部取出挂起来晾干,只能阴干,不可晒太阳,待将来家里有人生病时再取所需的分量进行医治。十六这一天不必再请出嫁女子回家。

2011年五月初五前后几天,余世华在与笔者电话联系时详细叙述了他如何大清早地一个个上门去把出嫁的女子请回家。这说明五月初五习俗在阿尔村始终没变。

第六节　六月·许愿

六月的阿尔村比较清闲。农事活动不多，无非是收割数量不多的兰花烟并翻晒。挖药也接近尾声，只是采野菜的还不少，此时夏季野菜正盛，如鹿耳韭、空桐菜、鹅习、烧香杆、飘带葱等。其中飘带葱是当地一种非常重要的食品，因叶形如腰带而得名，夏天时在山里成片生长，采回来用食盐腌制后盛在坛子里，存放期可长达四年。由于阿尔村冬季为积雪覆盖，田地结冻，绿色蔬菜无法过冬，野菜也尽皆干枯，因此腌制的酸菜就解决了整个冬天的蔬菜短缺问题，所以各家都有泡菜坛子和酸菜缸。泡菜坛子多为陶罐，酸菜缸则为石缸或木缸，坛子的容量从几斤到几十斤不等，缸则能容下几百上千斤的菜。阿尔村野菜种类之丰，其味之鲜美，平日饮食之常用，做法之多样，笔者是真切地体会了的。

六月初六的转山会本是当月阿尔村最为重要的事件，也是一年里仅次于十月初一还愿的大事，但前些年停办已久，近年的恢复也大非原貌。笔者调查的两三年里，每逢此季，村里的释比们就被不断地抽调到外面参与地方政府组织的象征性"祭山"活动，村里则未自发举办过传统的转山会。以下描述和辨析主要以村民的口述材料为依据。

六月初六转山会主许愿，与主还愿的十月初一共同构成阿尔村一年里最为重要的两大群体活动。一般而言，有还愿就一定有许愿。许愿还愿是羌人生活中极为重要的组成部分，但长期以来人们大多关注现在被称为"羌历年"的这个以还愿为主要内容的活动，而对羌人的许愿留意甚少。只有《神秘的白石崇拜：羌族的信仰和礼俗》一书对许愿有简略的概括：

> 许愿是求神保佑实现某种愿望，并许诺一旦如愿，定将以某种祭礼和牺牲报答神恩。还愿是某愿实现后，将此前的许诺付诸实现的祭礼活动。许愿还愿的内容很多，涉及生活中的方方面面。从规模上讲，有集团性的大愿和一般性的小愿。前者有比较固定的时间、地点，由端公主持，全村寨共同参与还愿大典。后者多以一家或一人为单位，向某神许某方面的愿，还某方面的愿，一事一愿，凡事百种都行。这类愿时间无定，地点视神位而定，可以自己行之；但为慎重起见，一般还是请端公主持。①

之后作者举了"家庭平安愿"、"病人求愈愿"、"成年冠礼愿"诸例，重点还是在对还愿的描述上。对于包括阿尔村人在内的羌人而言，许愿确实是经常发生的事件，无论何时何地，放牛时、耕地时、伐木时、打猎时、挖药时……都可许愿。笔者于2011年4月27日在早已废弃的木扎寨上邂逅寨中唯一的一位牧羊人时，他在兴奋之中当即就对着已被毁坏的神树许了一个愿。六月初六转山会就是阿尔村一次大型的集体许愿。关于许愿和还愿，美国学

---

① 王康、李鉴踪、汪青玉：《神秘的白石崇拜：羌族的信仰和礼俗》，四川民族出版社1992年版，第157—158页。

者葛维汉认识颇为准确，这从他的《羌族的习俗与宗教》关于宗教法事的一节中可看出，他甚至能区分得如此清楚："和平寨的巫师在农历的正月十五许愿。他到神林前对天神木巴瑟、地神如巴瑟祈祷，求雨，祈来年收成好，人畜平安和兴盛。并许以羊、公鸡于八月初一向神还愿。"①而这一点，不少国内学者却常常不加区别。

已有的研究中有一种称为"祭山会"的类型，似乎涵盖了多种不同的祭山活动，其中以《羌族社会历史调查》一书的《羌族宗教习俗调查资料》之《羌族的祭山会》影响最大，这是20世纪50年代中华人民共和国全国人大民族委员会和国务院民族事务委员会组织的中央访问团收集整理的材料。《羌族的祭山会》认为，祭山会又名山神会、塔子会（"纳黑西"，即山王会）、祭天会（"莫都土"），一般以村寨为单位举行，又因羌族地区气候不同，农事季节不同，或因古代属于不同部落而有不同日期，如有农历二月、四月、五月、六月、八月初一等多种。该文还举了茂汶羌族自治县三龙公社（现属茂县）某年五月的一次祭山典礼为例。②《羌族的祭山会》后来被多种文献、著作引用并阐发，如《羌族》③、《茂汶羌族自治县志》④、《羌族文化学生读本》⑤、《中国羌

---

① 葛维汉：《羌族的习俗与宗教》，耿静译，饶锦校，李绍明审订，载李绍明、周蜀蓉选编：《葛维汉民族学考古学论著》，巴蜀书社2004年版，第62页。
② 参见《中国少数民族社会历史调查资料丛刊》修订编辑委员会四川省编辑组编：《羌族社会历史调查》，民族出版社2009年版，第191—193页。
③ 参见周锡银、刘志荣：《羌族》，民族出版社1993年版，第140—143、158—161页。
④ 四川省阿坝藏族羌族自治州茂汶羌族自治县地方志编纂委员会编：《茂汶羌族自治县志》，四川辞书出版社1997年版，第677页。
⑤ 冯骥才、向云驹：《羌族文化学生读本》，中华书局2008年版，第75—76页。

族非物质文化遗产概论》①、《白石·释比与羌族》②等，这些后来的研究多把祭山会与羌历年对列，视为羌族两种不同的重要活动。

事实上，塔子会、山神会、山王会、祭天会、牛王会、青苗会以及转山会，以至所谓的"羌历年"等等尽管称呼各异，形式不一，时间有别，但都与祭山有关，通称为祭山会似乎都可以，连阿尔村人也称其"转山会"为祭山会③。不过，各地祭山活动的内容和性质却有很大的不同，这是由于羌人分支众多，来源复杂，地理气候差别极大所致，不仔细辨别，极易混淆，如果混而视之，很容易对特定地域与众不同的文化现象做出错误的判断。其实一些看似无关紧要的微小差异往往包含着某种生存的智慧或特殊的价值取向、历史信息。对于纷繁复杂的羌文化，微观观察和甄别显得尤为重要。

笔者经调查和研究认为，同是祭山活动，阿尔村的六月初六与十月初一就区别明显，前者重许愿，后者重还愿。仔细比较《羌族的祭山会》文中的举例，三龙与阿尔村转山会虽然地点似乎相同（三龙在"高约2米的石塔"处，阿尔村在祭祀塔，塔高约4米），时长也近似（都是一天），但三龙的程式、内容和规矩等等却更接近阿尔村的十月初一还愿活动，而与六月初六转山会许愿不一样。显然这两种祭山活动不能等同。《阿尔档案》记录了朱金

---

① 贾银忠主编：《中国羌族非物质文化遗产概论》，民族出版社2010年版，第191—193页。
② 周毓华编著：《白石·释比与羌族》，中国文联出版社2010年版，第199—201页。
③ 阿尔村人编著的《阿尔档案》"转山会"一节的图片就注明为"祭山会"。详见阿尔村人编著：《阿尔档案》，文物出版社2011年版，第83页。

龙讲述的转山会，与笔者访谈基本一致，可引以为据：

> 转山会（wo'xi）是在每年农历六月初六举行，因为这一天是大禹的生日，他是我们羌族的祖先，所以要在这天祭拜，这是敬祖先；而且，六月是雨水高峰期，山洪、泥石流等容易暴发，我们要敬山敬水，敬天敬地，保佑我们风调雨顺，五谷丰登；第三，我们要根据上一年羌历年所制定的乡规民约，总结这半年来大家做得如何，督促老百姓进一步护林防火，与大自然和睦相处，不准乱砍滥伐，修建河堤、路道等公共场所的情况等。
>
> 上一年的十月初一（羌历年），就会选出筹备委员会成员，下一年寨子里的公共活动都要由他们来组织。十月初一还没有下庙的时候，寨子里每家的当家人都掷骰子，谁掷的点数最多谁就当会长，然后会长再推荐六个人，这些人在今后一年中，有些负责管理村民的治安，有些宣传乡规民约，有些检查公共卫生，有些督促路道、桥梁修补情况，有些负责护林防火，有些管生产。
>
> 转山会的头一天，筹备会成员就聚集在一起，商议如何进行，要准备转山会所用的物品，有羊、鸡、酒、纸张、香、蜡，砍杉杆、做旗子等。所需的费用是寨子里老百姓一起筹钱。
>
> 六月初六上午九点至十点，辰时，转山会开始。以前还没有钟表的时候，就看西方记时神山（a'ba'qi'ge），……太阳刚刚横向一照到白岩处，就是辰时。寨里的男男女女都要聚集到祭祀塔那里。释比老人主持敬拜仪式，杀羊杀鸡，来

敬神、敬山、敬水。释比把老百姓的心愿，通过念经表达给各位神，主要意思是：冰雹、泥石流、山洪暴发等这些灾难帮我们避开；玉米、洋芋、小麦、甜荞、苦荞、油麦等病虫害也要避开；我们前半年过去了，后半年会团结友谊，和睦相处，我们要以勤劳的双手，有吃有穿，把羊子养好，给我们风调雨顺，下半年我们丰收，十月初一再来敬神。老百姓通过释比向天地、神灵表明自己的决心。这个愿许了，十月初一就必须还。敬神仪式大约需要40分钟。之后，大家一起庆祝、欢乐，唱歌，跳锅庄等，分享煮好的鸡和羊。

下午，会长当众宣布上一个十月初一所定下的村规民约，检查大家是否有违反。同时老百姓也检查筹备会的成员在这半年内是否负责，如果有不负责的，大家很不满意，那么就立即更换。而老百姓中如果有违反了村规民约的，视情节轻重，至少罚三个苦工（为村里干三天累活）；也有罚钱的，例如五块、七块、十五块；如果是屡教不改的，就众人驱逐。这里并非把他从村里驱逐出去，而是大家一起孤立他，不与他说话，不和他来往。会上，就说某某人违反什么什么了，大家深恶痛绝，要驱逐他。老百姓就接着大吼三声，表示要驱逐他。如果这个人有悔过之心，他就会在大家面前保证：我再也不违反乡规民约了，寨里的脏活、累活我会积极做之类的话。有时大家也会原谅这一次，但是要看之后的表现。以前，寨里就出现过类似的情况，把一些偷摸拿的人驱逐过。那会儿要求每个人都要以村里的利益为重，不能泄密，不要做错事情。以前的乡规民约对村民的约束力很强，大家都要照此执行。

举行完这些活动，一般下午五点左右，转山会也就结束了。①

由上我们可以看到，阿尔村转山会的一个重要目的是纪念先祖大禹，另外就是在祖先面前向天地诸神许愿，其他内容则都是围绕着如何护佑并促成所许愿望得以实现而采取的具体措施。因此，与其把转山会说成是一种节日庆典，不如说是羌人生产活动中不可或缺的一环更为恰当。

第七节　七八月·宣佛子与制麻

在传统时代，阿尔村的七八月份并不算太忙碌，因此不少人在这个时间段外出打工挣钱，修房造屋很多时候也是在七八月间。此时挖药、挖野菜的已经比较少，田里农活除了八月种植冬青稞和冬小麦，其余主要是收获一些量不太大的作物，例如收割荞子、和麻、二月青稞和麦子，挖土豆等。收回来后，后续的工作可紧可松，荞子、小麦等在房背上脱粒，土豆存放起来，和麻秆先在泥地上晾干，然后再慢慢制成麻。

制麻的过程颇为讲究，前后大约要一个月时间，首先将晾干的和麻秆用开水烫过，再把皮剥下来，剥的时候须把握好用劲的方向和力度才能剥出匀称、细长的麻皮。把剥好的皮晾干，扎成一束一束储存起来，这就是"麻"。在阿尔村，每家每户都会储存

---

① 阿尔村人编著：《阿尔档案》，文物出版社2011年版，第83—84页。

很多。妇女们在劳作的间隙用"麻转转"将麻纺成麻线，之后将其挽成长圈扎起来。等纺够煮一锅的量时（约三四公斤）就把它们放进大锅里，加上草木灰煮六七个小时左右。草木灰能去除麻里的杂质，并且使麻线变得柔软，颜色也变得均匀。煮好的麻线还要用清水涮洗，一般是拿到河水里反复用木棒捶打，用双脚踩约五至六个小时，洗毕绕在专用的线杆上晾干备用。这些过程主要在劳作间隙和夜间完成，不会耽误地里的农活。制出的麻越白越好、越细越好[①]，这几乎是当地检验麻质量好坏、比较制麻水平高低的最直接、最有效也是最主要的标准。在接下来几个月的空闲时间里，妇女们使用麻线织麻布衣服、绑腿等，一件成人麻布长衣大约要用麻线 9000 米左右。[②] 不停地织，一件长衣大概要一个多月才能完成。（图 3-7-1、图 3-7-2）

图 3-7-1：织麻布　　　　　　　图 3-7-2：织好的麻布

每年到了七月半，各家都要给自家去世的先人烧纸，称为七

---

① 依据 2011 年 2 月 27 日下午采访余世华笔记。
② 综合参考阿尔村人编著：《阿尔档案》，文物出版社 2011 年版，第 10—11、42 页。

月半"宣佛子"(图3-7-3)。"宣佛子"一名来自笔者实际访谈，与前面耍狮子唱词中的"宣胡子"为同一事件，两者都是音译，似应为外来词汇，并非羌语，其词源尚未考辨。余世华说，宣佛子通常在七月十三夜晚，也可在七月十二或十四，但不会在七月十五。不过此前一个星期，也即七月初七前就要开始准备。按传统，首先要备好若干信封，每一个信封上写一个已故祖先的姓名，包括宗族家门和舅家，再在信封中装上纸钱并密封好，供在家神前的神台上，每天敬香，直到七月十三。

2010年的阴历七月十三，笔者恰在村中。是夜，见余世华提着逐张掰分开的满满一篮纸钱去到自家住宅西面的空地上（图3-7-4），点上三炷香，把纸钱逐一烧化，完后分别洒酒于烧纸地敬祭。整个过程并未用信封。余世华解释说这是近几年才改变的，不用信封就要明白地念出祖先的名字，表示此份纸钱是专门为他准备的，并告知是谁在七月半给他烧纸送钱来了，请收受，且要请这位祖先保佑一家人平安无事、人财兴旺、无病无灾无难，此时须念出所有祈佑者的名字。除了烧纸给自家祖先，还要烧给开发本村或本寨最早的人，即地盘业主神，当地也称古老先行，以及前后左右五里内不明不白死去的、无人认领的孤魂和香火已断绝的家族之先灵。原来用信封密封纸钱目的在于防止所烧纸钱为他人领去，烧化时也还须念出信封上所写名字，但较为随意。笔者见到，当天晚上阿尔村许多地方火光点点，显然是各家各户在宣佛子。根据阿尔村人的经验，七月半宣佛子后，各种灾难都会减少，包括冰雹、洪水、泥石流等自然灾害。据当时阿尔村修建释比传习所的绵阳籍建筑师傅介绍，这种形式在其汉区的家乡也流行。两者

上　篇 | 第三章　羌人的一年：自然与生活的谐和变奏　　175

图3-7-3：宣佛子　　　　　　　图3-7-4：掰分纸钱

之间关系如何，待考。

　　二月和八月是下坛活跃的时间，因此学习下坛法事除了在平时实践中观察习练外，一般就在二月或八月。毒药猫（"鬼"的一种，本书第五章第二节有介绍）也在这两个月里作祟。如果家里几年来不大顺利，比如家人多有疾病、出门遇到麻烦、种庄稼出现了不正常现象等等，就会在二月或八月请下坛释比做法事，常称为"打扫房子"，其形式有多种。

　　七八月份另一突出的特点是灾害天气较多，主要是旱灾和雨量过多，所以求雨、还天晴愿大多发生在七八月，将在后面详述。

第八节　九月·还愿

　　九月中旬左右收玉米，十月初一前，田地里的农作物必须全部收回，因为此时山上放养的牛羊等陆续下山回家过冬，如果农作物没有收回，就可能会被牲畜糟蹋。

　　玉米收获以后尽管农闲，但人们却忙于各种食品、物品的加工制作，还要准备喂牲畜的饲料。比如要在九月初九酿各种酒，包括用玉米蒸蒸、大米或山中野果酿的玉米醪糟、大米醪糟等重阳酒，用五谷酿的咂酒，用蜂蜜酿的蜂蜜酒，还要用甜菜制甜萝卜糖，打草鞋，织麻布，织绑腿，做麻布衣服，编背篼，晒玉米，腌制酸菜，晒玉米杆作牛饲料……，各个家庭根据自家情况进行安排。

但不管怎么忙碌，20世纪60年代以前，阿尔村九月至十月初之间最重要的大事是准备十月初一还大愿，这也是全年最重要的大事。80年代初短暂恢复了几年，之后又自然停废，新近几年的再兴多不完整，加之有多种因素干预，与传统渐行渐远。幸而村中释比和老人们还能知其详，学界又长期关注，曾对阿尔村传统还愿有过多次详细调查。因此，尽管笔者参与的2010年百家夺寨十月初一集体还愿有许多改动和大量的删减，仍可以此为基础，结合访谈和前人调查材料，勾勒出传统还愿的大致模样。特别是精通上坛的余世荣，为笔者做了极为详尽的讲解。下面就对其做一描述。要说明一点，下文整个还愿过程均按传统时间记述，但2010年百家夺寨还愿在时间上与传统不合，而所用图片均为实拍，故不能准确反映时间顺序，在此仅做参考之用。

一、释名

目前，许多人把不少羌寨过十月初一称为"羌历年"。实际上，并不是所有羌寨都过十月初一，与阿尔村十月初一内容性质相似的活动在其他羌寨举办的日子可能不同，例如前面葛维汉提及的和平寨就是过八月初一而不是十月初一。十月初一的活动也不叫羌历年，阿尔村羌语称为"chuā jiě ěr ruō"，"chuā jiě"意为"全寨的、众人的"，"ěr ruō"为"还愿"，合意为"全寨还愿"或"众人还愿"。在还愿中唱的唱经叫"guǎ bǎ"，其中"guǎ"为"与天、与神说话"之义，"bǎ"是"最大的"，"guǎ bǎ"即与天、神最大最重要的说话，或叫"guǎ ruō"。"guǎ ruō"可理解为对还愿唱经的统称。①阿尔村人用汉语称谓此活动多数为"十月初一"，也有人称为"还大愿"。为行文方便，下面一般以"还大愿"称之。

"羌历年"这一称呼出现甚晚。1985年，理县县政府把十月初一定为羌历年②，这恐怕是最早的"羌历年"正式定名。1987年，阿坝藏族羌族自治州成立，州人民政府正式决定恢复羌历年。1988年汶（川）、理（县）、茂（县）、北（川）4县在茂县凤仪镇举行第一个羌历年庆祝会。③之后4县又联合连续举办了三年，地点先后分别在汶川、理县、北川。"羌历年"一词从此被叫开。

二、会首与释比

阿尔村的十月初一还大愿沿袭已久，非常隆重，组织也极其严密。负责当年还大愿筹备组织工作的是会首。会首是一个群体，由寨内所有家户轮流担任，会首户数根据全寨户数而定，各寨可能不同，多在三至十户之间。会首在上一年的十月初一活动中选

---

① 根据2010年8月17日下午采访余世华录音整理。
② 参见卢丁、〔日〕工藤元男主编：《羌族社会历史文化研究：中国西部南北游牧文化走廊研究报告之一》，四川人民出版社2000年版，第207页。
③ 四川省阿坝藏族羌族自治州茂汶羌族自治县地方志编纂委员会编：《茂汶羌族自治县志》，四川辞书出版社1997年版，第677页。

出,方法是:本次轮回寨中尚未做会首的所有家庭户主掷骰子,谁掷出的点数大谁就是下一届会首,会长由众会首自行选出,会长负责协调和安排。十月初一集体还愿的所有支出都由当年会首承担,寨中各户只须提供一升粮食(常常是玉米)。

还大愿的另一重要人物是释比,其中的大释比羌语称为"刮补(guā bǔ)",余世华说,可理解为掌坛师。刮补负责还大愿各项程序的执行、安排和指挥。

每个寨子都有一个固定的刮补,刮补一旦确定一般就不会变。那么刮补是怎么确定的呢?有一种说法是"买下"的。[①] 具体如何"买",未能确知,但分析阿尔村四个寨子的情况可以发现,刮补都归属于寨中一个较大的宗族,更为重要的是,他必须是上坛释比,而且是其所在寨子中水平最高、掌握上坛释比经典最全面者。由于全寨人的还大愿涉及神灵众多,要给多个神献祭,所念经典不同,只有掌握经典多者方能胜任。因此刮补在寨子里一般而言威信颇高,众人,包括寨子里其他的释比都能够服从并信任、听命于他。另外还有个行规,就是必须尊重老辈子,晚一辈的释比掌握的经典即使已较全面,也要恭让前辈,除非老释比下话指定由谁暂替。老释比去世后该寨的刮补一般由其学艺最精的徒弟继任,此人通常是从师时日最长的大弟子。还有,即使已确定为刮补的释比搬迁到了别的寨子或村子,原来寨子还大愿时同样还由他任刮补,究其原因,一是十月初一他必然会回来还愿,二是一般来说原寨子不会有更全面精通、更有经验、法器更齐全的上

---

① 根据2011年5月6日晚与余世华访谈录音。

坛释比。在阿尔村，百家夺寨由余明海负责，余氏是百家夺寨大姓；巴夺寨由朱顺才负责，朱家是巴夺大宗族之一；阿尔寨由马松林负责，马松林属阿尔寨三大房的中房；立别寨由朱星明负责，朱星明为立别人，本姓余，余姓是立别寨开基姓氏（立别与百家夺余姓来源不同），朱星明上门到巴夺朱家后才改姓朱，20世纪50年代被划分为地主。后来，余明海上门住到巴夺，百家夺还是由余明海负责，余明海去世后则由其住在巴夺的儿子余世荣负责；巴夺寨在朱顺才去世后由其子朱金龙负责；马松林多年前已上门迁至直台村，但每年十月初一阿尔寨还是要等马松林回来任刮补。马永清说，马松林可以还四个羊愿，寨中其他释比只能还其中一两个羊愿，无法满足全寨所有人还愿的需求。马松林和朱星明都没有继承者，加上其他原因，他们去世后阿尔、立别两寨全寨性质的十月初一还愿也就停办了。

在实际运作中，还大愿释比不止一人，刮补会再请一两个释比协助，主要原因是还大愿连续一天一夜，念唱的经文非常多，时间十分长，一个人在体力、精力上是难以完成的，因此需要助手，以便轮换休息。协助刮补的释比可以是本寨的，也可以是其他寨子的。据了解，过去多数在本寨内选，但寨中上坛释比不多的时候，比如现在，就只能请别寨的刮补。

三、还大愿的主体、场所和时间

阿尔村还大愿以寨为单位而不是以村为单位，据说20世纪初，曾经有过一次联合全村十个寨子的还大愿，策办者是巴夺寨朱顺福，他当时任团总，在村中，甚至在乡、县里都有很高威望。

那次还大愿是个牦牛愿，牦牛由朱顺福提供，十个寨子全部集中到巴夺寨过十月初一。不过这次还愿还是以寨子为基础，各个寨子的会首依旧，仍然按照传统各自准备羊、鸡、咂酒和其他物品，各种程序也依古规执行，并无实质上的改变，而且这样的还愿也仅此一次。① 20世纪80年代以后逐渐恢复的多次还愿也都是以寨为单位，当然，近些年政府组织的羌历年已远远超出了村寨的范围。不过这种羌历年只能算一种节日庆典，无论性质、内容、功能还是形式，都已和传统还大愿相去甚远。

还大愿的地点必须在山神庙（图3-8-1）。既然还大愿是以寨为单位，那么山神庙就应是每个寨子必不可少的了。确实如此，无论寨子大还是小，都有自己的山神庙，余世荣举例说，巴夺寨是由以前的三个小寨子合并而成，其中一个叫洛格奇寨，只有三四家人，同样有山神庙。山神庙通常位于寨后不远的山坡上。笔者实地考察了阴阳十寨中许多山神庙，其中一些保存较好，再结合羌人的回忆描述，可以看出阿尔村山神庙与汉人、藏人堂皇的庙宇不同。羌人的庙是一块较大的裸露天然岩石，岩石下一般有个并不太深

图 3-8-1：巴夺寨山神庙

---

① 根据2011年5月6日晚采访余世华录音整理。

的凹窝。还大愿须通宵进行，届时气候寒冷，因此一般会在庙子的岩石前方垒砌三面石墙，上面架个与岩石上方相连的顶以避风雪。念唱经文、杀羊、煮羊肉、分羊肉等就在其间进行。庙门外还要有一条路，称为"刮踔予朵（guǎ chuō yǔ duǒ）"，其中，"踔（chuō）"为"跳"之义，"予朵（yǔ duǒ）"为"路"之义，合为"跳刮之路"。这条路一般坡度不大，近于水平，以便需要来回快速奔跑的封路仪式使用。庙中神位至少有三个，分别是寨主神、牛王和玉皇，有的庙有塑像，有的没有。据余世华介绍，巴夺寨过去庙中有三尊塑像，寨主神左手举弓箭，右手持锄头；牛王是一个手挥鞭子的孩童骑着一头牛；玉皇则仿汉人寺观中的玉皇大帝。[①]

不少学者提到羌人的神树林，虽然普遍认为神树林位于羌寨后面一个特别茂密的林子，但有人说的神树林是前面讨论的许愿类祭山场所，有的却又指还愿时的所在，所说不一。在阿尔村，六月初六转山会许愿在祭祀塔，十月初一还愿在山神庙，是完全不同的两个地方，而且绝不能混淆，那么，神树林究竟在哪里呢？实际上，根据阿尔村人介绍的情况看，神树林并不是一个专属的小树林，各个寨子所在的整面山都可以说是神树林。祭祀塔、山神庙都在寨子左近，因此它们连同寨子和田地就都为神树林包围着，村里的老人甚至说，在20世纪60年代以前，寨子被高大的树木遮挡得严严实实，从远处看很难发现里面原来住有人家。原则上，人们是不允许也绝不会在这片山上伐木的，但是否真的严格到一草一木皆绝对动不得呢？据调查，其实不然，还大愿的夜晚需要不少

[①] 依据2010年8月采访余世华录音。

木柴用以烤火和煮羊肉，这些木材就是在庙子附近砍伐的，但一般只砍碗口大小的树作为柴火，老树和小树的确不可砍伐。在山神庙旁常常还会有一棵特别古老的树被人们奉为神树。

阿尔村还大愿共需两天，从九月三十开始，十月初一下午结束。前面提到，刮补需要助手，而助手有时又是别寨的刮补，特别是近几十年。那么，别寨的刮补被请走后他所在寨子如何还愿呢？阿尔村的办法是不同寨子的还大愿时间错开安排：百家夺和立别两寨九月三十上庙，初一还愿；巴夺和阿尔两寨初三上庙，初四还愿，初二让释比休息一天。①

四、筹办还大愿

还大愿虽然只有短短两天时间，但准备时间却很长，几乎从会首定下不久便已经开始。大略如下。

（一）选择牺牲

敬献给神的牺牲主要有羊、鸡和牦牛三种，牦牛太贵，只有在比较大型或特别隆重或经济条件格外好的时

图 3-8-2：十月初一还愿羊

---

① 文中各寨上庙、还愿时间乃根据 2011 年 5 月 6 日晚采访余世华、朱光亮录音整理，与《阿尔档案》所述不同。《阿尔档案》说："立别和白家夺是初一上庙，初二还愿。阿尔小组是初三上庙，初四还愿。巴夺是初四上庙，初五还愿。"之所以不从《阿尔档案》之说，是因为先过十月初一者应是九月三十上庙，初一还愿，之后释比不可能不休息就紧接着做下一个寨子的还愿。因此《阿尔档案》所记可能有误，故不取。

候才会采用,极为罕见。鸡在还大愿时虽必不可少,但对于庙子里最重要的三尊神而言又略显分量不足,因此还大愿中祭寨主神、牛王和玉皇最常见的是用羊,只有经济条件很差的情况下才会退而求其次用鸡,正常时候鸡用于其他相对较为次要的神。

既然羊是敬献给最高神的最重要祭品,要求自然也就很高,挑选也非常讲究。

羌人法事用羊涉及山羊(当地又称草羊)、绵羊两种,使用中区分十分严格。上坛法事只用山羊,而且不能用母羊,颜色则白色、黑色、红色均可,但还大愿敬献玉皇的必须用纯白色山羊,不可有杂毛。如果是在家庭火塘处还愿,则只能用红色山羊。

下坛法事可用黑色山羊和绵羊,最好是绵羊(绵羊无论何种颜色均只能用于下坛),少数也有用白山羊的情况。母羊也可用,但较少。

因此,上坛敬神的还大愿只能用山羊,不能用绵羊,这是其一。其二,只能用公羊,不能用母羊。其三,至少需要一只纯白无杂毛的白色山羊献与玉皇。其四,选出的羊要健康,不能有疾病或残缺。羊于春天在村寨里养羊的家户中选定并做好标记,喂养的人家总是会用最好的食料供养献祭羊,而且格外爱护,不会虐待。十月初一前会首要检查,若不符合要求则须马上更换。(图3-8-2)

献祭羊的数量正常为三只以上,无定数,具体根据神的数量、经济情况和人们心愿而定,有的寨子是由几个小寨合并而成,其寨主神就不止一个,所需羊自然就会多些。例如巴夺寨是由三个小寨合成,故而有三个寨主神,加上牛王和玉皇,共要用五只羊。

有一种观点认为羊是羌人的图腾崇拜物。在羌人生活和习俗中，羊与人关系之密切确实处处可见，而且羌人有羊神的供位，在祭祀中，献祭羊又受到厚待，难怪人们会把羊与羌人紧紧联系在一起，以致连"羌"字也是指"西戎牧羊人"。

但在考察中，阿尔村人皆对"羊图腾崇拜"一说矢口否认，他们说，吃掉经书的羊犯下了滔天罪行，因而才会杀羊来改罪，才会把羊作为祭神的牺牲，才会吃羊的肉，才会把羊皮做成鼓然后敲烂，甚至把羊皮剥出来缝成皮卦子，穿烂才丢掉。其反应之激烈和言辞之肯定，绝难找到一丝崇拜羊的情感余绪。因而对献祭羊的尊重，只能解释成因为神而不是因为羊。至于羊神的供位，也只是敬供使羊健康成长的神而不是对羊本身的敬意。还有一种与羊有关的现象是某些人家的神台上供有羊角，进一步的调查了解到，这里面也有分别，一类是山羊角，不过这不是普通的山羊角，而是献祭羊的角，供着表示此羊已敬献给神，愿已还；另一类是野羊角，较常见，供的目的是请神保佑今后能多多猎获野羊。《神秘的白石崇拜：羌族的信仰和礼俗》认为："关于羌族的图腾，众说纷纭，有人说是羊，有人说是牛，有人说是狗。其实，它们都不是羌族的图腾。……对于图腾物，严禁玷污和打杀。羊、牛、狗在羌族，显然不具备这种特点。"[①] 至少对于阿尔村羌人来说，此见不谬。

还大愿对鸡的选择相对简单，有些神用公鸡有些用母鸡，如祭祀塔就要用母鸡。鸡可以有杂色，但红色不能缺少。[②] 鸡的数量

[①] 王康、李鉴踪、汪青玉：《神秘的白石崇拜：羌族的信仰和礼俗》，四川民族出版社1992年版，第38页。
[②] 余世华说观音庙要用母鸡，而且是无杂毛的纯黑母鸡，但朱金龙却说观音吃素，故要用豆腐。另外，朱金龙还说鸡可以有杂毛，只要有点红色即可，余世华则说绝对不能有红色。究竟如何，待考。

同样根据神位数量而定，各个寨子不太一样，但祭祀塔和寨中的财神庙必须各杀一只鸡还愿。

最大的还愿是还牛愿，但要提醒的是，这里的牛只能是牦牛，绝不可以是耕牛。羌人家中供的牛头也不会是耕牛，多数是野牛，目的和供野羊角一样，为了多有猎获，偶有供还愿的牦牛角。调查得知，对于羌人而言，耕牛是衣食父母，在生活中和心目中都具有极高的地位。一头耕牛通常要使用二十多年，健壮的甚至三十多年。当耕牛年老力衰无法耕地时，人们也绝对不会自己动手宰杀，更不会吃耕牛肉，最常见的是出卖到外地，这是羌人极其难过伤心的事情，常常要挥泪送别。房东家人就告诉笔者，前些年，余正国在卖掉相伴二十多年的老牛后，竟一个人蹲在屋角足足哭了半天。人与耕牛感情之深由此可见，已远远超出了其他牲畜。明白了这些，前述唱牛山歌那样的感人场面也就不难理解了吧。

（二）酿咂酒

还大愿上庙之前要举行开坛仪式，需用两坛咂酒。咂酒由会首酿造。

阿尔村现在虽几乎无人酿咂酒，但四五十岁以上的人仍然精于此道，对酿造之法烂熟于胸，常常为笔者细细地讲述。

咂酒主要由青稞、小麦、玉米、荞麦、黄豆等五种粮食按照1∶1的配比酿造而成。酿酒通常在每年九月初九前后，先淘洗，然后蒸煮、降温、发酵。发酵两三天后转入酒坛密封，窖藏一个月左右即可饮用，当然，窖藏时间越长酒味越醇。

关于咂酒的饮用，广为人知的形式是一个酒坛上插着若干咂酒杆，众人围着酒坛用咂酒杆咂吮。但调查获知，这种形式并不是羌人生活的常态。生活中羌人通常喝蒸馏出来的烧酒，用咂酒杆喝酒需要举行开坛仪式，而没有大事不会开坛。开坛多见于喜事，如还大愿、婚礼、贵客临门、家中其他重大事情等等，忧事中偶也能见到。一般来说，忧事只用一坛咂酒，喜事可用多坛。有人说咂酒杆是细竹竿①，在羌区其他地方是否如此不敢断言，但在阿尔村则不然。阿尔村的咂酒杆是当地生长的一种灌木，茎杆天然中空，长成后长约两米。阿尔村开坛喝咂酒必须用咂酒杆，不能用其他材料。笔者曾见理县桃坪某寨因无咂酒杆而专门请阿尔村释比在山中为其采折若干。

开坛仪式须请释比念专门的开坛经文，法事做完众人方可喝酒。酒水将吸完可添水搅拌继续饮用，直至酒味淡尽。咂酒一旦开坛，通常要喝完，否则难以存储，坛中酒渣亦可蒸馏成烧酒日常饮用。

（三）还愿前议会——丫夷得

由于还大愿程序复杂，故日近十月初一，要提前开会进行各项事务的安排。会议通常定在九月二十左右召开，此会议有个羌语专称——"丫夷得"。丫夷得由会首召集，全寨各家户主带上满满一升玉米籽（约4斤）参加，取"五谷丰登，人丁兴旺，有吃有余"之意。此次议会内容主要是将各项事务具体落实到人，包括：

1. 再次确认刮补，选定释比助手；
2. 确定刮师母（牵羊者）、刮特母（抬羊者）、刮芋母（抱鸡

---

① 比如何斯强、蒋彬主编：《羌族：四川汶川县阿尔村调查》，云南大学出版社2004年版，第292页："咂酒……饮用时……在坛子里插上细竹管（当地叫'酒杆杆'）。"还有阮宝娣：《羌族释比与释比文化研究》，中央民族大学2007年博士学位论文，第152页："将喝咂酒的细竹竿插入酒坛子里。"

者)、恰卓卓(杀羊者)、恰拉刹(砍杉杆、竹枝者)、席插母(砍柴者)等[1];

3. 会首内部自行落实各类杂务的负责人员,如:清理道路者、修整打扫庙子者、购买祭祀物品者等。

(四)还愿前的准备

还大愿所涉内容极多,因而相应的准备工作也很多,在还大愿前一天便早早开始,内容包括砍杉杆、准备还愿用品、开坛、验羊、上庙等。

砍杉杆:杉杆是做大祭祀如还大愿、转山会、家庭安白石神等的重要物件,以新杉杆取代旧杉杆。还大愿杀羊必须用杉杆,杉杆上还要插白纸旗,还鸡愿则不必。还大愿需砍杉杆的恰拉刹两人,还愿前一天的凌晨便要出发,砍伐地点有明确规定。如巴夺寨在约8公里外的"厄士尼";百家夺寨因周围山上不产还大愿用的杉杆,只能到巴夺一个称为"窝背"的山上,该地点也满足"能看见本寨庙子"的古规。杉杆数量以所需为准,其中山神庙两根,祭祀塔一根,其他因各寨情况不同、时期不同,或有差别。[2]对于杉杆还有许多规矩,如:整个砍伐和运送过程恰拉刹不能说话;最长的两根要有7米左右;须到指定地点剥去杉杆下端树皮,去掉多余枝桠,只留五枝、七枝或九枝;在离杉杆顶端约三分

---

[1] 部分来自调查,部分参考赵曦:《神圣与亲和:中国羌族释比文化调查研究》,民族出版社2010年版,第150—151页。

[2] 如笔者2010年考察百家夺寨还大愿时杉杆7根,阮宝娣2005年记录的巴夺寨还大愿为13根,而《阿尔档案》记述的2009年巴夺寨还大愿只有7根。具体规定待进一步调查。

一处用绳索或树藤捆上山中采集的一种指定白花（羌名曰"约窝"）；以上处理完毕，要等到太阳刚刚升起那刻，恰拉刹才启程将杉杆扛回；路上杉杆枝巅必须朝前方；恰拉刹要口含一根小杉枝，头上也要插一支，途中遇人不允许说话，让路时必须站在高处。还有就是杉杆顶端枝叶绝不能弄断。杉杆扛回来后释比会逐一检查，合格后将恰拉刹口含的树枝分别别于猴皮帽和羊皮鼓上。此时恰拉刹方可正常说话。据余世荣回忆，20世纪50年代百家夺一次还大愿时曾有个刘姓恰拉刹把杉杆拖着走，其中一根的顶枝折断，他自作聪明用一根结实的树枝接起，也躲过了检查。但当释比还愿念到该杉杆对应的神位时，突然反常地从座位上跳起来，鼓乱敲，人乱跳，最后众人不得已把这位释比提起，用点燃的柏枝熏，请求神灵发话，神才借该释比之口指出某某神位的杉杆顶端是断的。刘姓恰拉刹这才说出实情，下跪磕头认错。

准备还愿用品：图3-8-3展示的是还大愿前准备的部分用品，实际这类物品很多，如：麻绳规定由会长搓制，牵羊的较粗长，拴鸡的较细，麻丝供释比用于做弓箭和白旗。释比负责其他物品的制备。包括：准备刀头、敬酒、柏枝、青稞籽；制作太阳馍馍、月亮馍馍、长馍馍、弓箭、小竹筒（长约5厘米，挂于大白纸旗上，内装青稞）、各种白纸旗；更换猴皮帽和羊皮鼓上的白纸条等。其中白纸旗有两种[①]，一种是大旗，数量根据重要神的数

[①] 阮宝娣认为："白纸旗有大、中、小三种不同尺寸，大旗子'给血旦皿'，中旗子'摘比'，小旗子'给国'；每种规格的旗子又分为雌旗、雄旗。另外，还有招财的旗子'黛外'。"参见阮宝娣：《羌族释比与释比文化研究》，中央民族大学2007年博士学位论文，第150页。

图3-8-3：2010年百家夺寨十月初一还大愿的部分用品

量而定，最少两面，旗杆为细竹枝，杆长约1.5米，顶部用麻丝系裹白纸条；其下为旗花，旗花两层，上层八角星形，下层圆盘形；旗花下用麻丝拴挂小竹筒和小弓箭，箭弓以竹片弯成，箭为小竹棒或木棒，以麻丝扎牢；再下为三角形纸旗，长约1米，最宽处约30厘米。另一种是小旗，又分两类，一类系于杉杆上，每根杉杆四面，两面一组，一组位于杆顶，一组位于扎"约窝"白花处，旗杆为竹片，竹片中部划一条缝夹住纸旗，纸旗为三角形，最宽处约15厘米，长约25厘米；另一类插在"张三爷"腰带上，共两面,旗杆为细竹枝,顶端裹白纸条,其下竹枝划缝夹住三角形纸旗,纸旗宽约20厘米,长约30厘米,靠近旗杆处平行于旗杆开三个菱形孔,孔边长约1厘米,纸旗尾部剪开成三条。[①] 有学者提到还有数十件以青稞、麦草、荞草扎的飞龙、飞虎、神鸟,遗憾的是笔者调查中未能见到,只好付之阙如。猴皮帽、羊皮鼓上换下的旧白纸条必须用火烧化,不能随意丢弃。

开坛:约下午三四点钟,除已婚妇女外,全村老小敲鼓打钹,唱着羌歌到寨中指定的地点——"刮如时"做上庙准备。释比先点燃柏枝熏猴皮帽和羊皮鼓"解郁",之后给每一个牵羊的刮师母在脖子上系白色的纸带[②](图3-8-4)。随后开坛,由一位释比揭开咂酒坛盖子,插入咂酒杆,一边念开坛经文一边用咂酒杆点取咂酒洒向四周敬神,完后释比先吸吮咂酒,众人随后。

验羊:开坛之后验羊(图3-8-5),所谓验羊即由释比对献祭的所有羊只逐一检验,看神是否满意和愿意受领所选羊子。为确保万无一失,验羊要进行两次,第一次在"刮如时",第二次在庙门外拴羊处。检验方法为:刮师母牵羊过来,一位释比手摇腰间牛皮包上的诸般法器,高声唱诵经文《抖羊词》,念到一定时候另

---

① 依据2010年11月6日百家夺还大愿现场考察记录。
② 赵曦《神圣与亲和》一书对授带描述颇为详细,他称为"授直得国拉","直"义"青稞","得"义"向上","国"即"刮","拉"义"飞"。直得国拉由白纸折成宽约10厘米,长近1米,内包10粒青稞,围在刮师母脖子上。系授时释比要唱一段《直得国拉》经文,大意为"青稞是天上赐予凡间的,还愿时要穿上新衣飞返天宫,由送羊、鸡等愿上天的刮师母等人一并带去"。每授一位,释比都要郑重交待不要把这个神名下的羊牵到那个神名下,否则神会怪罪。参见赵曦:《神圣与亲和:中国羌族释比文化调查研究》,民族出版社2010年版,第155—157页。

图 3-8-4：授带刮师母　　　　　　　图 3-8-5：验羊

一释比往羊头、羊耳朵里或羊身上浇洒冷水，若羊立刻抖动身子，则表示神喜欢这只羊。若羊不抖身子，表示神不受领，一般会继续念经浇水直至羊抖动为止，若反复多次仍不受领，就要重新购买。

上庙：若第一次验羊顺利则开始上庙。此时释比敲击羊皮鼓，会长向天鸣枪。留在寨中的所有人闻枪声后必须停做任何事情，特别是不可吃东西，也不能喂猪。上庙途中释比唱经文，每唱一句，其余人跟唱一句。走至庙门外第二次验羊。检验合格后拴羊于规定位置，之后众人进庙。

（五）还愿

进庙之后还愿即开始，一直持续到第二天天亮。之所以需要这么长时间，一则由于还愿属重大祭祀活动，前后事项极多，事前要准备，事后要收尾，二则由于所涉神灵众多，对每一位神皆不得轻慢，该唱念的经文、该进行的仪式都必须虔诚尽心做到位。还愿有较为固定的形式，略述如下：

余出霞：在正式还愿之前，约莫下午五点左右，要敬拜祭祀

塔,称为"余出霞",其方式可参见《阿尔档案》记录的巴夺寨还大愿,摘引如下:

> "刮狮母(按:即刮师母)"、"恰拉煞母"这几个人……手提一只大母鸡,从"工期时"(按:羌语,一个地名)开始,每走一步,拔一次鸡毛下来抛向空中,走一步,拔一次,到"古的巴格",到新房子,走完巴夺所有的矮山地。每拔一次羽毛,鸡就惨叫一声,最后到祭祀塔上方有个规定的地方把鸡拿来烧或炖来吃。这个过程羌语叫"余出霞"。这样做的目的是提醒天神,如果来年有野兽、禽类要来糟蹋百姓的农作物,就像这只鸡一样,惩罚他们,遭到同鸡一样的下场。①

祭拜:上庙后首先摆好张三爷以及各种馍馍等祭品,刮补上香、点蜡,边燃柏枝边念众神名进行祭拜,祈求保佑全寨。

请猴添衣:释比经文得以续传,猴子作用甚大,它是重忆经文之关键,因此必须首先把猴先祖请来。这里的"猴先祖"不应按进化论理解为猴进化为人的人类祖先,也不是释比的祖师,而应是猴之祖先,而且应该是特指当年目击山羊吃经书的那只猴子。请猴先祖须献祭一只鸡,献祭前要解郁和验鸡(每献祭一鸡均有此

---

① 阿尔村人编著:《阿尔档案》,文物出版社2011年版,第79页。据余世华说,"余出霞"还有个作用就是通知全寨人,准备开始还愿了,要吃饭的提前吃,需要做什么事情的抓紧做,否则还愿开始便要禁口和停止一切事务、活动,直到半夜才能够解禁。但这种说法与前述上庙前鸣枪后,寨中人闻枪声即必须停做任何事情的规定在时间上有些冲突。有待进一步查考。

过程)。给鸡解郁的方法是边念解郁经文边用点燃的柏枝从头到脚熏鸡,解郁毕用清水淋鸡头验鸡,若猴先祖满意,鸡就会左右摆头。满意后杀鸡献祭,滴鸡血于一张白纸上,再用这张带献祭鸡血的白纸加裹在张三爷最

图3-8-6:给张三爷添新衣

外层,是为给张三爷添新衣(图3-8-6)。接着滴少许酒在张三爷上部的中间进行敬酒,若酒很快吸干说明猴先祖满意受用了,这是个好兆头。其间要念经,还要丢几颗青稞籽。经文大意是请张三爷享用青稞、酒水、穿绸子新衣、束绸子腰带等。[1]

解郁[2]:"解郁"为音译,各研究者取词略有差别,其实质是去除不干净之物,故有些意译为"解秽"。神、人、自然事物等万物皆难免沾染不洁,"郁"不先除,便如日月蒙尘失去光彩一般,人愿难遂,法力不灵,神不领受,还愿也就只是空话了。释比跳唱的解郁经典甚至细致到牺牲身体各部位,如羊肚、羊心、羊背、羊腿、羊角、羊尾等,还要抖水三次方为洁净。

请神:解郁毕才可请神。(图3-8-7)请神时必须把从天上到地下的所有神灵都念到、请到,包括天地间最大的玉皇、寨子中最大的寨主神,还有太阳神、月亮神、山神、水神、树神、地神、

---

[1] 依据2011年4月26日下午采访余世荣笔记。
[2] 部分参考赵曦:《神圣与亲和:中国羌族释比文化调查研究》,民族出版社2010年版,第161—163页。

界神、房神、草原神（或称草坪神）、白石神、罩楼神、大门神、水缸神、火神、三脚神、川主、土主、牛王、马神、羊神、青稞神……另有众多的寨首神，所谓有寨必有庙，有庙必有神，寨首神包括岷江上游所有寨子的开基业主，都要一一念到；再就是多达上百代的祖师也要请来。这些寨首神和祖师可以说记录和反映了羌人迁徙的历史。

连通愿路：与神往来的路并不是时时开启和连通的，还愿时需要搭接，而且为保证还愿顺利，搭接的路不止一条，此路不通彼路通。这从《神圣与亲和》一书记录的一段名叫《之惹》、意为"连结"的经文可见：

> 外面没连刮地连，刮地不连杉杆连，杉杆不连厄枝旗连，厄枝旗不连牛筋连，牛筋不连麻绳连，麻绳不连鸡来连，刮羊连在人前面，刮羊刮牛连刮巴，人走刮路都相连（咚咚）。[①]

从经文中也可以看出还愿所用之物品都有着实际功用。

献祭：以上准备完备才开始逐神奉献牺牲。对于每个神，释比都先敲着羊皮鼓反复跳唱一段经文，意为"尊敬的某某神，为您许下的愿已备好，请您来领受，此羊或鸡人们不会要也不会扣压"。接下来唱另一段经文，唱至献祭段落时，刮师母等即取刀杀牺牲（图3-8-8）。整个过程释比或坐、或跳、或跪。牺牲若为羊则用羊血涂抹所有白纸旗（图3-8-9），羊耳朵割下，一面插于大

---

① 赵曦：《神圣与亲和：中国羌族释比文化调查研究》，民族出版社2010年版，第170页。

图3-8-7：请神　　图3-8-8：杀羊还愿　　图3-8-9：涂羊血于白纸旗

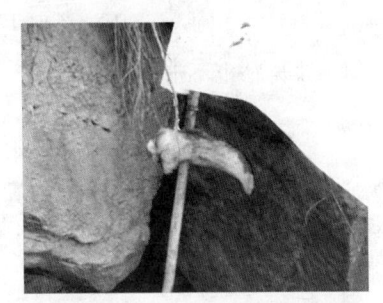

图3-8-10：大旗上的羊血及还愿羊耳　　图3-8-11：还鸡愿

白旗杆上或用麻绳系挂于杉杆上（图3-8-10），一面别于羊皮鼓边框，公羊的生殖器还要割下交刮补放入牛皮包中；若牺牲为鸡，则拔下若干撮鸡毛蘸鸡血粘于岩石上（图3-8-11）。寨主神、牛王之愿还后已是零点左右，稍事休息，留寨人员此时也可活动，喝水吃点宵夜。

驱邪害：约凌晨两点左右，除上天门的羊未献祭，其余愿已还，此时要驱杀邪害。一类是侵害农作物和人畜的，如野猪、老熊、乌鸦、老鹰、豺狗、豹子等。对于害兽，释比用荞面现场制作各种害兽的面塑（图3-8-12），之后用短剑斩杀（图3-8-13），斩杀后揉成面团塞进专门的洞穴中用黄泥封住，洞口放一猫一狗两只益兽面塑把守（如图 3-8-14，猫、狗面塑与害兽面塑同时制作，但不斩杀猫、狗）。一类是邪魔，前面所请的诸神其实也同时伴随有相应的邪魔，正如它们都有"郁气"一般，比如太阳有太阳邪魔，水有水邪魔。这些邪魔都要关起来。方式是现场制作小的太阳馍馍、月亮馍馍各一作为代表，不斩杀，只是放入另一专门洞穴中以黄泥封住。（图 3-8-15）阿尔村人说，这种做法也可以解释为当人们需要太阳和月亮时才放它们出来，否则就关回去。[①]
驱邪害过程要唱念相关经文，但不跳舞蹈也不击鼓。

图 3-8-12：现场制作的面塑　　　图 3-8-13：斩杀害兽

图 3-8-14：洞口守害兽的猫、狗　　　图 3-8-15：太阳、月亮邪魔

---

① 依据来自 2010 年 11 月 6 日百家夺寨还大愿时释比余正国讲解。

进天门、迎光亮：玉皇是最大的神，要等到天门开启，太阳即将出来时上天献祭，羌语为"泽且木都"。一般在早晨5点左右，只有刮补及其助手和刮师母牵羊前往，他们行至庙外林中一指定的较高地点，该地点有一个小的白石塔，上供奉着白石神，刮补把猴皮帽平放于头上跪唱开天门的经文，随后在开启的天门外杀羊，涂羊血于白石、白纸旗上。据说所进的天门是后门。完毕后回到庙中，刮补击鼓带头，在场所有人跟着围白石塔跳唱迎接太阳亮光。到此，还愿结束，在场众人分吃馍馍，会长鸣枪通知寨中人。

（六）分肉、定规约、选会首

与还愿同步进行的是煮肉。还愿献祭的羊和鸡当场宰杀混在一起放入大锅煮熟，部分供庙里还愿的人众食用，其余切成小块，还愿完毕的第二天早上均分给全寨各户，每家每户都要吃到一点还大愿的肉。释比多得一份，另加一条羊前腿。接下来释比为寨中娃娃拴吉祥带，男娃拴左手，女娃拴右手，边拴边请神护佑[①]，有些年纪小且平时多病痛的孩子，颈上还要拴长命锁，另外就是给全寨满12周岁的孩子举行成人冠礼（详见第二章第二节）。

大概下午一点左右，全寨所有人齐集庙前，刮师母、刮特母、刮芋母手扶杉杆站在前面，会长、释比、寨中德高望重者和行政领导主持处理全寨重大事务，内容大致有以下几项：

[①] 依据笔者2010年8月21日采访老释比朱金龙录音。朱金龙对此讲述甚详，故不从《阿尔档案》"羌历年"之"羌历年的一般程序"第13条"释比老人给全寨小男孩系吉祥带"。参见阿尔村人编著：《阿尔档案》，文物出版社2011年版，第78页。

一是总结此次还大愿情况。

二是众人议论过去一年有无违反规约需要处罚者。若有，轻者罚款，恶劣的甚至会被除众。所谓"除众"，也就是将其孤立，与转山会相同，详见前，在此不再赘述。

三是根据实际情况修订或强调寨子的规约。以下是《阿尔档案》所记"旧村规民约"之一：

1. 寨中每个人都要热爱村寨，不做有损村寨荣誉的事情。
2. 不准在神树林中捡柴、刮树叶、割蒿草。
3. 不准在本寨任何一处保护山中（即规定的封山区，包括路坎上下和房屋前后）乱砍滥伐，哪怕就是赶牛用的树条也不准砍。
4. 不准在寨内欺男霸女，惹是生非。
5. 尊敬长辈，孝敬父母。
6. 不准偷盗别人家的粮食作物和瓜豆蔬菜。
7. 不准偷杀耕牛。
8. 一家有事大家忧，一家有难大家帮。
9. 从庄稼下种起，到十月初一止，不准敞放牲畜。
10. 有借有还，和睦相处。[①]

四是选出下届会首。

---

① 阿尔村人编著：《阿尔档案》，文物出版社2011年版，第14页。

(七)封山、下庙

以上程序结束后,会长宣布封路,刮师母、刮特母和刮芋母中三人扛着杉杆在众人前待命,得令后即扛着杉杆在庙前的"刮路"上来回快速奔跑三次,每来回一次要停下一会儿,众人齐声高呼三次"欧威"。封路结束,众人下庙,最后在路口用"倒挂刺"封山一个月。

事实上,十月初一在还愿的同时也对来年许了愿,正因此,马松林才会每年都要回阿尔寨还愿。

一般来说,集体办了还大愿,一家一户就不必再还家庭愿,除非家中有特殊情况,需要特别还愿。遇到这种情况,可有两种处理方法,一是还大愿时把许给神的鸡或羊带上庙交释比一起办,还愿鸡、羊宰杀后由还愿家庭取回;一是在家里单独办,十月初一开始后的几天均可,可请释比也可不请,但较为重要的家庭愿通常需要释比。若集体因故没还大愿,每家每户就会自己还愿。

2010年的十月初一,没还大愿的巴夺寨有许多家户都是自己家里还愿,据笔者了解,有几家还杀了羊,如朱光亮家。

第九节 十冬腊月·杀年猪与"年味"

十月开始,地里已没有实质性的农活,挖药和采野菜也都停止了,特别是年猪杀后,不用天天喂猪,下来的几个月也不用再打猪草,人们空闲时间多了起来。多数人会利用这段时间编背篼、织麻布、制作羊皮褂、腌制酸菜等等,为下一年做准备。学上坛经也在这个时候,甚至有人考虑下山打工挣点钱,或进山打打猎,不过就目前了解的情况看，打猎基本属于一种消遣性质的活动。冬月和腊月多是十月活动的延续，故而在此合并而论。

在外人看来，羌人十月初还大愿后不再有什么"庆典"活动，整个十月不及正月热烈，因而认为他们的"年"不隆重，已让位于汉传的"年"。实际上，就笔者的观察和经验，只要用心细细去体味阿尔村的十月，就会发现，十月在他们心目中的地位要远远高于其他月份。当然，这一点在调查中可能很难得到言语上的直接支持，他们总是淡淡地说"十月份其实也没什么"。但他们看似微不足道的日常行为却处处透露出一种价值的取向、情感的偏倚。婚礼多数都要安排在这个季节，安家神、修白石塔这类对于一个家庭最重要的事情也要在十月间。而且，说他们的十月不热闹也不对，持续一个多月全村范围的杀年猪就使得村寨里每户人家都心神如沸，其真实和入心岂是可有可无的娱乐活动可比拟的呢？更何况杀年猪时的邀亲约友相帮协助及其后各家各户都要安排的盛大宴请，整个村寨都浸漫在情感的波涌中，此起彼伏。这种在自然和必然之中涵蕴的其乐融融和"年味"怕只有用心才能体会。2010年的几乎整个阴历十月笔者都在阿尔村，有些杀年猪，笔者还参与其中，故而对此感受甚深。

在这里我们就略谈一下阿尔村的杀年猪。

虽然羌人以牧羊闻名，但羊却不是他们的主食。羊和鸡可以说主要用于供祭，虽则其肉都是人吃了，但这类事不可能天天发生，而且羊肉、鸡肉多数都要当天吃完，长不过两天。只有猪肉才是羌人生活中的主要肉食。

进入十月羌人便开始杀猪，最迟不会超过腊月。据朱金龙介绍，正常至十月末，全村三分之二的猪要解决，剩下三分之一冬月完成，再往后气温下降，操作不便，猪也不长膘了。阿尔村杀年猪有以下特点：

一是要选日子，属猪日不杀猪。阿尔村人认为不该在其本命日宰杀。再就是常会选择与当家人或家中其他人属相相同的日子杀猪，让猪把家中不顺之事一并带走。

二是村里擅长杀猪的不多，但正常情况下自家的猪要请别人主刀，自己即使长于此业也不动手，并以指定位置的上好猪肉酬谢主刀人。主刀人的选择常以此人杀猪后第二年养猪顺利与否为准则。

三是要请亲朋好友相帮，管吃一顿丰盛的鲜猪肉。

四是猪不留种，一个家庭无论养猪2头还是4头或更多，全部在一天内解决。杀后除少量留下鲜吃，其余立即用盐和花椒粉腌制，猪血、猪肺和部分肉灌肠，灌好后和其他部位一起挂起来熏干。这些猪的熏腊制品就是全年的主要肉食。

五是每家杀年猪后都要大宴四大门亲和其他亲戚好友。

六是杀猪溅血时，要用纸钱蘸少许猪血然后烧化，再就是猪蹄尖外壳必须收集起来，夜晚放于猪圈外或撒于猪圈内，不得丢弃。烧纸钱和撒猪蹄壳都要念诵一些话语，目前最常见的是祈求六畜兴旺。但据余世华介绍，过去更多的念词是希望猪来年再来替自己家还债，或是祈愿猪以后投胎为人，不被宰杀等等。

每年十月，阿尔村就是在这热闹、轻松，但不特别忙碌的杀年猪和宴请中度过。下面几张图片（图3-9-1—图3-9-6）取自不同的几户人家。

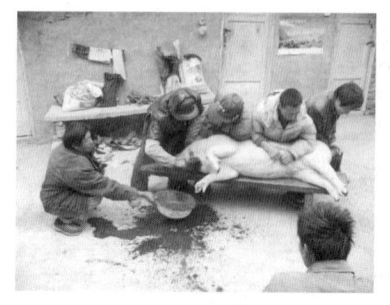

图 3-9-1：杀年猪

图 3-9-2：烧纸钱祭祷

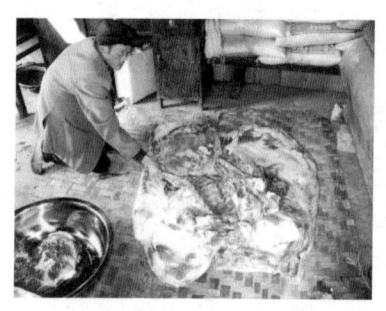

图 3-9-3：腌制猪肉

图 3-9-4：祭祖

图 3-9-5：年猪杀后的宴请

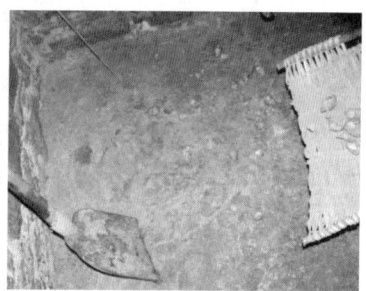

图 3-9-6：撒猪蹄壳于猪圈

第四章 羌人的智慧：
御灾·建筑·服饰·医药

虽然人的行为总是受着大自然的约束，但人却不总是被动地受制于自然，而更多的是利用和把握之。作为自然的产物之一，人自不独外于自然，对于人而言，实可谓世间万物为我而备。那么，是否可以认为，人因自然而存在，自然因人而美丽呢？大概羌人是做到了这一点的。在这一章里，我们就来瞧瞧羌人是如何智慧地利用自然来创造他们瑰丽多姿、绚烂多彩的羌文化的。

第一节 抵御自然灾害

发生在羌区的自然灾害有地震、泥石流、虫灾、风灾、洪水、干旱等多种，但在阿尔村，最常见的是干旱、淫雨。对于这些灾害，他们积累了大量的经验，并相应形成了有效的对治办法。本节只谈最为常见的求雨和还天晴愿。

一、求雨

去过阿尔村就知道，那里的七八月份，日光暴烈，午间阳光直射下，温度计显示的数值高达五六十摄氏度，极其抗晒的阿尔村人都只能选择早晨和傍晚时分下地干活。据朱金龙说，只要十天半月不下雨，有些农作物就会因暴晒过度，水分蒸发过多而干枯，甚至死亡。由于山区宜耕区域不连续，田地较为分散，而且山上地形复杂，石土分布不均，因此，引水灌溉非常困难，即使引水灌溉系统勉强建立起来，也很快会因山体不稳定而垮塌或堵塞，难以持久。所以，羌人一般都不采用引水灌溉这种费力不讨好的水利工程，而发展出了另外一种利用自然对付旱情的有效系统，那就是求雨。发生旱情的时候，村寨里便会自发性地组织求雨活动。长期的实践证明，求雨在当地是相当奏效的，成功率极高，几乎可以说有求必雨，所以至今仍在阿尔村发挥着重要作用。

从前人的调查看，羌区的求雨形式多种多样，例如：汶川绵虒镇有"赶旱魃"求雨，由一人扮成"旱魃"藏于林中，释比率众鸣锣搜寻，直至寻获并驱赶下山，即可获雨。[①] 茂县沟口乡以"舞麻龙"求雨，先用松枝制成龙骨架，裹以麻布，麻丝为龙须，之后释比跳羊皮鼓舞领头，后随二十多人舞麻龙上高山，在山上点起火堆继续跳麻龙舞，可得雨。[②] 理县通化、桃坪一些寨子则"搜山"求雨，搜山即禁止挖药草和设索套捕兽，搜山令一出，每

---

① 参见冉光荣、李绍明、周锡银：《羌族史》，四川民族出版社1985年版，第343页。
② 参见周毓华编：《白石·释比与羌族》，中国文联出版社2010年版，第222页。

寨各派数人联合满山搜寻，发现违者，痛殴至流血，若仍然无雨，就用特定木刻召集更多寨子，每户出一已婚妇女至某一特定山巅，烧香敬酒，焚化木刻，并在神位前哭述和大小便，还要对唱求雨歌和描述与丈夫性交情形，再取山顶清水唱歌回至指定地点，则降甘霖。[①] 龙溪乡的直台寨在指定山顶敬香杀羊，再烧死一只活狗求雨。[②] 据余世华介绍，布兰寨求雨必须带上该寨陈家一位后人至专门的山顶龙池，把陈家后人打至嗷嗷痛哭便可得雨，因为传说陈家为该龙池龙王的舅家，曾意外卡死龙子而得罪龙王，故若调换他人则不灵……

笔者考察发现，阿尔村求雨又自不同，仿佛奔丧，具有以下特点：其一，不同寨子的求雨地点不同，通常都在海拔三千多米的山顶，如巴夺寨和百家夺寨要到干海子（已经干涸的山顶湖泊俗称"干海子"），立别寨和阿尔寨则要到阿巴奇山山顶，如果不到相应地点，则或者不灵或者雨下不到所需的地域。其二，求雨人员男女不限，人多为好。其三，求雨总是人们在心急如焚，忧心忡忡之下而为，因此必须虔诚表述悲苦之情，不得嘻哈玩笑，否则不灵验。其四，求雨时响声越大越好，故要高声唱求雨歌并带上锣、鼓、钹等等响器协助，不过不用羊皮鼓。其五，求雨有规定的路线、仪式和求雨歌，求雨歌多数就是忧事歌。

《阿尔档案》关于求雨有这么一段描述：

[①] 参见胡鉴民：《羌族的信仰与习为》，载和志武、钱安靖、蔡家麒主编：《中国各民族原始宗教资料集成：纳西族卷·羌族卷·独龙族卷·傈僳族卷·怒族卷》，中国社会科学出版社2000年版，第557—558页。

[②] 参见和志武、钱安靖、蔡家麒主编：《中国各民族原始宗教资料集成：纳西族卷·羌族卷·独龙族卷·傈僳族卷·怒族卷》，中国社会科学出版社2000年版，第558页。

祈雨这天，吃完早饭后，带头的人就召集起村子里的中青年人，男女不限，背上弯刀，带上香烛、柏枝、敬酒、刀头等等，排成长长的队伍去祈雨。巴夺小组一般在甲甲格山上，一路上敲锣打鼓，浩浩荡荡，边走边唱雨歌，都是用羌语唱的。歌词大意是：飘，飘，飘不拉色，阿依纳妈请求，起地瓜撒。这几句反复唱。用柳树皮做成"萨呐"吹奏求雨歌。到求雨的地方需要四个小时左右。这个地方方圆有几百亩，地势成"凹"形，叫干海子，没有一点水。队伍到达以后，让长辈点上蜡烛、香，一边烧柏枝，一边嘴里不停念经，恳求龙王、天神帮助。通白（祈求神）以后，所有的人围着几个圈，唱丧歌，跳丧舞。唱啊，跳啊，哭啊，场景十分凄惨，跟死了人没有什么两样。

　　说神就是神，当唱和跳到一定的时候，在阿入格神仙水的山梁上就可以看到一股股大雾升腾起来，一会儿，这个地方就会乌云密布，下起雨来。求完以后，返回时，让一个人装死从山上像抬死人一样抬下山来，其余的人跟随哭丧。当快要走到寨子时，村民们事先准备好一盆盆冷水，神不知鬼不觉地泼在祈雨人的身上，浑身上下，没有一处干的地方。组织这样的活动去祈雨还是灵验的，所以一直延续到今天。[①]

曾去干海子求雨的余正国对笔者说："当时很大的太阳，唱歌

---

① 阿尔村人编著：《阿尔档案》，文物出版社2011年版，第173—174页。

跳舞那些活动做下来，马上就起雾了，还没到家已经被淋湿了。"①

2010年8月12日下午，笔者亲历了一次小型求雨活动。那时阿尔村近一个月未下雨。白天太阳猛烈，至傍晚虽然往往云雾笼罩，却也并不下雨，马上可以收获的白菜有些已经蔫黄，巴夺寨的妇女们颇为着急，自发性地组织起求雨队。由于旱情不算太严重，故释比和小伙子都未参与，求雨地点也只选择了一个较近的所在。

图4-1-1：邀约求雨

图4-1-2：出发前祭拜城隍②

约下午五点左右，邀约求雨的妇女们借来锣、鼓、钹，临行前下坛释比朱光亮进行了指点（图4-1-1），由朱光亮夫人朱映别率领，带着香和柏枝，先到寨中城隍庙旧址处，所有人员跪拜城隍，朱映别点燃香和柏枝，念经祈求城隍赐雨。（图4-1-2）之后全体前往求雨地，一路上锣鼓钹齐鸣，高唱求雨歌。一共去了23人，其中男童3人，女童5人，其余为妇女。

---

① 2010年8月12日访谈余正国笔记。
② 求雨所用图片有部分与《阿尔档案》随附光盘相同，实际《阿尔档案》中求雨部分相片均为笔者提供。本书图4-1-2、图4-1-3、图4-1-4在《阿尔档案》中分别名为"请神"、"跪拜祈雨"、"泼水"。

求雨地不远，从巴夺寨出发，慢慢走去约二十分钟左右。该地点位于狭长山谷带上一个较为开阔的所在，两山间距约有一百多米，四面高峰相围，各个峰顶距求雨地又都在千米以上，更为重要的是这里有一股水流，其源始自阿尔寨求雨的阿巴奇山山顶海子。

抵达目的地后，众人把山上流下的水疏导、围堵，筑成多个小水塘和蓄水的水洼，与此同时，朱映别和另一位长者在小水塘边点香烧柏枝念经跪拜祈雨（图4-1-3），朱映别还点起一支火势颇旺的大柏枝站起分别向四个方位摇拜，烟、火升腾。之后两人跪在火堆和一个草木扎成的"死人"前哭拜，此时众人皆过来跪于其后唱求雨歌，间中有人随哭，另有一组四人敲击锣鼓钹不断。哭拜约两三分钟，众人起身围着朱映别二人、火堆和"死人"跳唱忧事锅庄，有些人还把一种白花插在头上或做成花圈戴着，未几，其中部分人（多是年少的男孩女孩）离众折枝条从水塘水洼中蘸泥水撒向在场的所有人，甚至打起泥水仗。（图4-1-4）如此约十五分钟，之后众人扛着"死人"回寨，回途中水仗不断，进

图4-1-3：求雨地跪求甘霖　　　图4-1-4：跳锅庄、敲响器、打水仗

寨子时，寨中许多人早已端盘纳水躲在沿途各种隐蔽处袭击求雨队，连笔者也"必须打湿一点点水"，其实浑身都被泼得湿透。

是夜，雨，数日方晴。

二、还天晴愿

与求雨相对的便是还天晴愿。相较而言，还天晴愿比求雨少见，按照朱金龙的说法，求雨一年有两三次，还天晴愿最多一次。笔者在阿尔村期间未能亲见还天晴愿，据说村里也多年无此活动，因而只有年纪较长者有过经历。以下材料主要向几位参加过还天晴愿的释比访谈得来。

为什么希望下雨称为"求"，希望天晴却叫"还愿"呢？这个愿又是何时许下的呢？原来，阿尔村所处的位置，自古以来山林茂密，雨水充沛，村中又有三条大河沟，四季水流不断，并不缺水，人们担忧的不是干旱而是雨量太多引起的洪水、泥石流，因此村里向来不耍龙灯，只耍狮子。另外，适于该地生长的主要作物如青稞、土豆、玉米、荞麦等等全都是旱生植物，要求日照充足，否则长势就不好。这样一来，人们在许愿时祈望的自然也就是天晴而不是雨水了。由此我们可以知道，"还天晴愿"之名并不是为了图个别致或者好听，而是有所指的，有其特定的内涵。至于羌区其他地方，形式或许有所不同，名称也可能不一样，但如"祈晴"、"求晴"这类称呼显然不应套用于阿尔村。

既然是还愿而不是祈求，其形式是否自成一格呢？答案是肯定的。阿尔村还天晴愿各个方面与求雨的差别都很大，根据朱光亮用画图方式做的极其详细的讲解，可以总结为：一是地点不同，村里四个寨子还天晴愿的地点都和其求雨地不在同一处，另有地点，不同寨子也有所不同，比如百家夺寨就在苏达奇山的"恰峨格"山梁上，别的地方不灵。"恰峨格"形如马鞍，有一高一矮两个峰，矮峰上有一坪坝，人们在上面建了座小白石塔，还愿仪式就在塔前进行。该地点海拔三千米以上，从寨子上来需要三四个小时。二是性质和形式有别。还天晴愿完全属于上坛法事，有还羊愿、还鸡愿两种，但必须是白色的山羊和公鸡，不能为其他颜色。通常用鸡，灾情较为严重时才会用羊。仪式近似于庙里还愿，但另有许多规矩。三是人数不多，响动不大。还鸡愿常为四人，还羊愿不超过六七人。上山时只释比敲羊皮鼓，还愿完毕则静悄悄下来。四是只限男性参加。由于在白石塔前还愿，已婚妇女是不能参与的，也因为人数不能太多，所以除释比外，其余一般都是青壮男丁。

还天晴愿有专门的仪式。还愿当天一大早，释比要先制作六面白纸旗，其中两面交给一人，让他先走，上"恰峨格"最高峰所在的山，砍三根约3米—4米长的杉杆，剥掉杉杆皮，一根捆上两面白纸旗插在最高峰顶指定位置，另外两根扛到矮峰白石塔处。砍杉杆者走后，释比和其余选定上山的人到寨中议话的坪坝上，释比点香蜡烧柏枝，敬神念经，然后敲起羊皮鼓，边走边敲上矮峰，其他人背上水、锅、香、蜡、刀头、敬酒、柏枝、鸡，或牵羊跟随，至白石塔处烧起一堆大火，等砍杉杆的上来后，每根杉杆扎两面白纸旗，分别立在白石塔上和矮峰顶一规定位置。然后释比在带来的一块石板上把一小块猪膘切成三个肉丁，每个约1厘米见方，于石板上摆成三角，之后在腰间牛皮包里抓出一把青稞籽，在石板上从中间肉丁开始，先中间后两边摆放青稞籽（如图 4-1-5 示意），摆完点燃柏枝连肉丁、青稞一起烧掉，此过程须念唱相关经文，之后敲鼓跳唱，当念至该杀鸡（或羊）时，其余人便动手宰杀，将血绕洒于白石塔周围。完后去毛，洗净内脏，切块放入锅中。除一只鸡腿或羊腿煮得半熟、滴干汤水留给释比，其余煮熟，众

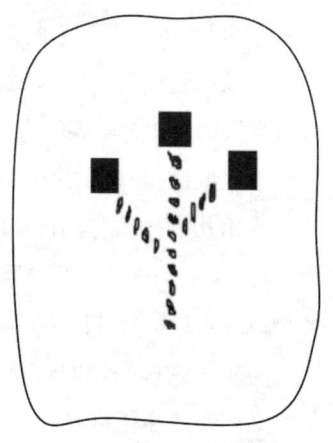

图 4-1-5：还天晴愿示意图

人必须连汤带肉全部吃完喝光，不得倒掉也不能带走，连骨头也要丢入火中烧掉，否则天不放晴。所以还羊愿需要的人多些，而且羊不可太大，以免吃不完。最后所有人悄然下山。不久天便会逐渐晴朗起来。

第二节　建筑文化

羌人的建筑可谓独具一格，其累石筑砌之特征给世人印象尤为深刻，从古到今都备受关注。在这方面阿尔村也不例外。笔者注意到，村中不管是居室、塔庙、道路，还是墓穴、地界、围栏……无一不留下石片石块的踪迹。不过，根据学者们的总结和归类，羌式建筑类型很多，阿尔村只属其中之一。这里仅就阿尔村较为典型的碉楼、祭祀塔、民居和坟墓做一介绍。

一、碉楼

还没有进羌寨，远远就会看到高高耸立的碉楼。因此，人们一般都把碉楼作为羌族的重要标志之一。

羌区的碉楼种类甚多，从外观整体形态看，至少有四角、六角、八角几种；从与其他建筑关系来看，有单体碉楼，与民居合为一体的碉楼民居；以材质论，有石碉、土碉两类。在细部上，各个地区或村寨又有许多差别。碉楼楼高多数在20米以上。

阿尔村碉楼均为四角单体石碉，现存古碉两座，一座属于阿尔寨，一座属于巴夺寨。两座碉楼修建年代难以考证，传说都有上千年历史。

阿尔寨碉楼位于山崖边，现余六层，高约十六七米，整体呈台锥形，下大上小，逐渐收分，底面近于正方形，东西边长5.3米左右，南北边长5米。（图4-2-1-1）每个侧面均有以长条石片为骨架的十字形小窗。层间用木板间隔作为楼板，以可活动锯齿状圆形独木梯相连通。原来层数说法不一，有说八层、有说九层，有说十一层，有说十几层。[①] 调查中说八九层者居多。据说初建时没有封顶，原因是建至八九层时石匠的锤子掉了下来，犯了大忌，不敢继续，只能停建。1933年叠溪地震和2008年汶川大地震分别整垮了顶部的几层。现在阿尔寨碉楼虽然墙体上有裂缝，但未见

[①] 如《阿尔档案》里何兴利说是八层，王新英、余平安夫妇认为是八九层，朱金勇说是十九层；《羌族：四川汶川县阿尔村调查》调查的是十一层；《龙溪乡志》记载的是九层。参见阿尔村人编著：《阿尔档案》，文物出版社2011年版，第44—46页。何斯强、蒋彬主编：《羌族：四川汶川县阿尔村调查》，云南大学出版社2004年版，第261页。龙溪乡人民政府：《汶川县龙溪乡志（1911—2000）》，第151页。

倾斜，看起来还颇为稳固。

巴夺寨碉楼位于山脚，靠山而建。底面为正方形，边长5米。（图4-2-1-2）形貌结构与阿尔寨碉楼相同。据说原为九层，高达30米，顶部供有白石，叠溪地震时未受影响，但在1974年被人为拆掉上面数层，现仅剩三层半，高约十二三米。汶川大地震对其无任何损害，墙体无裂缝。

图4-2-1-1：阿尔寨碉楼　　　　图4-2-1-2：巴夺寨朱家碉楼

关于羌人建造这种高碉楼的原因，学术界最普遍的观点认为是出于防御的需要。《阿尔档案》中有两种说法，一为"主要是来防御敌患和储存粮食、柴草等"，一为"修建这个羌碉也正是为了保护这个羌寨风调雨顺，所以寨子里的老人常说：羌碉是神圣不可侵犯的，它是寨子的'保护神'"。[①]

在笔者调查过程中，人们对碉楼的防御需求谈之甚少，常常

---

① 参见阿尔村人编著：《阿尔档案》，文物出版社2011年版，第44—45页。

含糊其词，多数承认是人云亦云，也无人能举出碉楼作为防御设施的传说或史例。至于储存粮食、柴草，则发生在20世纪50年代以后。老人们对碉楼的神圣性却充分肯定，他们把碉楼类比于汉族的祠堂。因为阿尔村的碉楼是家族兴建的，也即每座碉楼专属某一家族，如巴夺曾有朱家杨家两碉楼，现存为朱家碉楼，杨家碉楼已毁。在过去，碉楼里不住人也不能随意堆放杂物，其中每一层都有一个神位，当族房里新添了男丁，就要到本族碉楼的第二层烧香敬拜禀告。这样看来，阿尔村建碉楼是否为了防御还难以论断。当然，我们无法就此否定碉楼出现之初有基于防御需要的可能。但羌区位于地震多发地带，他们居住的山地本就处处险要，寻一易守难攻、便于瞭望的位置可说俯仰皆是，另外躲进碉楼也远不比进山更为安全，又何必冒被震垮之风险，花大量人力物力财力，费无数心思兴建抗震要求极高的碉楼呢？故此，防御说终难让人信服。相反，基于护佑村寨，崇先敬祖，作为宗祠的说法则易于理解得多，也更能够解释羌人持续数千年之久的建碉楼热情。

不过阿尔村的碉楼也不全都专属单姓，阿尔寨碉楼就是几个族房合建的，这与阿尔寨多姓共一火坑地相一致，可见是该寨变迁融合的结果。实际上，也并不是所有姓氏或宗族都建碉楼，只有财力较为雄厚、人丁较旺的族姓才有能力兴建。这恐怕是阿尔村碉楼不多的主要原因。

二、祭祀塔

阿尔村每个寨子都有自己的祭祀塔，在过去，要进入羌寨，必须经祭祀塔，因为祭祀塔就是寨子的大门。如巴夺寨祭祀塔就位于出入寨子的当道上，附有门和锁，夜间约十一点左右关门，早晨鸡叫三遍时开门，寨中各户轮流值守。但在阿尔村人心目中，祭祀塔远不止大门这么简单，而是和山神庙同等重要，它也称为风水塔，旧时又叫财神爷。这是因为祭祀塔一方面作为门户，有如门神，镇魔辟邪，保佑寨子安全，一方面作为镇寨之塔，掌管全寨风水和财源，确保寨子财源广进。六月初六转山会纪念先祖大禹和许愿就在祭祀塔前的坪坝上举行。①

阿尔村唯一保存完整的巴夺寨祭祀塔也于2008年汶川大地震中垮塌，仅余基座。目前的巴夺祭祀塔是震后仿老塔重建的。（图4-2-2-1—图4-2-2-6）

图4-2-2-1：复修祭祀塔俯瞰

巴夺祭祀塔之所以能够复原重建，得幸于曾对老塔进行过详细的尺寸测量。② 老祭祀塔由基座、塔身、寨门三部分组成，寨门内侧的塔前还有一个较大的坪坝。老塔样貌和部分尺寸在《阿尔档案》有记载：

---

① 根据2010年8月21日下午采访朱金龙录音整理。
② 据朱金龙、余正国介绍，2006年，汶川县计划在萝卜寨举办第一届古羌艺术节，选定以巴夺祭祀塔为式样在会场上建一座祭祀塔，但修建过程颇不顺利。那时余明海老释比尚在，指出必须严格按照巴夺祭祀塔尺寸建造，还要遵循古规执行建塔相关仪式，并亲自主持了仪式，方得以顺利建成。2008年汶川大地震中，萝卜寨大部分房屋倒塌，但祭祀塔丝毫未损。老祭祀塔尺寸数据乃余正国等人测量所得。

祭祀塔呈四面，修建时往上不断缩小，塔高1.2丈，底部宽5尺左右，顶部宽1.8尺，上面供奉白石。祭祀塔身的中间部位还有个烧香祭拜用的四方小洞，高1.5尺，宽1尺，建在塔身上的四只角，每隔3尺会有一只长条形的石头，支在外面……[①]

笔者对复原塔进行了实地测量，详细如下：

祭祀塔为石塔，基座高约1.08米，宽约3米，正面中部有一方形孔洞，宽约47厘米，高约74厘米，深约55厘米。基座地震中未损，故为老基座。

塔身正面对着寨子，位于基座上方正中，为台锥形，下大上小渐收，底面为正方形，边长约2.09米。塔身四个棱边上各有三个突出的石块，最下一块距地约1.42米。突出约16厘米。塔身正面距地两米处有一宽约38厘米，高约46厘米方孔，用以烧香，其上方又有一较小长方孔。塔顶正中供有白石，塔身正面还有呈"之"字形排列的六个突出石块便于攀爬至顶。塔身背面顶部有一上一下两块突出石板，上板中部有一孔，用于插杉杆。下板无孔，可承托杉杆。

紧挨塔基座右边有一拱门，门宽约2.1米，门深约1米（据说老寨门在基座左边，更宽，深近两米，门通道两边有石条凳，现无）。

祭祀塔前面有一个较大的坪坝，坪坝中心有一圆坑，内置石

[①] 阿尔村人编著：《阿尔档案》，文物出版社2011年版，第50页。

三脚。

图 4-2-2-2：复修祭祀塔正面

图 4-2-2-3：复修祭祀塔背面

图 4-2-2-4：原祭祀塔塔顶石

图 4-2-2-5：复修祭祀塔门内

图 4-2-2-6：复修祭祀塔门外

老塔顶部原有一塔顶石，现被取下置于路边，尽管如此，塔顶石上仍然常能见到人们系挂的红布，说明在一些人心中其地位依旧。据余世华说，老塔顶部原来并不供白石，白石应在基座孔洞上方，塔顶只有塔顶石，老塔建成时塔顶石就已存在，老塔历史达上千年，可见此石之古老。塔顶石形貌及笔者测量的尺寸如下：

塔顶石造型独特，由一整块石头錾刻而成，高约 60 厘米，底座正方形，边长约 22 厘米，厚约 11 厘米，座上是三个厚度均约为

9厘米、直径渐收渐小的圆盘,最上圆盘直径约19厘米,圆盘之上为圆柱,柱高约13厘米,直径约12厘米,柱上为一厚约9厘米圆盘顶,直径约15厘米。

三、民居

进入羌寨,古书所云"垒石为室"的景象便满眼皆是。相比难得一建的碉楼、祭祀塔,居家住房与人们生活日用要贴近得多,房屋的建造和维护也是人人都必须参与的日常事务。

(一)结构及功能

阿尔村传统民居(图4-2-3-1)分四层:

底层为厕所、牲圈和草料间,三者一般分开独立。据了解,阿尔村传统的牲圈为地圈,后来才出现了高圈。高圈分上下两层,中间以木板间隔,牲畜的屎尿由木板缝隙流入下层。地圈则直接建在地上。传统时代,地圈内铺上干草,与猪羊等牲畜屎尿混合,待牲畜踩踏湿透再铺上新的干草。每年阴历二月挑到田里的农家肥便是如此积成。圈旁一般隔出一间堆放青稞、荞麦、玉米等等各种草料。

二层住人,包括堂屋、火塘和若干住间。各间一般都门对火塘。火塘既是厨房,也是一家人最主要的活动场所。人们在火塘铁三脚上烧水做饭(图

图4-2-3-1:阿尔村传统民居
(马成林故居,自牙寨)

4-2-3-2)。铁三脚所在位置是一个边长约 1.5 米的正方形凹坑，比地面凹下约 20 厘米，凹坑边沿坐人。凹坑正中有一个石板砌成的圆形（或方形）灰坑，直径（或边长）约 35 厘米，深约 30 厘米，长年积满火灰，阿

图 4-2-3-2：阿尔村现存最古老的火塘

尔村人说，火种埋入灰中两三天不会熄灭，一般夜间睡觉把未熄的火炭埋入，第二天起来拨开便可生火。铁三脚上方齐人高处用木框吊着一长方形石板炕架，可以炕柴火、药材和制腊肉，火塘内侧靠墙是家神神龛主位。十二家神大部分分布在火塘四周墙上。多数火塘在进门处天花板开有方孔，搭着楼梯可上三层。

三层为小罩楼和屋顶晒台。小罩楼通常由三部分组成：从楼梯上来处吊挂腊肉，堆放农具等；还有一间仓房存放家中贵重物品和储藏粮食，钥匙由屋主一人掌管；第三部分为半敞开式，临时堆放未晒干的粮食。小罩楼占据二层屋顶面积三分之一至二分之一不等（图 4-2-3-3），屋顶其余部分为平面晒台。晒台主要用于粮食收获后脱粒、晒干，同时也是人们平时活动的主要场所之一。

四层为白石塔（图 4-2-3-4）。白石塔位于小罩楼顶沿房屋边线的正中。小罩楼顶也是平台，亦可用以晒东西和日常活动，但由于空间较窄小，一般不会在这里敲打脱粒。家中有祭祀活动时蹬木梯上来，笔者见到的许多老式木梯均为整根树木斫成的锯齿状独木梯。

图 4-2-3-3：小罩楼　　　　　图 4-2-3-4：小罩楼上的白石塔

（二）房屋的建造

修房造屋是家中的大事，要经备料、挖基脚、砌筑、安财门、上中梁、盖屋顶、安神等过程。

备料：备料通常需要约三年时间，主要是准备石块、木料、黄泥、粮食和肉类。石块用两种方法采集，一是平日在路边捡拾顺便带回，积少成多；一是请工夫集中背驮，可以是垮落的岩石堆，也可以进山选点专门锄挖（图 4-2-3-5）。石块必须是山石，不可用河石，或许是由于河石含水分大，也过于光滑，不易粘和，容易脱落之故。木料用于做门、屋梁和辅料等，辅料中的竹枝、树枝、草等多是平时积累，屋梁用木有粗细两种，粗的做主梁，需十五根，每层五根，细的架于主梁上，约需几十甚至上百根，门的四个边

图 4-2-3-5：采石

框一般分别用单根整木挖成，极为坚固。采集木料时，较细的树木通常自己砍下扛回，较粗者就要专门组织人力进山砍伐抬拉。阿尔村伐木在阴历八月间，此时砍下的树木不会遭虫蛀。砍伐前还必须用刀头、敬酒、香蜡、柏枝敬树神并治煞。治煞所念经文大意为：弟子顶敬，开山祖师，焚香秉烛，酒礼献祭，诸神回避，天煞、地煞、年煞、月煞、日煞、时煞，一百二十四位凶神恶煞，各归方位。家中人员还必须等伐木平安归来才能吃东西。而且伐木过程不能乱喊乱叫，若惊动了山神和野兽很容易发生意外，因此不会有所谓的"伐木歌"。树木砍倒后顺山势推下，下山以后套上绳子拉回。由于地形复杂，通常要一位有经验者指挥，如遇木头前方受阻要吊起头时，会唱："杠子来的手啊，撬龙的头。"此可谓拉木号子。木头拉回来后去皮，削成一定大小放干，可阴干也可晒干。需要注意的是削制要用斧子或刀而不能用锯子，因为锯子制成的木料容易吸水，约四五年就会腐烂，而用刀斧处理则任由日晒雨淋，几十年都不会坏。[①] 黄泥准备较为简单，一般就地取材，如挖基础得到的泥，或从周围山上背取。粮食和肉类要做长期计划，因为除了请工夫须管饭外，整个建房过程还有多次大型宴请。阿尔村建房一般是分几次完成，每次建一层或两层。其原因有多种，但最主要的是备料常常难以一次到位，而不是像有人说的出于"等待泥石自然定型稳固"这样的工程质量考虑，事实上，若备料充分，一次建成的也不在少数。

挖基脚：材料备齐便可开始兴建。挖基脚前首先要请释比选

---

① 依据2011年11月8日采访余正国笔记。

址、择时、安四角地神。选址方面，按朱金龙说法要"水土好、地势平、向阳"[①]，另外还要事先考虑将来大门的方位。择时是指当家人、长子和开工的日子时间属相须相和。开工当天请来四大门亲和寨中亲戚好友相帮，先定下房屋的四角并用白灰连成线，释比在画好线的房基四角摆刀头敬酒，点香蜡，燃柏枝，烧纸钱祭拜、招呼土地神、寨主神和横竖五里内不正常死亡的人，确保挖基脚顺利。仪式完毕，释比先在四角各挖一锄，之后众人沿白线挖沟，沟宽约0.8米—1米，深度根据地形而定，靠山面约1米，不靠山面较深，有的达2米多。基脚挖好后在其中任一角放一块猪粪或牛粪以及一本日历，让一位力气大的小伙子搬一块方正结实的大石头压在上面，是为奠基。之后释比在奠基处念经，敬献香、蜡、柏枝、刀头、敬酒，同时杀一只白山羊，并抬着羊把血淋在整个基脚沟内。经文中须提及参与建房的所有人名以及从挖基脚到安白石神的所有程序。

砌筑：以上完成便开始垒砌（图4-2-3-6）。墙体全用石块石片，以拌水调成粘稠状的黄泥巴粘和。基脚沟用较为坚固的石头。墙体自下而上逐渐减薄，

图4-2-3-6：砌筑

[①] 参见何斯强、蒋彬主编：《羌族：四川汶川县阿尔村调查》，云南大学出版社2004年版，第263页。

到最上层约厚50厘米—70厘米。墙体内侧面与地面垂直，但内外面都必须平整，不能有凹坑。垒砌时不规则的石块相互压叠牵合，每修1米左右高度要用四方形木材压在墙体上作为墙筋，为避免墙角分离，墙角部位每砌至五六十厘米高还要用两根长石头呈十字形交叠起来（图4-2-3-7）。如此砌成的房屋经久耐用，防震性能也极佳，一般都居住数代人，长达一两百年甚至数百年以上。（图4-2-3-8）2008年汶川大地震，阿尔村绝大部分房屋都未垮塌。另外，每间房会有一个外小内大的小窗户，窗户上下边各以一长石板作为骨架。这种结构的窗户在保证必要的采光透气基础上，最大程度地减小了室外寒气的入侵。阿尔村男丁皆为砌墙好手，若请工夫三天以内不必付工钱，只管三餐，连续三天以上则不但管三餐，还须付工钱。

图4-2-3-7：石墙断面　　图4-2-3-8：废久不倒的雪溜寨石墙

安财门：所谓财门即大门（图4-2-3-9）。财门的朝向极为讲究，有道"门对槽，坟对包"。也即大门所对必须或有沟，或有槽，或有路，或有桥，一般是远处为山谷，近处为路或桥延至门前。因此财门朝向只与地形地势有关，不受东南西北方位的约束。财门位于住人的二层，因此，一般来说，砌至二层便要先安财门。安财门非常隆重，先请释比择吉日，方法同前。余世荣说，安门时间不会在午间一点以后，最好在早上十点左右。主人须备好香、蜡、柏枝、刀头、敬酒，一只红公鸡、一升粮食，过去由石匠安门，若石匠不懂就需另请。门安好贴上对联，释比在财门处念经，但不杀鸡，只是咬破鸡冠，拔几撮鸡毛蘸鸡冠血粘于门上，同时还要念《开光鸡》：

"子鸡子鸡子旺鸡，不提子鸡犹此可，提了子鸡有根生，王母西天去取经，带了三双六个蛋，抱（按："抱"为孵出之义）了三双六只鸡。一只鸡儿飞在空中去，天门土地挡住它，脱了毛换了衣，取名为叫天空凤凰鸡；二只鸡儿飞在山中去，山门土地挡住它，脱了毛换了衣，取名为叫星宿鸡；三只鸡儿飞在海中去，龙宫老爷挡住它，脱了毛换了衣，取名为叫龙宫鸡；四只鸡儿飞在田中去，秧苗土地挡住它，脱了毛换了衣，取名为叫秧苗鸡；五只鸡儿飞在家中来，家神土地挡住他，脱了毛换了衣，取名为叫三更五点叫鸣鸡；六只鸡儿生得巧，一飞飞在弟子手中来，凡人拿来无何用，今日弟子拿来开光，做点线鸡。"①

释比随后再唱道："安门来那天，子为心；今天来上梁，

---

① 根据2010年11月10日余世荣家安家神现场实录整理，与《阿尔档案》小有不同。

黄道日；左梁来本身，子堂香；右梁来本身，堂香木。"①

随后释比给安门师傅分发喜分钱，门楣上绕挂一道红。主人则立于门边恭请四大门亲和亲戚朋友，按辈分进门。但进门时释比和石匠会将之挡于门外，须先给主人挂红、放鞭炮、祝福，奉送喜分钱，主人逐一敬酒回礼，然后方能入门。最后大宴来宾。羌区其他有些地方的大门旁安置有"泰山石敢当"，但阿尔村只在村寨中某些位置才有，用以镇邪，数量极少，民居一概不用，究问原因，答曰当地释比众多，足以治邪，邪也被镇治服帖，不常为害，故无须再用。

图 4-2-3-9：大门　　　　图 4-2-3-10：中梁

上中梁：房屋各层的梁均为单数，根据面积大小，有五根、七根、九根……不等，多数为五根，须分排均匀。二层屋顶的梁要伸出墙外约 1 尺左右作为屋檐。中梁是指二层屋顶居中最粗的大梁（图 4-2-3-10），直径达六七十厘米或以上。上中梁同样要掐

---

① 阿尔村人编著：《阿尔档案》，文物出版社 2011 年版，第 47—48 页。

图 4-2-3-11：黄泥屋顶断面

算日子。上梁这天，请来家门族房亲戚和寨中其他几大姓[①]，由十几二十位青壮男丁吊抬，木匠吼号子指挥，在屋顶上摆正大梁后，以香蜡、刀头、敬酒、纸钱、念经等敬梁神，和安财门一样不杀鸡（两只鸡均要待房子完工后再杀来宴请众位石匠、木匠师傅），只甩或涂鸡冠血于梁上并挂红。之后主人家在中梁上向下抛玉米馍馍或面馍馍，称为"丢抛梁馍馍"。再后主家以丰盛酒肉饭招待众人，赴宴者都会带来酒肉和粮食以贺。

盖屋顶：盖屋顶也是重要环节，除了请释比择日敬神外，由于屋顶须一天内做好，因而还需要许多人手，正常是全寨每家出一个工夫。屋顶是在几根主梁的基础上，先垂直于主梁每隔约50厘米铺直径约10厘米的木料，木料上密密铺满柴花，柴花上密铺竹子，竹子上倒以火塘灰和黄泥拌成的稀泥，再铺厚约1尺的细干黄泥。不过干黄泥并非一次倒上，而是一边撒干泥众人一边踩踏，此时人们要边踩边唱，使干湿黄泥拌合均匀结实，一派热闹景象，最后用工具锤紧夯实抹平，便告完成（图 4-2-3-11）。屋面稍有倾斜，以小槽引水于外。按老规矩盖好屋顶后不请吃饭，而是在鞭炮声中，刚铺好泥巴的屋顶上，主人摆上咂酒、花生、瓜子等，所有参建人员围着吃喝和跳锅庄。这样不但庆祝完工，更

---

① 依据 2010 年 11 月 23 日夜晚访谈余世华、朱金勇笔记。

重要的是可以把刚铺好的稀泥和干泥巴踩得更结实。屋顶盖好后每天还要敲打一遍，约敲8—10天，面积大的需要20天。[①] 这种黄泥屋顶日后维护得好可以使用数十年甚至更长。但维护需经常，防止生草和积水，隔一段时间还要添加黄泥并敲实。由于室内终日不断烟火，自可保持干燥，屋顶又是羌人晾晒、敲打脱粒粮食如小麦、油麦、玉米等的所在，也是休闲活动的主要场地，因此日常维护和检视只需顺便为之，并不会成为生活中额外的负担。（图4-2-3-12、图4-2-3-13）

图4-2-3-12：黄泥屋顶　　图4-2-3-13：屋顶的主梁、横梁、树枝

安神：安神包括安白石神、安铁三脚和安家神。安神与入住的先后并无严格规定，古规是先安神再进住，但实际很多是入住后再择日安神，亦无不可。正常是先安好白石神后安铁三脚，最后安家神，但若小罩楼未建，白石神未安，家中又有需祭拜家神的重要事件如婚礼，则可先安家神。甚至可以先安铁三脚，接着入住，其余日后再安。

[①] 依据2010年11月4日上午采访余世荣录音。

小罩楼建好后便可以安白石神。安白石神必须用白公鸡或白山羊。择定吉日良辰后，请四大门亲和家门到场，在小罩楼顶用石块建一个供白石神的小塔，当地名曰"拉刹"，又称"木比塔"，由于各地羌语发音不同，音译名甚多，这里结合羌人习惯叫法和意译以"白石塔"称之。余世荣等几位释比对建筑白石塔有较为详细的描述，结合多家白石塔实物（图4-2-3-14—图4-2-3-16），可总结阿尔村建造白石塔的基本要求如下：

白石塔以石块垒砌，底面多数近于正方形，底边50厘米—70厘米，高1米左右。在塔正面中部，砌一宽约十一二厘米，高约十五六厘米，深约十厘米方洞用以敬香，塔砌至一定高度，中心要埋入五谷、五色线和一个鸡蛋。五谷可在青稞、玉米、小麦、大米、荞子、黄豆（或其他豆类）中任意选五种，鸡蛋不要求新鲜，但要放于五谷正中，是心脏。塔顶平铺一整张石板，白石高约30厘米，直径无具体规定，居于石板正中，周围散放一些小白石头。石板后部伸出房屋边沿十几厘米，上有一个五六厘米直径的洞用来插杉杆，下方还有一突出石板承托杉杆。杉杆上用麻线拴两面白旗。白石不必纯白色，浅黄色亦可，通常到一座白石较多的山上寻找，上山遇到的第一块白石，只要大小合适且干净便是，不能出于美观另外择选。杉杆的选择较之还大愿的要求宽松，只要粗细、长度合适且

图4-2-3-14：马九清家白石塔

笔直、枝桠较多即可，不限定地点。

以余世华家白石塔为例，塔身背面距房屋边沿约15厘米，塔高约84厘米，厚约70厘米。塔分两层，底层宽约74厘米，高约35厘米，前面中部有一宽约22厘米、高约15厘米的方洞用以燃化纸钱；二层稍窄居中，宽约51厘米，高约48厘米。二层顶覆盖一厚约5厘米大块石板，石板后部呈三角状突出白石塔外约21厘米，突出部分靠近白石塔的中间位置有一直径约7厘米的洞，下端也突出一形状相同的三角石板，与上板孔洞位置相对处有一未洞穿的凹坑，两板间距约60厘米。上板洞内插长约2.7米的杉杆，由下板凹坑承托。二层顶部正中为白石神，白石顶部较尖，高约28厘米，底部直径约12厘米。

图4-2-3-15：余世华家白石塔（正面）　图4-2-3-16：朱金龙家白石塔（背面）

安白石神仪式在白石塔前举行，释比恭捧白石上来，跪敬香蜡、刀头、敬酒、柏枝，念经杀鸡或羊以血淋于白石上开光。白石只有开光后方显灵。若杀羊，羊角还要供于白石前。安神结束，主家酒肉盛待众人。

安铁三脚时，铁三脚不能从大门进，必须在白石神处用绳子从房背后吊至小罩楼顶，再背下梯子到房背，经小罩楼门进来下楼梯到火塘中。铁三脚先放在火塘梯子旁，由释比燃柏枝念经解郁后，再移至火塘灰坑上，位于家神左近，铁三脚有圆环的一脚必须正对家神，然后释比在三只脚处燃柏枝念《铁的来历》经文、做法事。（图4-2-3-17）

图4-2-3-17：铁三脚

与安白石神不同，安家神必须用红公鸡。安家神前释比择吉日，时间一般在晚上十点左右为好。主家届时请来家门族房，准备好香蜡、柏枝、刀头、敬酒、一只红公鸡、一升粮食、红纸若干，并打扫好卫生，因安家神后三天不能扫地。由释比写家神牌位，如图4-2-3-18为余世荣新安家神神位，最上面横幅为"历代祖先"，横幅下牌位正中为"天地国亲师之位"，左边有南海岸上观音大士、川祖、土祖、牛马二王，右边分别为福禄四官财神、东厨师命灶王夫君、文武夫子、丑戌云中（按：六畜兴旺之意），右下方为"余氏门宗"，两边还有两幅对联："金炉不断千年火，玉盏常明万岁灯"，"香烟好似龙摆尾，烛花由（按：应为"有"）如凤点头"。牌位写好先贴在神位上。时辰一到，释比首先点香烧柏枝分别敬拜铁三脚三个神（图4-2-3-19），然后上至白石塔位白石神前摆刀头、敬酒，点香蜡，燃柏枝，跪敬白石神（图4-2-3-20），再后下来到家神神位前摆好一升粮食、香蜡、刀头、敬酒，先点柏枝念咒给牌位和诸祭品解郁，再敬请从天上到地下一直到牌位上诸神领受香烟，之后给鸡解郁，点燃香蜡，鸣放鞭炮，念《开光鸡》（图4-2-3-21）。再后咬破鸡冠，甩鸡血于牌位上，又念："开光开光开头光，头开曙光见吉祥；开光开光开地光，明光日月见光明；开光开光开白光，白如悬胆做忠臣；开光开光开口光，口含三十六牙坐中堂；开光开光开手光，手执金鞭指乾坤；开光开光开脚光，脚踏云梯上天堂。"此时再甩鸡冠血于牌位上，接着拔下几撮鸡毛蘸鸡血粘于牌位上。完后，两手交替把鸡绕身左转三转念："左盘三转点状元"，再右转三转念："右盘三转生贵子"。并逐一念出主家男女大小的名字致祝福词，大意为：从今日弟子开了光点了香，众祖神保佑某某家某某人荣华富贵、清净平安、无灾无难、金银满屋、吃不完用不尽。持鸡拜神三下。再后还要唱一段经文。唱完仪式结束，主家敬奉释比120元喜分钱，释比则回12元。安神完毕家门族房纷纷上来给主家挂红，赠礼品或礼金，同时放鞭炮。稍息片刻，释比还要取香蜡柏枝分别念经敬四角地神，点柏枝敬门神、灶王夫君、水缸神、醋坛神等等分别位于家中不同位置的神灵（图4-2-3-22、图4-2-3-23）。最后主家款待来宾。要注意的是安家神当天不能杀

图4-2-3-18：余世荣家新安家神　　　　图4-2-3-19：敬铁三脚神

图 4-2-3-20：敬白石神　　图 4-2-3-21：念《开光鸡》

图 4-2-3-22：敬家中众神　　图 4-2-3-23：朱氏某家老神龛

生，开光鸡要养到过年时才杀来吃掉。

四、坟墓

以上是人和神灵的宅居处，逝者及其魂灵则安居于坟墓，其造型又自不同。

在选址上，"坟对包"是基本原则（图 4-2-4-1），其他并没有特别要求。但观察阿尔村坟地，可以看出一般坟前虽未必平坦，空地也不见得多，但视野都颇为开阔，正对的山峰全在远处。据了解，死者一般在生前已选定了墓地，选择标准多数是根据自己喜好，如余明海选择墓地的标准是要能看到原来的十个寨子，而有的人则要太阳较早照到。凭意愿选择的地点很可能与他人的用地相冲突，如现实中就有许多坟建在别人田地上。这并不成为问题，只要稍微补偿即可。不过墓地不会选择山崖边，阿尔村人说，这对家人是不吉利的。如果由于山体垮落或其他原因使墓前不远变成陡崖，就会在墓前砌一个照壁遮挡。

墓坑长度一般为成人的七脚半，长边正对山包。墓坑内一侧挖一方洞，里面置一盏灯。棺材放入前要在墓坑底部铺满纸钱并全部烧成灰。砌坟时，先由孝子填头三把土，众人再用细土填满墓坑空隙，埋平后在棺材位置正上方砌坟，坟呈半个长方体形状，坟头坟尾成一斜面，坟头高约1.2米，坟尾与地面平。坟头正面近于长方形，宽约1.5米。垒砌时，先用一块高约60厘米、宽50厘米以上的方正石板立于正面居中为基准，再用石块砌筑坟的三个外侧边，厚约30厘米，石间隙缝用小石块垫填，外侧面必须平整。中部可先以石块砌起再覆以干黄泥，也可全部用干黄泥填满。坟前方加砌一个石台地防止水土流失，台地可与坟同宽，也可略宽于石坟，坟前延伸长度视地形而定，一般不少于1.2米。（图4-2-4-2）台地上，坟头前方正中用两根石条架起一块石板，石板下的孔洞用来烧纸，上面可放其他祭品或加些土用以插香。第二天糊丧时，将黄泥调成糊状糊于坟正面和两侧，上部补充干土，整个坟各面均贴满黄颜色纸钱，两侧及正面直接贴上即可，上部须用石块压住。如此砌筑的坟胶合严实、坚固耐久，不会垮塌。

图4-2-4-1：坟对包　　　　　图4-2-4-2：坟前新砌石台地

第三节　服饰文化

羌人服饰以五彩斑斓的羌绣最为引人注目，但这只是其服饰的一个方面，而且不同聚居区的羌人服饰风格差别甚大，就笔者了解的阿尔村情况来看，生活中他们的穿着朴实得多。让我们从"头"说起。

一、头帕和帽子

裹头帕和戴帽子都是为了抵御高山的凉寒，尤其头帕还可以在劳作或攀山时用以擦汗，可谓一物二用，因此，裹头帕是旧时村里最普遍的一种方式，无论男女都有头帕。现在村里的女性仍然习惯裹头帕，尤其是老年人。中年以下男性已少见使用。但调查得知，人人家中都备有头帕。

头帕颜色只有两种，一为纯白色，一为纯黑色。据了解，头帕是市面上购买的布料而不是自织的麻布。裹包的方式也只是把头帕逐圈盘缠在头上成圆盘状即可，没有复杂的花样。

戴帽子的一般是男性，主要在居家或出门赶场、赴宴时使用。帽子用绵羊毛和牛绒擀制而成，有环状帽沿。

二、长衣

阿尔村把一种套穿在外面，长及脚踝的外衣称为"长衣"。（图4-3-1）长衣为直领、斜襟、右衽、长袖，髋骨以下沿身体两侧分开形成前后摆。据了解，传统时代，长衣主要用麻布织成，纯白色。这种麻布衣服最主要的缺点，一是工序比较漫长烦琐，仅织麻布就要将近一个月，还不计搓线、煮线、挽线；二是重，一件衣服约三至五斤，湿水后可达十几二十多斤。麻布衣服重的原因主要是由于麻线较粗，交织而成的布料比较细密厚实，但这个缺点却为之带来更多的优点。首先是密不透风，冬季里寒风无法穿过，只消内穿一两件棉布衣服，外加一件羊皮褂便可过冬，最多不过穿两件麻布长衣，对于夏天阴冷的山风和夜晚的寒流更能轻松应对。又由于麻布衣料不沾身，颜色雪白，在夏日里又使人颇感清凉。另外，密实的麻布还不易渗水，在小雨天气可以起到雨衣的作用。再有就是麻布衣服耐磨、硬朗，无论日常田地劳作还是攀山越岭，穿着麻布长衣随意摸爬滚打都不致被刮伤擦伤，其保护作

图4-3-1：麻布长衣

用由此可知。一件麻布衣服通常可以穿五六年甚至七八年，既经济又实用。相信麻布这许多明显的优点是其在当地衣着方面长期居主导地位的原因，故此人们宁愿花不少时间种麻、制麻、织麻布，费许多气力洗刷麻布衣服，始终乐此不疲。

长衣除了用麻布制作，还有用普通布料裁成的，但在过去这类衣料极少，一是因为当地不产这种衣料，需到坝区花钱购买，二是作为平时日用并不适宜。因此，只有家中经济较为宽裕时方会备制，主要在一些较为重要的场合或到坝区、街上才会使用。颜色以黑色和蓝色为多。

三、坎肩

坎肩主要用羊皮制作，称为羊皮褂，是对襟、无袖的上衣，衣缘均有羊毛飞出（图4-3-2）。羊皮褂经久耐磨、挡风保温、不怕油腻，正反两面均可穿用，寒凉时毛面贴身可保暖，太阳猛烈或下雨时毛面朝外可防晒、隔雨，还常常作为野外垫坐、被盖使用。羌人的劳作肩扛背磨的时候居多，如背背篼、扛木材、搬石头等，羊皮褂就必不可少，否则布质衣料会很快磨损。一件羊皮

图4-3-2：还大愿着装　　图4-3-3：劳作着装　　图4-3-4：女性春节着装

褂一般要用两张完整羊皮才能制成，缝制的皮线宽约半厘米，来自皮褂的边角料。制作羊皮褂多采用山羊皮，也有少数用绵羊皮和野羊皮。羊皮剥下晒干后浸泡三至六天，待绵软后脱水、刮皮、上油、扯踏、揉搓，最后裁剪缝制。在阿尔村，只有男性才会制作羊皮褂，不过男性中娴熟者也不多。

坎肩也有少数用布料制作，主要是女性穿着（图4-3-3、图4-3-4），过去并不普遍。

四、腰带、围裙、鼓肚子

在长衣外的腰间，无论男女都需扎腰带，这样行动才方便。除此外，女性会系围裙，男性则有一个"鼓肚子"。腰带、围裙和鼓肚子多数用麻布织成。

围裙上部中间并列有两个方形口袋，无盖，内装各种日常随身用品。除了避免沾油弄脏长衣等功能外，许多时候围裙还用来兜装物事，如在播种时盛装种子。

图 4-3-5：鼓肚子

所谓"鼓肚子"，其实是一种三角形的腰包，内分两层，有翻盖，一般用来装兰花烟、火石、火镰、钱物等。（图4-3-5）

有人认为，羌人在某些时候，特别是做事时，把围裙和长衣前后摆的一角撩起插别在腰带上是害怕弄脏，其实这并非最主要的原因。村人们说，过去多把长衣两边角向中间对叠成三角，再弯至腰间别起，这样多是出于行动方便的考虑，还有在较热天气或劳动时比较凉快。

五、裤子与绑腿

调查中了解到，过去的阿尔村，男女所穿裤子通常为白色布质直筒裤（也有少数皮裤，皮裤为短裤，约到膝盖处），裤脚不能卷。实际上裤脚是不外露的，因为外面要裹绑腿。

绑腿从脚趾处一直缠裹至膝盖下。所以，自古以来羌人没有袜子，这甚至在语言上也有反映，羌语里就无"袜子"一词。

绑腿分三层，最里层用羊绒纺线织成，中间层为羊毛，最外层为麻布。厚厚的绑腿一可以防潮保暖，二可以保护小腿，不管是半山田间作业还是进山行走，滚落的石块和路旁的荆棘、尖刺、枝丫，甚至一般的蛇虫，都不会轻易伤及腿脚。

六、鞋子

阿尔村的鞋类有草鞋、圆头鞋、云云鞋、尖尖鞋四种。按阿尔村人的说法，草鞋和圆头鞋干活时使用，居家时男性穿的称云云鞋，女性穿的叫尖尖鞋或花花鞋。但实际观察，现在云云鞋、花花鞋在劳作时也常见人穿。

"草鞋"为阿尔村人的一种俗称，实际上，当地这种草鞋的主要制作原料是一种俗名为"豆腐木"（学名据说是"椴木"）的树皮。余世华、杨廷德详细介绍说，一般在阴历四月豆腐木发芽，树皮刚刚上水时进山采剥，拖回来在水边挖个坑压上石头泡一个月左右，如用人畜的粪水浸泡效果更好。泡至树木纤维可以分离出来时取出，去掉粗皮，留下细纤维，洗净晒干后（约2—4天）搓揉绵软即可编制。编成的草鞋形状近似于现在的凉鞋，前后有护边，还有一根长长的鞋带。（图4-3-6）羌人告诉笔者，这种草鞋极其结实耐磨，若长期在山上挖药打猎，普通鞋子只能管几天，但草鞋至少可以连续穿一个月。

圆头鞋也在劳动时穿用，以麻为主要材料，耐磨性较草鞋稍差，为此，在圆头鞋的前面和后面要缝上羊皮或野兽皮，如非常坚韧的獐子皮，以减少麻布与乱石荆棘等外界硬物的摩擦。

云云鞋和尖尖鞋形状相似，鞋头略尖，向上勾翘，有如小船，两者的区别在于云云鞋绣纹为云朵状（图4-3-7），在鞋扣处还有两只蝴蝶；尖尖鞋绣纹为各色花草图样，可以为牡丹花、羊角花、桃花、蒲公英等等。制作方法则相同，《阿尔档案》有较为详细的记述：

> 首先将3—4层布料用糨糊粘好晒干，叫"布壳子"。然后在做好的布壳子上根据大小取鞋样，之后加上里和面，就成了俗称的"鞋帮子"。再根据男女和年龄大小绣上不同的图案……，男子绣的云彩图案，女子为百花图。花样和鞋面的颜色也要根据穿鞋子的场合来定，喜事穿得就绚丽多彩，忧事穿得就清新淡雅些。鞋底多为三层底，最里层一般为竹笋壳加棕树皮包裹，中间层为布壳子，最外层也就是与地面接触的部分为麻布，这充分发挥了各种材料的优点，竹笋壳棕树皮滤汗、布壳子保暖、麻布耐磨。包裹各层的布料也有颜

图 4-3-6：草鞋　　　　　　图 4-3-7：云云鞋

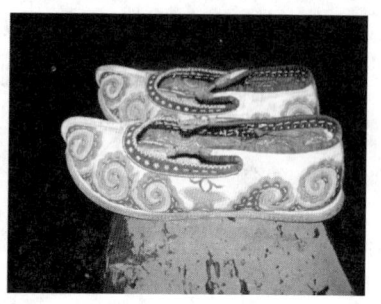

色的区别，一般为红、白、灰，也有做到五层的，也都是用不一样的颜色。包裹好的鞋底样用麻线纳紧，再用麻线把绣好的鞋帮子缝合到鞋底上即可。[①]

七、刺绣

经观察和了解，阿尔村人日常生活衣着中的刺绣其实不多，尤其在劳作衣料中更少。刺绣品一般出现在过年过节、婚礼、葬礼和下山外出时穿戴的服饰上。主要见于领口、袖口、斜襟边沿、长衣前后摆的各边、鞋子、鞋垫、围裙、鼓肚子、飘带、腰带、香包等处。（图4-3-8）

羌文化中以实用功能为主的思维处处体现，然而刺绣却显示出强烈

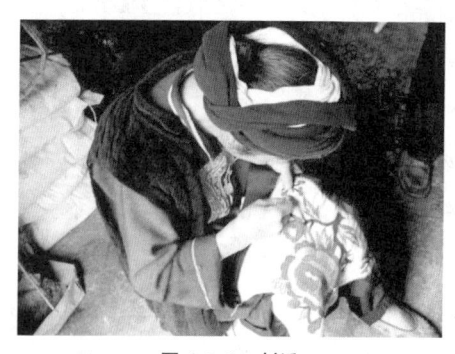

图 4-3-8：刺绣

---

① 阿尔村人编著：《阿尔档案》，文物出版社2011年版，第41页。

的装饰审美倾向,仅就目前调查的材料还难以判断个中真正目的和源起之动因。有人认为羌绣一是出于实用,因刺绣不少居于易磨损的部位,细密的针脚可增加耐磨性;二是出于精神诉求,因所绣图样含有不少明显的祈福纳吉之意,如"福"、"寿"、"五谷丰登"、"花开富贵"等。但实际上刺绣品日用不多,绣纹也有许多并不位于易磨损之处,相比磨损而言,刺绣所花时间显然更多,而为了一种并不实际的精神追求耗费大量时间,还需要特别的心灵手巧、耐心专注。这种特质一部分人具备并不奇怪,但要人人如此却非易事。因此以上两说作为刺绣的附带功能或较妥当,若作为目的和动因则仍嫌牵强。

关于羌人刺绣的历史也未见有求证的结果。就现状看,笔者调查中见到不少5岁、7岁、10岁小女孩的学绣作品,从稚拙到成熟。(图4-3-9)平日里,阿尔村女性人人怀里随时揣着未完工的刺绣制品,多数是较小、较方便携带的鞋垫、鞋面等。只要手中无事,即取针线穿绣。大幅者一般在空余时间较多时专门坐下来绣。因此在村中任何场合、任何时候都可以见到刺绣的女子。可以说刺绣已成为她们生活的一部分,变成了一种习惯。一种生活习惯的养成必非一朝一夕之功,而一个群体习惯行为的普遍化更需要经历许多代人的逐渐培育,一个群体习性的长期延续则应该有其必然之因,但此因目前尚不明了。

另外,羌人刺绣取样多来自自然。向阿尔村女性调查得知,她们常常在见到喜爱的花草时,便用纸依样裁剪下来,然后贴于布料上配色刺绣。刺绣时她们很多时候又随心所欲。这种随性的特点,使得相同的花物不同人的绣样往往不同,即使同一人在不

图 4-3-9：少儿绣品
（左、中、右分别为 5 岁、7 岁、10 岁孩子的作品）

同时间的绣品也有差异，因此可以想见一种图样要从选样，到定型，到流传，以至承续不断，必然需要相当长的岁月。据了解，阿尔村绣样中有不少已十分成熟，布局严整，构思巧妙，比例协调。除一些外来的纹样，出自当地村民之手的也不少。这些成熟定型的当地刺绣图案，有些颇为复杂，即便是技艺娴熟者也要照样摹仿才能绣出，显然承传已久。由此看来，阿尔村人刺绣应有着相当历史。只是其详已难探知。

第四节 医药文化

当一个人身体不适或出现一些不正常的状态时，我们常常称之为生病。致病的原因很多，相应地有不同的治疗方法。但在传统社会，有一种表征近似于病，但用通常的医药手段又无法治好的情况，有些人们名之为"中邪"。按现在大多数人的常识，"邪"并不存在，所谓中邪，不过是未找到致病的真正原因，只好托之于玄之又玄、不可捉摸的"邪"。过去有人采用求神拜佛等方式治邪，按照现代人的观念，那只不过是为了寻求某种心理上的安慰，可能会取得一定效果，那也只是心理发生了变化所致，并非邪真的得以医治。不过对于羌人来说，邪却是一种真实的存在体，是可知可感可防可治的，他们还建立了一套兼具判断和治疗，颇为完善而且行之有效的医疗体系。另外，他们认为邪和病不同，病是人在生理上发生了病变，须由羌医治疗，邪则是遭遇神害或鬼害，得请释比对付。所以，表现相同的病情，医治的方法可能大不一样，例如同样是肚子痛，一种可能是肠胃出现了病变，就只能药物对治，释比的法术是不奏效的；另一种可能是被毒药猫所害，此时药物便无能为力，只有释比能治。所以，羌人并不如人们想象和传说的那样"信巫不信医"，并非什么病都由释比治疗，或者只有疾病久治不愈，无法可施时才无奈地请释比一试。总的来说，在羌人医疗体系里，病、邪区分严格，羌医和释比分工明确。这一点在阿尔村非常明显和突出，村里的羌医世家就有不少，他们与释比并行不悖，各司其职。但羌医和释比的医治手法也有交混使用的情况。如有的羌医用咒语制作止痛水，而释比采用法术治疗的也不全是邪害，如化翳子就明显不属于治邪范畴。还要指出的是，阿尔村人认为魂魄离体的现象不属于邪，因此送血光、中坛招魂等尽管必须由释比医治，却不能称为治邪。为叙述方便，在这里姑且分为药物治疗和法术治疗两类，其中羌医主要采用动植物药物进行医治，释比以法术作为主要的治疗方式。

一、药物治疗

阿尔村本地祖传羌医目前尚有朱金龙、朱忠福、马成龙、陈兴亮、马安福等几家，从外地进来的有罗秀琼。

羌医的特点是充分利用当地大量的药用动植物资源进行治疗。

据称山中有名无名的药草达上千种，几乎涵盖了中国传统用药的所有药材，当地盛产的名贵药材，植物类有羌活、九眼独活、沙参、细辛、川贝、冬虫夏草、刺参等，动物类有麝香、熊胆、鹿茸、蛇等。

阿尔村羌医的治疗范围包括：骨折、跌打损伤、扭伤、脱臼、烧伤、烫伤、止血、风湿、颈椎痛、腰腿痛、头昏眼花、失眠、腹痛、腹泻、消化不良、痢疾、感冒、头痛、咳嗽、全身肌肉痛、妇女病、癫痫、抽风、抽筋、风湿关节痛、偏头风、骨质增生、小儿走神风、缩阴症、肚盘筋、蒜气、小孩惊吓等。各个羌医擅长医治的病症不同，详见表4-4-1：

表4-4-1：阿尔村羌医调查简表

羌医	擅长医治病症
朱金龙	骨折、关节脱位移位、韧带拉伤扭伤、风湿劳伤、摔伤、刀伤、恶疮、痢疾等。
朱忠福	癫痫、抽风、抽筋、风湿关节痛、偏头风、骨质增生、小儿走神风、缩阴症、肚盘筋、妇女病、蒜气、小孩惊吓等。
马成龙	人畜骨折、关节脱位移位、韧带拉伤扭伤、摔伤、刀伤、风湿关节痛、针灸等。
陈兴亮	风湿关节痛、偏头风、止血等。
马安福	人畜跌打损伤。
罗秀琼	烧伤、烫伤、止血、失眠、腹痛、腹泻、消化不良、痢疾、感冒、头痛、咳嗽、全身肌肉痛等。

各家羌医的传承和行医规矩不尽相同，通过访谈得知，各有特点，略述如下：

朱金龙家族：内外科皆精通，尤其骨伤科闻名遐迩。至朱金龙已家传七代，但最早却不是起于朱家，而是学自巴夺寨朱金龙家族始祖的舅舅。这位朱家始祖的舅舅住在自牙寨。朱金龙说，其医术男女皆可传，也可传媳妇、女婿等，甚至外人都可传授，只要愿意学，谁都可以传，因此实际并不存在秘方不可外传的情况。这大概是朱家得以从舅家学得此术的原因。朱金龙的奶奶当年常在家里协助治疗，很快便精通，朱金龙也曾将治刀伤的秘方传给外村一个远房亲戚。但传说有一个相当于麻药的止痛水秘方未能传下，原因是这止痛水的关键不在配方，而在几句口诀，或称咒语。由于咒语传早了会不利于下一代，所以只能在临终时口授，当年朱家始祖虽在舅舅落气前赶到，但舅舅已口不能言，故而失传。

朱忠福家族：以治疗癫痫和打灯火治病最为知名。家族中已传至少五代以上，分别是朱忠福高祖（名不详）、高皮皮（小名，曾祖父）、朱星贵（爷爷）、朱光明（父亲）。传承规矩是学医要在婚后，原因是未结婚学医一般只得一个儿子，而婚后学则可有二至三个儿子。传内不传外，但不分男女，只要是亲生的，子女皆可传。朱忠福家族虽然常常被人聘请出外行医，但不以此为业，行医与家中农活不可冲突，农忙和家中缺乏劳动力时必须回来。采药季节一般也要归寨。

陈兴亮家族：祖辈原住二里，后迁至巴夺，医术只能追溯陈天才、陈兴亮两代，陈天才已故，不知师承何人。主要用打灯火的手法治病，功效与朱忠福的同类疗法相似。男女皆可传。

马成龙家族：内外科兼修，长于外科，尤其是骨折、刀伤、关节移位、摔伤、扭伤等，还能用打灯火、针灸等手法疗病。已知其父精于医术，但其父学自何人无考。

罗秀琼：乃余世华夫人，祖籍汶川县水磨乡，羌族，后迁居青城后山。据罗秀琼说可考的家族传承系谱至少20代以上，主攻内科诸症，烧烫伤、止血术亦甚精。子女皆可传，但一般传男为主。不过，虽说传内不传外，但其实秘方并非不能外传，只是据传其祖先曾许愿：一旦外传便不灵验。此外，随着亲缘关系越远，医效越差，三代以外便无效。据罗秀琼讲述，她曾多次在紧急情况下将秘方和手法授人，但均不起作用，或可为证。另外，罗氏家族的每一代，家族中一般只有一人对医药感兴趣，最多不超过两人，故绝大多数代代单传，不过可以隔代传承，医效不变。学习方式是自小接触，在实践中熏陶习得。

二、法术治疗

法术治疗在羌人医疗体系中不但不可忽视，还占有相当大的比重。遗憾的是，这种治疗手段长期以来被视为骗术，备受打击，至今仍是，其境不堪。

前已提及，用法术治疗的主要是释比，所治或为邪害或为病症。就邪而言，和疾病一样，多种多样，治邪的方法相应也就有不少，有的方法可以治几种邪，有的是专法专用。治邪多数属于下坛，但也有中坛，如新人邪、中坛招魂等。因此，法术治疗和药物治疗一样，要对症施法。释比只有掌握了特定经文、咒语和手法才能施治，并非身为释比便什么都能治。法术疗法极多，不同释比又有差别，下面仅就笔者调查所得的阿尔村部分常见法术做一简单介绍。治新人邪与死人邪也属此列，但前文已详述，此处不再重复。

要说明的是，法术治疗带有隐蔽性，不张扬，故极难现场观察，所以都只能取之于口述。下文所列皆为向多人多方了解和反复探问的结果。

（一）看水碗

看水碗是判断病或邪，神害抑或鬼害，确定治疗方式的基本方法。法术治疗前，大多数都要先看水碗判断。据擅长法术的朱光亮讲解，方法是：先取一碗干净的清水，手握几颗青稞籽，青稞必须为单数，五颗至九颗不等，颗数视病情轻重而定，轻则少，重则多。释比边默念经文边用一枝香在水上方画符，根据经文要求，其间对着青稞哈几口气，念经完毕丢青稞籽入碗，观察青稞的运动，左转还是右转，以及最终摆成的形态，就可判断所得何症何因，并能明确讲出何时遇见了什么人，讲了什么话，发生了什么事等等的细节，进而推算出适宜治疗的方法和日子时辰。调查中，阿尔村许多有所经历之人都说释比所算甚确。

（二）送茅人

当一个人在外边，如在河里或山中被绊，受到很大惊吓，以致整天萎靡不振，面黄肌瘦，就有可能魂或魄被吓走了。若经释比看水碗判断确认，就要用送茅人的方法把魂魄召回。20世纪50年代初，巴夺寨朱光富在松潘读中学，一次在路过叠溪海子时不知何故受到惊吓，终日萎靡，于是家人为之送茅人化解。余世华与朱光富交好，当年亲见整个过程，加之操作的释比乃余世华父亲余明海，曾做过讲解，因而余世华对送茅人有所了解。以下送茅人方法便是根据余世华口述整理而成。

送茅人只要选择一个属相与病人属相相合的日子即可施行，

按老规矩在晚上十点左右开始,凌晨两三点左右将茅人送出,至天亮结束。但具体时间不必十分精确,可以燃香计时,有经验的释比多能自己把握。法事在火塘开始,如果来的亲戚朋友较多就要开一坛咂酒。送茅人的过程不满12周岁者必须回避,不能观看。

  法事前,首先要选择十二个不同属相的人,称为"十二太保"。十二太保男女老少不限,但必须满12周岁,而且不得与病人为近亲。然后挑一只纯黑无一根杂毛的羊,最好是黑绵羊,若实在没有,黑山羊也可。待时辰一到,释比便开始做法事,一边念经一边用小麦的草秆扎一草人,此时释比徒弟可协助。草人大小与病人相当。草人扎好,将病人身上所穿戴的所有衣物,包括衣服、鞋子、帽子、腰带等等全部脱下穿在草人上。尔后释比边念经边用荞麦面做十二个铜钱大小的小面馍,称作"十二钢币",再把十二张纸钱分别折叠成条状,叫"十二路票",路票上分别写明十二太保的姓名、属相等。钢币和路票一并放入草人怀中。完后放玉米、青稞、小麦、荞麦、豆类等五谷入羊皮鼓内(有把手的一面),释比一只手持鼓并勾摇一响盘,另一手敲鼓,跳唱经文。跳唱至适当时候让病人先骑一下黑羊,再换茅人骑上。由释比、十二太保和释比徒弟把骑在羊背上的茅人送出,其余人一概不得跟随。茅人送至一特定地点。这个地点有人说只要是三岔路口即可,但据余世华所述,20世纪50年代初,巴夺原嚓七小寨的送茅人必须到嚓七城隍庙所在地,该处有一大岩石,石上有一白石塔,石下凹入一坎,可容十人。茅人即送至此岩窝处连衣物一并烧掉,羊也在此地杀了煮熟,在场众人全部吃完,不能带走,吃剩的羊骨必须全部丢入火中烧成灰。处理完毕即回病者家中,十二太保每人从自己最里层贴肉的衣服上撕下一块,约长三十厘米左右,交与病家缝制一件贴身内衣给病人穿上,做法事的五谷则要先用白纸包好再外缝一层白布,交病人贴肉揣足十二个月,十二个月后放于其枕头下。另外,送茅人当晚烧的灰在三天后回去全部抛入河中冲走。再有,送茅人后七天内,病者全家不能出门,并要在大门口竖立一长板凳,上面用或白或红或黄的纸贴一个"忌"字,表示外人也不能到他家里面去。如此,病人魂魄可召回。

(三)送血光

送血光主要用于因突然碰见身上带血的死人而受到惊吓的情况,受惊吓之人表现为无精打采、浑身乏力、不想吃饭、失眠或恶梦频繁,睡眠不足。但必须经看水碗确定。如今阿尔村会送血光的释比仍然不少,不过看水碗者一般不连带送血光,而是推荐其他释比去做。比如朱光亮看了水碗后常会推荐由余世荣送血光,他也只接受经别的释比看水碗介绍过来的送血光。

送血光需准备公鸡一、斑竹笋壳一、筛子一、竹火把一、香、蜡、刀头、纸钱、荞麦面粉若干、麻线几根。送血光也要先算日子,且定好的日子不能改,是日即使释比进了山也要寻回。在算好日子的夜晚十时左右,释比携牛皮包和释比短剑,带上两个助手至病人家中。病人坐在火塘边,释比将剑钉插于凳子上,把笋壳放于筛子正中,笋壳四周围放纸钱,再用面粉制作五鬼并放在筛子上。五鬼面塑每个约一两厘米见方,分别代表挨刀鬼、吊死鬼、龌龊鬼、绊死鬼、落水鬼。释比们解释,之所以要做五鬼,是因血光诸症皆由五鬼产生,有谓"五鬼五个头,十人看到九人愁"。五鬼做好，用麻线搓一根简易麻绳松松地套挂于病人颈脖上，然后念经。念至适当时候用释比剑解开病人颈上麻绳，转系于鸡身上。经文内容须从病人头、眼、耳、鼻、嘴、唇、颈、四肢、身体，一直念至脚趾，大意是：人若头疼，请不要再疼，要疼就让鸡来代替。如此逐一念下来。念毕，释比持鸡和剑，两位助手一人举火把，一人端筛子出门行至三岔路口或十字路口，点香蜡，念经，然后杀鸡，淋鸡血于五鬼上，再用释比剑把五鬼逐个斩杀，最后将五鬼、筛子、笋壳、纸钱等等全部烧掉并念经感谢师祖师爷。法事完毕，释比等三人不能再回病人家，而是带着鸡回自己家三人煮食。

送血光后，病人三天不能出门，也不能见外人，同样立长板凳在大门口警示。

（四）中坛招魂

招魂分两种，一种属于下坛，招死人魂，也即把凶死者的魂招到坟墓中去；另一属于中坛，人活着，但魂魄却被吓丢了，变得失魂落魄，须将其失散的魂魄招回归附身体。这里介绍的是后一种，称为中坛招魂。

中坛招魂的症状与送血光相似，也是由于受到惊吓造成。中坛招魂常常与送血光结合实施，比如送血光后的第二天晚上招魂。也可单独做，这些都要通过看水碗来定。

招魂前，病家事先准备一个面馍馍（玉米面、荞麦面或小麦面均可）、一个鸡蛋、一支白纸旗、一叠纸钱、三炷香、一对蜡、一小块猪油。在做招魂法事前七天，病者家人每天要拿着鸡蛋，持一点燃的香到自家门外叫唤病者名字，叫完后插香于家中神龛上。到招魂之日的晚上，一般十点后夜里人静时，不能叫外人，只请释比，点着火把到病家房背水滴落的屋檐底下，在屋檐水滴落点的地上挖一个洞，埋鸡蛋于其中，再点香蜡，烧纸钱，随后，释比念经并喊病人名字：指出病人在何时何处发生了何事，受到何种惊吓。一般经文念到一定时候，无论什么季节，即使是严寒的冬天，地上都会出现一只小昆虫，或蚂蚁，或飞蛾，或蜈蚣，或蜘蛛，等等，这便是病人魂魄归来了。此时，释比马上用猪油把它粘起包入一白纸中并用麻线拴在馍馍的旗子上，然后，释比端着馍馍边走边叫唤病人名字直到病家门口。一到门口，释比在外喊："某某的魂回来没有？"家里人应："回来了！"反复三次后入门，把馍馍上的白纸旗挂在病人床头，馍馍由在场所有人分吃。之后病者家人还要到病人被吓的地方捡回几个石头放在病人床头下面。这样，病人就会慢慢好起来。

（五）打油火

当有人在家中不正常死去，且场面比较恐怖，如上吊、烧死、难产等，另外家中不满六岁的孩子死亡也属于不正常范围，这些常常都要打油火。阿尔村人对为什么要打油火的解释是，一则不正常死亡的灵魂一般都未能妥善安顿，死者遗留在家中的魂魄有可能伤害家人，所以要将其赶出家门；二则恐怖的场面使人惊怵，打油火可以去除家里人的惧意。

打油火先要准备炒好的玉米面若干（或一碗清水）、一瓢清油、一扎干竹子（长约1米）、纸钱、香、蜡、柏枝，还要一些白石头、黑石头和铁匠打铁炉里的废铁渣。白石头、黑石头和铁渣要先砸碎混合在一起备用。

在算定日子的夜里，请释比及一或两位助手至火塘，释比在铁三脚带铁环的主位处燃柏枝念经退神，经文内容并不复杂，只是逐一念家中所有神的名字，每念到一个，便请其先暂时让一下，离开神位和家里。家中所有神请退完毕，释比念经化一碗水，一助手在火塘上把一瓢清油烧得沸腾，油沸后另一助手举干竹把于油瓢上方，二人随释比倒退着走遍主家房屋各个角落，特别是死者生前住间和去过的地方，释比则边走边含一口水喷在干竹把上，此时沸油上方的竹把就会燃烧起来，火焰四溅，同时释比撒出一把混好的石头和铁渣，如此打完家中每一角落，直至最后一把石头铁渣打出门外。打油火期间还要将死者用过之物和家里的人、衣物等在燃起的油火上绕一下。

马永清说，刚学打油火的时候有些怕，并非怕别的，而是怕功夫不到，飞溅的油火会伤到人。但只要学成，施咒后，火就不会伤人，村人们也都说，这种油火虽旺，但却是凉悠悠的，并不会烫伤人，也不会引起火灾。

油火打出门外后，释比等三人到三岔路口处点三炷香，一边烧纸钱一边逐个请所有鬼魂前来领受，并叫死者魂魄不要再回家中。念完，三人回主家。稍歇，释比在各个神位处逐一点香点蜡，将退去的神一个一个再次请回安好。

《阿尔档案》记录的打油火方法与笔者调查略有差别，可见阿尔村打油火方式不止一种，摘录如下：

> 在主家屋里，释比先摆上刀头、酒、粮食、喜分钱，烧香敬神。主家要烧一塘火，释比先对着犁铧化碗水，将化好

水的犁铧放进火塘里烧，又在火塘里烧一瓢菜籽油，在油里放三个用纸钱做的纸球。油烧到高温的时候，释比开始念经并用手将三个纸球从油锅里取出（即捞油锅）。释比把高温的纸球装在自己的嘴里嚼，又把高温的犁铧从火塘里取出，而后开始"打油火"。释比和徒弟二人倒退着走，从屋里到屋外，徒弟拿火把、端油瓢，释比一手拿化好的水碗，一手拿准备好的两种石子，释比喝一口化好的水往拿着火把的油瓢上面一吹，吹一口起一团火，又撒一把石子，就这样两个人边走边打，打完家里每一个角落。如果是凶死还要用铁母子、铜钉、铁钉钉在凶死人的位置，铜油淋在上面，主要是把凶死人的灵魂固定在某个位置，不得起生、乱逃。[①]

（六）踩犁铧

踩犁铧也叫踩铧头。前面提到踩犁铧可以治遭毒药猫害而得的肚子胀痛，实际上，踩犁铧医治的范围不限于此，一些为神所害的情况也可治，除肚子胀痛以外，身体其他部分异常也能治。比如，据余世华讲述，1995年左右，余明海曾经为一个因得罪土地神，脚后跟莫名穿洞的三江乡刘木匠踩过铧。当年，余世华在都江堰的岳父家中偶遇这位被请来做木工的刘木匠，得知刘木匠的疾病后，余世华建议他找自己父亲医治。此例为余世华亲历亲见，故所知甚详。另外，笔者2011年2月曾见陈兴亮因左脸颊不适，自行进行过踩铧头治疗，也说明踩犁铧的医治范围不限于肚

---

① 阿尔村人编著：《阿尔档案》，文物出版社2011年版，第185页。

子胀痛。不过，这些都要先经看水碗方能确定。

踩犁铧要用生铁铧头，铧头必须单数，数量依病情而定，从一把到九把不等，轻者少，重者多。铧头一般要求耕过地，而且不能使用熟铁铧头。马永清就特别强调说，踩铧头必须使用生铁铧，切不可用熟铁。不过道行较高的朱光亮说只要第一把铧头为生铁，其余熟铁他亦能踩。除铧头外，还要准备刀头、酒、纸钱、一碗清水。

踩铧头常见的做法是，在算定日子的夜晚请释比到家中火塘，病人坐于火塘边。释比先对着铧头念经化一碗水，置铧头于火塘中用大火烧。随后念经敬神、请师祖师爷。待铧头烧得通红发亮时用火钳将铧头一把一把夹出，铧头烧得越红、温度越高越好，每夹出一把，口含少许化好的水唪于铧头上，再边念咒语边用一两张纸钱擦拭，若纸钱不燃则说明法力已到，此时便用舌头舔通红的铧头，可听到嗞嗞有声，舔铧后用舌头舔病人患处，如肚子痛就舔其肚脐或从胸口舔至腹部，再脱去鞋袜以光脚板底部反复踩铧头，踩后旋即以脚掌踩按病人患处。对释比而言，无论舔铧头还是踩铧头，都感觉冰凉，但病人却会觉得释比的舌头和脚掌有强烈的灼烫感。几把铧头都如法施治后，让病人把化好的水喝完，再边念经边用几张纸钱在病人身上从头擦到脚，之后病人吐几口唾沫于纸钱上，释比带上刀头、一捧米和酒到三岔路口，把纸钱烧化即可。释比不回病家。

据了解，阿尔村踩铧头的释比中，陈天才、朱光亮一派的咒语为纯羌语，其关键在于师祖师爷要请全。朱金龙的踩铧头二十多年前学自萝卜寨，咒语大部分为汉语，其重点在于化水。

（七）洁汗

洁汗是医治病因不明之精神衰颓、身体虚弱的手段，属于中坛法事。需羊一只，羊身上有赤毛为佳。一般在晚上进行，白天极少。洁汗前不能张扬，除筹划洁汗事宜的一二人外，其余人，包括病人都不能告知。待算定的日子到来，羊牵至，释比请来，才告诉病人，通知父母、兄弟姐妹、母舅等最亲近之人，届时被通知的亲人会携带一升米或玉米而来。

洁汗时，释比不带羊皮鼓、响盘等任何法器，只与病人先一起跪于家神神龛前，释比点燃香蜡，念经，然后至家中其他各神神位处点香敬拜，再后念经并杀羊。羊杀之后要迅速剥皮，释比对着剥下的羊皮喷上雄黄酒，病人在火塘的大火边把衣服全部脱下，立即披上喷了酒的羊皮，外加被子或其他暖和衣物，裹捂出汗。同时，除四只羊腿外，其余羊肉一锅煮熟，在场所有人分食，是为帮助病人分病。另外释比还要边念经边用荞麦面制作十二个直径约二三厘米的圆馍，此后每天病人一早一晚各吃一个，四只羊腿也在此后七天内由病人一人单独食用，其余人不能吃。洁汗后病人七日不可出门。一般洁汗后病人精神会较快恢复。

（八）化翳子

阿尔村人常在山间跑，疾行中抬头转头时冷不防会被蔓生无序的枝叶扎到眼睛，有些人眼睛受伤会生翳子。翳子可由释比化去，但要及时医治，否则待生长成熟至不会流眼泪时，释比也难以挽救。朱光亮说，和其他各种法术一样，不同师父的经文、咒语和手法会有些差别，念时可以掉一两个字，但切不可妄添字词，否则无效。朱光亮擅化翳子，远近闻名。笔者居村期间，百家夺寨一村民在都江堰看病时极力推荐一萍水相逢的妇人上门找朱光亮化翳子，朱光亮为其医治后给笔者详细讲述了过程及方法。以下化翳子方法便是根据朱光亮的讲述整理。

化翳子只需要一根香、几颗青稞、一碗水。释比先点香，对着水碗念经去除不洁。然后向手中握着的青稞吹口气，边默念经边用手在水面上凌空画符，请"千千兵马，万万的神通"前来汇集于水中，约有七八段经文。念毕，丢青稞入水碗，观察青稞的方向、排阵。然后释比先喝一小口水，再让病人喝一口，其余大部分倒入一个瓶子让病人带回，剩少量用来洗眼睛。释比哑一小口啐在病人脸上，在其眼睛周边擦一点，但不能擦眼睛，进而翻起病人眼皮，或用指甲挤抠或用针挑或用刀割，开始割翳子。全部割完后，擦干血，释比心念咒语，请师祖师爷。按朱光亮的说法，念咒语到耳朵嗡嗡作响时，说明师父已请到，咒语已经登坛，此时便可以作法。于是呷水一口，用带咒的舌尖给病人洗眼睛，随洗随吐，将眼内脏物尽皆洗净后以毛巾敷病人眼，此时病人要左右上下转动眼珠。整个过程约莫半小时左右，最难处理的也不过一个小时。释比洗了眼睛的舌头会变得麻木，洗完后须立即含口酒泡着舌尖，待一会儿化解后吐出即可。病人回去以后用棉签蘸取化好的水滴眼睛，滴后可喝少许。不几日便复见光明。朱光亮反复叮嘱，绝不能滴眼药水，否则效果相反。

下 篇

阿尔村非物质文化遗产及保护研究

第五章　阿尔村羌人认知观念研究

在上篇中，我们已经领略了阿尔村羌文化的丰赡多样，其中给人印象最为深刻的是他们不厌其烦地烧香、点蜡、燃柏枝、献刀头、供敬酒，相对应的是名目繁多的神、邪、魂、鬼。的确，从前面的综述我们也可以看出，这是羌文化最引人注目之处，不仅备受学界关注，成果斐然，许多学者还为之终生研究不辍。羌人的这些行为，通常被称为"民间信仰"或"原始宗教"。

人们对宗教的认识不一，如缪勒理解为人对于无限存在物的渴求、信仰和爱慕；泰勒解释作对灵性存在的信仰；弗雷泽认为是人对能够指导和控制自然与人生进程的超人力量的迎合、讨好和信奉；在施莱尔马赫眼中，宗教是一种绝对的依赖感；马克思主义则说，宗教是支配人们日常生活的外部力量在人们头脑中的幻想的反映，本质上是一种"颠倒的世界观"，是由对神灵的信仰和崇拜来支配人们命运的一种意识形式。普遍认为，信仰是宗教的核心。

宗教的定义尽管多样，不过都不认为人的祭拜行为有实际的作用，至多只能获得某种心理安慰或精神寄托。但从阿尔村的情况看,只要我们不带任何偏见和成见,就会发现,他们的敬神祭祖,抑或驱邪治病,正如上篇开篇所言,都更多地表现为生产生活的一种技术手段,不只是渺茫的愿望和寄托,还具有现实的功能,成为当地社会生产力的一个重要组成部分,是人积极主动干预和改变自然的方式。可在上述宗教理论中,人却都被描述成被动的、消极的,处于低能或无能的状态之中,要有所改变只能依靠超乎人自身能力的不可控制的某种力量,甚至有的直接否定人的这种行为。若用这些理论解释羌人的行为,总使人有种压抑感、虚无感,不能令人十分满意。我们是否可以考虑换个思维,从肯定的、正面的角度,重新审视和解释羌文化呢?比如,将羌人的这些行为理解成是由于他们对宇宙、对世界采用了与现代文明或人类其他某些文明不同的认知方式,因而形成了另一种与自然相处的知识体系,这种知识体系与其他知识体系在功能上各有千秋,或殊途同归,那又如何呢?要作此设想,首先遇到的问题就是不同的认知有没有可能都具有实际的功能,也即要回答人的认知是否存在正确与错误之分,或者是否存在唯一正确的认知。欲弄清这些问题,须先对人类的认知行为进行一番讨论。

第一节 人类认知简析

一、功能认知体系

人们大概无法否认,人类的一切知识都是建立在经验的基础上的。"从实践中来,到实践中去"、"实践是检验真理的唯一标准"这些话便是证明。所谓实践,就是一种经验。没有观察所得,没有经验积累，就不会有某种认知或理论的产生。爱因斯坦曾经写道:"所有真实的知识都是从经验开始，又归结于经验。"①

在人的经验世界里，宇宙万象可谓纷繁多样，但对于生存于地球上的每个人来说，表象又大都是相似的，放眼看去，都有天地之分，天穹辽，地阔远；有日月星辰，繁星点布，日月硕明；有山川草木，山高水长，草蔓木森；还有飞禽走兽、风雨雷电……而且，万事万物似乎都有生衰有变化，如太阳总东升西落、晨起暮归；流水会循低而趋，遇阻而折；草木则枯荣有序，四季又轮替合辙……只是，对这世间万象理解和把握的方式，不同地方、不同时期的人又不完全一样。如基督教用上帝主宰说来解释万物的存灭，牛顿用万有引力解释天体的运行，中国则有阴阳理论、五行学说等。在现代知识体系中，又有科学、宗教、艺术等等不同类别。

人们常说，科学求真，宗教求善，艺术求美。也就是说，追求真理的科学以揭示表象后面的本质为己任，以获得真知为目的。科学的这种理想和近代以来科学取得的惊人成就终使世人服膺之，甚至认为科学即代表真理，把"科学不科学"作为"正确不正确"的代名词。科学果真总是正确的吗？

我们不妨翻开科学史看看。

古希腊时期，亚里士多德提出了影响深远的地球中心说，托勒密等天文学家继承这一理论并建立了颇为完善的托勒密地心理论体系，这一宇宙观在今天看来是错误的，但在当时却是公认正

---

① 〔美〕雷·斯潘根贝格、黛安娜·莫泽：《科学的旅程：插图版》，郭奕玲、陈蓉霞、沈慧君译，陈蓉霞校，北京大学出版社2008年版，第47页。

确的，这从它被人们采纳将近1400年可以看出。当然，那时近代科学还未发生。我们还有理由说地心说"不科学"。哥白尼提出日心说是在1543年。日心说被视为近代科学的开端，因为它不但在天文学上引起了一场革命，还在一般科学思想上引起了一场革命，使人们换了一种方式来看待世界，有近代科学之父誉称的伽利略对日心说更是极力推崇，因为他坚信"太阳在世界的中心，并且处于不动位置，而地球不在中心"是真理，1632年他还出版了著名的《关于托勒密和哥白尼两大世界体系的对话》，为日心说辩护，这使他受到罗马宗教法庭的审判，被定为异端，受到软禁。对于在科学史上有着划时代意义的日心说，我们自然无法再说它"不科学"，可是这一"科学论断"，这个伽利略为之付出代价的"真理"，仍然是片面的。[1]

18世纪，惠更斯、胡克等科学家主张光和声音一样，以波的形式运动，但我们熟悉的伟大科学家牛顿却反对波动说，认为光是一种微粒，并且战胜了大多数的反对意见，使得18世纪的科学家都按照微粒说解释各种光现象。到了19世纪，实验科学家发现用波动理论能更好地进行解释，于是19世纪的科学家认为牛顿犯了错误，又转向波动理论。但是现在的理论认为，光具有波粒二象性。[2] 那么，谁的理论更"科学"、更"正确"呢？

1679年，斯塔尔提出燃素说，认为燃素是一种流体，物体之

---

[1] 参见〔美〕雷·斯潘根贝格、黛安娜·莫泽：《科学的旅程：插图版》，郭奕玲、陈蓉霞、沈慧君译，陈蓉霞校，北京大学出版社2008年版，第26—35、47页。

[2] 参见〔美〕雷·斯潘根贝格、黛安娜·莫泽：《科学的旅程：插图版》，郭奕玲、陈蓉霞、沈慧君译，陈蓉霞校，北京大学出版社2008年版，第61页。

所以会燃烧是因为燃素在释放或消耗。燃素说在提出后的 90 多年中，成了化学的基本要义，成为解释一系列令人困惑的化学现象以及全部化学的框架，直到 18 世纪被拉瓦锡用定量实验否定。①在科学理性勃兴的 18 世纪，大多数化学家和物理学家都认为热是一种叫作热质的不可称量（也就是没有重量）的流体，后来才被热是一种运动形式的观念取代。②19 世纪，道尔顿根据原子是不可分的观念③，提出原子是化学元素的最小单位，从而开启了化学新时代，但到了 19 世纪末，化学家和物理学家发现某些元素会放射出它们自身的一部分，进而质疑，若原子是不可分的，怎么能放射出自身的一部分呢？这使得科学家对原子的理解发生了革命性的变化，后来人们发现，原子内大部分是空心的，有原子核和电子，原子核又由质子和中子组成，进一步的研究更发现了原子核中另外几百个粒子，其中一些粒子如质子、中子、介子等还可以分裂成更小的成分，原来，"不可分的"原子的内部世界和地球外的太空一样深不可测……④

在科学界，这样的例子满目皆是、数不胜数。可见，科学并不总是拾级而上的，后来者并不总是在前人正确理论的基础上不断向前拓展的，很多时候是在纠正已有的定论。人们甚至说，

---

① 参见〔美〕雷·斯潘根贝格、黛安娜·莫泽：《科学的旅程：插图版》，郭奕玲、陈蓉霞、沈慧君译，陈蓉霞校，北京大学出版社 2008 年版，第 147 页。
② 参见〔美〕雷·斯潘根贝格、黛安娜·莫泽：《科学的旅程：插图版》，郭奕玲、陈蓉霞、沈慧君译，陈蓉霞校，北京大学出版社 2008 年版，第 232 页。
③ "原子"一词来自希腊语 atomos，意为"不可分的"，或另一种表述——"击不破的"。
④ 参见〔美〕雷·斯潘根贝格、黛安娜·莫泽：《科学的旅程：插图版》，郭奕玲、陈蓉霞、沈慧君译，陈蓉霞校，北京大学出版社 2008 年版，第 411、418 页。

整个科学的历史,就是不断自我否定、自我纠错的历史。人们把科学这种敢于直面错误,敢于挑战权威,能够不断从错误中吸取教训,能够抛弃一度显得合乎逻辑但后来被证明是错误的、误导的、过于局限的或无效的理论,勇于创新,善于批判,尊重事实等等特质,称为科学精神。诚然,必须肯定这种精神是人类最为宝贵的品格之一。但从中我们应该看到,也必须承认,至少到目前为止,科学无法找到终极的真理。换言之,科学所得并不"真"。科学只不过对世间各种现象提出了一系列颇为合逻辑的解释方式而已。

这样说并不是要否定科学,也不是否定科学求真的可能,更不是否定科学精神,至少,科学提供了人类感知范围内具有一定说服力,看起来更真实,用起来也大多能达预期的知识。例如,科学论证了地球是球形,这比我们常识中地球是平面的观念更接近于"真",而且球形说比平面说对航空、航海、航天等等人类活动更有指导意义。只是,科学无法回答现象的本质问题,也即为什么会这样。对于这样的批评,即使科学家也不否认。

17世纪的开普勒提出了行星运动三大定律:(1)行星运行的轨道是椭圆,太阳在其一个焦点处;(2)太阳中心与行星中心间的连线在轨道上所扫过的面积与时间成正比例;(3)行星在轨道上运行一周的时间的平方与其至太阳的平均距离的立方成正比例。[1] 实际上,这三个定律远远不只是描述了太阳系行星的运动,

---

[1] 〔英〕W. C. 丹皮尔:《科学史:及其与哲学和宗教的关系》,李珩译,张今校,商务印书馆1975年版,第193页。

而是归纳出了一种天体运动的方式，因为即使到了过去无与伦比的观测视野的今天，所发现的未知天体依然遵守同样的定律运动。然而，开普勒并不企图解释为什么行星这样运动。他只是想说明行星如何运动，事实上，这与他要努力证明的行星按完美的正圆轨道运行的愿望大相径庭。

更为突出的例子是牛顿和他的万有引力。众所周知，牛顿用万有引力解释了苹果落地等地球上发生的许多自然现象，还在当时及其后两百多年里最完美地解释了天体的运行规律，奠定了天体力学的基础，建立起了人类有史以来最为宏伟明晰的宇宙体系。但他同样无法回答万有引力何以产生，他在其影响世界历史进程的划时代巨著——《自然哲学之数学原理》序言中说：

> 我们在第三卷里由天象推出把物体吸向太阳和几个行星的重力。我们又从这些力，使用其他数学的命题，推演出行星、彗星、月球和海水的运动。我希望我们可以用同样的推理，从机械的原理中推演出其余一切自然现象；因为我有许多理由疑心它们可能全都取决于某些力，物体的质点就靠了这些力，由于一些迄今未知的原因，而互相吸引，粘着成有规律的形状，或互相排斥，而彼此离散；这些力既不可知，哲学家在自然界里追求，至今仍然徒劳无功；但我希望这里所阐述的一些原理能帮助说明这一点或某种比较合乎真理的哲学方法。①

---

① 转引自〔英〕W. C. 丹皮尔：《科学史：及其与哲学和宗教的关系》，李珩译，张今校，商务印书馆1975年版，第248页。

牛顿文中所说的重力,我们今天称为引力,或万有引力,以及由重力派生出来的摩擦力、阻力和海洋的潮汐力等等。这些力产生的原因,牛顿承认是"迄今未知的"。在《原理》的最后,他更坦言:"我由重力解释了天体和我们的大海的现象,但我尚未指明重力的原因。"①

与牛顿同时代的大科学家惠更斯和莱布尼兹因牛顿未说明万有引力的根本原因而责难他的理论是非哲学的。对此牛顿自己十分清楚,他明白这个说明若有必要而且能够讲清楚的话,必将是以后的事情,而他,只要根据已知的事实,想出一个符合事实且能用数学表达的理论,由这个理论得出的推论又能与观测和实验得到的事实相吻合,任务就算完成了。在《光学》一书的末尾,他说:

> ……万有引力、发酵的原因以及物体的内聚力等,这些原理,我不看作是由物体的特殊形式得来的神秘性质,而看作是自然界里决定物体形式的普遍规律;它们所具有的真实性通过现象显现在我们面前,虽然它们的原因还没有发现。因为这些是明显的特性,它们的原因才是奥秘的。……这样的奥秘性质阻碍了自然哲学的进步,所以近年以来被人摈弃了。告诉我们每一物种有其天赋的特殊奥秘性质,因而它才能起作用或产生可见的效果,这等于什么也没有告诉我们。但如果你能从现象中发现两三个普遍性的运动原理,然后再告诉我们一切有形体的物体的性质与作用都是由这些明显的原理中产生的,那在哲

---

① 〔英〕牛顿:《自然哲学的数学原理》,赵振江译,商务印书馆2006年版,第631页。

学上就是一个大进步，虽然这些原理的原因还没有发现出来。所以我毫不迟疑地提出以上所说的运动原理——因为它们的范围是很广泛的——而让别人去发现它们的原因。①

由此可见，科学并不像我们认为的那样一定要解决"真"的问题，许多时候只能就现象提出某种合理的解释。

随着科学的进一步发展，等到相对论提出，我们更看到，不但表象背后的原因是奥秘的、难知的，连根据现象总结的规律也不是普遍的，而是有限的，有一定适用范围，只能解释一部分现象；并且还是相对的，站在不同的角度，同样的现象可以总结出不同的规律。为了更清楚地说明这个问题，让我们借助爱因斯坦在解释广义相对性公理时举的一个例子做进一步阐述。②

在地球上，若我们拾起一个石子然后松手，石子就会落到地上，对这个现象的解释通常是依据引力理论，即石子受到地球的吸引而下落。假如有这么一个空间，它距离各种星体都非常遥远，可以认为不受任何引力的作用。在此空间中有一房子般大的箱子，箱子盖外面的当中安有一个钩子，钩子上系有缆绳。现在设想有一个"生物"（是何种生物无关紧要）以恒力拉这根缆绳，使箱子向上做长时间的匀加速运动。假定此时箱子中有一个人，根据我

---

① 转引自〔英〕W. C. 丹皮尔：《科学史：及其与哲学和宗教的关系》，李珩译，张今校，商务印书馆1975年版，第247页。
② 这里只是借用爱因斯坦举的例子进行转述和阐释，他的实例详见〔美〕爱因斯坦：《狭义与广义相对论浅说》，杨润殿译，胡刚复校，北京大学出版社2006年版，第52—54页。

们的经验，箱子向上运动的加速度会通过箱子的地板作用在人上，使人随箱子向上做匀加速运动，就像我们坐在火车上会有和火车同样的速度向前运动一样，而且他可以用脚抵抗加速运动产生的力，使其能够站立，如同我们能站在电梯里一样。在这过程中，当箱子中的人松开手中石子时，箱子的加速度就不再通过人传到石子上，因而相对而言，看起来石子就会"落到"地板上。那么，箱子中的人在不知道我们前面所有假设的情况下，会怎样解释这种现象呢？如果这个人是牛顿，他就有可能提出引力理论进行解释，认为石子处于一个引力场中，受到引力作用而下落。但他却难以解释同在引力场中的箱子为何不下落。如果他善于观察，发现了箱盖外面的钩子和缆绳，就可以解开这个"谜"——有一个悬挂的力抵消了使箱子下落的引力。这样，他的理论就"圆满地"既解释了箱子中发生的各种现象，又解释了箱子不下落的原因。自然，他无法回答引力从何而来，更不可能知道有一个"生物"在拉缆绳，这些已经远远超出了他的认知能力和范围了。而这现象背后的原因，就是牛顿所说的奥秘。显然，是否知道奥秘已经无足轻重，并不影响他解决问题，甚至可以进一步说，他提出的引力是否实际存在也不必深究，只要这种理论假设可以解释现象，推论得以验证，并能用于指导实践且切实有效。

让我们再假定箱子盖内系有一根绳子，绳子另一端拴有一物体，如果箱子没有运动，外面也没有引力，绳子和物体会像在太空中一样"漂浮"在箱子中，但如果箱子如前那样运动，我们将看到绳子会拉直，物体则"竖直地"悬垂吊坠着。对于这个现象，箱子中的人可以用引力理论解释，认为物体受到引力作用而下垂，下垂的力使绳子伸张并用张力抵抗引力。而箱子外的观察者则会说，是箱子的运动传到绳子上，再传到物体上，绳子必须用张力来抵抗加速运动产生的力，保持这种传递。

你看，同样的现象可以有不一样的理论解释，它们又都是等效的，用以处理箱子中的各种日常事务也都是可行的，就像我们用来处理地球上的事情一样。但是，在箱子外、地球外，这些理论就未必适用了。

根据以上分析，我们可以看到科学与真理之间远没有人们想象中那么紧密。科学只不过是一种解释现象之间联系的体系。实际上，所谓知识，就是为不同现象之间表象上表现出的某种关联建立的解析方式，知识体系则是某一类解析方式的集合、汇总以及条理化、规范化、系统化。人类的所有知识体系莫不如此，只是不同体系因观察者不同、角度不同、应用目的不同、客观条件不同等等因素，在解析方式上呈现出差异，实无高低之分，也难断孰正孰谬。即使其中一些未必与事实相合（这是所有知识体系都必然存在的），但正如上面箱子一例中引力理论有效与否并不依靠引力是否实际存在来判断一样，在一个比较成熟的知识体系中，不合事实的知识自有其合理性和实际功能。"横看成岭侧成峰，远近高低各不同"，任何一个知识体系都不能够、也不可能站在一个角度看到所有角度呈现出来的全部关系和现象，既然如此，也就不可能反映所有的事实，更不必说揭示真理了。不过，人类各种成熟的知识体系虽不能最终解决真理问题，却不因此失去价值，它们的价值在于应用层面，也就是说，都是一种功能认知体系。

笔者这里提出功能认知体系这个新概念以涵指人类所有文化

体系，在此略做申述。其中包含四层意思，一是指其包含某种认知方式或宇宙观，虽然对于同一现象，不同人会用不同的理论进行解释，但理论的提出不可能凭空而来，往往暗含了某种认知观念。如哥白尼的日心说在当时对天文现象的解释和地心说是等效的，日心说并不表现出更有说服力，仅仅在简单性、规律性和协调性方面稍稍见长。哥白尼之所以热衷于这种体系庞大，需耗费无数精力，还不见得更完善的日心说研究，数十年乐此不疲，支撑他这种行为的重要思想根源之一是他信奉毕达哥拉斯派的简单和谐理论，无法忍受地心说那极其复杂的系统。而羌人之所以治病时有那么多的法术、咒语，没有发展出现代西医那样的治疗方法，也应与他们的认知方式有关。二是指其具有一定功能，以应用为主，目的在于解决实际问题。虽然每种知识体系都倾向于将自己的理论尽可能建立在事实基础之上，与观测事实相符，但并不较真、不苛求，以解决问题和实践应用为首要目的。从前面牛顿的自述便可以看出，即使世人公认最为认"真"的科学也是如此。三是指其具有系统性，自成体系。这种系统性一方面表现在其涉及面广，把与建立体系的群体生产生活相关的所有现象都统合了起来；另一方面表现在其中一些认知有可能是错误的、片面的、不符合事实的，但这些错误有的可以由体系中其他方面补偿或修正，有的因具有解决实际问题的价值而得以存在，因而总体而言能够自圆其说，自成逻辑，自有道理，在体系内是协调一致的。四是指其适用的有限性。既然功能认知体系是某一地域某些人为某种目的而建立的一种解析体系，它就只适用于某地、某些人、某种用途，而不是普适的。这种有限性可能是地域性的，超出了有限地域，其适用程度就会降低甚至无效，这好比一个政府的统治力量在边远地区必然减弱，而到了境外就失去效力一样。有些是行业性的，例如物理学虽然适用于许多地域，但套用在生命科学上就未必有效。有限性还体现在不同体系之间不能简单互释。相似甚至同样的行为在不同体系中作用很可能不同，甚至完全相反。

至此，我们大概可以明白为什么在现代知识体系中认为只有心理慰藉、精神寄托等作用而无实际效能的宗教行为，在羌文化中却有可能作为一种技术，成为当地的一种社会生产力。原因很可能就在于羌人的知识系统是有别于现代知识体系的另一种功能认知体系，表面相似的行为在不同体系中发挥着不同的作用。如果我们不打算对宗教、信仰的定义做修改的话，那么羌人的敬神、驱邪等行为就不应该再简单地统称为宗教或信仰，因为其中有相当大的部分在现代知识体系之中是属于科学技术范畴的。也就是说，不同体系之间存在认知观念、分类方式、逻辑结构等等诸多不同，在甲认知体系中顺理成章的行为，换从乙认知体系的逻辑去判断很有可能是违背"常识"、"公理"，"不可理喻"的。因此，要真正认识羌文化，不站在羌文化的角度去考量是不可能实现的，若仅根据表面现象，用别的文化思维强行解释，误读势必无法避免。

二、"科学方法"辨

上面对科学与真理关系问题的分析，大概能破去部分人对科学的一些"迷信"观念，但相信还有人坚持认为科学除了求真精神,还有科学方法,因而能够拥有更多的事实,距离真理最近。在此我们再来讨论一下方法问题。

首先应该肯定,是方法成就了近代科学,也是方法上的突破,使许多学科走出了困境,从不成熟走向完善,从离散变得系统,从被世人嘲笑转为备受尊重和推崇。可以举一两个例子进行说明。

在今天的人文学科中,人类学的影响巨大,这是我们熟知的。但20世纪初,人类学却是一门在当时"经常被它自己的追随者误解成一种无聊的搜寻古董的活动,是在野蛮人和'残暴风俗及粗俗迷信'的奇特形态中的闲逛"[①]的学科。后来引入了田野方法,人类学整个学科才走出不堪,得以超越。对人类学田野作业进行批判反思的保罗·拉比诺也认为"最开始的时候,田野作业、民族志与人类学的结合是一项重大革新"[②]。

马林诺夫斯基对人类学中田野方法主体框架的建构起了巨大作用。大家知道,对一定范围的人群进行一年以上全周期的长时间跟踪调查是马林诺夫斯基提倡的,也是人类学田野方法区别于以往和其他学科的标志之一。但还有一个重要方面人们往往很少留意,那就是马林诺夫斯基特别反复强调要在调查中采用科学的方法,倡导一种科学的人类学。他对自己的方法是这样表述的:

> 这种方法的原则可以在三个主要标题下归类:首先,自

[①] 〔英〕布罗尼斯拉夫·马林诺夫斯基:《西太平洋上的航海者》,张云江译,九州出版社2007年版,第1203页。
[②] 〔美〕保罗·拉比诺:《中译本序:哲学地反思田野作业》,载《摩洛哥田野作业反思》,高丙中、康敏译,王晓燕校,商务印书馆2008年版,第1页。

然地，学者必须怀有真正的科学目标，并且知道现代人类文化学的价值和标准。第二，他应当将自己置于良好的工作条件之中。也就是说，最主要的就是不要和其他白人居住在一起，而直接居住在土著人中间。最后，他还得使用若干特殊方法以搜集、操作、确定他的证据。①

马林诺夫斯基在《西太平洋上的航海者》一书中无数次提到"科学"，他说要用科学戳穿西方一些人甚至部分教科书描绘的，土著人"歪曲变形、天真幼稚、笨拙可笑"的虚假漫画。他的做法是"使用亲属称谓表、系谱、地图、图样、图解"，证明"一个巨大而重要的组织的存在，展示出部落、宗族、家庭构成的体系"，并且"勾勒出这样一幅图画，即土著人的行为举止都受着严格准则、良好习惯的约束"。② 他还说：

> 对于科学而言，孤立的事实自身，不管看上去是如何动人、新奇，毕竟没什么价值。真正科学探索和纯粹的古董搜索之间的区别在于，后者追求的只是古怪奇特而反复无常的东西，渴望耸人听闻和收藏的癖好，为之提供了双重刺激因素。而在另一方面，科学就必须对事实进行分析和归类，为的是把它们置于一个有机整体之中，将其合并进入一

---

① 〔英〕布罗尼斯拉夫·马林诺夫斯基：《西太平洋上的航海者》，张云江译，九州出版社2007年版，第47页。
② 〔英〕布罗尼斯拉夫·马林诺夫斯基：《西太平洋上的航海者》，张云江译，九州出版社2007年版，第58页。

个体系之内，这个体系是要尝试将各方面不同的真实进行分组的。①

而他的更高理想，则是要通过科学把人类学变成"具有最深刻的哲学思想，而能启发、提升科学研究修养的学科之一"②，以追求"使我们自己的世界观更为丰富深刻"、"了解我们的本性，并使之在智力、艺术上更为完美"③的最终目标。

因此，可以认为科学思维是马林诺夫斯基田野方法区别于以往的另一个重要标志。普遍认为，马林诺夫斯基等人类学家引入的以上方法是人类学从此获得新生的关键所在。

方法同样改变了化学的命运。按科学史家的说法，化学"在所有的学科中，最慢摆脱传统的局面"，其中一个重要原因是"在所有科学中，只有化学因为受早期实验家的控制而拒绝引入科学方法"，以致进入了18世纪，人们对化学的研究还毫无头绪，而物理学、天文学、生物学等学科早在17世纪就已经有了巨大突破，取得了辉煌成就。④

化学的这种景况得以转变，史家认为主要原因之一是以拉瓦

---

① 〔英〕布罗尼斯拉夫·马林诺夫斯基：《西太平洋上的航海者》，张云江译，九州出版社2007年版，第1181—1183页。
② 〔英〕布罗尼斯拉夫·马林诺夫斯基：《西太平洋上的航海者》，张云江译，九州出版社2007年版，第1203页。
③ 〔英〕布罗尼斯拉夫·马林诺夫斯基：《西太平洋上的航海者》，张云江译，九州出版社2007年版，第1201页。
④ 参见〔美〕雷·斯潘根贝格、黛安娜·莫泽：《科学的旅程：插图版》，郭奕玲、陈蓉霞、沈慧君译，陈蓉霞校，北京大学出版社2008年版，第147、411页。

锡为代表的一些科学家倡导采用定量的测量方法，也即通过实验前后的称重获得定量实验结果。这一定量分析法先是使化学家发现了大量新元素，进而使燃素说在定量法得到的数据面前失去了圆说效力，这才发展出另一套具有更大适用范围的解析理论。

伽利略和牛顿的数学表达之于物理学，拉瓦锡的定量分析之于化学，还有马林诺夫斯基的"亲属称谓表、系谱、地图、图样、图解"之于人类学等等都给人以数字在研究中具有巨大作用的印象，现在许多人文学科也明显表现出用数字论证的倾向。那么，这是不是就是所谓的科学方法呢？

大量运用数据确实是自然科学所用方法的一个突出特点，但科学界却不认为这是科学方法的本质。他们说科学方法的核心是实证，换言之，就是依据实验来检验和证明已有的结论和各种推论，并且任何人都可以重复、可以验证。爱因斯坦评价伽利略为"整个近代科学之父"时是这样说的：

> 纯粹的逻辑思维不能使我们得到有关经验世界的任何知识；所有真实的知识都是从经验开始，又归结于经验……正是由于伽利略看清了这一点，特别是因为他将此引入科学界，他成了近代物理学之父——实际上，也是整个近代科学之父。①

的确，伽利略在方法上的贡献不仅仅因为他综合了实验法、

---

① 〔美〕雷·斯潘根贝格、黛安娜·莫泽：《科学的旅程：插图版》，郭奕玲、陈蓉霞、沈慧君译，陈蓉霞校，北京大学出版社2008年版，第47页。

归纳法和数学演绎法,更在于他倡导实验可重复,结果可检验。其中无论是实验、归纳还是演绎,核心都在于可见可得可验证。这种研究思维一直沿用至今,也就是今天科学方法的本质。实际上,化学之所以被确立为一门科学,也是靠的实证,是比拉瓦锡早一个世纪的波义尔用大量实验取证使时人改变了观念。而数字,因其无情感特征而使验证表现出一种客观性;数据的宏富则是证据充分的表征;在经验基础上用数学方法总结出公式和规律,也是为反复实验和反复验证提供可能;数字的精确性,尤其验证中推论与事实在数据上一致与否的清晰明了更使论证具有难以辩驳的说服力——无论是立论还是推翻已有定论。这些都说明,数字的运用是为实证这一本质服务的。所以所谓科学方法就是用事实说话。曾有波义耳、牛顿、哈雷、瓦特、麦克斯韦、达尔文等等许多对世界有深巨影响的大科学家加盟的英国皇家学会的座右铭就是:"不要听从别人而要亲自观察。"[①]

可是,难道说摆事实、讲道理,用事实论证是科学独有的、新创的吗?显然这是不成立的,相信没有人会同意这一说法。"眼见为实,耳听为虚"是人们接受一种说法和现象的基本态度,即使是魔术这样的游戏,也要建立在"可见可得可验证"的"事实"基础上。备受批判的亚里士多德关于"重的物体比轻的物体下落得快"的论断难道毫无根据吗?让一张薄纸和一个石头镇纸一起落下难道不是镇纸首先落地吗?这个实验难道不可重复不可验证吗?地心说

---

① 参见〔美〕雷·斯潘根贝格、黛安娜·莫泽:《科学的旅程:插图版》,郭奕玲、陈蓉霞、沈慧君译,陈蓉霞校,北京大学出版社2008年版,第118、411页。

难道不是建立在日日可见的"地球在脚下不动，太阳在空中运行"这个最普通的常识基础之上的吗？前面我们已经讲到，科学的历史是不断自我否定的历史，那么，难道说17世纪、18世纪、19世纪、20世纪科学结论中的错误是因为没有观察、没有验证或不可重复、不可检验吗？这明显是自相矛盾的。准确地说应该是，重观察、求实证是人类认知的基本方法，而不是科学独有的特质，科学只是充分认识到了这一方法的重要性并加以运用和强调而已，正像田野方法使人类学摆脱了困厄，人类学因而认识到田野方法的重要性，进而推崇备至，但进入田野进行实地考察不是人类学独创的一样。

科学之所以能够撼动前人的经典学说，靠的自然就是验证。无论是近代科学推翻古人学说，还是后来的科学否定之前的科学结论。不过这种所谓"验证"往往不是严格意义上的，如前所述，功能认知体系具有适用有限性的特点，必然经不起无限的验证，尤其后人常常采用改变实验条件的方法去检验前人有限条件下得出的结论，所以才会出现各种"错误"和失效的现象，就如纸和镇纸的例子，若把纸捏成团，"重的物体比轻的物体下落得快"的结论就很可能无效，更何况人们还制造出真空环境来检验，结果是羽毛和铅块以同一速率下落[①]。除了用这种改变结论依存条件和适用范围的方法外，常见的还有通过指证他人理论中存在部分与事实不合的"非真"现象来否定其整个逻辑体系，或是用自身体系无法求证的"事实"否定他体系求证的可能性。这些也是近代以来以科学为代表的现代文化体系非难人类许多古老文明的方法。

---

① 波义尔就曾做过这种实验。

用这样的手段来证伪实际上违反了科学的基本精神。用这样的结论来否定亚里士多德和人类古老文明也有失公允和全面。因为两者之间已有了许多不同，不能简单地等而视之。验证一种理论是否成立应还复其本来面貌，而且应在其体系内部去评判衡量才有可能得出较为中肯的结论。另外也应该指出，科学自身的不断发展并不是如表面上所见的那样似乎是不断否定前人的过程，而应认为是不断寻找新现象之间的解析理论的过程。在这过程中，不同学科不同问题所用的具体方法可以八仙过海各显神通，不尽相同，相同的是"反复检验"这个人类最为古老最为常规的法则。人类所有知识都是在不断验证有效后才逐渐被认可、流传开去和积累下来的。不独科学如此，古老的羌文化当然更是如此。因此，如果一定要说科学有什么真正的方法，那就是没有成法，不拘一格，具体问题具体分析。

澄清了以上两个问题，当我们再面对像羌文化这样人类创造的古老文明的时候，就应该多一些尊重，少一些批判和苛求，尤其遇到用现代知识体系难以理解的现象时更应该谨慎、谦虚和宽容。而经过千年以上反复实践的羌文化更不必妄自菲薄，因为道理自在其间。

有了这样的认识，我们就可以平心静气地再回到阿尔村，看看羌文化究竟是一种什么样的文化，看看其道理究竟何在。

第二节 羌人的"神魂系谱"

对于以唯物论、科学世界观为基础的现代学术研究体系而言，羌文化中最不相同、最难以理解也最容易产生误读的就是其神、邪、魂、鬼等概念，许多人常把它们混为一谈。由于这是羌文化体系一个非常重要的组成部分，也是能否正确解读羌文化的一个关键，因此首先要对其进行辨析。

关于神，释比经文有说："山中豺狼虎豹多，牲畜遭害难发展。后来羌人供畜神，看管牲畜办法多。"①由此可知，牛神、羊神等牲畜神并不是把牲畜奉为神，而是指看管牲畜者。还大愿时还会唱道："青稞本是天神种，天神射箭种青稞，撒柔山神青稞地，青稞神母兹哟姆，青稞神男兹比布，天庭宝地撒青稞，太阳之上撒青稞，月亮之处撒青稞，……高山顶上撒青稞，百家夺地巴巴如撒青稞……"②也就是说，青稞神指种青稞者，而不是视青稞为神。类似观念也同样体现在其他神上。可以这样认为，羌人所谓的"神"，并不是像有些人认为的那样直接把事物本身奉作神。而是指支配、管理事物者，这些管理者控制着事物按照一定的规律行动或变化。神有很多，不同的事物由不同的神管理，只是一些神为统管，如天神掌管天下万物，某一座山的山神管理该山所有禽兽草木；一些神为专管，如月亮神专门管理月亮，羊神只负责羊子。

既有神辖管着自然界，不就应该风调雨顺、万类安和了吗？可有些时候，事物又会出现反常的行为，如生物莫名害病，日月

---

① 引自和志武、钱安靖、蔡家麒主编：《中国各民族原始宗教资料集成：纳西族卷·羌族卷·独龙族卷·傈僳族卷·怒族卷》，中国社会科学出版社2000年版，第535页。
② 引自赵曦：《神圣与亲和：中国羌族释比文化调查研究》，民族出版社2010年版，第171页。

不按常规出没等等。这是什么原因呢？对此，羌人提出了"邪"这一概念，认为能够左右事物的不仅仅是神，还有邪。当被邪控制时就会一反常态。有时邪似乎是一种泛称，会侵害各种物体，但有时候又表现出专指，比如有牛羊邪、树林邪、水邪等等。由于羌人对邪的表述比较含糊，不易分辨和把握致使事物反常的是同一个邪还是像神一样不同事物有不同的邪，故邪究竟是泛指还是专称目前尚难判断。估计当某些邪害的症状和规律被掌握后，便有了专门的名称，如新人邪、死人邪。还有一类邪似与品行有关，如《羌族释比经典》的《送邪气》[1]提到的邪气就有以下这些：

> 眼红别人家财者／释比施法撵除了
> 眼红别人田宅者／释比施法撵除了
> 进门恭维奉承者／释比施法撵除了
> 出门阿谀陷害者／释比施法撵除了
> 没有事来搬事端／释比施法撵除了
> 没有祸害找来祸／释比施法撵除了
> 心术不正小人者／释比施法撵除了
> 狡诈阴险小人者／释比施法撵除了
> 无中生有小人者／释比施法撵除了
> 搬弄是非小人者／释比施法撵除了
> 一心去做坏事者／释比施法撵除了

---

[1] 四川省少数民族古籍办公室主编：《羌族释比经典》，四川民族出版社2008年版，第774—775页。

看来，拥有专称的邪名目也为数不少。要注意的是，调查中发现，凡是邪都无法灭绝，只能驱逐或控制，使其离开事物本体，不再作祟，还复事物的常态。神可驱邪，法术也可对治相应的邪。另外还有"煞"，似应理解为邪的别称，而不是新的类别，如撵新人邪也叫撵煞。

除了敬神，羌人还非常敬重逝去的先人，包括祖先和师父。他们家家户户都供有家神神龛，神龛牌位上列出了许多神圣，历代祖先则高居其上。笔者考察时，或见到，或了解到，每逢清明节、十月初一、春节，阿尔村人家家都要上坟祭祖，其他年节无论大小，至少也会在神龛处燃香点蜡念祷一番。至于修房造屋、婚丧嫁娶、生儿育女等家中大事更有许多祭拜仪式，甚至有些先祖的名字还要代代传记，以致形成了一个非常庞大的先祖系列。例如每一个寨子开基立业的始祖，被称为地盘业主或寨主神，不管其后代迁至何地，都不会丢下，长长的地盘业主名单简直就是他们迁徙的简史。还如释比也必须记住所有的师祖师爷。敬祖行为我们是容易理解的，人之有生，其来有源，父母是生身之祖，师父为技艺之宗。父母护爱子孙自不必说，师父同样视徒如子，弟子有求，总是倾力相助。有这种恩情在，知恩图报，人之常情。不过，若把羌人这种敬祖行为纯粹解释为重情感、讲孝道未免失之乏力，毕竟，要说许多从未谋面的远祖与现在的人有深厚的感情总难令人信服。那羌人何以能够做到呢？如果人们知道羌人的先祖还对他们当下之需求有着实际功用和切实帮助，或能顿然获解。试举一例，朱光亮回忆他当年踩铧头盖卦时，第一次怎么尝试都不成功，铧头灼烫，纸一碰到就立即燃烧，根本无法近前，更别说用手去摸。后经师父询问检查，发现是少请了一位师祖。朱光亮于是反复念熟记牢，然后再试，果然顺利，火红的铁铧，随便用手摸、用舌舔、用足踏、感觉都是一片冰凉，自此学成。这说明，羌人敬奉先祖并非纯属礼节和仪式，也不仅仅是情感，还有着实际功能。

祖先有如此神奇作用，羌人又有家神、寨主神等称呼，那么祖先是否也是神或者已经被神化了呢？学界普遍持肯定意见，但笔者以为不然。根据前面对神的分析，先祖和神至少有以下不同：首先，神独立于事物之外，而祖先则有名有姓，一一具在，每一位祖先就是一个具体的人。其次，神面对所有人等，祖先却一般只关照其子孙后代。再次，神和祖先发挥作用的方式不相同，神力只对物，祖先一般不能控制物，只是协助人。还有，人们对神和祖先虽都重视，但感情上却大不一样，对神更多的是敬和畏，对先人更多的是恩和孝。尽管并不是各类先人都必须代代传记，但在人们心中，每一个祖先都有其地位和分量。这样看来，羌人的祖先和神还是差别明显，不能简单地混同的。那么，该怎么看待羌人对一些先辈以"神"相称呢？笔者认为应当理解为一种敬意，表示尊重，特别是对那些在他们个人，或家族，或村寨历史上有过较大影响的先辈。既然祖先不是神，那又是什么呢？笔者认为与"魂"有关。

"魂"是羌人认知体系中另一重要概念，不过日常生活中谈到魂的场合并不多，只在做某些法事时才涉及，如中坛招魂、送血光、送茅人等。值得注意的是，这些都和在世的人相关，表明世间的人是有魂的，而且魂有独立性，魂、体有别，正常情况下两者相依附，非常情况下，如受惊吓时，魂会离开身体，没有魂的身体会出现异常，脱离人体的魂也不安定。这些说明羌文化中魂、体是分立的。另外，羌人认为人在死亡埋葬以后会回煞，而老人去世后其魂还会在家里中梁上居住三年，以及凶死者的魂必须施法招回等。从这些说法和行为，我们可以看到，在羌人观念中，肉体死亡后，魂是不死的。也就是说，人的肉身会灭寂，但魂却不会。那么，可以认为羌人祭拜祖先实际上是供养祖先的魂。关于魂，羌人还认为：人有三魂七魄，死后各有归所。其中一魂守尸，一魂参与家族宗先行列享受祭祀，一魂回归本部族祖先的原始出生地。[①] 三魂七魄中的魄，因调查材料涉及不多，在此无法做进一步讨论，但既与魂同列，估计性质与魂近似，只是划分更为具体，当和魂同一属类。

其实，魂不独人有，其他生命体也有。例如，年猪杀后，人们要收集猪蹄壳到猪圈告慰猪魂；又如还大愿时上坛释比需敬拜猴先祖，这显然是猴先祖之魂。不过，羌人极少提及动物魂，估计是它们对人的影响甚小之故。因此，羌人所谓的"魂"主要指人，包括活着的人和故去的祖辈。要提醒的是，在其他文化中一般把魂与鬼合称，但羌文化里魂和鬼不能完全等同。正常的魂不会害人，鬼却害人。

从阿尔村的情况看，他们对于鬼的建构似乎主要与人的身体出现异常相关。在当地，用药物无法医治的异常情况大致可归为以下几种，一是得罪了神、祖宗、师祖；二是中邪；三是鬼害。

---

① 参见阮宝娣：《羌族释比与释比文化研究》，中央民族大学 2007 年博士学位论文，第 47 页。这一说法也得到了余世华认可。

第一种情况是自己行为不端，受到神等的惩罚，原因显明，不必再做讨论，需要辨析的是中邪和鬼害的区别。仔细分析会发现邪的范围较广，既会作用于人，也会作用于其他事物，而鬼只针对人。另外鬼害似乎有明显的诱因，如见到可怕的死人场面，中邪则连诱因都难以确定，较为笼统，其中是否包括部分鬼害尚不明了。可以肯定的是鬼专门害人。我们再来看看阿尔村鬼的类别，主要有三类：一类是挨刀鬼、吊死鬼、醒醒鬼、绊死鬼、落水鬼等；一类是毒药猫；一类是阴人、阴狗。第一类明显与人的魂有关，结合羌人魂魄理论和人死魂不死观念，可试做如下解释：此类皆属于不正常死亡者，其中一部分为意外亡故，其魂魄应招回归位，否则就会游离于外，久之因缺少供养便变成侵害生者魂魄的恶魂；还有一部分大概积怨甚深，如吊死鬼，死后魂魄不能安于其位，出来害人，也成为恶魂。这些会害人的恶魂都被名之曰"鬼"。第二类毒药猫也称为"鬼"，但与前一类不同，毒药猫是活着的人。

关于毒药猫，学界关注甚多，各地说法有同有异。笔者在阿尔村调查的结果是：毒药猫每个寨子都有，一般不止一个，绝大部分为女性，偶有男性，但很罕见，男性的法力更为高强，据传龙溪乡地里寨曾有一个男性毒药猫，能飞越近四米高晒粮食的粮架。毒药猫能传毒，不小心吃了毒药猫给的水、食物等会中毒，症状主要表现为肚子胀痛，但只要用左手去接就不会中毒。毒药猫在夜间能变化，通常变猫，毒药猫之名由此而来。还能变羊、牛、马等，据说她有一口袋，内装多种动物的毛，摸到什么毛就能变成什么动物。变化后的人体仿佛失去知觉一般，有如休克，任由摆弄都没有反应，直至魂魄回归。可见，毒药猫也与魂有关。但毒药猫无论传毒还是变化只发生在阴历二月、八月。平时则与常人无异，性情也不坏，有婚姻家庭，能生儿育女，人们与之交往和一般人没有任何区别，如可以一起玩耍、吃喝、相帮等等。毒药猫一般母女相传，婴儿出生后第三天，毒药猫会在婴儿肚脐上烫一个水泡，如果按下去会响则说明此孩能学成毒药猫法术，否则就学不会。有些说法，如非正常死亡是毒药猫所害，毒药猫会吃人或致人死亡等等，在阿尔村，均被释比断然否定。他们解释说，毒药猫受城隍管辖，她要吃人或害人致死须经城隍批准，否则会受到制裁，所以一般不可能杀人，即使与毒药猫发生了口角争斗也不必担心有杀身之祸。有一点各地是相似的，即毒药猫纵有千般不是，寨中却不可无毒药猫，否则喝水都会中毒。可见，毒药猫这种鬼还有一定制衡作用，其原理尚不明晰。

最后一类为阴人、阴狗，它们只出没于深山的夜里。不常见，属于何物也不清楚，在此姑且归为鬼。因阴人、阴狗也会害人，而且能够杀人，可谓最为凶狠者。羌人进山打猎、挖药等常夜宿山中，若半夜听见有人带猎狗大声吆喝打猎，又没有回音，就是阴人、阴狗出现了，须马上摇醒所有同伴以免被阴人、阴狗寻到。而且同伴间绝不能互叫姓名，即使小名、外号也不可，否则阴人马上能确定方位并开枪，一旦阴人枪响，被叫者或未醒者必定中弹，不过当时无事，只是精神萎靡，数日后身上某处将莫名溃烂，这就是被阴人击中之处，随即很快死亡，无法救治。这样，羌人又对一些更为复杂的症状做出了解释，这些异常症状的归因无论怎么离奇，绝大部分都还能防治，尽管有些方法很奇特，不过效果似乎并不差。

由上我们可知羌人的神、邪、魂、鬼有着比较明确的界分，同时也可以看出，它们数量庞大，难以尽数，几乎可以说宇宙间有多少事物就可能有多少神。至于魂，羌人似乎没有轮回之说，因而数目似乎更是代代递增。鬼则可划归魂类。其中邪虽也不少，但归属尚不明确，而且不是常态，故本书将这个"人多势众"的群体统称为"神魂系谱"。阿尔村的神魂系谱可归总如下，不过这只是不完全的统计：

神：天神（羌语音译为"木比塔"，又用汉名称"玉皇"）、太阳神、月亮神、31位山神①、水神、树神、地神、界神、草坪神、白石神、小罩楼神、大门神、水缸神、灶神、火塘神（铁三脚三个神）、五谷神、仓神、文武夫子、观音大士、平安神、羊神、牛神、鸡神、药王山神、福禄四官财神、四角地神、青稞神、龙王、城隍……

邪：树林邪、水邪、牛羊邪、房邪、毛绳邪、太阳邪、月亮邪、星邪、新人邪、死人邪、天煞、地煞、年煞、月煞、日煞、时煞、一百二十四位凶神恶煞……

魂：已逝的所有祖先、已逝的所有祖师、龙溪乡所有寨子开

---

① 31位山神与相应的地名分别为：述达且（百家夺寨）、沙达且（巴夺寨）、而一且（木扎寨）、律栖且（雪溜寨）、日姆且（二里寨）、恰补且（软布寨）、尔巴且（立别寨、维巴寨）、述易且（阿尔寨）、尔吾且（自亚寨、瓦戈寨）、扎达且与家一且（马灯寨）、尔易且（直台寨）、纳啊且（垮坡寨）、朱曲且（夕格寨）、萨纳且（马房寨）、尔依且（大门寨）、尔耶且（东门寨）、喧雪且（木尚寨）、箭站且（课璀，即威州）、苏布且（哈苏寨）、素若且（亚格寨）、竽唔且（罗格寨）、硪巴且（竽达寨）、雪哈且（雁门）、维巴且（茂州）、萨察且（热兹寨）、赫祖且与甲萨且（布兰寨）、惑布且（龙溪寨）、尔啊且（硪布寨）、家撒且（寨地里）。参见赵曦：《神圣与亲和：中国羌族释比文化调查研究》，民族出版社2010年版，第165页。

基地盘业主①、横竖五里内的孤魂、活人的三魂七魄、猴先祖、猪魂……

鬼：挨刀鬼、吊死鬼、龌龊鬼、绊死鬼、落水鬼、毒药猫、阴人、阴狗、横竖五里内其他恶魂……

第三节 羌人之"生命宇宙观"

任何一种文化都是多种因素交合作用下产生的，但归根到底，人类的文化必然是通过人来创发，而人又有主观意识，对待同样的外部条件，不同观念的人会有不一样的行为。并且物以类聚，人以群分，久而久之，观念相近者总是较多地汇聚一起，意见性情相左者也会渐行渐远。所以，长期稳定下来的群体，在行为上也就有一定的一致性，不同的群体创造出的文化也就有所差异。产生差异的最主要根源恐怕就是认知观念的不同。当然，人的意识与外因之间也有交互影响，但相对而言，江山易改，本性难移，人的性格特质仍然是占主导地位的，正所谓外因须通过内因起作用。也就是说，人的认知观念对于文化的形成和表现形式起着相对较为根本的决定作用。

所以可以认为，羌人的认知观念应是解开他们各种文化行为

---

① 钱安靖1983、1984年调查，龙溪沟当时有17寨，据说原为23寨，1949年后有6个村寨分别迁居，原寨已不复存在，但释比所请寨主神仍为过去的23寨。参见和志武、钱安靖、蔡家麒主编：《中国各民族原始宗教资料集成：纳西族卷·羌族卷·独龙族卷·傈僳族卷·怒族卷》，中国社会科学出版社2000年版，第530页。不过，在笔者调查中，实际应不止23寨，如巴夺就由三个小寨合并，雪溜、木扎也分别有两个寨子。因此所请寨主神实际也应不止23位。

和文化现象之谜的钥匙。按前面的论述，羌文化可认为是一种功能认知体系，而功能认知体系又都暗含了某种认知方式或宇宙观，这种观念总是以某种形式存载于各类文化行为之中，反而言之，通过分析体系中任一文化现象，都应该能解读出其认知观念。在这里，我们可以从研究神魂系谱开始，这是我们最为陌生，因而特别敏感，最容易看出差别的部分。

那么，神魂系谱包含了什么认知观念呢？

我们从羌人对待神和魂的方式可以发现一个共同特点，即无论神还是魂，似乎都要吃喝住用，神要香柏，魂要纸钱，另外还要吃肉（刀头）、喝酒（敬酒），神有寓所，如白石塔、山神庙等，魂有居处，如人体、坟墓等。不仅如此，它们又似乎还有性灵情欲，有喜怒哀乐。你敬奉它，它就会满足你的愿望，如求雨、还天晴愿；你亵渎或漠视它，它又会让你遭罪，如三江乡得罪土地神的刘木匠。于是，一个个鲜活的生命形象呈现在我们面前。唯物主义中的进化论认为，这是在古代社会，科学尚不发达，社会生产力比较落后，人们的认识水平还较低，羌民祖先对人类和自然界的许多奇观异象无法理解，只好根据人的一些特点，把外界事物人格化再进行解释所致。这固然不失为一种解释方式，不过在今天看来，这种论断越来越显得片面、偏狭，缺乏说服力，颇难令人满意。这不仅是因为，很难想象一个生产力落后、认识水平较低之群体的文化能够延续几千年，而且在所谓先进的近现代文明浪潮多年的猛烈冲击下还无法根除，似也不符合进化论优胜劣汰原则。而现代社会自诩的发达之科学，先进之生产力，却屡屡造成难以修复的自然和精神方面的破坏，使人类之生存每况愈下，则无法不令人对这种理论的适用范围和正确性有所质疑。前文对人类认知的讨论也指出，不能简单地以不同条件下生成的知识体系去解读、评价其他文化现象。因此，似有必要重新对羌人的以上行为进行解释。然而，羌文化本身并无自我解释的理论，那么在解释理论的选择上便出现了困难。如果还是借用其他知识体系的理论，由于各知识体系都不是普适的，就难免出现削足适履强加解释的现象，在解决一个问题的同时又会产生另一个新问题。显然这不是根本之策。古老的羌文化既能传承久远，就应是一种较为成熟稳定的文化，那么，可否换一种思路，既无成法，何不尝试依着羌文化的逻辑，寻求其自身的思维结构，以作其自我解释之理论？故在此勉力一试，以为引玉。

既然人的行为是宇宙观的一种外在表现形式，那么羌人的以上行为也应该如是。假如我们顺着羌人这种"生命"的眼睛和思维去看世界，就应该会看到，他们是把整个宇宙理解为一个有机的、有生命的个体，宇宙间的万物也是一个个生命体，只是形态各异、大小不一，人类不过是宇宙间千千万万生命体的一种而已。如果人类认为自身是造化形成的一个高度协调又极其复杂的生命体，那么，难道宇宙不是如此吗？如果不协调，何以天体的运动表现出如此多的一致性和规律性呢？如果不复杂，何以迄今为止穷尽人类智慧也无法圆满地解释哪怕一种宇宙现象呢？不能随心所欲地控制哪怕一种自然灾害呢？显然，古羌人的这种宇宙观是建立在对宇宙和自然长期的观察和极为深刻的认识基础上的，而用宇宙体内自然形成的一种独立的、系统的单体——人——去理解宇宙整体和其他形成物，用人类自己最容易理解的方式去理解与自己同根同源的宇宙和自然，恐怕是最直观、最简捷、最有效、最自然、也是最智慧的一种方式。

那么，就可以认为，羌人的宇宙观是以人的生命感知去体认宇宙和万物的一种宇宙观，不妨称之为生命宇宙观。在后面的分析中，我们会看到这一认知观念存在于羌人的各种行为之中。

如果基于这样一种以人为参照对象的宇宙观，根据前面对羌人神魂系谱的辨析，我们反过来分析一下其反映的宇宙图式。

作为生命体的人既然是意识和物质实体的统一体，宇宙自然也由意识和物质组成。人的意识是魂，它指挥人的行为，那么控制宇宙按照一定规律行动的神就应该是宇宙的意识了。这样看来，神和魂性质上是相同的。人的物质实体是身体，宇宙的物质实体则不但包括日月星辰，连人都是宇宙身体的一部分。这里我们看到了生命体有这样一些特征：一是有意识有物质。二是生命体有些是嵌套的，如人这种完整的生命单体就嵌套在宇宙这样大的单体内，而人体内同样还有更小的完整生命单体，如寄生虫。三是生命体有些是分列的，如人、牛、鱼、鸟、花、草、树等生物就是分列于宇宙体内，而人体内除了寄生虫，还分列有细菌等其他单体。四是每一个完整独立的生命单体的行为都受其意识支配，同时又受制于其依存的更大单体。如人的行动是可以自我控制的，但却摆脱不了周期性随地球自转和绕日旋转这样的宇宙控制力，同样，人体内的细菌能说它不自由吗？但人要走南闯北，它又怎能拒绝？既然每个生命都有意识，那羌人庞大的神魂系谱也就不难理解了。不同的神就是不同生命体的魂，宇宙间生命体数目庞大，神魂自然与生命体等量齐观。羌人的三魂七魄至此也可以试做这样解释，那是人体内不同单体的魂而已。当然这种单体有些在现代知识体系中可能被视为人体组织的一部分（如器官），但这只是站在人这个相对较为宏观的角度做的分类。正如原子，它在化学中以完整的独立单体表现出个性，故可视为最小单位，但实际上它的内部却"深广浩淼"，有更微小的独立单元——粒子，不同粒子还个性分明，此时原子就不是最小的单位了。五是不同生命体之间是可以沟通的。当然沟通的方式多种多样，人之间可用语言、文字、手势等交流，人与动物之间也可采用手势和言语，这是分列单体之间沟通的一些方式。嵌套单体之间的沟通恐怕又不一样，可能采用某种信号，比如当人体内某些组织缺水时，就是采用刺激人的神经系统，使其依存的人这个大单体的意识产生干渴感觉，进而补充水分。羌人的求雨、还天晴愿和许多法术的灵验说明他们很可能总结出了与其他生命体沟通的方式。

由以上分析可以看出，这种宇宙观里，心、物既是两分的又是统一的。当把某一生命体作为单体观察时，其意识的作用就显得特别突出，往往起决定作用，但当把它按另一单体的一部分来观察时，尤其是作为多重嵌套之下一个微小的成分时，比如原子相对于人体，则更多表现出物质属性，而不是意识。当然这只是由于宏观与微观两种不同视野观察导致的差别，并未发生实质上的变化。人有三魂七魄是否说明一个生命体的魂由其下一级单体之魂组成的意识集团构成？这是否又可以这样解释人死魂不死的原因：一个生命虽消亡，但构成该生命体的次级和所有微单体只是解散，故而微意识实际仍然存在，只是不像原来那样集合在一起而已？所以只要用某种方式把这些微意识集合起来或联通，已逝生命的魂又会还原，这种还原并不需要借助物质实体的重新合成。如果真是这样，那不同单体之间意识的沟通就的确是可能的了，人神之间、人与逝者之间的交流也就不是天方夜谭的神话。不过这些只是猜想，而且已经超出本书研究的范围，故对该问题的引申讨论到此为止。但从中我们也可以看到羌人这种宇宙观内涵是极为丰富的。虽然这种宇宙观也不是最究竟的，但比起无法回答终极真理，只能把此任务推给哲学或宗教的"科学世界观"更为完满，毕竟，羌人的宇宙观独立而轻松地给出了较为究竟的答案，而且走得很远。更大的区别是，这种终极问题在现代文化体系中是最后回答的，是最深奥的学问，而羌人却将其作为最基本的常识，是他们一切行为的基础——羌文化作为中华文明整体中的一部分，其以上特点同时也是中华文明的重要特点，但这是后话，在此不论。总体看来，羌人的宇宙观既简单又奥妙无穷。

显然，羌人的神魂观念及相关的各种行为都是由羌人生命宇宙观生发出来的，与现代宗教概念明显不同，所以并不能将其与现代文化语境中的宗教等同论之。泰勒在《原始文化》中称此类观念为"万物有灵观"，其实质是视之为宗教的早期、原始、低级状态，这是站在西方宗教立场从进化论的角度做出的判断和比附，是否适用于世界其他地区在此不谈，但从羌文化的情况看则是不得要义的。羌文化再怎么"进化"，也不可能"进化"成西方宗教这种类型的所谓高级阶段，这是由各自不同的认知方式决定的。

第四节 羌文化的"自然性"与"实用性"

生命宇宙观不仅直接导致了羌人神魂系谱及相关文化现象的形成，还对他们的其他日常行为有着深刻的影响。

羌人的行为中有些看起来颇为矛盾，令人费解。例如，他们杀年猪一定不会选择在猪的本命日。当笔者向朱金龙询问原因时，他对这个提问感到愕然，迟疑半响才颇难启齿地说："……它就好像是，属猪，它的本命，哪怕是低等动物，那天就，躲过了……"言辞闪烁，人则表现出手足无措、局促不安，但紧接下来他的话突然变得极为流畅，声音也格外爽朗："其他的就随便哪天都可以。"显然对他来说，在猪的本命日杀猪是非常残忍的事情，即使对待"低等生物"也不该如此，而在其他日子则是件乐事。要知道，朱金龙是阿尔村有名的杀猪好手，常常同一天为三家甚至五家杀猪，在寨中奔前走后，忙得不亦乐乎。然而，他家的年猪却偏要请别人来杀，自己闲在一旁。请人杀猪是要用一大溜肉酬谢的，还得酒肉饭盛情款待。何必如此周折呢？

如果说猪养了将近一年，天天见面，日久生情倒也罢了，他们对放养在高山，终年难见一次的牦牛也是如此。牦牛需从高山赶回，故杀牦牛一般在野外，届时主人要做的只是指认而已。之后要将牦牛肩颈连接处的一大截酬劳主杀者，宴请自不待言。

特别难以解释的是他们对猴子的态度。一方面，他们对猴子充满感激之情，甚至说是至高无上，因它帮助释比重新忆起了经文。但另一方面，"张三爷"里面包的是猴的头骨，也就是说，制作一个张三爷就要捕杀一只猴子。张三爷年代久远，猴子是杀死的还是老死的可能无法确定，但为制作一顶猴皮帽而捕杀猴子之事几年前就曾发生过。既要敬重，又要猎杀，不是很矛盾吗？这和吃掉经书受到杀戮惩罚的山羊待遇有何不同呢？这一疑惑，阿尔村释比和普通村民皆无人能解。原因究竟何在？

倘若把他们的所有文化现象统一起来考察，会发现其中包含了一种辩证的观念，即任何事情没有绝对的好也没有绝对的不好，如毒药猫会传毒，但没有毒药猫却不行，否则水就有毒。下坛释比法力高强令人佩服，村寨也需要有下坛释比，可这又会损害自身，或无后或残疾。治病救人当然是好事，但救人的同时他们认为也害了别的人或事物，因此朱金龙尽管会踩铧头，却极少操作，以致知者甚少。他说每做一次，就要做三四件好事来补偿，比如义务给人帮忙，治病不收钱等。村中的释比和羌医无一不反复强调为人施治绝对不可伸手要报酬，也绝对不可对给予的酬劳多少有计较的心念。他们都认为好事做多了才长寿，可是巴夺寨103岁的老婆婆却又说她这是有罪，因此是在磨罪、背罪，从她的人生来看，她这一生的确非常坎坷。[①]60岁以上的人去世属于喜丧，而且为子孙后代奔波操劳一生，劳苦功高，理应得到全面的肯定，但这种行为却又被认为损害了其他生命，因而也造下了罪孽，需要打钎改罪，需要杀羊替罪。迎娶新娘如此大喜临门，新人邪却又随之而来……凡此种种，不胜枚举。可见于他们而言，好事非尽善，坏事也非尽恶。

---

① 其经历详见杨廷德、杨波口述：《百岁老人马长英的故事》，载阿尔村人编著：《阿尔档案》，文物出版社2011年版，第223—227页。

正因为有了这种观念，他们做事做人才表现出极有尺度，可谓合度止用，也即做任何事都留有一定分寸，适可而止，满足了所需就不再无度索取。因此，我们就看到，尽管经文和歌谣中每每祈望家中能有九年的陈腊肉，吃也吃不完，但实际上没有一家会真的养许多的猪，没有一家存有超过两年的腊肉，只要满足自家一年需求即可。他们对野牛群也绝不会整群捕杀，只是取其一二，更不会杀领头的牛和压阵"盖脚印"的尾牛。[①] 乍一看他们都非常遵守乡规民约，似乎他们保护神树林、互敬互爱等是因为惧怕触犯一些严厉的戒律，如除众，割舌尖，放入望人坑烧死[②]等，实际上规约中最轻微的惩戒条款也鲜见使用。他们经常提到的立别寨曾被除众的事件，仔细询问之下，遥远得连年代、原因以及所有细节都讲不清楚，只剩一个模糊的传说，所以事实上所谓规约不过是他们自觉行为的总结。

至于他们为人之间的尺度可由一例说明：对余明海是否会踩铧头，其两个儿子说法截然相反，次子余世荣说不会，因为他从

---

① 据阿尔村羌人介绍，野牛一般成群行动，多时达一二百只，鱼贯而行，头尾两牛最为关键，由群中体型最大的牛担任，体型大则年岁长，年岁长则经验丰富，尤其尾牛，蹄形巨大，专门负责抹去牛群走过的蹄印，以免透露牛群行踪。一旦头牛或尾牛被杀，牛群队伍就会失控，各奔东西，牛群散后将处于极危险状态，群牛常常会全部陆续死亡。

② 关于"望人坑"，余世华如是介绍：听我父亲说，以前我们这地方自定的土法，有的人做坏事一而再不听教改，就通知整个十寨，把他"弄"下去。下边百家夺电站处，以前叫议话坪，就是开会的地方。如果那个人不肯悔改，把他杀了太便宜了，那就每家每户各拿一根柴，拼成一把椅子，人拴在上面，然后大家议话，完了就点火烧，原来议话坪外边有个望人坑，专门杀那些杀人抢劫、奸淫恶霸，众人认为非"弄"了不可的，就烧了。看起来是残忍，其实是教育了下一代。

未见过，而且余世荣的长子一岁时曾经得病，昏迷不醒，往返医院多回，十几天都不见好，最后用踩铧头才治愈，但不是余明海操作，而是另请下坛释比陈天才。长子余世华则说会，前述三江乡刘木匠便是例证。据余世华解释，余明海之所以深藏不露是有原因的。在阿尔村，原则上释比之间要相互尊重和谦让，尤其是要尊让辈分和道行高的老释比，而当时陈天才专攻下坛，远近闻名，且是余世荣爱人家门的老辈子，所以余明海虽然会踩犁铧，也要首先延请陈天才。此风尚至今仍存。

以上种种现象该做何解释呢？有些如行规、保护神树林意识等可以认为是他们在漫长的历史进程中，不断积累、总结人生和生存经验教训，逐渐完善而形成。但有些观念如对待年猪的态度，似乎就不能用这种方式解释了。一个完整、协调、系统的文化整体，其各种较为定型的行为之间应该能找到相通之处，上已论述，人的认知观念对文化的形成和表现形式起着相对较为根本的决定作用。因而更深的根源当从其宇宙观上去寻找。

从羌人生命宇宙观角度分析，得出的结论是他们所有行为都可归结为两个特性：自然性和实用性。下面我们就结合羌人的生命宇宙观和各类文化现象，分别对自然性和实用性进行阐释。

在对羌人宇宙图式的分析中，我们可以看出，作为宇宙间亿万生命之一种，人并没有什么特别优越之处，无非是自然产物之一，万类皆平等。这种平等观体现在方方面面，可举几例：他们的神系包罗万象，而且在请神的时候，不管大小，无论远近，天地日月、山石水火、草木禽兽、大门楼梯都要一一恭请，送神的时候同样要一一念到，逐一恭送，多次反复却不厌其烦，就说明了这点。据朱金龙说，在为全村寨祈福之时，村寨中所有人等，哪怕有几百号人，都必须个个念到，也可为证。类似情形同样体现在《神圣与亲和》一书记载的百家夺寨还大愿中，所有参加还大愿的家庭都要一一报告给神灵。[①] 七月半宣佛子时，不仅要给自家远远近近的祖先烧纸，连横竖五里内不明不白死去的、无人认领的孤魂，以及香火已断绝、失去供养的他人家族祖先也有一份，又是一证。既有这种普遍平等的思想，从宏观上看就是无中心的，但是站在人的角度看，却又不可能无中心，此时人就是中心。那么人在其间该如何处理和平衡这种矛盾呢？羌人的方法是顺应自然，行自然之道。

人，是生命体，既为生命，就有生存之基本需求，要生存，就少不得衣食住行，衣食住行所需之物从何而来？自然来自自然界。然而，万物皆为生命，个个又都平等，哪一个生命没有生存需求呢？取之，自然界其他生命便受侵害；不取，本体生命便难维持。实为两难。不过转而思量，既为生命，必有生老病死之常道，人作为独立的生命单体，在没有其他特殊条件的自然状态下，人最基本、最应该做的就是善待其身，这是人之生命体赋之于人意识的基本责任，何况本体内还有无限微生命体有赖滋养。所以对于人来说，头等要事乃尽己所能维持己身之康健，以成全本体自然存灭之常道。故自然界之物不可不取，这种索取也是自然赋予人生存权必须授予的基本权利。羌人的行为首先反映的就

---

① 参见赵曦：《神圣与亲和：中国羌族释比文化调查研究》，民族出版社2010年版，第178页。

是这种思想。他们对人之生命极为重视，生育场所选择在最温暖的火塘位，烧最旺的火，尽最大努力确保母子平安健康，珍惜自然赐予的新生命。在之后每一人生环节，又集家门、舅家、乡邻、朋友等等众人之力和智慧，从能够想到做到的所有方面给予关心、爱护和帮助，直至终老回归自然。人一生之中难免生病，除了用各种药物治疗，更是上请神下驱邪打鬼，竭尽全力，想尽办法挽救。这不仅仅是对本体，同时也是对体内微生命体、对人依存的更大生命体的极端负责。既如此，作为维系基本生存必需的杀猪、打猎、挖药、穿衣等等他们自然不会放弃，更何况只需用一只猴子就能换回对他们生产生活有着举足轻重作用的经文呢？

可是人求生存的努力无论多大，欲望多强，却无法逃避寿终正寝的自然法则。因此当已经尽了最大的努力仍然无力回天，他们便任其自然，不会运用某些特别的法术强行违逆自然之道，以免救一命害一命。毕竟，所有生命体都是宇宙图式中分列生命的一种和嵌套生命的一环，人之得以生存依赖于其他生命体的贡献，如年猪的死亡成全了人之需求，那么，必然也有某些生命的生存是建立在人做出牺牲的基础上的。这种宿命羌人并不讳言，而且极其坦然。在葬礼中，尽力与否是母舅和众人关注、检查的主要内容之一。只要尽了力他们就会安抚死者说："该医治的都已经做了"，"医疗给你做尽了"、"你的阳寿只有这么长"，"阎王要你的命"，所以"要顺其自然，安安心心离去"，"所有生命都有死的一天，人也不例外"，等等。这些都是葬礼上常常听到的话。甚至"该死的时候就要死"，这对于他们来说虽然无奈，却也不见得就是坏事。103岁老婆婆说的"我这个有罪哦，死不起哦。……该死的时间到了嘛，我是背罪，我在磨罪"并非纯粹调侃的虚言，没有顺应自然法则的心态和人生的蹉跎坎坷，这类戏言并非人人想得出来、说得出口。所以他们的丧事总是交合着沉痛悲伤和一定的喜乐成分，只有非正常死亡和不满60岁去世者的丧事才有较为浓重的悲痛情绪。

以上便是羌人对待生死表现出来的顺应自然的心态，不妨称为自然性。那么，是否有了这种自然的理由，他们杀猪宰牛就一定心安理得了呢？却又不然。

常常听到羌人这样说："没有五谷，人吃什么嘛。""没有水，没有火，怎么生活嘛？""没有师父，哪里有我嘛。"而对于耕牛，在上一篇中我们已看到他们的许多感激之言，这里可以摘取几句再引用一下：

> （牛）你辛苦，没有你的话，我们今年的收成也就没有，羌寨这个地方离了你不行。说的这些。也是为了安慰牛，它虽然不会说话，但它同样还是有个耳朵嘛，它还是能听话，只不过是说不出来。

这些平平凡凡、朴实无华的言语，折射出他们对人与其他生命体之间的依存关系有着清晰的认识和深刻的理解。他们甚至对锄头都心存无比的感激，专门有锄头神，每次请神时都要敬请。不仅如此，他们还认为自己为求生存而使其他生命付出了代价是一种罪，丧葬时的《改罪》唱词就说得很清楚：

>……不去砍柴火，凡民怎取暖，若去砍柴火，便对树有罪。拿来牛皮绳，地上来铺平，将那柴火捆，拴捆亦有罪……①

这些其实表明了他们认同其他生命体也有和人一样的生死自然观，是对其他生命体生存自然性的充分肯定。拥有这样的情怀和心念，他们对猪有一念之仁，对猴感恩不尽，为人恭谦有度，对所有于自己有所帮助者念兹在兹也就不难理解了。求生存的本能、怀恩的心肠、万物平等的观念等种种因素交织在一起，也就形成了他们合度止用的行为特点。

看来，羌人虽无佛陀割肉喂鹰、舍身饲虎那样牺牲自己、成全他人的故事和善举，却更没有现代西方某些理论倡导的那种不择手段、尽取所欲、唯利是图、追求利益最大化的思想。这种执两用中，不走极端的观念更合乎自然之道。

另外，不同人在宇宙图式中的位置显然不可能完全重合，即使是孪生子，他们也会在人生路程上有不同的际遇，这种差异决定了以不同人为中心自然形成的生命体关联网络不全然一样。所以虽然羌人对万物持普遍平等的态度，但实际并不把与自己无关联的事物纳入自己的日常生活中来。例如药王不是每个家庭都供奉，只有羌医；"张三爷"也只有还大愿的刮补才有。故此他们的神魂系谱尽管理论上是无限的，但实际上却是有限的，只不过不

---

① 四川省少数民族古籍办公室主编：《羌族释比经典》，四川民族出版社2008年版，第985页。

同的人有所不同。这样我们就看到,羌人的所有关系,无论是人、物还是各类神魂,都是与其息息相关的,绝不会引入与己毫无联系者以备"不测"。但如果原来无甚关联的两者之间因某种机缘产生了联系,就很有可能纳入自己的关联网络中。例如:"当他们上山遇到猛兽而走投无路时,忽见洞穴可以藏身,于是化险为夷,死里逃生,这个洞穴也会成为崇拜对象。"① 绵虒羌锋村有个例子也可作为旁证:

> 沟头寨的王廷秀上山砍木头时患雪盲症失明,向陶牧师(按:一位来华传教的英国牧师,汉名为陶然士)求医。陶将其送到成都治疗,使王廷秀成为坚定的基督教徒,接着陶然士又将王廷秀的儿子王治清送到成都学三年西医。
> ············
> 解放后,基督教在该地的影响已逐渐淡化。目前沟头寨的王治清一家,唯一公开承认信奉基督教,家里不设神龛,做礼拜背圣经。但除77岁的王治清本人外,儿孙事实上并不十分虔诚。②

这其实就是顺应自然,也是一种合度止用。各地羌寨之间文化现象千差万别,神灵多样而不统一,一直以来难以解释。有学者认为是由于无统一政权之故,这当然是一个原因,但最根本的

---

① 何斯强、蒋彬主编:《羌族:四川汶川县阿尔村调查》,云南大学出版社2004年版,第347页。
② 徐平:《文化的适应和变迁:四川羌村调查》,上海人民出版社2006年版,第198页。

根源还应是其认知观念。因此他们一般都没有强人所难行为，一切听其自然。

至于合度止用，还有一点需要说明。当其他生命体有了过度的行为，无论是人还是其他生命体，都会受到一定程度的制裁，尤其过度行为危及本体基本生存之时，甚至会出现激烈的决绝行为。羊是典型的例子。羊地位之所以低贱，主要在于它吃掉了羌人极为重要的经书，以致羊的子孙们代代成为牺牲进行偿债。野猪、老熊、乌鸦、老鹰、豺狗、豹子等等，之所以是害兽，还大愿时被斩杀，平时遭猎杀，就在于它们侵夺或践踏人赖以生存之物。甚至连太阳、月亮这样对人类不可或缺之物，如果其行为出现异常，有了"邪魔"，影响人之生存，同样要被关起来。言及此处，是否可认为，太阳邪、月亮邪、水邪等等有关各种神的邪魔，就是《送邪气》中提到的眼红别人、阿谀陷害、无中生有、搬弄是非等各种不良品行呢？这些不良品行不也就是一定程度上的"过度"吗？如果可以这样理解的话，那么邪的一个重要组成部分就是指各种生命体在求生存过程中心生歪念，以非常手段求取不该拥有之物，超出了正常尺度。这样也就可以回答邪为何不斩杀灭绝，而只是驱逐或控制。因为邪与神、魂实际为一，只是行为有失法度，一旦改正便可回复正常。

以上便是羌文化之自然性，另外羌文化还有另一特性——实用性。不过，实用性是由自然性衍生出来的。因为自然性产生了合度止用思想，合度止用思想在行为上具体表现的最主要形式就是讲求实用。

实用本就是功能认知体系的基本特点，但羌文化的实用性显得特别突出，因为对于羌人来说，既要生存，又不能过度索求，要做到合度止用，这就要精简节约，讲求实效。羌人的行为的确无处不体现实用思想，具体表现在以下两方面。

首先，凡事都必须以实用为目的。在羌文化中，几乎所有文化行为，包括唯物主义认为只与精神、心理有关的宗教和艺术，都有着具体的实际应用功能，而不是纯粹形式上的，可有可无的，只是为了满足人的某些情、欲之需要。比如法术中有念咒语的行为，在其他已经形式化了的宗教仪式中咒语是否有实际的功能在这里不做评判，但在羌文化中，咒语却不是装模作样的骗人把戏，也不是吓唬鬼神、安慰病人的心理治疗手段。阿尔村人认为，咒语有着极其重要的具体功能。它有如一把钥匙，有了它才能进门。按朱光亮等当事人的说法：不念咒语，法力再高的释比也不敢去摸烧红的铁犁铧，不敢用手在沸腾的油锅里搅捞，打钎也会血流不止。从20世纪初直至今天的学者们大量的考察报告中可看出，羌人的咒语、法术等具有不可思议的奇特功能是不争的事实。因此，咒语应是因其有用才发展出来的。至于咒语何以能产生神奇的作用，那是另一个问题。可以肯定的是，咒语必是羌人长期观察自然和不断实践总结的结果，也可以说是羌人的伟大发现，是对人类文化的一种贡献。再如羌文化中许多有唱有跳的文化现象，我们称为音乐、舞蹈。音乐舞蹈在现代文化体系中以表演为主要目的，可用于多种场合，为的主要是愉悦人心，表达或唤起人的感情，在羌文化中，当然不能否认唱和跳同样有抒发人的情感，比如欢娱，比如悲哀等作用。但究其目的，无论唱还是跳几乎都不以娱乐、表演为旨归，而是与具体的生产生活结合在一起，不可或缺。羌人说，牛山歌只有用牛耕地时才会使用。其他时候绝对不会出现唱牛山歌的情况，也即，耕地必唱牛山歌，唱牛山歌一定是在耕地。换言之，牛山歌是用于耕地的一种必备"工具"，尽管这种工具不以物质为表现形式，这正如咒语之于治疗一样。实地考察的情况确是如此。显然羌人已经把许多非物质性的东西"功能化"了，挖掘出了其中含有的与物质等效的能力。可惜，这种现象长期被某些唯物论者视为荒谬，被边缘化甚至遭致禁绝，未能得到应有的重视，以致人类逐渐失去了这种把握、利用自然的能力。同样的道理，羊皮鼓舞的应用有严格的规定，下坛与上坛泾渭分明，不可混用，无事之时更不可使用。下坛羊皮鼓上的五色线和上坛羊皮鼓上的白色纸也绝不是为了装饰好看，也不是为了尚白耻黑这种纯意识层面的原因，而是使改罪、还愿等产生效力的重要器具。求雨中唱歌、跳舞，则是使求雨成功的必要条件，是羌人用人工方式改变气候的一种主动而积极的手段，而不是万般无奈之下寻求自我安慰的被动消极行为。许多阿尔村人对笔者说，求雨歌平常不允许随便唱，其中一个重要原因倒不是因为那是丧事歌不吉利，而是一旦唱求雨歌，天就有可能下雨。

其次，物尽其用。这方面包含三层意思。一是充分挖掘事物的利用价值。这一点，上述羌人对咒语、音乐、舞蹈等非物质的利用已是证明，物质方面更是如此，在羌人世界中，几乎可以说不存在没有利用价值的物质，从日月星辰，到花草树木，到石头泥土，万物皆有用。这点后面有专门的分析，在此不做细述。二是循环利用。羌人对物质的利用往往不是一次性的，而是多次反复的。这是因为许多物质在使用前后，形态、性能等等会有所改变，性态变化之后物质的作用一般也都会有所不同，于是就存在多次利用的可能。羌人把物质的这些特点发挥到了极致。可举一例为证。

五谷是羌人的生活必需品，五谷收获后就剩下了人无法食用的草料。羌人对草料的利用方式有多种，一种是把留在地中的草料就地集中焚烧。这样可以不必为抛弃废料而花费搬运的劳力和时间，还可以用烧成的草灰做肥料，增强土地的肥力，有利于第二年作物的生长。二是用作牲畜饲料。每年冬季，大雪封山，除了牦牛，其他敞放的牲畜只能转为圈养，此时，一年积下的草料便可以解决牲畜过冬的食料问题，不用再花钱另购饲料。草料用途之三是积肥。地圈中铺上草料可以使圈内变得干燥，"窝干食子饱"，牲畜也就长得好，膘肥体壮，而且，成年累月积下了大量农家肥，解决了第二年土地的养料问题，省下了买肥料的费用，一举多得。土地肥了，五谷自然生长得好，又进入下一良性循环。

第三层意思是一物多用。阿尔村人在利用一种事物时，常常不是一物一用，而是综合运用，使之具有多种功能。羌人的住房就是一物多用、物尽其用的绝好例证。在人的各种需求中，吃饭是必不可缺的，要做饭就少不得火，烈日尽管如火，却也不足以满足做饭的基本要求，在自然状态下，只有燃烧可以实现这一目的，烧柴是最直接简便的方法。羌人对烧火做饭这一人类最基本的行为的利用达到了连现代社会提倡的环境保护都难以企及的程度。他们把火塘和厨房合而为一并设在房子中部，这样，当烧火时，不但满足了做饭的需要，这个过程还有多方面的功用，如可以取暖，可以熏制腊肉，可以加固房子。而这些又都是羌人生活中不可或缺的，且都有用火的需求。关于取暖，由于羌寨地处高山，四季寒凉，在室内甚至连夏季常常都难以久待，所以必须设法取暖。关于腊肉，人当然不一定要吃腊肉，甚至不一定要吃肉，但从生命宇宙观的角度看，吃素和吃肉同是罪，这方面区别并不大，吃肉还可以解决油的需求，更为节约，或许还有其他更多的优势，总之羌人选择了肉食。肉食之中，显然腊肉比鲜肉要经济得多，罪孽也相对要少，而且便于携带进山。但腊肉需要制作，这就需要火，如果想制作一次便长期食用，就还要保持干燥，否则会很快变坏，这也需要火不断地熏烤。关于房子，我们知道羌人的房子是用石块、泥土和木料建成，这已经是非常经济实用的了，在此不再展开。这种房子的一个特点是木头多、泥土多，尤其房背。木头和泥土害怕潮湿，一旦潮湿，木头会朽坏，泥土会流失导致疏松，以致漏水，这样房子便不宜居住。要保持木头、泥土干燥，也就离不开火长期烘烤。由此可见，羌人一塘火解决了多少问题，羌人房屋的这种设计又节约了不知多少用于烧火的木材。当然它们之间也可能是相互启发的，选择腊肉、房子材料选用和结构设计等也可能因火而来。但无论如何，都表明羌人一物多用、物尽其用的思想意识已深入血脉，流于自然。

由以上分析可以看出，羌人的生命宇宙观内涵丰富、思想深刻，在这种独特的认知观念指引下，他们创造了蔚为大观的羌文化。

第六章　阿尔村羌文化形成的原因

　　一种文化的形成必定要经过漫长的历史积淀，而一种独特宇宙观的化育，更是常常要从遥远得只有神话、传说的时代开始，羌文化正是这样一种古老的文明。欲探求羌文化的成因和来源，就不得不从羌人的历史说起。

第一节　古代的"羌"与羌文化的孕育

一、历史的继承

　　我们先来了解一下何谓"羌"。

　　实际上，阿尔村羌语里面并无"羌"这个字，他们自称"玛"，乃"自己人"或"当地人"之义。许多学者在其他羌区调查到羌民有"玛"、"麦"、"绵"等多种自称，只是口音上有差别，意思并无不同。不过，马长寿认为："大抵言之，颇似汉语中'民'之音义，即人民之义。"[①] 有的学者则说是"本地人"的意

[①] 马长寿：《氐与羌》，上海人民出版社1984年版，第14页。

思①,与笔者调查相近。无论何种解释,都与"羌"无关。"羌"不是羌人的自称。

"羌"最早见于商代甲骨文,为象形字。《说文解字·第四上·羊部》释"羌"为:

> 西戎牧羊人也。从人、从羊、羊亦声。②

汉代应劭《风俗通》也云:

> 羌,本西戎卑贱者也。主牧羊,故羌字从羊,人因以为号。(严可均辑入《全后汉文·风俗通义佚文》,并注明该佚文录自《太平御览》卷七百九十四)③

由此可知,"羌"应是古人对有牧羊习俗之人的称呼,他们属于"戎",位于西部。战国以前,夷、蛮、戎、狄不是严格指代东、南、西、北四个方位,如"北方獗狁称戎,东方亦有徐戎,甚至周人也称殷为戎,《康诰》云:'天乃大命文王,殪戎殷。'不仅如此,戎与狄也互通,两者亦多联用,如'戎狄荒服'、'戎狄豺狼'等"④。可见,"羌"、"戎"古时属于泛指,只是"羌"一

---

① 参见张曦、张海洋、蓝广胜:《羌族语言和非物质文化灾后重建需求调查项目报告书》,载张曦主编:《持颠扶危:羌族文化灾后重建省思》,中央民族大学出版社2009年版,第9页。
② (汉)许慎:《说文解字》,九州出版社2001年版,第210页。
③ 转引自(清)严可均辑:《全后汉文》上,许振生审订,商务印书馆1999年版,第393页。
④ 冉光荣、李绍明、周锡银:《羌族史》,四川民族出版社1985年版,第36页。

般都在西方,故多称为"西羌"①。司马迁曾说:"秦、楚、吴、越,夷狄也,为疆伯"②,连秦都被称为"夷狄",那么,位于秦西部的周就更是戎狄了,显然这些称呼都是相对"中国"、"华夏"而言。

既然"戎"的范围如此之大,"西戎"中的"羌"也自不小,现在山西、陕西以西的牧羊人在古时应都可以称为"羌"。随着周的灭商,秦的称霸,"中国"、"华夏"范围不断增扩,尽管如此,到了汉代,"羌"的面积仍然很大,这从西晋司马彪《续汉书》的记载就可以看出:

> 西羌自赐支以西,至河首左右,居今河关西,可千余里,有河曲。羌谓之赐支,即析支也。③

马长寿《氐与羌》对此解释曰:

> 河关在兰州西南,以西千余里为河曲。黄河自西来,至大积石山脉东南端,曲而西北行;经小积石山的东北麓,又曲而东北行;至曲沟,又曲而东行,凡几千里,皆称河曲,羌语称之为"赐支"。④

---

① 后有"东羌",相对西羌而言,实为东汉时移徙关中之羌人。并非别有"东羌"。
② (西汉)司马迁:《史记》卷二十七《天官书》,中华书局1959年版,第1344页。
③ 转引自马长寿:《氐与羌》,上海人民出版社1984年版,第11页。文中还有如下注释:"王先谦《后汉书集解》引惠栋记。所记《续汉书》此段似本于汉应劭,云:'《禹贡》析支属雍州,在河关之西,东去河关千余里,羌人所居,谓之河曲羌也。'(《水经注》卷二引)"
④ 马长寿:《氐与羌》,上海人民出版社1984年版,第11页。

这还只是当时羌人一个较为集中的地带，据学者研究，秦汉时葱岭（帕米尔高原）以东的整个中国西部都应与羌人有关。① 生活在这么广阔地域上的人未必都牧羊，特别随着时代变迁、气候变化，还有迁徙、战争等等导致资源拥有改变的诸多原因，牧羊的人可能不再牧羊，原来不牧羊的人也可能开始牧羊。

例如："姜"就被认为与"羌"有关，按范晔《后汉书·西羌传》云："西羌之本，……姜姓之别也。"② 说明"羌"和"姜"本为一字。一般认为，"羌"指部族，"姜"为羌人女子之姓。也即"姜"出于"羌"，章炳麟就主此说："其实姜姓出于西羌，非西羌出于姜姓。"③

传说中的"姜"以农业为主。周的始祖就是极其擅长种植的后稷，为农神，其母即为姜嫄，《诗·大雅·生民》曰：

> 厥初生民，时维姜嫄。生民如何？克禋克祀，以弗无子。履帝武敏歆，攸介攸止。载震载夙，载生载育，时维后稷。④

《史记·周本纪》云：

> 弃为儿时，屹如巨人之志。其游戏，好种树麻、菽，

---

① 参见顾颉刚：《从古籍中探索我国的西部民族：羌族》，《社会科学战线》1980 年第 1 期；马长寿：《氐与羌》，上海人民出版社 1984 年版，第 90 页。
② （南朝宋）范晔：《后汉书》卷八十七《西羌传》，中华书局 1965 年版，第 2869 页。
③ 章太炎：《章太炎全集》（五）《太炎先生文录续编·西南属夷小记》，上海人民出版社 1985 年版，第 334 页。
④ 程俊英、蒋见元：《诗经注析》，中华书局 1991 年版，第 800 页。

麻、菽美。及为成人，遂好耕农，相地之宜，宜穀者稼穑焉，民皆法则之。帝尧闻之，举弃为农师，天下得其利，有功。帝舜曰："弃，黎民始饥，尔后稷播时百穀。"封弃於邰，号曰后稷，别姓姬氏。后稷之兴，在陶唐、虞、夏之际，皆有令德。①

更早的神农氏亦为姜姓，《太平御览》说：

神农氏姜姓，母曰任姒，有乔氏之女，名女登，为少典妃。游于华阳，有神龙首感，女登于常羊，生炎帝。人身牛首，长于姜水，以火德王，故谓之炎帝。②

"姜水"位于后来的"中国"西方，与周的发源地岐山相邻，《水经·渭水注》道：

（岐水）又屈径周城南……又历周原下……水北即岐山矣。……岐水又东，径姜氏城南为姜水。③

以上说明出于牧羊之"羌"的"姜"已改为务农了。如果远古的神话不足以证，可再举《后汉书·西羌传》所记为凭：

---

① （西汉）司马迁：《史记》卷四《周本纪》，中华书局1959年版，第112页。
② 转引自冉光荣、李绍明、周锡银：《羌族史》，四川民族出版社1985年版，第3页。
③ （北魏）郦道元注：《水经注疏》，杨守敬、熊会贞疏，段熙仲点校，江苏古籍出版社1989年版，第1537—1538页。

> 羌无弋爰剑者，秦厉公时为秦所拘执，以为奴隶。不知爰剑何戎之别也。后得亡归，而秦人追之急，藏于岩穴中得免。羌人云爰剑初藏穴中，秦人焚之，有景象如虎，为其蔽火，得以不死。既出，又与劓女遇于野，遂成夫妇。女耻其状，被发覆面，羌人因以为俗，遂俱亡入三河间（按：李贤注"三河"为黄河、赐支河、湟河。顾颉刚认为应是河水、湟水、大通河）。诸羌见爰剑被焚不死，怪其神，共畏事之，推以为豪。河湟间少五谷，多禽兽，以射猎为事，爰剑教之田畜，遂见敬信，庐落种人依之者日益众。羌人谓奴为无弋，以爰剑尝为奴隶，故因名之。其后世世为豪。[①]

可见，在一定条件下，羌人也会改变生活方式，或射猎，或畜牧，或农耕。

综上所述，可以得出以下结论：

1. 羌人历史古远，直可追至远古神话时期；

2. 羌人居地广袤，东西、南北各达数千公里之阔；

3. 羌人并非某一确定群体，而且生活方式并非一成不变，因而"羌"应该是有时候泛指牧羊人，有时候代指地望，有时候指"羌"的后裔等等。

根据这样的结论，就可以认为，羌人泛指自古以来西部一片广大土地上生存的人及其后裔，正如现今称中国人为炎黄子孙一样。由于该地域绝大部分时间处于无统一政权的状态下，思想也

[①] （南朝宋）范晔：《后汉书》卷八十七《西羌传》，中华书局1965年版，第2875页。

就相对较为自由，秦以后各个朝代虽欲辖管，然而鞭长莫及，以致像唐朝这样强盛的时期，最佳管治方式也只是采用羁縻之策。所谓羁縻，《新唐书》如是说：

> 诸蕃及蛮夷稍稍内属，即其部落列置州县。其大者为都督府，以其首领为都督、刺史，皆得世袭。虽贡赋版籍，多不上户部，然声教所暨，皆边州都督、都护所领，著于令式。①

因此，羁縻实际上就是自我管辖、地方自治。由于叛服不定，羁縻州府时增时减，常处变化之中。比较稳定的时候，可升为与汉区州同等的正州，纳入户部。升为正州者旦有局势不稳就再下降为羁縻州府。唐代羁縻州初时为三十二个，后来最多时竟达八百五十六个。这样的一种管理方式，辖治力度必然是相对较为弱小的，其受中原文明之影响自然也就相对较小。

总而言之，从远古就开始的漫长历史和长期相对自由、独立的生活使这一地域的人们有可能形成自己较为独特的宇宙观。

至于古羌人的行为特性，翻阅古代文献材料，隐约可见一斑。《诗·商颂·殷武》说：

> 昔有成汤，自彼氐羌，莫敢不来享，莫敢不来王，曰商

---

① （宋）欧阳修、宋祁：《新唐书》卷四十八《地理七下》，中华书局2000年版，第735页。

是常。①

《竹书纪年》载：

> 成汤十九年，大旱，氐羌来宾。②

由上可知商代初年，羌与商的关系甚好，不仅拥戴商汤王，还在商遭受大旱之灾时前来慰问。

但根据商代甲骨文，到武功最盛的武丁时，商与羌之间便多交恶，战争甚多甚大，一卜辞曰：

> 辛巳卜，贞登妇好三千，登旅一万，呼伐羌？（库方，310）③

武乙时，卜辞说：

> 甲辰，贞，来甲寅，又伐上甲羌五，卯牛。
> 甲辰，贞，又伐于上甲九羌，卯牛一。（均《后》上、二一、一三）

---

① 程俊英、蒋见元：《诗经注析》，中华书局1991年版，第1041页。
② 转引自冉光荣、李绍明、周锡银：《羌族史》，四川民族出版社1985年版，第19页。
③ 转引自冉光荣、李绍明、周锡银：《羌族史》，四川民族出版社1985年版，第20页。

这里的"伐"释为"斩、杀",也即杀羌人以祭。① 武乙时还有:

王□次令五族伐羌。

"次"释"母",借作"毋",即"勿"。说明当时伐羌曾拟动用五族的兵力。②

不过,尽管双方战争不断,也还有关系和好之时。如《竹书纪年》说:"武丁三十四年,克鬼方,氐羌来宾。"③

这些一般认为是羌"叛服不常"。窃以为恐怕问题不在羌,而在商。商汤为贤明之君,自不会对羌有过度之举,想必是礼善相待。既如此,羌人当然会投桃报李。其后商武功虽强,但以兵相逼,破坏了羌人生活的良性稳定格局,影响了生存,羌人岂能不还之以牙?羌人后来甚至助周伐纣出了大力:"及武王伐商,羌、髳率师会于牧野。"④

以上是古羌人行为特性的表现之一。至于羌文化,《羌族史》一书提到,"武丁时的祭祀官中,便有两个是羌人,即羌可、羌立"⑤。若果真如此,商代时羌文化就可能已达相当水平,因为巫风极炽的商代,祭祀官的水平及地位均甚高,能任商祭祀官者当非

---

① 参见顾颉刚:《从古籍中探索我国的西部民族:羌族》,《社会科学战线》1980年第1期。
② 参见顾颉刚:《从古籍中探索我国的西部民族:羌族》,《社会科学战线》1980年第1期。
③ 参见冉光荣、李绍明、周锡银:《羌族史》,四川民族出版社1985年版,第21页。
④ (南朝宋)范晔:《后汉书》卷八十七《西羌传》,中华书局1965年版,第2871页。
⑤ 冉光荣、李绍明、周锡银:《羌族史》,四川民族出版社1985年版,第27页。

寻常。

由于中国西部的自然环境适于射猎、游牧，那么，生活在这辽阔土地上的人就都应该常有流动迁徙，有流动就有接触之机会，有接触也就有交融之可能。不过，史书记载的西部人民大交流、大迁徙，较早而且主要的却是河、湟一带的羌人，因而人们通常把河、湟视为羌人居住的中心地带，他们从中心大量四散外徙是从春秋战国时开始的。《后汉书·西羌传》云：

> 至爱剑曾孙忍时，秦献公初立，欲复穆公之迹，兵临渭首，灭狄獂戎。忍季父卬畏秦之威，将其种人附落而南，出赐支河曲西数千里，与众羌绝远，不复交通。其后子孙分别，各自为种，任随所之。或为牦牛种，越嶲羌是也；或为白马种，广汉羌是也；或为参狼种，武都羌是也。忍及弟舞独留湟中，并多娶妻妇。忍生九子为九种，舞生十七子为十七种，羌之兴盛，从此起矣。①

秦的武力西进从秦襄公伐戎始至秦昭王灭义渠，长达五百年之久，其间羌人屡屡被迫起而反抗，但天广地阔，自然随和的羌人有部分选择了避让，毕竟他们有自己一套与各种环境相谐共处的方式，因而有的向西去到了数千公里之外的葱岭，如婼羌②，有

---

① （南朝宋）范晔：《后汉书》卷八十七《西羌传》，中华书局1965年版，第2875—2876页。
② 据顾颉刚研究，"婼羌国境占有今新疆境内的全部昆仑山脉，而且越过了葱岭，东西延袤约二千余公里"。参见顾颉刚：《从古籍中探索我国的西部民族：羌族》，《社会科学战线》1980年第1期。

的则向南下到了地形极为复杂，千峰万壑少人居住的四川岷江、涪江流域，这个许多人视为"难于上青天"的蜀道畏途，对于他们而言，却处处皆能成为乐土。到了汉武帝时，流入西南的人已经非常复杂，以汶山郡为例：

> 冉䮾夷者，武帝所开。元鼎六年（前111），以为汶山郡。至地节三年（前67），夷人以立郡赋重，宣帝乃省并蜀郡为北部都尉。其山有六夷七羌九氐，各有部落。①

羌人的随性放达，不但使他们有很强的适应能力，也有很大的包容度，所以后来能够与其他群体相交融，而且多数都甚为融洽，以致研究发现，现在西南的藏、彝、白、哈尼、纳西、傈僳、拉祜、基诺、普米、景颇、独龙、怒、阿昌、土家等民族都与羌人有很深的渊源，看似便是羌"对外输血"了。现在的羌族大概是从秦时开始陆续南移的。调查得知，目前羌区所奉"川主"有二，其一为先秦时李冰父子，其二为刘备。阿尔村人持后说。这些南下的羌人逐渐形成了一个新的羌人聚居中心。不同朝代的汶山郡辖管范围有所差异，但都以现在羌人最为集中的茂、汶、理三县为中心设置，他们自然应该带来并继承了不少古羌人的特性、技能和认知模式，而该地域的独特环境又使这些特点得以保存，并与新的环境交合形成现在我们看到的羌文化样貌。毋庸置疑，

---

① （南朝宋）范晔：《后汉书》卷八十六《南蛮西南夷列传》，中华书局1965年版，第2857—2858页。

这一磨合过程同样需要一段不短的时间。位于茂、汶、理交界处这个羌人聚居中心最核心地带上的阿尔村羌文化正是此过程的结果。

二、历史之沉积

阿尔村到底有多古老？村中老人们说有上千年历史，有的甚至说是一千多年前的唐朝末年开始开基立业的。但这有的是传说，有的是猜测，并无确凿的证明。我们现在就根据调查到的一些比较确定的材料进行推测，看看阿尔村能够追溯的历史究竟有多长。

首先看看巴夺寨朱金龙家族。巴夺寨有两房朱家，但同姓不同宗，先到者为大房，据说，后到者自认在辈分上小一辈，故为二房。朱金龙家族属于大房。该家族至朱金龙孙辈，在阿尔村至少已传九代。若代际之间年岁差按照平均 25 年计算[①]，朱金龙家族始祖就约于 225 年前落户巴夺寨。也就是说阿尔村历史不少于 200 年。

现住巴夺寨的余世华一家原属于百家夺寨，其祖先竹元富原来住在茂县牟托，一次打猎到了百家夺寨，自此便在百家夺定居下来。该家族从竹元富至余世华孙辈已传 15 世，也即是说，百家夺寨至少存在了约 300 多年。余姓还不是百家夺最早的姓氏，因此，百家夺的历史还要更长。

---

① 阿尔村人过去的结婚年龄据调查一般在 18 至 25 岁之间，早于 25 岁，但调查中发现不少实际的代际差在 30 年左右，有的甚至近 50 年，如朱金龙 1951 年生，其父朱顺才生于 1903 年，相差 48 年，原因是朱金龙现虽为长子，但其上原有两个姐姐一个哥哥，"有一年村里娃娃集体出水痘，他们都没有躲过，很早就没了"。存在早夭的情况，故不能以婚配年龄定代，因而取一个大致的平均数，将代际间的平均年岁差稍微高估，定为 25 年。

阿尔村人说，百家夺比巴夺更早出现，那么阿尔村历史又可推进一步。但巴夺寨历史应该不止二百多年，因为朱金龙家族虽然属于巴夺寨的朱姓大房，却也不是最早入住巴夺寨的姓氏，之前还有张姓。张姓家族是巴夺寨的开基业主，不过该家族最后一位张姓人员——朱光亮的母亲也已去世，所以无法从张姓家族直接获得信息。但是传说中张姓是与另一姓氏同时来到阿尔村的，那便是阿尔寨的王姓。

村里最普遍而且最确定的说法是十寨之中阿尔寨出现最早，当时有王姓、张姓二人结伙打猎至该地，种下了青稞，第二年再来，看到青稞长得甚好，颗粒饱满，于是二人决定在此居住，王选择了今天阿尔寨所在位置，张则因身体不适而选择靠近水边的现巴夺寨所在地点，王姓便是阿尔寨开基业主，张姓便是前述的巴夺寨开基业主。但不知何因，如此早来到的张姓，他建立的巴夺寨却晚于百家夺寨，或许是由于猎人行踪不定之故。根据后来的发展情况看，王姓应该是选定住下后不久便开始垒石建房。

王、张二人是何时来到没有确切的根据。但可以确定的是，阿尔寨继王姓后陆续来了陈、马、何等姓氏。据说何姓为明朝末年迁至。[①] 若确实的话，根据明朝起始年代为1368—1644年，那么何姓至迟在367年前搬来。何姓来自自牙寨。自牙寨不但比巴夺寨晚，甚至比立别寨还要迟建寨，那么阿尔寨出现的时间就应不止三百多年。另外，何姓目前在阿尔寨人数虽然不少，但阿尔寨的大姓却是马家三房，所谓马家三房在第一章已有说明，实际

---

① 参见阿尔村人编著：《阿尔档案》，文物出版社2011年版，第7页。

是王家、马家的联合称呼,大房为最早到来的王家,另有两个不同的马氏分别迁入,称为马家中房和马家下房。这三家人的火坟地合在一处。显然,三家不同来源的人要融合在一起需要相当时日,至今巴夺寨朱姓和杨姓火坟地还是分开的。可见这种融合并不容易。还有,据王家后人说,阿尔寨的碉楼是王、陈二姓家族修建的,而陈姓又早于马家到来,看来陈姓在马姓来前已颇有财力和势力,应该是繁衍了一段时间所致。我们知道建一座房子需要三年时间备料,建一座几十米高碉楼的用料,时间,人力、财力、难度等等显然都要远超建房子。这也从一个侧面说明阿尔寨形成的时间可以再推前一些。综合以上情况,保守估计,阿尔村有五百年以上历史应该是可以确定的。

还有一点值得一提,不断迁入阿尔村的姓氏原来似乎并不都是羌人。如朱金龙家族。

据朱金龙说,他们家族是因"湖广填四川"从湖北麻城迁过来的。湖北麻城人进入四川在历史上发生过多次,数量很多。据学者考证[①],最早发生在元末,他们随农民起义军领袖明玉珍入川,失败后便在四川居住下来。《内江县志》说:

> 明玉珍以至正乙未(1355)入蜀。

民国修的《资州志》云:

[①] 有关"湖广填四川"史料均转引自王纲:《"湖广填四川"问题探讨》,《社会科学研究》1979年第3期。

> 玉珍为楚北随州人，其乡里多归之。逮今五百余年，生齿甚繁。考其原籍，通曰湖广，麻城孝感人为尤多。

明朝初年也迁了不少麻城人实蜀。《内江县志》中就有"明洪武二年奉诏迁麻城之孝感乡实蜀"的记载。道光《大竹县志》卷二十二所记更为详细：

> 元至正中，玉珍据蜀。明洪武四年（1371）命廖公永忠进讨，岩渠人或助为乱，廖公破之，遂大屠杀。复遣楚黄、麻人来实兹土。

历史上另一次大规模的"湖广填四川"是在康熙时代，康熙朝从元年起便一直推行"湖广填四川"政策，如：

> 康熙二十九年（1690），清政府又作了关于"以四川民少而荒地多，凡流寓愿垦荒居住者，将地亩给为永业"的规定（《万县志》卷九）。同年，还作了凡他省人民"在川省垦荒居住者，即准其子弟入籍考试"的规定（《清朝文献通考》卷十九）。
> 从道光修《大竹县志》的记载来看，清初四川的地方官吏对于湖广等省人民入川的安置工作也是较重视的。如"邹图云，江西进士。康熙四十一年任（大竹知县）时，奉文安集楚民填实竹邑，勤慎廉洁，明绝果敢"。
> 在清政府上述政策的执行中，湖广人民又一次大量向四

川迁移入籍。据《四川通志》所载之《楚民寓蜀疏》说，这次移民主要集中在康熙的中期和后期，"楚省……携家入蜀者不下数十万"。《云阳涂氏族谱》亦说："康熙中地方敉平，大吏乃招两湖农商实之，荆、楚间人前往懋迁及占垦者，所在多有。"

以上材料说明"湖广填四川"确有其事，从湖北麻城迁入也属可能。但是这些事件发生的年代距离羌人活跃时期已远，湖北麻城又位于中国腹部偏南，与羌区之间不仅路程遥远，而且山重水复。虽然历史上有许多羌人入迁中土，难保没有进入湖北麻城境内者，但相信即使湖北麻城还有羌人后裔也当尽已汉化。那么，当这些麻城人来到阿尔村时，无论习俗还是语言等等各方面必然和羌人相差甚大，他们要适应当地的生活，特别是如果还想掌握含有大量古羌语的释比经文，不习熟当地羌话是不可能做到的，这当需要若干代人才能完成。不仅如此，朱金龙家族为举族移民，要将他们"羌化"，其周围自当先已存在一个完整庞大的羌文化体系和浓厚的氛围方能实现。可以想见，此时阿尔村必定已经有很悠久的历史了。

以上分析，虽然未能最终证明阿尔村有千年历史，但也足以说明阿尔村历史久远，以致可以从一两个人发展出一个复杂、完整、系统的羌文化体系。

另外，余世华家族同样不是源于羌人。据余世华回忆，其远祖余天龙墓碑上有以下文字：

> 我本元朝宰相家，红巾军闹事失千年。黄河边上插柳桠，从此后改名换姓。①

旁边还刻有：

> 九举十进士，铁木耳之后。

"铁木耳"是元朝皇族姓氏，为音译，也有译为"帖木耳"等的。元末的红巾军农民大起义开始于元至正十一年（1351），之后元朝便一蹶不振，直至1368年灭亡。从余天龙墓碑文字看，余家是蒙古人后裔，为避祸求生而隐姓埋名，流落羌区。自元朝灭亡的1368年到竹元富定居百家夺，已过了二百多年，想必竹元富已完全"羌化"，余天龙比竹元富晚五辈，显然更已成为纯粹的百家夺寨羌人，可他还依然念念不忘"铁木耳之后"的族源。不过这并没有影响余氏家族接受羌文化，甚至在"文革"期间，受到打压，吃尽苦头的余明海还要坚持把释比经文和法术传给儿孙。而今，余世华家族和朱金龙家族不但自称是纯粹的羌族，他们还是阿尔村释比文化最重要的代表，尤其是余氏家族，代传有序，从无间断，属于典型的释比传承世家。

值得注意的是，羌文化是民间自然形成的，没有任何外力的强制作用，也没有国家意识形态的宣传、教育等导引，学不学，

---

① 依据2010年8月14日上午采访余世华笔记。据余世华解释，下文所谓"九举十进士"是指其祖先生有九子一女，十个人都是进士。

完全看自己是否相信和愿意。余家、朱家这样带着不同文化背景和思维方式的家族能够对羌文化认可、接受、学习、传承和坚持,正说明这种文化有其内在的合理性,应该是人们在长期实践中寻找到的最适宜在当地生存的知识体系,相信外来者是通过反复验证才最终服膺的。当然,外来的人也一定为其趋于完善和不断拓展贡献了聪明才智。

从阿尔村的情况看,可以认为,羌文化一方面是对古羌传统的继承,一方面是当地许多代人集体智慧的结晶。

第二节 生存环境与羌文化之间的关系

生存环境是影响文化形态诸因素之中极为重要的一个,尤其当这种文化主要是为生存而发生的时候。要弄明白阿尔村羌文化为何是这样而不是那样,就必须把阿尔村人生存的环境和其文化之间的关系弄清楚。为此,我们先了解一下阿尔村人生活在什么样的自然生态之中。

阿尔村各个寨子均选址在高山之上,以居中的巴夺寨为例,海拔约2200米左右,距离山脚的龙溪乡政府垂直落差约800米,现在山下至巴夺寨已修通水泥路,宽约5米,长约8.5公里,正常步行下山至乡政府约需一个半小时左右,上山则要两个多小时,往返一次就要三个多小时,若负重而行,时间更长。乡政府距离汶川县城又有15公里。据说,过去上下山的路为羊肠小道,"宽的地方约2尺,窄的地方只有1尺,还有一段约3米多长的路紧靠悬崖边,是铺着石板的栈道","1988年以前,阿尔村巴夺寨的村民外出，背着东西要走3个多小时才能到乡上，再找车到县城。而在1952年以前，成都至阿坝没通公路时，村民如果要到县城，则要走整整一天的时间"。① 这样的地理位置和路况，当然只能全凭步行，若生活必需品全部靠经常到乡、县的集市购买或交换来解决显然是不现实的，只有就近想办法，最好能做到自给自足。

独处高山，要自力更生求生存，面临的首要问题就是解决吃的问题，因此在住址的选择上，能否种植主要的粮食作物必然是首先考虑的事情。前述王、张二人根据青稞长势好坏选址正是这种需求的体现。至于他们为何以青稞为标准而不是其他作物，则应该是过去长期养成的饮食习惯使然，如同中国多数南方人爱吃米饭，而北方人嗜好面食一样。阿尔村人对青稞的偏好恰也说明他们的祖辈在高原地带生存了很长时间，因为青稞是一种耐旱耐寒的高原作物。释比经典里有大量赞颂青稞的经文，显然青稞是古羌人极为重要的主粮。事实上青稞在过去的阿尔村居五谷之首。青稞除了食用，还被人们用于其他方面，如酿咂酒时青稞是最主要的原料，做法事时青稞是重要的法器。据余世华说，以前其父余明海到外地做法事还要专门带上自己选好的青稞籽，以保证效果。虽然阿尔村现在已经很少人种青稞，有些法事，如撵煞，已经调整成可用玉米、大米等其他五谷代替，但看水碗还是只能使用青稞，尚未找到可以取代青稞之物，释比家里也都会备有青稞，

---

① 何斯强、蒋彬主编：《羌族：四川汶川县阿尔村调查》，云南大学出版社2004年版，第3页。

若自家不种青稞,用完了就要专门去购买。

青稞生长在海拔高、气候冷、阳光足、水分偏少的地方,在羌人现在聚居的区域,这样的所在一般位于高山的中上部,称为高半山或半高山。喜食青稞的人自然就要学会适应这种山高谷深的环境。另外,除了饮食习惯,选择这样的地方居住至少还有以下两个优点:一、如果是为了躲避战乱,山区无疑是最佳选择。层峦叠嶂、路途险远就是隔绝战火的上好屏障,地形的复杂和隐蔽也更易于躲藏。历史上逃避战乱者多选择山区,如客家人为躲避五胡乱华、黄巢起义、元人入侵等战事,就是从中原逐渐迁徙至东南角上粤、闽、赣交界处的大山之中。20世纪50年代初期中国人民解放军攻打川西的黑水时损失惨重,成效甚低,进展甚慢,黑水的武装分子就是利用了当地极为复杂的山形和密林,最后中国人民解放军不得不组织一个人数众多的"藏民团",藏民团全部由了解山区特性、熟悉当地地形和语言的羌藏民组成,在庞大的藏民团协助下才终于攻下黑水。二、自然灾害较少。在茂汶理羌区,最为常见的灾害是山洪和泥石流。由于山洪和泥石流都是从高向低冲击,故而海拔较低的河坝地区受影响最大。高半山因有较好的植被保护,而且在高处洪水和泥石流的能量积蓄不多,所以形成灾害的机会较少。据阿尔村人介绍,泥石流比地震破坏性更大,来势凶猛,势不可挡。其威力可从下例略窥一二:

> 1958年7月15日下午2时许,薛城乡下大雨,较场村的南沟水逐渐上涨,晚上10时许,洪水夹着泥、木、沙、石汇成一股巨大的泥石流滚滚而下,冲走两岸耕地10多亩,磨房

9座,木桥4座,公路钢筋水泥桥1座,薛城东门外通往沙金村磨房1座,木桥4座,公路钢筋水泥桥1座,14户居民受灾,其中9户住房全部冲毁,18人丧身于洪水,最多的一户死6人。泥石流堆积,堵断杂谷脑河水,回水淹没公路,水深处达1米以上,公路中断,停放在公路上的汽车被回水冲击移动数丈,薛城西门外通往沙金村的木桥被回水浮起。灾后公路不通车10余天。①

《汶川县志》记载的1986年至2000年间汶川县境内发生的各类自然灾害次数统计见表6-2-1(地震除外):

表6-2-1:1986年至2000年汶川县境内自然灾害统计表②

灾害类型	洪灾	旱灾	风灾	低温冷害	涝灾	冰雹
发生次数	28	20	15	7	4	3

《理县志》记载的1950年至1990年间理县境内发生的主要灾害性天气次数统计见表6-2-2:

表6-2-2:1950年至1990年理县境内灾害性天气统计表③

灾害类型	暴雨、洪涝	冰雹	干旱	风灾	雪灾
发生次数	16	11	7	6	2

---

① 《理县志》编纂委员会编纂:《理县志》,四川民族出版社1997年版,第126页。
② 参见汶川县史志编纂委员会编:《汶川县志(1986—2000)》,巴蜀书社2007年版,第49—52页。
③ 参见《理县志》编纂委员会编纂:《理县志》,四川民族出版社1997年版,第127—132页。

由以上两表可见，暴雨、洪灾是当地主要灾害，这种灾害常常伴随着泥石流。但汶川县记录的 1986 年至 2000 年间的洪灾里，阿尔村所在的龙溪乡一次也没有。[①] 调查中，阿尔村人也说当地极少发生洪灾和泥石流。由此可知选址高山的好处。

既然选择了高山生活，就得想办法适应高山的气候。山上海拔较高，空气相对稀薄，阳光直射之下温度迅速升高，但在没有阳光的地方，热量散失得也快，加上山风大，温度下降更快。因此，在阿尔村，不但昼夜温差大，阴凉处和阳光照射处、室内和室外的温差也都极大。表 6-2-3 为笔者考察阿尔村时实地测得的部分温度数据：

表 6-2-3：阿尔村巴夺寨实测温度表 [②]

月日	时间	温度（℃）		天气描述	备注
		卧室内	室外		
2月7日	14:30	1.6		阳光	
			31.1	阳光	长时间日照温度计
2月19日	8:41	2.7		大雾后晴	
	11:40	3.1		太阳	
	23:43	3.3		无雨雪	
2月26日	10:22	5.8		有太阳	
4月22日	15:53	10.0		小雨	
4月25日	9:00	10.1		大晴，阳光	

① 参见汶川县史志编纂委员会编：《汶川县志（1986—2000）》，巴蜀书社 2007 年版，第 49—52 页。
② 为便于分析，表中省略了年份，把不同年份的数据按月份排列，若按时间顺序，实际年月为：2010 年 8 月、2010 年 11 月、2011 年 2 月、2011 年 4 月、2011 年 5 月。

续表

月日	时间	温度（℃）		天气描述	备注
		卧室内	室外		
4月30日	7:42	15.9		多云	
	14:13	14.5		大晴，无云	
	14:28		37	大太阳	阳光直射温度计
5月12日	8:03	16.4		阴	
8月24日	8:12	18.7		晴	太阳尚未升起
	约8:30		15.5		
8月27日	7:58	17.2		大晴，无云	
	13:28	16.5		大晴，少云	
	16:03	19.2		阳光灿烂	
	18:03	17.4		多云	
11月9日	1:05	9.8		有星光	
	8:04	9.1		晴朗，清凉	
	15:00		32.9	阳光猛烈，万里无云	阳光直射温度计
	15:04		34.5		
	15:06		35.9		
	15:08		36.6		
	15:10		36.5		
	15:13		36.8		
	15:30		37.6		
	15:33	32.7			
	15:35	30.8			
	15:36	29.3		室内阴凉，室外阳光	
	15:49	18.1			
	16:03	14.8			
	16:16	13			
	16:41	12.2			

续表

月日	时间	温度（℃）		天气描述	备注
		卧室内	室外		
11月10日	10:00	7.8		外面晴朗	
	10:54	8.7			
11月14日	0:33	10.9		小雨，冷	
	9:43	9.9		雨	
	12:33	10.2			
11月15日	12:53	9		出太阳	

分析表6-2-3，可发现有以下几个特点：一、室内外温差很大。如2月7日室内温度为1.6℃，室外阳光下为31.1℃，相差近30℃。二、温度升降快。如4月30日，在阳光直射情况下，15分钟之内温度上升了22.5℃，平均每分钟上升1.5℃。11月9日的测量，把温度计从阳光下移入室内，头3分钟温度就下降了4.9℃，平均每分钟下降超过1.6℃。三、全年气温偏低。即使在8月的夏季，室内气温多数时候也不到20℃。四、室内保温效果较好，温度比较恒定。虽然从全年看，室内气温随季节变化有升降，但在同一天里，温度基本保持恒定。如2月19日室内全天温度都为3℃左右，8月27日从早晨到傍晚，室内温度变化不超过3℃，11月14日，夜里和白天温度均徘徊在10℃左右。在夏天没有日照之时，室内甚至比室外还要暖和，如8月24日清晨，室内为18.7℃，室外为15.5℃。

根据以上分析，我们就可以理解为何羌人要长年穿长衣、裹绑腿、缠头帕了。第一就是为了保暖。在劳作、攀山时当然会发热出汗，但一停下来，山风一吹，几分钟之内就会感到寒气逼人。

麻布衣服因其挡风、厚实又不贴身的特点正可满足这种变化的需要，加上可以自己在高山种植，发展出制麻和织麻布的技术也就顺理成章了。何况麻布衣服还特别耐磨，既有保护功能又经久耐用，这么

图6-2-1：外小内大的窗户

多的优点，难怪羌人不因制作的费时和浆洗的麻烦而嫌弃它。同样我们可以想到羌人房屋上外小内大的窗户，室内温度的恒定除了因为墙体的厚实，外小内大的窗户设计不能不说是另一个重要的原因。（图6-2-1）由于羌人有一物多用的思想，凡物皆有多种用途，故不能排除这种窗户的设计与防御射孔之间的关系，但为日用需求而产生的设计恐怕要比非常态时才使用的用作射击的射孔流传得更广和承传得更久，至少保温的需要应是研究这种设计时不可忽视的一个重要因素。不过即使有巧妙的设计，室内温度还是偏低，那么室内长年用火也得到了解释，房屋的格局和火塘的设置也自然应需而生。显然，火不仅仅是为了解决熟食的问题。尤其到了高山森林里，身边若没有火石生火，就更难以抵挡深山的彻寒，方便随身携带，又能够引火，又不怕水，甚至在羌区很多地方都随处可得的白石不就成为首选了吗？可见，白石除了史诗中传说的帮助羌人渡过重重危难，还有很多在日常生活中值得羌人依赖和感激的地方。白石和火应是他们得以长居高山的一个重要保证。另外还可以回答羌人为何要把住房房背设计成水平面，

这是因为：一、可以利用天然的太阳热能晾晒粮食；二、可以晒太阳取暖，减少在室内烤火的时间；三、可以减少木柴的消耗；四、可以扩大人活动的空间；五、可以腾出本就有限的山间宜耕土地用于种植。其利无穷，何乐而不为？

弄清楚了以上这些基本问题，我们下来就可以看看羌人是如何利用山地资源的了。但此论题需要对阿尔村所处的山区情况有所认识，这要借助一些地理学、地质学方面的知识。①

中国版图从西向东在地形上是逐级倾斜下降的走势，号称世界屋脊的青藏高原平均海拔4000米以上，位居最西端，其北、东、东南面分别是蒙古高原、黄土高原、云贵高原，巨大的塔里木及四川等盆地间布其中，平均海拔陡然下落到了一两千米以下，再向东则是平均海拔低于500米的丘陵地带及至海拔几十米以下的滨海地域。阿尔村所在的区域正位于海拔4000米以上的青藏高原骤降至海拔一两千米以下的下一级高原台地之间的狭窄夹缝中。地质学研究表明，这个区域在距今十亿年前至七千五百万年前这个时间段内发生的许多次地壳运动中，一时为海洋，一时为陆地，反复多次交替升降变迁，现在的地形地貌就是这一过程及后期的褶皱造山运动造成的。由于长期的错位、撕裂、褶皱、挤压，结果是不但导致了这个地区形成许多大的断裂带，岩层也大都变质破碎，裂纹极多。阿尔村就处在一条主要的断裂带——茂汶大断裂带上。由于岩石受构造挤压已经十分破碎，再加上其他外力的

---

① 主要参考四川省阿坝藏族羌族自治州汶川县地方志编纂委员会编：《汶川县志》，民族出版社1992年版，第83—93页；及《理县志》编纂委员会编纂：《理县志》，四川民族出版社1997年版，第93页。

作用，如温差、冻融、植物根系插卸等，岩石非常容易崩塌、撒落、倾斜。在阿尔村，只要稍微用力敲击石头，大多都会成片状裂开。这就是羌区常年都有山崩、滑坡、地裂、泥石流的原因。

不过，"祸兮，福之所倚；福兮，祸之所伏"，凡事有弊也会有利。正是因为利用了当地岩石的这种特点，羌人才创造出了垒石砌屋的建筑奇观。由于岩石内部已经破裂，所以极易锄挖，又由于岩石一般是裂成片状形态，而不是粉状、颗粒状、团块状等，所以可以相互叠压，互相牵扯，大大增强了建筑的牢固性和抗震性能，也才可能建造出高达几十米的碉楼，历千年风雨、经大小地震仍然屹立不倒。可以说山中无数的岩石为羌人提供了取之不尽的优良建筑材料。住在这一地带的人很早就已经发现了山石的这些特点并发明了相应的建筑技术，《后汉书·南蛮西南夷列传》就记载有：

> （汶山郡）其山有六夷七羌九氐，各有部落。……皆依山居止，累石为室，高者至十余丈，为邛笼。[①]

但是光有石料是不足以建造坚实的住房的，山中特有的泥土正可作为黏合石片的原料，那就是遍地都是的"黄泥巴"。羌区不同地域的黄泥巴类型不同，阿尔村的主要属于山地棕壤。《汶川县志·土壤类型》是这样描述的：

[①] （南朝宋）范晔：《后汉书》卷八十六《南蛮西南夷列传》，中华书局1965年版，第2858页。

山地棕壤 棕壤在温带至北温带气候区内形成。漩（口）、映（秀）在海拔1500—2800米，威（州）、绵（虒）在海拔2300—2800米内分布。面积117353公顷，占总面积29.65%，母岩为千枚岩、硅质片岩、炭质页岩、花岗岩绢云母片岩等组合而成。棕壤有淋溶作用，风化度较深。粘粒极紧，质地粘重，棱块状结构，全剖面以棕色或暗棕色为主。①

显然，黄泥巴之所以在当地起到类似于现代建筑水泥一般的作用，是由其"粘粒极紧，质地粘重"的特性决定的。由此我们也就能明白何以石砌房屋在羌区如此普遍，原料的性质、丰富和易得是重要原因。这种就地取材、因地制宜的思想还可以举另一个例子作为对比。汶川县城左近山上的布瓦寨，海拔与巴夺寨相当，布瓦寨原有48个碉楼，但绝大部分为黄泥土碉，他们的住房也主要使用黄泥夯筑，石料不多。原因何在？经观察和调查、询问了解到，布瓦寨所在的山土多而石少，甚至现在半山还建起了一个砖厂，专门靠采挖山中黄泥来制砖，足见该山土石比例之悬殊，与阿尔村等其他寨子石多土少，甚至"九石一土"，以开采各类石料为主的情况形成鲜明对比。由于黄泥巴黏性极强，只要夯实，单凭黄泥巴也同样能建造出不逊色于垒石而成的房屋。可见，羌人的建筑文化是充分利用山地资源的结果。

此外，由于青藏高原和云贵等高原台地之间落差达2000米以

---

① 四川省阿坝藏族羌族自治州汶川县地方志编纂委员会编：《汶川县志》，民族出版社1992年版，第148页。

上，其间作为连结部的羌区，由更低矮的四川盆地开始向西部高山高原过渡，被拉扯、扭曲形成的山脉相对高差也就特别大，如阿尔村所在的五座山，海拔都在3000多米以上，从半山的阿尔村上去还有一千多米高度。他们求雨的龙池海子海拔为3946米，龙池山梁则为4146米，龙溪乡境内最高的久雾顶顶（又名阳顶山）为4708米。[①] 高差如此之大，从一个山体看，自下而上几乎涵括了"河谷—半山—高半山—高山—极高山"各种形态，另还有阳山、阴山、半阳山、半阴山等差别，不同高度、不同区域的气温、日照、降水、土壤各不相同，相应地，动植物也类型各异，品种丰富。这种差异可参看表6-2-4。

据统计，龙溪乡境内林地面积占全乡总面积66.5%，其中原始森林就占了44.65%，海拔2000米至2800米的山地阳坡地带为中山针叶、阔叶混交林，半阳坡的下限处为常绿、落叶阔叶林，上限则与亚高山针叶林接壤。海拔2800米至3800米的山地为亚高山针叶林，树种丰富，群落多样。山中还有兽类50多种，鸟类200多种，鱼类3种，两栖爬行类10余种，昆虫类1700多种。[②] 对于善于利用自然的羌人来说，这无疑是巨大的宝藏和财富，实际上他们日常生活所用之物的确绝大部分都取自于山上，基本上可以不出山。

[①] 参见龙溪乡人民政府编纂：《龙溪乡志（1911—2000）》，第23、24、38页。
[②] 参见龙溪乡人民政府编纂：《龙溪乡志（1911—2000）》，第36—37页。

表 6-2-4：理县境内森林垂直带谱 ①

海拔（米）	森林分布情况
1422—2265	干旱河谷灌丛带，以荆灌丛为主，阴坡及阴湿沟谷有常绿和落叶阔叶林的混交林。主要树种有油樟、桦木、栎类。
2265—2765	山地针叶林带。主要树种有铁松、高山松、冷杉、云杉、桦山松、桦木、槭树。
2765—3350	中山暗针叶林带。下部阴坡及半阴坡有铁杉林、云山林，掺入有较多槭树、桦木。阳坡及半阳坡为川滇高山灌丛，分布有较多华山松、油松等中山针叶林。上部的阳坡及半阳坡以云、冷杉林为主，主要成分为岷江冷杉、紫果云杉、云杉、青杄等，紫果冷杉、冷杉、岷江冷杉、黄果冷杉、理县报春等大量分布。阳坡为川滇高山栎树或灌丛，有山杨或桦木等落叶阔叶树种分布。
3850—4450	高中山灌丛草甸带。
4450 以上	高山寒漠土地带。基本上无森林。

注：其中以冷杉为主，面积占 57.8%，蓄积占 78.3%；其次为云杉和桦木，面积占 25.2%，蓄积占 8.5%；剩余为其他。

首先，他们利用山上的气候和土壤条件，除了青稞，还种植了适宜高山生存的小麦、甜荞、苦荞、油麦、玉米、洋芋、油菜、甜菜、花椒、豌豆、胡豆、黄豆、大花豆、小花豆、小白豆、雪山大豆、没筋豆、四季豆、水子、兰花烟和麻等作物。

其次，采集山中各种可利用之物。例如：各种树木、树枝、竹枝均可用于建房和烧火。杉树枝、香柏枝叶用于释比法事。"豆腐木"用于制作草鞋。羊皮鼓的用料中，鼓圈主要用杉树，把手

---

① 选择理县作为参考是由于龙溪乡位于杂谷脑河畔，与理县毗邻，地形地貌和森林分布情况相对较为接近。制表依据《理县志》编纂委员会编纂：《理县志》，四川民族出版社 1997 年版，第 114 页。其中海拔 3350—3850 米之间的情况县志中未提及，也有可能原文有笔误。

为杨柳木或降龙木，鼓槌用竹枝，各部件间用金刚藤固定。神杖选用被藤缠绕，自然形成螺纹状的树木。火把采用柏树皮，一把可走二三十里地。家中照明用晒干的竹子。背笼、撮箕、筛子、扫帚等用竹子制作。他们发现可食用的植物多达上百种，比如石格菜、足基苔、刺笼胞、苦麻菜、荠菜、鹿耳韭、空桐菜、鹅习、烧香杆、飘带葱、羊角菜、灰灰菜、蕨菜、水芹菜、野棉花、平菇、白木耳、黑木耳、猴头菇、羊肚菌、鸡冠菌、白蘑菇、花椒菌、老鹰菌、草菇、杉木菌、红菌子、刷把菌、桦木菌、鸡油菌、红雀豌等。阿尔村羌医之所以发达，当地的动植物资源丰富多样是最直接和最重要的原因，他们在长期实践中，发现了大量可入药的材料，有的已经有专名，还有不少却是无名药草，只有药家才知其用途。比较知名的药材就有以下这些：麝香、虫草、熊胆、熊掌、虎（豹）骨、野牛骨、牛黄、鹿茸、蛇、獐子牙齿、铁棒七、贝母、灵芝、猪苓、天麻、黄芩、细辛、雪莲花、南星、独活、羌活、红毛五甲、纽子七、升麻、柴胡、车前草、五味子、沙参、蒲公英、金银花、黄连、大黄、五加皮、土茯苓、黄芪、甲皮、虫笼、赤芍、串山龙、当归、党参、枸杞、泡参、丹皮、刺参、木通、木香、佛掌参、飞龙粪、茴香、陈艾、雄黄等，举不胜举。

  以上列出的还只是其中的一部分，尤其采集类，实际种类远不止此，但这些已经涵盖了他们衣、食、住、行、医、用诸方面。换言之，他们需要与外界交换或出去购买的物品实际很少。

  具体说，衣着方面，除用量不多的棉布、绣花的针线要购买，其余皆可自行解决。食品方面，主食自己种植，样式已经很多，

图 6-2-2：阿尔村人熬糌糊

菜蔬有品目丰富的野菜、菌子，还可制成酸菜长年食用，至于油盐酱醋茶烟酒糖，油有油菜，糖有甜菜，酒可自酿，烟有兰花烟，盐则从住房周边岩缝中撮取岩层分化后形成的一种淡白色粉末，用清水浸泡，再用麻布过滤即可获得。① 早在汉代，羌人已知道土中含盐，《后汉书·南蛮西南夷列传》曰："（汶山郡）地有咸土，煮以为盐。麖羊牛马食之皆肥。"② 酱和醋据余世华说清朝时传入了自制之法，只有茶当地不出产，还有作为主要肉食的猪要每年购买一次。建筑方面，石、土、木料及其他所有材料均完全取材于山上。出行方面，在山间只能徒步，无须舟车，他们有耐磨的草鞋。医药方面，山间药材无数，更比山下方便和有效。用具方面，只有金属制品要从外引进，其他都可自制，他们连糌糊都是自产，每到要用时取一定量的面粉，加水熬成糊状即可。（图 6-2-2）金属制品往往一次投入便可长期使用，如有的铁三脚和鼎锅已经用了一百多年甚至几百年，传了若干代。另还有耕牛是采用购买的方式，但照管得好，一头牛可以使用二三十年，故也无须为此经常操心。

这样看来，住在高山的羌人不但可以深居简出，还能够丰衣

---

① 参见阿尔村人编著：《阿尔档案》，文物出版社 2011 年版，第 10 页。
② （南朝宋）范晔：《后汉书》卷八十六《南蛮西南夷列传》，中华书局 1965 年版，第 2858 页。

足食，难怪与龙溪乡比邻的理县桃坪乡有"饱佳山，饿桃坪，胀死胀活增头寨"之说，意思是位居高山的增头寨生活最好，半山的佳山寨次之，而河坝的桃坪最差。有人认为这种现象可能是由于高山地区地多人少、旱涝保收，而河坝地区地少人多、气候恶劣造成的。① 此见不无道理，但除了土地和人口的原因外，其他资源的拥有量相差悬殊也是个重要因素。余世荣就说过，海拔低的地方虽然土地产量高些，但个人拥有土地量不如高山，更主要的是山上的人还可以挖药、采野菜。余正国则说，在阿尔村，如果勤快，挖药去卖，收入与种地相当，完全可以维持一年的生活，他们之所以还种地，一则"土地闲着也是闲着"，二则挖药和种地都有季节之分，而且两者并不十分冲突。余正国所言并非夸张，据了解，阿尔村人挖药各有所长，如余正国和余正发两人是阿尔村有名的"跑山"好手，采集菌类中价格最高的羊肚菌②之水平他人难及，有时一个人一天采回的羊肚菌晒干后就可卖一两千元。擅长挖虫草的阿尔寨人，据说有的一天可挖到四五百根，一根价值十几元至几十元不等，故至少也有四五千元。虽然这些并非人人如此、时时如此，但山上药材丰富，一年所获也当不菲，而现在种一年大白菜，以 2011 年为例，笔者调查到的情况是，卖白菜得的钱，有些连运费都不够支付，净挣三四千元的已算"丰收"。由此可见，高山看起来土地贫瘠，但人们生活却未必不富足。阿尔村人一年之中忽而进山，忽而出山的行为并非无奈之举，而是

---

① 参见卢丁、〔日〕工藤元男主编：《羌族社会历史文化研究：中国西部南北游牧文化走廊研究报告之一》，四川人民出版社 2000 年版，第 28 页。
② 据了解，各种菌子中羊肚菌价格最高，一般晒干了出售，500 元至 700 元一两。

生存有道。大山给予羌人如此多的馈赠，那么，他们频频祭山的行为背后主要的就应该不是出于畏惧，而确实应是如他们所说的祈愿和感激还愿。

既要靠山吃山，就得对山间事物的特性非常了解。这种了解一方面反映在他们总结的许多谚语[①]上，如：

> 惊蛰不动土，清明不下田，春分不钻林。
> 冻惊蛰，晒清明。
> 寒露麦子，霜降豌。
> 芒种不忙，五谷不满颠。
> 六月三场雨，遍地长黄金。
> 庄稼一枝花，全靠肥当家。
> 正月打雷坟堆堆，二月打雷草堆堆，三月打雷谷堆堆。
> 放牛得耍，放马得骑，放羊得跑。
> 羊子过冬，全靠吃好。
> 朝烧雨，晚烧晴。
> 早雨不过午，午雨下到黑。
> 久晴夜风雨，久雨夜风晴。
> 立夏不下，犁头高挂。
> 天上星星密又密，明天不是好天气。
> 天上星星稀，必定是个好天气。

[①] 选自阿尔村人编著：《阿尔档案》，文物出版社2011年版，第96—99页。少数根据笔者考察略为修改。

猫喝水天要晴，狗喝水天要阴。

蚂蚁搬家晴必雨，蜘蛛结网雨必晴。

重阳看十三，十三无雨一冬干。

十月初一晴，炭夫子跑不停。

干冬十月，落雪过年。

头九二九怀中插手，三九四九冻死老狗，五九六九沿河看柳，七九八九路上行人把衣担，九九八十一，庄稼老汉田中立。

初三初四峨眉亮，十七十八黑得没法。

雨打初二三，一个月没有九天晴。

雨打二十五，后月无干土。

伏天不算干，秋干一把草。

误了一年春，十年埋不抻。

人吃油盐，田吃粪草。

春来不下种，秋来无收成。

除了青杠没好柴，除了母舅没好亲。

……

以上谚语，对于阿尔村是适用的，但有些在其他地方却未必，如"晒清明"就不能套用在"清明时节雨纷纷"的江南；还有些经验，山上山下都不能简单照搬，因为山上动植物的生长、发育、活动规律及至非生物的变化较之山下往往都要迟半个月或以上，甚至同是阿尔村，阳山的阿尔寨、立别寨播种都比阴山的巴夺、百家夺早，"立夏不下，犁头高挂"在阳山就要提前一些。他们对大山的了解，也反映在对山石草木的熟悉上。调查中发现，阿尔村人几乎为每一座山、每一条沟、每一个洞都取了名字，他们不但对哪一座山的哪一区域出产什么心中了然，甚至对哪棵树下、哪一个岩石旁长有名贵的羊肚菌都了如指掌。还有一方面反映在他们积累了大量的经验。如伐木和裁截木材不能用锯子，只能用刀斧，否则木材会较快朽烂，因此在阿尔村基本找不到锯子这种工具。还如飘带葱，前面我们知道这种野菜腌制后可以保存达四年之久，但无论是采集还是回来处理，阿尔村人说千万不可用刀，否则飘带葱马上变黄，难以保存，而且采集时若用刀割，整条沟的飘带葱就会如得了传染病一般全部发黄，无法食用等等。再有就是反映在他们对自然规律把握的尺度上，也就是前面论述的顺应自然、合度止用，这种尺度规范着他们的行为，维持着自然生态的平衡。所以，在阿尔村，尽管千百年过去，羌山依旧，人心如古。

可以想象，阿尔村羌文化正是王、张二位先辈及后来的居住者们与当地环境经无数的进退磨合而逐渐形成，沉结着阿尔村人与大自然相谐与共的生存智慧。

第三节　地缘关系对羌文化的影响

影响文化形态的因素除了以上谈到的这些，还比较重要的一种是不同文化之间发生接触而产生的交融作用。

我们看到，阿尔村每家的神龛上都供有"南海岸上观音大士"、"东厨师命灶王夫君"、"文武夫子"；阿尔村人除了自己传统的年节，还要过春节，耍狮子；阿尔村除了有山神庙、祭祀塔，还有城隍庙，菩萨塑像；阿尔村人最大的天神还有个别名叫玉皇；阿尔村释比的一些经文，甚至一些咒语还包含有汉语，如"千千兵马万万神通"、"急急如律令"等，令人惊奇的是这些汉话咒语居然同样有着神效；阿尔村连八九十岁的老者都会说一口流利的四川方言……显然，阿尔村先民当年选择居住的所在尽管非常偏远，但终究不是真的世外桃源，不可能完全与世隔绝，和外界发生交流无可避免。不过，也应该承认，这些外界文化的痕迹不算太深，而且主要是汉文化，距离并不太远的藏文化在阿尔村则几乎感觉不到。那么，阿尔村羌文化是如何与汉文化结缘，又为何与藏文化"咫尺天涯"的呢？这要从其地缘关系和历史际遇说起。

阿尔村所在的龙溪乡西面紧接理县桃坪乡，东、北两方同茂县接壤，南与克枯乡为邻，这些地方皆为羌人聚居区。清代和民国时期，阿尔村隶属理县，划入"九枯"范围。所谓"九枯"，是指"威州至古城桃坪沿杂谷脑河北岸半高山及部分河坝地区羌民所居之村寨"。[①] "九枯"又分前中后三枯，所辖寨子如下：

前三枯14寨：太子坟、龙山、蒲凹、大寺、小寺、挖替、怕布、竹打、竹实打、周达、克枯、卜村、布挖、劳底。

中三枯27寨：木上、布南村、罗卜底、龙溪、罗布、地里、马岛、八家岛、鹿耳、慈鸦、立壁、昔丢、挖巴、不杂、只台、哭布、马房、昔格、大门、勒利、巴岛、斗沟、木尚寨、适布、阴阳十村、屋布、儿利。

---

① 《理县志》编纂委员会编纂：《理县志》，四川民族出版社1997年版，第74页。

后三枯17寨：牛山、罗山、曾头三寨、星上、水田、其力、纳溪、提挖、瓦奔、立密、一弯、纳黑、哇遬、立木鸡、挖布、达马、捉口。①

其中"中三枯"的"八家岛"应就是今百家夺，"巴岛"即巴夺，"立壁"即立别，"儿利"即二里，"阴阳十村"不知何指，由于阿尔村旧时又称"阴阳十寨"，故有可能是现在阿尔村辖区内以前的另外一些寨子。列出这么多羌寨名称之目的，是要说明位于"中三枯"的阿尔村简直就是"四境皆羌"也，为五十多个羌寨前后左右重重包围。这样我们就会对处于龙溪沟最里端的阿尔村至今文化样貌大体无改之原因有比较直观、感性的认识。

不过，尽管有自然和羌寨做屏障，也无法彻底隔断阿尔村人与外界的联系，有两个原因，一是因为羌寨多在山上，彼此之间的差别并不大，也就是说，阿尔村人若要换购其欠缺之物在羌寨内是难以实现的，只能出山。二是自西汉武帝于元鼎六年（前111）平西南夷，设汶山郡后，阿尔村所在区域便一直居于中原的中央政权辖治范围之内②，不再像之前那样无拘无束了。换言之，该域受中原文化影响达两千多年之久。当然，此境从西汉到南宋都属于边防要塞，并且"六夷七羌九氐"杂处，局势极不稳定，中原政权采取的主要也是羁縻政策，使得中原文化的影响十分有限。但自元统一以后，经明清两朝整治，尤其清代实行"改土归

---

① （清）《理番厅志》卷一，清同治五年（1866）本，第37—38页。
② 汶山郡设有广柔县，广柔县治所即在今天龙溪乡西面紧邻的理县桃坪乡，故阿尔村一境应属其辖管。

流"，这一带不仅边境消除，建置也逐步健全，中央集权管理日趋有力，阿尔村人接触中原文化的机会也渐次增多。到了清中后期，杂谷脑河沿岸已不再以"六夷七羌九氐"为主。清同治五年（1866）编修的《理番厅志》[①]曰：

> 厅治万山丛杂，故杂谷土司地。汉民之居，仅在一线官道中，今所谓六里也。其余九枯、十寨、三番、四土、五屯类，皆羌夷各种。[②]

"一线官道"即杂谷脑河沿岸古驿道和大道，也就是说，至迟到清同治五年，杂谷脑河沿岸官道上已满是汉民村落。

对于四面环山的阿尔村来说，习惯山地生活的村寨中人要出山自然可以向各个方向去，但东、北、西三面都是连绵的高山，而且要到达人烟较多的茂县，需要翻越海拔4000多米的山梁并跋涉几十公里。相较之下，从南边顺龙溪沟下山抵达繁闹的大道只有十一二公里左右路程，最为方便简捷。处于山下龙溪沟口的东门口，不但位于杂谷脑河岸通衢干道上，唐德宗贞元元年（785）还是羁縻州保州所在地，明洪武二十四年（1391）更被设为威州治所，也即是说此地曾一度为重镇。[③] 所以阿尔村人自古与外界接触最常出入的就是这个方向。

[①] 理番厅即今理县前身。
[②] （清）《理番厅志》卷一，清同治五年（1866）本，第20页。
[③] 参见《理县志》编纂委员会编纂：《理县志》，四川民族出版社1997年版，第10—11页。

再者,阿尔村现虽为汶川县管辖,但历史上却多数时候属于理县,直至1963年才划入汶川县。阿尔村位于理县最东端,因此,下山之后他们也就多数沿杂谷脑河西行,沿途依次是古城、桃坪、通化、薛城、杂谷脑。明至民国期间县治多设于薛城、杂谷脑两地,清乾隆以后治所均在薛城。而自明以降,这一路上的文化氛围已然不同,特别引人注目的是宫观庙宇林立。表6-3-1是根据《理县志》记载而统计的理县桃坪至杂谷脑沿途寺庙情况。

由表6-3-1可见,紧挨龙溪的桃坪古城早在明代已建有寺庙,而且清时期还进行了重修,说明其香火甚旺,经久不衰,而一路西行,佛、道、儒等各类寺庙不断,尤其清以后作为县治的薛城更是宫观庙宇遍布。近邻的桃坪,南宋时还出过名进士谢方叔,官至左丞相兼枢密使。[1] 历朝历代不少名人墨客也常游历于此地,如杜甫就有多首吟咏此域之诗章,其一为:

> 辛苦三城戍,长防万里秋。烟尘侵火井,雨雪闭松州。
> 风动将军墓,天寒使者裘。漫山赋营垒,回首得"无忧"。

"无忧"即指有"无忧城"之称的杂谷脑。陆游则为重建之薛城筹边楼作有《筹边楼记》。[2] 可以想见,如此浓厚的汉文化氛围,下山来的阿尔村人不可能不与之发生接触,而长相接触之下,文

---

[1] 参见《理县志》编纂委员会编纂:《理县志》,四川民族出版社1997年版,第85页。据其他资料显示,谢方叔为通化人,《理县志》曰桃坪有谢方叔故居,在桃坪谢溪沟。
[2] 参见(清)陈克绳:《保县志》,毕成裕校注,阿坝州地方志编纂委员会,1998年,第219、254—257页。《保县志》为理县第一部县志,收录与该地相关的诗文甚多,其中杜甫诗7首,另还收有岑参、李商隐、杨万里等名家题咏多篇。

化之间发生互渗交融也就在所难免。

表 6-3-1：理县桃坪至杂谷脑沿途寺庙统计表[①]

名称	地点	修建年代	备注
太平寺	桃坪古城村	明嘉靖年间建，清康熙年间重修	
圣明寺	桃坪古城村	明嘉靖年间建，清雍正年间重修	
铁林寺	桃坪曾头村	清末	
天元寺	桃坪东山村牛山寨	清末	
白马寺	通化甘溪村	唐时建，明代重修	
山王庙	通化甘溪村		属最早的寺庙之一
报国寺	通化龙胆沟	明崇祯年间	
寿相寺	通化甘溪村	清康熙年间	
平镇庙	通化下场口	清代	
川主庙	通化	清代	
大禹庙	通化汶山村	清代	又名禹王宫
白空寺	通化西山村	清末	
观音阁	薛城南沟口	清乾隆、同治年间	即筹边楼
灵佑祠	薛城南沟	清代	习称川主庙
广生宫	薛城南沟	清代	娘娘庙
三公祠	薛城南沟	清代	灵佑祠后院
龙神庙	薛城西门外	清代	
武庙	薛城西街	清代	
文庙	薛城东门较场坝	清代	

[①] 制表依据《理县志》编纂委员会编纂：《理县志》，四川民族出版社1997年版，第767—770页。

续表

名称	地点	修建年代	备注
文昌庙	薛城东山顶	清代	又名梓橦宫
城隍庙	薛城顺城街	清代	
百寿宫	薛城较场坝	清代	
真武庙	薛城较场坝	清代	
玉皇楼	薛城	清代	
鸡爷殿	薛城	清代	
万寿宫	薛城	清代	
忠烈祠	薛城	清代	
观音楼	薛城沙金	民国	
姜公庙	杂谷脑	唐开元年间	
川主庙	杂谷脑营盘街	清代	

至于藏文化，唐时吐蕃强盛，随着吐蕃不断东扩，藏文化也东渐而来，一直延伸至理县中、西、北等地，杂谷脑西 2.5 公里朴头山古道旁有一唐开元十五年（727）碑文：

> 朝散大夫检校维州刺史上柱国焦淑，为土蕃贼侵境并董敦义投蕃，聚结逆徒数千骑，淑领羌汉兵及健儿三千余人等讨除其贼，应时败散。①

由碑文可知此地为唐蕃相争之处，且是古维州所在。维州乃唐、吐蕃必争要地，这由唐剑南川西节度使李德裕奏疏《论维州事状》可见一斑：

---

① 《理县志》编纂委员会编纂：《理县志》，四川民族出版社 1997 年版，第 819 页。

维州据高山绝顶，三面临江，在戎虏平州之冲，是汉地入边之路。初，河陇尽没，惟此州独存，吐蕃潜将妇人嫁与此州门子，二十年后两男长成，窃开垒门，引兵而入，遂为所灭。号"无忧城"。从此，得并力于两边，更无虞于南路。凭陵近甸，旰食累朝。贞元中，韦皋以经略河湟，以此城为始，尽锐万旅，急攻数年，吐蕃爱惜既甚，遣其舅论莽热来救，雉堞高峻，临冲难及于层霄；鸟径曲蟠，猛士多縻于垒石。[①]

李德裕为筹划边事，专此在薛城修建了著名的筹边楼。之后此境便为各代边关要塞。吐蕃虽强，但势力始终被拒于薛城以西以北，未能再进一步，只是吐蕃长踞于斯，其所辖之地尽为藏文化熏染，以东区域因由汉军镇守，故而影响甚微。理县藏传佛教分布区域为米亚罗、夹壁、沙坝、杂谷脑、甘堡、上孟、下孟，均在薛城以西以北，这从表6-3-2的喇嘛寺建址分布上也可以看出：

表6-3-2：理县喇嘛寺分布表[②]

名称	地点	修建年代	备注
宝殿寺（格鲁派）	杂谷脑	清乾隆四年	薛城西
弥勒寺（格鲁派）	下孟四门关	清康熙末年	薛城西北
桑登寺（宁玛派）	上孟塔斯坝		薛城西北
禅单寺（宁玛派）	夹壁乡	清末	杂谷脑西北

① （清）陈克绳：《保县志》，毕成裕校注，阿坝州地方志编纂委员会，1998年，第216—217页。
② 制表依据《理县志》编纂委员会编纂：《理县志》，四川民族出版社1997年版，第769页。

以上，大概可以回答何以山下杂谷脑河沿线许多羌寨汉文化浓厚，相距并不遥远的理县中部、西部、北部地区又藏文化特征明显，而阿尔村却羌文化本色突出，只交融了汉区儒、释、道等文化的少量成分，难觅藏文化踪影。

第七章 阿尔村羌文化承续之道

若是明了阿尔村人创造的文化与其生存息息相关，这种文化的重要性也就不言而喻了，进一步则可推知这作为生存依托的文化对于羌人而言便不是可有可无，可学可不学的了。可是，此时我们不能不有这样一个疑问，即他们的所有知识看似都是零散的，显得无序，而羌人既无文字，又更无专门的教育体制和机构，他们是如何保证这些零碎，同时又非常庞大的知识体系完整、稳定地代代相传，不仅千百年来赓续不绝，还极少发生丢失呢？究其原因，首先应归功于他们自成体系、运作良好，表面乍一看松散、简单，其实严密、高效的社会组织。

第一节 阿尔村社会关系

一、阿尔村社会关系网络之特点及形成

要了解阿尔村的社会组织形式，须要先了解他们的社会关系网络。他们的社会关系网络与其生活习性和生存环境是相一致的。前面已经介绍，住在高山的羌人很少与山下发生接触，他们的活动范

围基本都在山上，因而他们的交往对象也就主要在寨内及周边相邻的寨子间。同样，他们的婚姻关系也主要集中在这一范围内。时间一长，便形成了盘根错节，极其复杂的"竹根亲"体系。所谓"竹根亲"，是指寨内及至村内人与人相互之间或远或近都有亲缘关系。所以，他们的社会关系就是在这"竹根亲"上结成的一张网，每个人或每个家庭就是网上的一个结点。根据前面的分析，羌人的宇宙图式无中心，万物皆平等，但同时每个人又以自己为中心，这也同样反映在其社会关系网上。从整个寨子或村子看，平时无事之时，没有谁、没有哪个家庭特别突出成为核心，但是这网上的任何一人或一家只要有稍微重要的事，便都会成为该网络的中心，网上几乎所有的关系都会调动起来，根据其远近承担相应的义务和责任，可以说，寨子里发生的事几乎没有什么是与己完全无关的。按阿尔村人的口头禅说，就是"大凡小事，都会帮忙"。换而言之，抓住网上的任一结点，几乎都可提起整张网。

这种关系结构与费孝通先生提出的差序格局有些相似。差序格局是指每一个人以己为中心以水波纹状外推形成一种网络，而且不同的人形成的网络不同。① 如果从单个人或单个家庭来看，差序格局在这里大体能述其大要。但差序格局强调中心，并认为中国传统社会缺乏西方特有的普爱、兼爱特点。阿尔村人建立的关系网不同之处正在于既有中心，又具有普遍平等的性质，因此和差序格局并不完全等同，是羌人宇宙观在社会关系上的一种表现和反映。而且差序格局只重于分析个体（包括个人和小团体），在描述整个羌寨

---

① 关于差序格局，参见费孝通：《乡土中国 生育制度》，北京大学出版社1998年版，第24—30页。

或羌村的宏观关系网络时并不适用。总体而言，阿尔村的社会没有一个实质的、较为稳定的，权力相对较为集中，地位相对较为突出的核心，因而其结构是无差等、无等级的，是一种集体互助型社会组织。

那么，他们的这种网络是怎样形成的呢？主要靠的是联姻。要讲清这个问题，须得举一个例子。

以百家夺余氏家族为例。该家族从定居百家夺的第六代余成龙起使用汉名，并按字排辈，其字辈顺序为："天知化尚永，成明世正仁，朝廷光友为，万代耀元宗。"现已传至仁字辈。理论上，可以取任意一人来观察其社会关系是如何建立起来的，由于"天知化尚永"五代均离世甚久，其社会关系今人所知有限，故选择成字辈中的余成龙进行分析。假设余成龙孤身一人来到百家夺定居，初时自然举目无亲，但随着他结婚生子，繁衍后代，社会关系就会逐步建立和增加，不久便能形成一个庞大而复杂的网络。

首先，余成龙娶阿尔寨马氏为妻，建立起初步关系，这一行为涉及2个寨子（百家夺、阿尔），2个姓氏（余、马）。生有2子1女，为明字辈。

明字辈长子先娶百家夺王氏，生育1女，但王氏早逝，后来便上门巴夺朱家二房，与朱家丧夫的媳妇结合，此媳妇娘家为阿尔寨马家。仅此一子便使3个寨子，4个姓氏建立起了关系。另外，明字辈次子娶巴夺朱氏为妻，幺女嫁到巴夺另一朱家。明字一辈建立的关系涉及3个寨子（百家夺、巴夺、阿尔），4个姓氏5个宗族（余、王、马、两房朱家）。共生育6男7女，为世字辈。

世字辈以后情况已经非常复杂，不再详列，经统计，世字辈建立的关系使至少10个寨子或地区，12个姓氏联系在了一起，共生育正字辈男20人，女26人，正字辈目前尚年轻，其中确知已婚者为23人，这23人已经涉及至少16个寨子或地区，14个姓氏，不过正字辈在现代氛围中长大，婚配范围已和传统相差较远，不能作为分析传统的例证。具体见表7-1-1。

对表7-1-1进行分析可知，明字一辈的联姻，无论是嫁娶还是上门，都在阿尔村范围内，世字辈均出生于20世纪四五十年代，长成至适婚年龄已是中华人民共和国成立以后，传统格局和观念已有较大转变，但在本村内联姻者仍占大部分。不出三代，村中所有寨子，几大姓氏均已成为亲戚，社会关系网络建立之迅速可见一斑。纵横交错的"竹根亲"体系正是这样建立起来的。

阿尔村内大小事务都依仗"竹根亲"基础上的血缘关系来处理，形成其特有的社会组织和管理模式。血缘关系包括父系血缘和母系血缘，羌人对待这两种关系既有亲疏、远近、主次之分，又有不偏不倚，同等重视的特点。他们有"三代的古亲，万代的家门"的说法，家门是父系血缘，万代不变，古亲是母系血缘，只管三代，但同时又有"除了青杠没好柴，除了母舅没好亲"的谚语，充分肯定了作为母系血缘代表的母舅之重要，事实上母舅在许多重要场合的确有至高无上的权威。许多学者认为母舅观念是人类远古母系社会母权制遗留的表现，此论或有道理，但也无十足的根据。若从羌人的宇宙观角度进行解释，母舅的重要反映了其普遍平等的观念似也能通。不管原因为何，这种兼及父系和母系血缘的管理模式实为羌人社会组织的一大特色，不但充分利用和调动了各方资源，还平衡了各种关系，化去了无数的矛盾，也解决了大大小小各类现实的问题，同时也符合羌人行为的实用性原则。下面对这种模式的一些概念和规则略做介绍：

表 7-1-1：百家夺寨余成龙及其后代联姻关系表

寨子或地区	辈分																			
	成					明					世					正				
	联姻方式																			
	娶入	嫁出	招赘	上门	合计	娶入	嫁出	招赘	上门	合计	娶入	嫁出	招赘	上门	合计	娶入	嫁出	招赘	上门	合计
百家夺						2				2	2	1			3	1				1
巴夺								1		1	1	2			2	1	1			2
阿尔	1				1			1	1							1				1
立别											1				1					
雪溜											1				1					
垮坡												1	1	1		1				1
直台																1				1
联合																1				1
汶川											1				1					
威州											1				1	1				1
姜维城											1				1					
布瓦																1				1
麻谊村											1				1					
绵虒																1				1
茂县																1				1
黑水																1				1
彭州																	1			1
都江堰							1					1			1	1				1
郫县																1				1
云南																1				1
不详								1					1	3	3					6

二、家门族房和四大门亲

由于是"竹根亲",人人沾亲带故,所以在阿尔村要说哪一家族的势力更大,更有权威实际是很困难的,每一个人都有多重的身份,几乎和所有家族都有亲缘,有些家族没落了,人丁稀少,但未必就没有威信,不被尊重,受人欺负。不过,这么复杂的关系也并非全无头绪,阿尔村人就从不觉得理析这些关系有何困难,他们的方法很简单,抓住两条,一是"家门族房",一是"四大门亲"。

"家门族房"就是姓氏上同一祖宗来源的人,也即父系血缘。在这一关系下的人绝对不可以有婚姻关系,所谓"万代的家门"就是指此,也就是说不管相隔多少代,只要从姓氏上能追溯到相同的祖宗,都不能通婚。《后汉书·西羌传》所说的羌人"十二世后,相与婚姻"[1]在阿尔村却不适用。像绵虒羌锋村那样自清末民初以后,五六代以外已有人开亲(即建立婚姻关系)的情况[2],在阿尔村也不存在,阿尔村人承认五六代之外关系确是相对较疏,但开亲仍然是严厉禁止,并会让众人嘲笑的事情。"家门族房"也可简称"家门",在阿尔村是个笼统的称呼,代指同姓同宗的所有人等,没有羌锋村"家门"、"亲房"、"族房"这种渐远渐疏的称谓。

有一点需提醒,上门的女婿应归入招赘家的宗族,但其子女

---

[1] (南朝宋)范晔:《后汉书》卷八十七《西羌传》,中华书局1965年版,第2869页。
[2] 参见徐平:《文化的适应和变迁:四川羌村调查》,上海人民出版社2006年版,第88—95页。

在对象选择上却受到双重限制。如朱氏男子上门至杨家，那么其子女既不可与朱氏宗族通婚，也不能和杨氏宗族联姻。甚至还有更为复杂的情况，譬如一朱姓上门至杨家，其所生女儿长大后又以上门方式招入另一姓氏家族子孙为夫，如余氏，那么再下一代择偶就受到三重限制，余、朱、杨三姓均不得开亲。这里须注意男性支系受限制较多。与之相对的是对女性支系要求的宽松，只讲究"三代的古亲"。

"三代的古亲"即是母系血缘。母亲娘家称为舅家，奶奶之娘家称为老舅家，而曾祖母之娘家称为老老舅家。"三代的古亲"除了包含一定的亲疏之别，还有另一层意思，即这三代严禁开亲的要求与"万代的家门"相同，三代以外则不再限制。

有一种观点认为这些通婚规则是为了避免乱伦，乱伦禁忌又是出于社会学上组建社会的需要，而不是出于生物学的原因。但调查中，阿尔村人对违反通婚规则有明确和敏感的反应，他们说："对后代不好，不是痴呆就是有其他问题。"这说明羌人对严守规则的生物学意义是有经验基础和深刻认识的。值得注意的是，他们对于姐妹后代之间开亲虽不十分提倡，却也不表示反对，有的甚至直接说可以。这未必是因为他们缺乏知识，而更可能是在他们的经验中这种联姻没有产生过什么不良后果。事实上，阿尔村人只是紧紧把握着上面这几条规则，尽管经几百上千年繁衍出了无比复杂的"竹根亲"，却未听闻有人因此而得遗传疾病。相比较而言，下坛释比学得太精太全或滥用法术等导致残疾倒是历来为人传说和劝诫。这样看来，古羌人应该很早就已经总结出了他们的优生优育经验，并经长期验证，证明有效。

"四大门亲",顾名思义,包括四类亲戚,分别是:

舅舅:母亲的兄弟;

姑父:父亲姐妹的丈夫;

姨爹:母亲姐妹的丈夫;

表叔:父亲的表兄弟,包括父亲的舅舅、姑妈、姨妈之子。

可见,"四大门亲"均为长辈,且都是父母这一辈分所有关系中,除属于家门族房的叔伯外,最为亲近的人员,涉及面很广。按照"三代的古亲,万代的家门"通婚规则。舅舅必定为另一姓氏家族,姑父也一定与本家族姓氏不一样,姨爹倒是有可能为自己家门之人,假设四大门亲每一个均为一人,那么这里就涉及2—3个不同宗族;同理,表叔其实是父亲四大门亲的儿子,故又与另外2—3个姓氏完全不同的家族有关,这样,四大门亲牵涉的不同姓氏至少有4—6个,所涉家庭6家,现实中父母的兄弟姐妹往往不止一人,故涉及面更大。而羌人的"大凡小事"中"四大门亲"常常是重要角色,因而,在过去每寨人口户数不多的情况下,每遇一事几乎是全寨动员。

第二节 社会管理模式与知识的传授

影响羌人社会管理模式的因素有多种,其一,羌人居住在偏远的高山,人少资源多,每个人的需求量也有限,加上羌人的合度止用思想,自然资源可谓生生不息,用之不竭,因而极少因资源占有的不均而起纷争和导致贫富悬殊,产生等级差别。其二,高山人烟本就稀少,加上小范围的频繁通婚,使得关系日趋复杂,互为亲戚，便无所谓高低和贵贱。其三，在这样的群体内，年岁长，辈分高者自然相对而言有着更加丰富的人生阅历和生活经验，处理问题的方法也更加多样和成熟老练，因而，长辈们普遍受到尊重，称为"老辈子"，"老辈子"成为群体各类事务、纠纷的裁决者也就顺理成章。其四，正因为都是亲戚，许多事情实际就是家庭问题，所谓"清官难断家务事"，家庭问题往往涉及多方面的利益，故而需要不同利益的代表者参与才能兼顾各方，得到较为周全折中的结果。其五，山区的劳动都是体力活，很多不是凭个人之力能够完成的，如拉木头、砌房子、耕地等；还有些是要赶时间的，如播种、收割等，这就要有人协助帮忙。还有，既然都是亲戚，别人家若有事，需要帮忙，自己总不可能袖手旁观，于情于理都推脱不得。再说，即使没有亲缘，可"天有不测风云，人有旦夕祸福"，谁家都会有或大或小的事情，在人迹罕至的山上，他人有事自己不援手，一旦自己家有事别人自然也不会相帮，等等。

综合上述诸因素，羌人便形成了"老辈子"们牵头、众人参与的集体互助型社会组织和管理方式。所以我们就看到羌人无论是婚丧嫁娶、砌房造屋，还是教牛、耕地、拉木头、背砌房的石块、播种、收获、安神、治病、办转山会、还大愿，甚至是杀年猪、吆杀牦牛等"大凡小事"无不是群体出动，相帮互助。正如阿尔村谚语说的："一人有难大家帮，一家有事百家忙。"如果寨子不大，基本上是家家参与，若是遇到重大事件，如丧礼、婚礼、盖房子等，则不管寨子大还是小，每家每户都要安排人员，有些已成定规，由主家亲戚组成的筹委会先自就按户把人员名单定下了，然后由支客逐家逐户通知即可，各家可以根据自己家的实际情况调整，但不可无人参加。

这种组织管理模式不是固定的，每次都根据具体情况临时组织，哪家有事便以哪家为中心。这种方式有许多优点，以下三点表现尤为突出。

首先，合集体之力，劳动和办事效率大大提高。比如丧礼。多数情况下人的离世都是突如其来的，而处理后事又不能拖延，丧事还千头万绪，程序极为繁杂，丧家正处于痛失亲人的极度悲伤之中，精神恍惚。此时家门族房和四大门亲组成的亲戚集团就承担起了主持、指挥、调度、应酬的所有工作。由于该集团既有经验丰富的"老辈子"们，又有得力干练的青壮年阶层，他们还是日常往来频密的亲戚，对丧家的方方面面都颇为了解，因而群策群力之下，可以迅速、全面地制定方案，召集人员，纵稍有遗漏，也能及时发觉并马上商量弥补解决。每次临时召集成立的"执事"这种组织又不是权力均分的，而是主次有别，各负其责。以2011年2月8日阿尔寨马家老婆婆葬礼为例，其执事名单就设有总管、内管、礼房、支客、上壶、厨房、饭厨、管桌等多种职位。各职人数及职责见表7-2-1：

表7-2-1：阿尔寨马家老婆婆葬礼执事人员统计表

职务	人数	职责
总管	1	负责全面
内管	2	协调内部事务
礼房	3	收接、登记吊唁礼金、物品
支客	1	知会各家并接待来往人员

续表

职务	人数	职责
上壶	3	即外管，专管斟酒、倒茶、递烟
厨房	32	负责膳食制作
饭厨	5	专门煮饭、烧水
管桌	10	负责上菜、收碟、洗碗等杂务
合计	57	—

阿尔寨目前在册户数为52户，但实际户数只有四十来户，一次葬礼仅张榜公布的名单上就已有57人，可见队伍之庞大，涵盖了整个寨子所有家庭，还不计许多未列在内的亲戚，另还有母舅、释比、羊皮鼓队、皇伞队等。而且分工细致周全，尽管时间仓促，事务繁多，整体却有条不紊，按部就班，显得杂而不乱，井然有序。显然，如此大事，没有这许多人的协助，单靠丧家是难以完成的。

重大事件，不仅深陷悲痛的丧家需要众人相帮，大喜盈门的婚礼也是如此。如2010年11月余世荣次子余正虎结婚，婚礼定在22日，但准备工作早早已经开始：16日主家就组织十几个人上高山寻找自己家牦牛；17日率20多人到野外吆杀；18日集众宰杀年猪；19日召集家门和四大门亲商定菜谱和数量并商量安排执事人员，全寨每家至少安排一人；20日一大早，笔者便见支客在寨中奔走，上门通知未能联系上的人家，下午召开执事会议落实分配工作；21日执事们全部到位进行筹备。执事人员类别、人数和职责见表7-2-2：

表 7-2-2：巴夺寨余世荣次子婚礼执事人员统计表

职务	人数	职责
总管	2	负责全面
支客	2	知会各家并接待来往亲友
内管	2	协调调度食品及内部事务
外管	2	专管接待、斟酒、倒茶、递烟
礼房	3	收接、登记礼物
司礼	2	婚礼主持
唢呐	1	吹奏唢呐
厨师	15	负责膳食制作
饭厨	4	专门煮饭
背饭	2	负责将煮好的饭运至席间
管桌	11	负责上菜、收碟、洗碗等
烧水	1	烧饮用的开水
烧洗碗水	1	烧洗碗用水
合计	48	—

整个婚礼过程从安排执事到谢厨谢客长达五天，一切事务都由亲戚们处理，样样妥帖，和乐吉祥，主家和结婚的当事人比平日生活还要清闲。若新郎新娘和父母们事事亲力亲为，必然不堪重负、疲于奔命，就会似现代城市婚礼那样，举办婚宴时常成为一件令人生畏的苦事。

由以上两例已可看出，阿尔村人处理事情职责极其分明，分工非常细致，考虑相当周密，显然已经是十分成熟的组织制度。只不过一件事情结束，临时性的组织随着任务完成，便即自行解散，中心也就消失，回归于常。在平日看起来就好像没有组织一般，实际上他们采用的是一种具有高度弹性的灵活组织管理模式，范式已存于脑中，人员现配，有事则众志成城，无事则化整为零。这比起现代许多人浮于事的恒常性组织机构来，要高效、实际、节约得多。

羌人田间劳动采用的互助帮工制也是这种弹性社会组织的类型之一，称为"请工夫"，但不须张榜，只要根据劳动量，向有关亲友打声招呼，请够"工夫"即可，效率同样很高。如朱金龙家2011年4月24日点玉米，即播种玉米（图7-2-1），一共有七块大小不等的地，约计七八分面积，请了18个工夫，朱金龙和17个请来的工夫下地点玉米，根据土地面积大小或分做两组播种，或合并一块干活，其夫人和1个工夫在家带小孩和做饭，从早上九点多开始，下午不到六点，所有玉米地全部点完，中间还回家吃了一顿丰盛的午餐。如果不请工夫自己点，就要连续多日天天往地里跑，其他什么事都干不了，辛苦，效率低不说，还可能耽误农时。而且分开多天点播，玉米长得参差不齐，日后除草、施肥、收获等等日期都错开了，很不好管理，增添了无数麻烦。

第二个优点是举众人之力可以做成一些个人难以做到的，关乎全寨的公共事务，家家出力也显得公平，避免了纷争，有些合并一起还可减少浪费。六月初六转山会、十

图7-2-1：朱金龙家请工夫点玉米

月初一还大愿就是典型的例子。这种大型的许愿还愿活动，程序复杂，专业性也强，如果各家各户自己单独办，不仅人力、财力、物力诸方面的投入都极大，不懂经文者还无法操作，必须请释比，而数量有限的释比也难以一一应付。集体还愿则可有效地解决这方面的问题，把寨中不同特长者集中起来，一次便能满足全寨的所有需求。会首轮值制又使得每一个家庭都有机会主持还愿活动，不至于为某些家庭或个人垄断，滋生不公平和矛盾。在全寨没有统一还大愿的年代，比如近些年，有些家庭就会约请释比家庭一起还愿。如2010年巴夺寨没有集体还愿，寨中就有人家早早约定释比余世荣一家共同还愿，2011年巴夺寨同样没有集体还愿，余世荣、余世华、朱金龙等几家至亲的家庭就自行合办。

还可举一个生产方面的例子。两三年前，某公司与阿尔村协定推广种植一种被称为"青翠李"的经济树木，并已经免费为各家提供了树苗，至2010年11月，树苗已长出约一米左右高度，但按常规，此时正是耕牛下山过冬的季节，稚嫩的树苗势必要被牛践踏啃吃。为此，许多村民呼吁要想办法解决，因故缺乏村民小组长的巴夺寨群龙无首，较有威望的朱金龙便应众人之托站出来主持，自发组织人员在耕牛下山的必经之路上设置栅栏。2010年11月8日，巴夺联合百家夺，各家出一人和至少两根木材，多者不限（有的出了六根木材），自带工具，在隘口处挖坑扎桩架栏。无法出工夫的朱金勇家则买了五斤白酒、几斤花生犒劳众人作为顶代。当各家所供木材不够时，同样无法出工夫的余世国家无偿提供树木补足所缺部分，于是建栏人员根据余量，上山砍伐了余世国家栽种的落叶松25棵。就这样，38人用一天时间便建起了高两米多，长度达一百多米，跨越山坡、道路、河沟、田地等各种复杂地形的坚固牛栅栏。上百头牛被挡在了山上，保护了全寨的树苗，这种大型工程，没有集体合作显然难以完成。

这里要顺带说明的是，羌人生活中发生的事件不尽相同，需要解决的问题也各不一样，因而临时性组织亦大小不一，针对不同的事情需要的人员技能也有所差别，比如砌房要石匠，还愿要释比，治病要羌医，支客要嗓子亮，厨师要厨艺精等。一般而言，阿尔村人组建临时组织会选择辈分较长、经验丰富、威望较高者作为总负责，其他人员根据分工，择选技艺相对较好者担任。这些都是依据各人以往表现和众人口碑及印象定下的，没有固定的人选。有人说释比是精神领袖，在阿尔村却不见得。一个人是否有威信实际是看其办事是否公道，综合其德行和能力论定。释比经典虽然有如百科全书，包含着各方面的知识，但释比人人能学，释比在村寨中也很多，威信高者却寥寥。不是释比而有威信者也不在少数，如"文革"时敢同上级领导拍桌子为阿尔村利益据理力争的老书记余平安就备受村人尊重。作为释比和作为石匠、羌医实际无甚区别，只是各人掌握的技能不同。说起还愿，人们会说"找余三伯（即余世荣）"；说起砌房，人们会说"找王九斤"；说起治癫痫，人们会说"找朱忠福"；说起唱盘歌，人们会说"找王新英、陈兴亮"。也就是说，释比并无特别之处，更不会因学了释比就具备精神领袖的特质，在众人心目中是否有威望还是主要看其品行。有些释比法术高强，但作恶多端，便令人厌憎，有些释比受人尊敬，如余明海、朱金龙，不是因为他们是释比，而是因为他们的为人。据余世华说，余明海年轻时一次见他舅舅无理欺负一个村民，竟然找上门把自己舅舅打得血流满脸。羌人社会中舅舅的地位甚高，极受尊重，有"天上的雷公，地下的母舅"之说，打舅舅简直是大逆不道、不可思议。恐怕余明海的这种特质才是他有威望的本源。

　　羌人具有弹性的集体互助组织管理模式的第三个好处就是为羌文化的普及、培训、传承营造了良好的氛围和提供了大量观摩、实践的机会，可以说每一次事件都是学习羌文化的大课堂。羌人没有文字，羌人创造的文化又几乎都是生存的技能，这种生存知识的掌握最重要的便是实践，而实践教育需要的就是要大量、多样、经常性的接触。如果是"各家自扫门前雪，莫管他人瓦上霜"，各家问题各自想办法解决，有些与自己日常生活直接相关的知识，年年慢慢积累确也可以学到，但有些事件，如丧礼、婚礼、盖房子等，就一个家庭而言，一个人一辈子也遇不着几回。若采用集体互助，情况就不一样了，家家事皆为自家事，由于常常参与，故而常常见到。而一年之中不是东家有事就是西家要帮忙，于是一个人一生中不同阶段发生的各种事情，一年里大部分人都要操心多回。全村寨一年之内发生的事情是如此之多，笔者两年间入山五次，较重大的就亲历葬礼三次、婚礼一次、求雨一次、安家神一次、还大愿一次、砌房盖屋顶不计其数，还有耕地、播种等，只要去的时间合适，天天都能看到。其间未遇到但据闻发生过的有葬礼三次、婚礼四次、送竹米七次、做生两次、安财门三次。经了解，按照正常来算，重大的如转山会、还大愿每年各一次自不必说，葬礼平均一年大约会有三次左右，婚礼约两次左右，求雨，按朱金龙的说法，在过去，一年约三两次。如此频繁地接触,即使是孩童,有些事件没有直接参与进去,耳濡目染地反复熏陶,也很快就知其大貌了。葬礼中的跳锅庄,就有不少三四岁的孩子由父母牵着学习扭身、摆手,一些稍大点的,如五六

图7-2-2:葬礼跳锅庄的孩童

岁、七八岁者,则一路跟着羊皮鼓队,模仿击鼓、伸腿、旋转、唱吼。(图7-2-2)释比和母舅们在屋里唱《纳莎》,里里外外,密密匝匝,被众人重重围着,许多人情不自禁地跟着一起高声唱和。羌文化就是在这一次次的反复练习之中,潜移默化地悄然普及开去,传授给了他人和下一代。

更何况,每一个组织虽然"临时",却无一不是"群英荟萃"。所谓术业有专攻,不同的人有不同的擅长之处,此时都被分别集中了起来,其中有人是样样精通,有的则专擅一技,独冠群雄。这样,即使是名手,也能互以为师,在既分工又合作的氛围里得以借鉴学习,取长补短。当然其中也有因人手不足而选用术业未精者,那就更是得从名师,在其指点之下,提高更快,葬礼中经常见到朱光亮为年轻的羊皮鼓队员讲解动作要点和含义并示范指导。跳锅庄的领唱者一般跳唱都技高一筹,在其带领下许多人的水平得以较快提升,何况常常还有许多"老辈子"兴之所至,跳入阵去,亲自领带,或手把手教导呢。婚礼同样如此,擅长唱歌的余世荣、王新英等老一辈,每唱一句,便停下来给周围的人解释刚才所唱的要义、唱法、来源和历史典故,对众人的疑问也细

图7-2-3：余世荣讲解婚礼对唱的唱词

细解答。（图7-2-3）砌房，甚至垒坟亦莫不如是，哪里应用长石，哪里要先砌，哪块石头放哪个位置最合适，哪块石头要反过来才稳妥，哪里要用碎石填满，哪里需要找块宽平的石板，如何对中，黄泥加水"够了"，太稀就"贴不起了"……建筑行家寥寥数语，有时授技艺，有时释原因，稍一点拨便让人豁然，具体生动还融合了技术和文化含义，印象最为深刻。一般来说，跟着做两三回，基本技巧就大都能全部掌握。另外，甚至还可以偷师，学到一些秘密技术。朱光亮就说他的捞油锅是偷学的，他的方法是在做法事的家门爷爷身后替他挠背，同时贴近偷听咒语，回来再行钻研。

没有文字的羌人就是以这种方式把无数琐碎、零散的知识化入人们的心里。这结合实践承传知识的方法，比起单纯的学习，少了枯燥乏味，有着事半功倍之效力。如果只靠专门的学习，在师父方面，自是没有哪个能够一项不漏地教授，而于徒弟，也不可能光凭死记来操作，但若处在具体、现实的场景中，情况就不同了，相关知识总是会"不请自来"，汩汩涌现，自然地就能融会贯通。可以说，是羌人灵活弹性的社会组织形式给所有人提供了大量长见识、富阅历、增经验、多实践的机会。因此，生活，便是羌人看似无系统的知识的骨架和体系。

第三节　羌人的教育观念

羌人的教育观念也是羌文化续传不断的重要原因。总结阿尔村人的教育理念，至少有以下两点。

一、在实践中学习

这一点其实上面讨论阿尔村社会组织管理模式时已经有所阐述。在此要强调的是，前面说羌人结合实践承传知识比起单纯的学习和专门的学习有优胜之处，并不是说他们完全没有单纯的、专门的学习，只是即使是此类学习，在他们的观念中，也是以实践为主，由实践先行，认为实践是掌握知识的基础。可举几例说明之。

医术传承方面，朱金龙家族是从"看"开始的，起初没有专门的教学，都是先通过多看，待"看会"了再指导。朱金龙说，他的奶奶过门后不久很快就学会了医术，因为家里有病人的时候，"她作为媳妇，就在旁边看祖祖爷爷他们如何临床操作"。不仅通过这种方式学会了医术，甚至"哪里骨折啊，（奶奶）更比我们爷爷精通，（因为）她经常在屋头嘛"。而朱金龙自己本人学医的过程也是这样。他说：

> 这个医术，我稍微懂点事，八九岁左右，我就看到我们家老人啊，奶奶啊，父亲啊咋个在操作，复位咋个在复啊，就是这个样子就看会了。就实践当中，不说实践，基本上就

看,一年不晓得经历过好多场嘛。后来大了,我父亲喊我来亲自操作。这个嘛有好多个位置,这个是从哪里断啰,或者哪里错位了,上下左右,我们父亲就要喊我来摸索,然后,有好多根骨头,哪里脱位要咋个复位,这个要咋个操作,手法要咋个整,他就要跟我讲的嘛。①

祖籍水磨的羌医世家罗秀琼家族亦可为证。罗秀琼如是说:

从小,我能够跑得动的时候就跟着我们父亲上山采药。多数时间,上学后就星期天吧,跟着父亲后边跑,又喜欢问。然后父亲在治疗病人的时候,我就给他打下手,给他打杂、帮忙。没有专门讲。有时他会说,这样药能治什么病,那样药能够治什么病,这样和那样合起来能够治什么病。看几遍就得了。平时就眼看嘛,心里面记嘛,然后自己亲手做。老一辈再口头传授。②

至于释比的传承,先来看看现下阿尔村释比的自述:

余世荣:我是七几年,二十多岁才开始学。大概二十七八岁吧,……不是专程、专职专业学的,而是有空或者有机会,我们父亲去给其他人做事情的时候,去给他帮忙嘛,那样学

---

① 根据2010年8月21日下午采访朱金龙笔记整理。
② 根据2010年2月16日下午采访罗秀琼笔记整理。

会的。正式坐下来学的很少，出去一起去做上坛，或者做中坛，或者去做下坛，这个样子学的比较多。……要讲解，比如哪天晚上出去做了个下坛，去送个血光啊，送花盘啊，当时我没有懂，不懂的那些，回到家以后就问他一下嘛：爸爸，这个下坛的送血光，哪一段经是说的啥子，应该是咋个样子。他就要给你解释。①

马永清：我十一二岁开始，六八年嘛，我们家族是释比，当时我偷听嘛，随便问一问，我爱问，就问他那是搞啥子的。后来才直接找到我们的师父，就是我们弟兄马成林……，师父在的时候，跟师父一起去嘛。跟了十几年后师父去世了我才开始单独做。②

还可以看一下他们的上一辈学习释比的经历，以余世荣父亲余明海为例，他说：

二十岁。我爸爸、爷爷、祖祖都会（释比）。……我那时候说，你教我一下子嘛。……二十岁过了，二十一二学会了就跟到他一起走嘛（参与仪式和法事活动）。小的时候五六岁不教，等有了一定的年龄了，他记得到了才教。过程啊，你晓得了才可以教嘛，你不晓得，教你做啥子？他费了他的精神了。

---

① 根据 2010 年 8 月 18 日采访余世荣录音整理。
② 根据 2010 年 8 月 19 日采访阿尔寨下坛释比马永清笔记整理。

……我们那些安神啊做啥子，他带我去。他在做的时候，我就听嘛，听着他咋咋咋。过后到我年龄二十岁了，他说这下儿你学得了。等到我学的时候，我就已经晓得一些了，你这个样子对对，你要学。小时候，十几岁跟着爸爸一起去，他就不教，我就听、看。有二十岁了，他就念了，说："哎，今天你念一下儿，噢，噢妣，对了，对了。你这样子学得好，就跟到我学。"小的时候，各方面做啥子跟到他一路走嘛，走了就学会了。

……专门专科学的，这个没有的，还要做啥子活路啊。开始学以后，他去我也去，他去的时候，他做啥子，我就是晓得。他念的时候，我就慢慢听嘛，他做个十几回嘛，哎，我这个人就尽心学嘛，就学到了。等到老辈子，他试我一下，（我说）我晓得了，（他说）你晓得了，你念一下。（听我念完后，他说）噢，对对对。就学会了，学下一个。

……五年过后就学会了。原先本来我们老汉儿就会这块儿，原先就是他做手艺的时候，他做啥子，（我）心里就体会了一些，关键给指破一下。你要生般沤到那儿，一年也学不会。①

"你要生般沤到那儿，一年也学不会"这句话，可以说直接道破了羌文化传承之谜。其实，羌人并不缺乏教育思想，羌文化更不是在人们懵懂无知，不知教育为何物的条件下侥幸传承下来的，

---

① 余明海自述选自阮宝娣：《羌族释比与释比文化研究》，中央民族大学2007年博士学位论文，第121—123页。

他们对教育有自己的理解，也形成了独特的教育理念和方法，只不过他们采用的方式与现代教育，甚至与中国传统的主流教育方式都不太相同，是以大量的感性知识作为铺垫，然后再于关键处"指破一下"。有丰富的现实经验做基础，有深厚的实操技能做底子，故而其文化和思维能如"润物细无声"一般深深融入他们的血脉之中，使之面对纷繁复杂的现实世界，总能够因地制宜，应对之策信手拈来，变幻无穷，各不相同，却又令人感觉万变不离其宗。而这重实践、重应用的观念，不是又与他们文化特性之实用原则遥遥相应着吗？

其他方面也无不如是，他们有谚语曰："妹妹不会做鞋子，姐姐有个鞋样样。"阿尔村首屈一指的织麻布专家王新英说她十五岁时还不会牵麻线，"过后我们表姐织麻布，来喊我帮她牵线，我就盯到看她在那些织麻布的机器上咋个样子挽咋个样子做。再后来我自己拿一些棉线来试。就这么样学到了"[①]。

二、人尽其才，兴趣为先

不过，有了这许多接触的机会，却未必人人都能成为行家，毕竟各人心性不尽相同，喜好有所差异。尊重自然本性的阿尔村羌人深谙此道，因此他们同样尊重人之本性，知道凡事不可强求，即使是祖传技艺，若后代了无兴趣，他们也从不勉强为之，而是顺其自然。

当今以下坛法术名著四境的朱光亮当年却是先接触上坛经文

[①] 根据 2010 年 8 月 26 日下午采访王新英录音整理。

的，他说：

> 我没参加工作时候啊，和我们三伯，就是朱金龙父亲，跟我们幺伯一起，黑了天，田边边上搭个棚棚，守老熊，上坛经，一段一段的教会了，还敲鼓鼓，很教了一些。结果呢，我参加了工作就没有用啰，忘完了。

真的是因为"没有用"而"忘完了"吗？实际上是"我就爱好这个下坛经"。爱好到什么程度呢？

> 那个时间"文革"要斗争老释比，戴尖尖帽，腰杆都整弯了，有些老释比死了，有些是不教。我都是很找了些（释比），他说教了有啥子意思啊？我们都这么着（遭殃）的，不肯教。不肯教我就追到，看到他在做，就看他咋个样子做，我偷偷学的。我又爱好，又爱跑，又胆大，啥子都不怕。

终于，朱光亮的诚心打动了陈天才，同意教他了。

> 我学学学，有时又搞忘，记不到。我说，哎呀师父，有些咋个记到了又搞忘了，这个从哪一句接哪一句？他有时还骂我，你咋个脑筋那么笨哦？……他说一句，我就跟到吼一句，一段七八句，六七句。上山挖药，歇的时候就自己背嘛，这几句学到了呢，又去学嘛，就学到了。学到喊我不要用。

我没去用,但我还是记,我安心要学。①

就这样,从20世纪60年代末三十多岁开始学,一直到90年代末六十一二岁,某次师父身体不适,叫他代去给人踩犁铧治病,才第一次使用。显然,"忘记"上坛经并非因其"没有用",而是兴趣索然之故。

余明海家族为释比世家,学释比的条件可以说比朱光亮好多了,可人丁兴旺的余氏家族却也不是人人想做释比。余世华回忆道:

> 爷爷在释比方面只懂一些,没有四爷爷(余成芝)懂,四爷爷把我祖祖(即祖爷)上中下坛都学完了的。祖祖老了后,精神不太好,说:"余成芝,这些东西你要交给你侄儿(按:指余明海),我们屋头这些你都要传给他,你虽然有三个儿子,但他们看起来是不会学。"

余世华本人记性极好,可以说释比经文听一遍就能记住,但他却无长性,无法适应熬更捱夜的生活。不仅兴趣不大,20世纪60年代见其父因释比遭罪甚至还说:"那这个释比呢,干脆就丢了,不要去做了。"他父亲却说:"你不愿意学,你听到就行了,我传给你兄弟。""你们两弟兄,你喜欢结交朋友,你为人处世这方面可以,但你兄弟不行,他记这些就可以,晚上他瞌睡也不多,

---

① 以上朱光亮材料依据2010年8月20日采访其本人录音整理。

我就把这套全交给他。"①

同样的,余世荣的儿子对编背篼没有兴趣,余世荣也无所谓:"他们不愿意学,教他干啥嘛?"甚至羌医也不例外,罗秀琼之所以作为女孩得承继家传,也是她的兄弟没有兴趣:

> 我有两个兄弟,但他们不懂医术。我父亲教他们,他们不感兴趣,然后,我感兴趣就教给了我。以后,我又可以传我的下一代嘛。……如果他们都不感兴趣,我就不给他们。现在没有一个感兴趣。就不传吧。……强迫是不行的。必须自己感兴趣。没用啊,真没用,强迫是学不会的。②

而村里公认唱歌最好的王世林、王新英等则:

> 王新英:平时不管去哪里,现走路现唱。是兴趣。③
>
> 王世林:从小我就喜欢唱歌,跨出门就唱歌,跨出门就"哦嗬"连天地开始唱。还有山上挖药、砍柴啊,打猪草,劳动干活啊,我十三岁就开始劳动,天天跟我们老爸、哥哥啊、表哥啊他们一起干活、跑啊,听他们唱,就学到这些歌,我就喜欢。④

---

① 参见阿尔村人编著:《阿尔档案》,文物出版社2011年版,第217、220页。
② 根据2010年2月16日下午采访罗秀琼笔记整理。
③ 根据2010年8月26日采访王新英笔记。
④ 根据2010年8月24日晚采访王世林录音整理。

正所谓兴之所至，天地为新。没有发自内心的一种共鸣，又哪能有孜孜不倦的执着呢？羌人用他们最为朴素的生活态度诠释着深刻的人生哲理。羌文化惊人的生命力，它的历久弥新、流传悠远和活泼灵动，不能不说与他们秉法自然的天性相关。也因此，多数阿尔村人的才能都得到了充分的挖掘和发展，因而各具特长，在不同的事件和场合中，人人皆得以尽展所能。物，应尽其用，人，须尽其才。羌文化思想可说一脉相承。

　　另外，也正因为兴趣的强烈和感情的深厚，在"扫四旧"、"清除封建迷信"如狂飙飓风般的"文革"时期，才有朱光亮、马永清、余世荣等为代表的许多阿尔村人在"阴悄悄地学"。马成林才会对马永清说"不能失传"，马永清才会甘冒大险，把连师父都说"难得招罪"，让他"毁了，烧了"的神棒和羊皮鼓藏在家中，保存至今。[①]而头上被扣着"反革命"、"地主分子"、"坏分子"等许多"帽子"的余明海，尽管"白天劳动，晚上被批斗。下雪天老百姓社员群众在屋头耍，他就要在外面扫雪"，尽管儿子让他把释比"丢了，不要去做了"，他还是坚持"人家请我，我要去"，还要全套传给次子、长孙。甚至1976年还偷偷在木扎寨做了一次还大愿，1979年政治气候稍见宽松，更是立即上门找时任副村长兼巴夺村民小组长的女婿朱金龙商量："现在开放了，我们十月初一办不办？"[②]这种不懈和坚持，怕只有痴迷始能为之。

[①] 马成林、马永清材料根据2010年8月19日采访马永清笔记及2011年4月25日采访朱光亮录音。

[②] 余明海材料详见阿尔村人编著：《阿尔档案》，文物出版社2011年版，第217、220、230页。

如果说年轻人初时的兴头来自好奇，那么老一代的痴迷和坚持又因为什么呢？苏子曰："不识庐山真面目，只缘身在此山中。"难道是他们误入歧途了吗？余明海说"我们这个是做好事"，"再不传，我们死了后，就啥都没得了"。不仅对释比有着非常正面、肯定的评价，还极为看重，当作唯一的传家宝。恐怕，唯有登临堂奥者方能解其三昧罢。事实上，不入庐山撷一叶，焉知山光水色真呢？

第四节　多元互补的管教、监督机制

阿尔村羌文化得以穿越千年历史烟瘴，为其保驾护航的还有他们多元互补的管教、监督机制。

在一个人的人生初期，家庭是最主要的成长场所。在调查中，笔者看到，阿尔村的家庭对孩子照顾极为周到，宠爱有加，几乎没有打孩子的现象发生，有时看似在打，其实下手极轻，实际是在吓唬。初生儿在家庭精心抚育下，生理方面逐渐茁壮。另一方面，他们还非常重视幼童的教育，阿尔村有谚曰："养子不教如养驴，养女不教如养猪"、"子要父教，女要母教"。家里的长辈，包括父母和爷爷、奶奶等，是孩子基本生产生活技能以及为人处世之道等知识最初的，也是最主要的教育者。一般来说，断奶后，幼儿时期的子女多由爷爷、奶奶带在身边，晚上一起睡觉。老人们事务较少，相对较为悠闲，他们往往把自己丰富的人生经历、掌握的大量知识、各种见闻和做人的道理化成一个个有趣的故事讲给孙辈们听，可谓启蒙。同时，他们对孩子们不合规矩的行为又进行管制和纠正，使之慢慢养成符合当地准则的行为习惯。这为孩子成年后融入社会打好了坚实的基础。孩子稍长，在他们力所能及的范围内，长辈会让他们参与一些日常劳动，比如打猪草、洗衣服、生火、炒菜等。孩子们一般也很乐意，当作一种游戏。女孩子五岁左右，母亲或奶奶便会开始引导她学习羌绣，到了十一二岁，许多已能独立完成一些不太复杂的绣品。阿尔村的成年冠礼年龄定在12周岁似也说明，此时孩子已初步了解或掌握了一些基本技能，已大致明了各类行为规范，可以全面参与社会活动了。

不过，家中长辈对子女的喜好虽然不过多限制，但对他们的品行却要求很严。在与阿尔村人相处的时日里，笔者明显感到，尊敬长辈，爱护晚辈，互助互爱，与人为善，为人正直、谦逊、勤快等是羌人最为看重和欣赏的品质，家中子女即使已经成年并有了下一代，但若有不合礼法的行为同样还会受到长辈的呵责训斥。笔者调查期间，余世华就曾因发现儿子有一次在电站值班时经不住打麻将的诱惑，擅离岗位而大为光火，专门找回来痛骂了一顿。正是因为羌人从小就已养成尊重长辈的习惯，故而长辈的话常常效果明显，许多不合老规矩的事情也要得到长辈同意才能去做。例如：2006年左右，汶川县萝卜寨开发旅游，想请朱金龙去开坛，那时朱金龙尚未蓄须，县旅游局和开发商觉得样子太年轻，不像"释比老人"，希望他把胡须留起来。当年朱金龙55岁，孙辈也已经五六岁，可他却不同意这个要求，理由是当时他的岳父余明海仍在。阿尔村有规矩，老一辈还在，小一辈就不能留胡子。为此县旅游局和开发商专程上门找到余明海做工作，得其准许后，朱金龙才开始留胡子。① 此事看似微不足道，但试想，连小事都不逾矩，更可说明阿尔村人尊重长辈的观念之深。因此，家庭的教育和管制可以说是维护羌文化传统的一道有力保障。

监督控制羌人行为的第二股力量来自母舅。阿尔村人常说："除了青杠没好柴，除了母舅没好亲。"在当地，与其他树木相比较而言，青杠树的木质最为结实，据村人介绍，一根中等大小的青杠木（直径约二十多厘米，长约两米多）可以整整燃烧一个晚上，且火焰均匀、旺盛、无烟，故而被羌人称为最好的木柴。由此谚语我们也可知道母舅在羌人心目中地位之高。实际上确实如此，在"四大门亲"中，母舅最为尊贵，排名最前，孩子出生后，男性亲友中只有孩子的舅舅才能看望母子，舅舅还必须抱抱孩子，因为"天上的雷公，地下的母舅"，母舅的权威和能力如此之大，以至于抱了孩子就可保证孩子平平安安、无病无痛地成长。成年冠礼仪式中，参与仪式的亲人不是父母，而是舅舅，由舅舅给孩子穿上一套新的成人衣服。在婚礼挂红仪式上，母舅在众亲之中安排在最前面。在丧葬仪式里，母舅的权威更为突出，母舅坐在上首的尊位，主持整个葬礼，总结死者生平，安抚众人，教育后辈，一切事情都要首先向母舅汇报，所有程序都要经母舅审查认可后方为有效。以上种种，都表明母舅在羌人社会中既是最亲的人，又有着至上的权威和地位。

不过母舅不单只是舅舅个人，而是整个母系血缘亲戚集团，

---

① 参见阿尔村人编著：《阿尔档案》，文物出版社2011年版，第217、231页。

舅舅在世，母舅便由舅舅代表，舅舅离世，母舅并不会消失，母系血缘中的其他人便承担起母舅的相关责任。

母舅在血缘上的亲近关系和在羌人社会中被赋予的崇高地位，使人们对母舅既亲又敬且畏，关系十分微妙。母舅虽然不是家庭成员，却常常参与处理家庭大小事情，又由于所发生之事的实际利益和矛盾一般不牵涉身在事外的母舅，故母舅的意见往往具有客观、公正的特点。有时只要母舅在场，哪怕不做任何表态，纠纷的双方也能逐渐谅解。一次，余世华与其妹夫朱金龙酒席间为一位与他们均无关系的已故老释比是否懂上坛法事而争执不下，话题越说越远，演变成相互讥讽，以致拍桌子踢板凳，从屋里拉扯到屋外，又扭扯回来，几乎要打将起来，不可开交，在场亲友众多，却无人能劝解得开。后来，他们母舅家的表兄弟过来，默默坐着抽烟、喝茶，只是在听，几乎不说话，争吵虽然依旧，双方言辞却已见收敛，渐渐缓和，不出一刻钟，两人又已举杯言欢。

母舅不仅维系着家庭的稳定与和谐，还肩负着教导甥辈的责任，是家庭教育之外最为重要的监督和教育者。母舅作为家庭外最亲的人，平日往来也相对多些，逢年过节，还必须专门拜望，如除夕年夜饭后孩子们都要带上礼物到舅舅家辞年。外甥若行为不端，违反了老规矩，母舅有教谕惩戒的义务和责任，如果村寨中人希望进行惩处，也须征得其母舅同意和支持。受罚之人悔过自新，要求撤销处罚，也要母舅审核认可才行。

此外，母舅并不是某些特定的人物，实际上，人人皆有母舅，一般而言，人人同时又都是"母舅"①。因此，一方面每个人都受母舅监督教育，另一方面又以"母舅"的身份去监督教育他人。羌人就是用这种相互监督的方式取得社会的平衡。有学者总结道："通过……母舅为代表的母系血缘亲戚，构成对整个社会结构的监控系统，使其平衡协调地运转。"②所见不谬。母舅对外甥婚丧嫁娶、修房造屋、纠纷调解、管教监护及其他各类家庭事务的广泛参与和介入，既是一种援助，又是某种监督，使其不至于偏离已有的传统和规矩，成为羌人传统知识体系的维护者。

　　第三种维护力量是全村寨共同制定的乡规民约。人非圣贤，尽管有家长，有母舅的教导和监督，也难免会行差踏错，因人本性中无法涤尽的弱点而见利起心，见物起念，做出一些损人利己、有失公德之事。对此，羌人在长期的生产生活中逐渐形成了一些共同的约定，以规范和制裁某些不良行为，并采用某种共同认可的强制措施确保约定的效力。这种约定维护的不单只是乡土社会秩序的稳定，因其所依据的标准皆是人们长期积累的生存经验，故还是对已有文化体系的捍卫。在阿尔村，这种规约主要以口头形式，在全寨性质的活动中，如转山会、还大愿等，宣布、重申和强调。规约内容多数已经经久成俗，妇孺皆知。而在公众场合反复申述，更可以唤起和强化记忆，使人警醒。时日一长，各项细则尽皆深入人心，人人了然于胸。加上用口头语言表述，与生

---

① 此处的"母舅"是广义的，指舅家。事实上，舅妈的地位也很高，受到的尊重和舅舅无二，只不过在处理事情上一般由舅舅作为代表出面。
② 徐平：《文化的适应和变迁：四川羌村调查》，上海人民出版社2006年版，第105页。

活更为贴近,也更加直观显明,便于记忆。上篇中还大愿所列村规民约诸条规则,在实际宣诵时显得更为具体鲜活,可举1988年百家夺寨还大愿为例:

> 我们白家朵(按:即百家夺寨)插补基(按:即开基立业)以来就有古规好规。户户主都商议说话了,古规要坚持,我们的神要向上敬,我们的纳萨(按:即白石塔)要敬。……我们一寨一沟要齐心团结,全寨不得斗打,两寨不打一寨,两家不打一家,上不打民房,下不打门槛,两人不打一人。寨子不得吵骂,家庭不得吵骂。(火塘)上首座位坐的老人要敬,母舅坐的要敬,两边坐的人要敬,下首位的攒柴烧火的要亲和,婆媳之间要亲和。白家朵寨子自古没有丢失,不得偷拿他人的柴垛牛羊,巴朵寨、阿尔寨、硪布寨的地我们不要进,柴不要砍。不拿别家瓜果粮食,下雨不进田土,当差家家出份子,家户有事都相帮。如有违反,性质恶劣,则必罚款,直至除寨。
>
> 今天白家朵一寨做了刮巴尔(按:即还大愿),神都敬了,白家朵一寨也尽心了,现在起,神山神树林神路都封闭,所有的人不得再进入神林神山,树不准砍,小树不准砍,怀胎母野牛、母野熊、母獐子,所有怀胎的动物娘母都不准打,如有违背,神会惩处于他,白家朵有寨规家规要惩处他。砍伐打生罚银罚羊,伤人死人还命抵命,丧事法事财码香蜡全部承担。偷拿摸蹭议话见面,该吊该捆众人议评。上述所事,白家朵寨户主照知,所有民众一律照行。如有犯众,不是你

对一家一户,你对一草一树,你对一獐一鹿,是与白家朵众户为对,与众人为难。恶事做尽无有悔改,白家朵全寨议话,将与除寨,从现在起,……天门关上,神路愿路封闭,所有的白家朵全寨议话生效。①

除了口头警示,村民们都说,寨中还有一个宽阔的公共场地,立有一或两根杉杆,十月初一时在上面吊一只鸡,用一种不易打烂的绵软的树枝条,当场把鸡抽打至死,表示日后若有人违反规约,将受到如此惩罚。这些乡规民约在村寨中得到广泛的认同,人人自律,同时也相互监督。可以说这种民间规约采用的是全民监督、共同议定的方式来处理各种违规行为的,另还具有主动干预的特点,因此约束力极强。正因为民间规约效力的强有力特性,方能使其文化传统在漫漫近千年的历史进程中,在中央政权的法律难以触及的深山幽谷间代代相续,绵绵不绝。

除此之外,还有一种不可忽视的机制起着非人力能及的作用,那便是神的监视和制约。对于用生命宇宙观来理解世界,拥有庞大神魂系谱的羌人来说,对神的敬畏是深入灵魂的。神虽然看不见摸不着,却又无时不在,无处不在。经验告诉他们,"多行不义必自毙",故而"要多做好事"成为了他们的口头禅,事实上也是他们的行为准则之一。这也使得个别存有侥幸心理,心怀不良,想暗地里做坏事者有所忌惮,劣行大为减少。这是神之威慑作用

---

① 引自赵曦:《神圣与亲和:中国羌族释比文化调查研究》,民族出版社2010年版,第190—191页。

的一个重要方面。另外值得一提的是，他们对不良后果的忌讳甚至影响到了其文化的形态和走向。

在阿尔村盛传许多关于释比的传说，其一为"拉比"的故事。羌语中，"拉"是"飞"的意思，所谓"拉比"，就是会飞的释比，是学艺最精、最全，水平最高的释比，特别强调其具有"飞"的能力。不过，说释比本人会飞的很少，多数是指这种释比可以让他的法器飞，因而拉比出门不必随身携带皮鼓等法器，要用时念动咒语，法器就会从家里飞到其手中。但不管是人飞还是法器飞，都已经失传，只余留传说。这个故事的版本虽然很多，但内容主干却都一样，大意是说这位拉比某次在外作法，念动咒语后，家里仓房中的皮鼓、铃铛等法器响声大作，其妻为法器开仓房门时头部为飞出的皮鼓撞中，拉比接到皮鼓，见上面带有血迹，知道家中出事了，待回到家，其妻已亡。该拉比于是痛毁此术，从此失传。

另一些传说主要是描述释比法力如何高强，有的可以凭空摘取活牛的肝脏，有的可以施法让牛群听从自己指挥，有的可以隔山将其他寨子宴席上的酒肉饭菜偷过来等，这些法术在今天的阿尔村也尽皆失传，不过值得注意的是，这些故事常常连带着这样的余音，即学艺太全太精的下坛释比往往对自己或家人、后代不利，尤其是滥用法术和太早使用者，常常会无儿无女，鳏寡孤独，或是身患残疾。前述的拉比就传说没有子女后代，身上也有残疾。在现实中，阿尔村有些法力很高的释比确是如此，如余明海的师父之一马观音堡，精通下坛，但手脚瘫痪，生活无法自理，也无后代。据朱光亮说，阿尔村没有后代的释比至少还有木拉寿（有的称布拉寿）和另一位马姓释比两人。他还说，当今年纪六十多岁，仍在世的龙溪乡垮坡村著名的杨姓释比，上中下坛皆通，但有可能是因为法术用早了，不仅自己是个瘸子，孙子也是瘸子，"一只脚没得"，还有一个女儿（或是孙女，不十分确定）也有问题。

为此，人们总结出了规律，立下了规矩，学习下坛经文必须先结婚生子，而使用下坛法术则要在48岁之后，并且儿子至少要满12周岁。同时，师父对徒弟的品行还要长期考察，学习期间千叮咛万嘱咐不得胡作非为，法术要用于做善事，不可炫耀，更不能整人害人，而且最关键的几句话一般要留到临终时才传授给德才兼佳者，若没有人选，宁可不传。正是在这样意识的左右下，阿尔村的释比以上中坛最为精绝，下坛虽也不差，但相比略为偏弱。许多著名的释比都对下坛有所避忌，如朱顺才就不太爱从事下坛法事，余明海也不轻易显露身手，他们的后代，现在阿尔村最优秀最全面的释比余世荣、朱金龙二人也是如此。据余世华回忆，余明海的一位师父，下坛法术甚高的阿尔村木拉寿，有意要将绝技传授给他，叮嘱余明海在他临终之际要到其床前听授口诀。余明海的岳母却因害怕女婿学了之后对后代不好，竟然趁余明海睡着之时偷偷将他反锁在家，结果又一绝技失传。

类似的传说也可见于朱金龙家族止痛水的失传。据说朱家始祖见其舅舅病已不轻，想让舅舅先授咒语口诀，以防不测，但其舅执意要到最后关头才能交授，终致失传。

而今朱光亮同样谨慎，虽然有人向他学习下坛，但他一直在考察学习者的德行和诚心，其中一位徒弟就是他的亲家，朱光亮也不轻易全盘传授。时日稍长，这位亲家自以为学得差不多了，变得越来越不主动，朱光亮说："正式的主要的那几句话，我还没有教他呢，你认为是把那个口诀念得下来了就学会啦？正式的方法还没教他哦。他不来，不问你，不找你，你跑起去教他啊？他咬字还没咬巴实，你跟他说，要咋个样子念，过后他来都不来啰，还说我保守。我啥子保守啊？我这个手艺硬是不教不得行啊？"[①]

且不评论以上种种传说是否真实，思想是否迂腐保守，从中我们倒可以看出阿尔村人的价值取向。如果某些技艺对自身和后人可能产生危害，他们宁可不学，宁可毁弃，也不贪恋其非凡、神奇、惊人的功能，如果没有诚心真意、心地纯良的传人，他们宁可失传，也不随意授人。这种对待先辈堪称"尖端技术"的遗产之态度或者会令现代某些人深为惋惜，但是，如果没有这种不追慕"奇技淫巧"，更看重品德修养的思想，没有抵御强大诱惑的定力，没有取舍的智慧和勇气，恐怕羌文化早已滑向偏狭和比争的深渊，失其博包万物、容人大度之根性，更无法绵延如此久远，直与中华文明同古今。历史上，多少彪悍勇猛的族群湮灭了，多少不可一世的帝国消亡了，多少瑰丽奇幻的文明尘埋了，它们没能走出历史，没能像羌人一样走到今天，或许，就因为它们缺乏羌人的这种特质吧。

---

① 根据 2010 年 8 月 20 上午采访朱光亮录音整理。

第五节　经济维持

无须讳言，和人类其他所有文化一样，阿尔村羌文化的存在和维系也离不开经济的支撑。

与现代社会的经济以物物之间的中间媒介——货币为代表不同，传统的阿尔村，其经济直接以实物的形式表现，这与他们的生活方式和社会特点是相适应的。现代社会中的人因生活之需无法自我供给，不得不常常与他人发生交换以求得自己吃喝住用所需的各种物质，由于交换的频繁和交换物品的多样复杂，为求其简便，才不得已借助货币这种与人的实际需求毫无干系的媒介物。货币既不能吃，也不能用，即使拥有了大量的货币也无法解决人生存的基本问题，因而人们追求的实际并不是货币，仍然是经货币交换而得到的实物。现代人往往对货币的出现褒誉甚多，客观来看，其实也不过是无奈之举而已。

对于长居深山的羌人来说，他们或种植，或射猎，或采集，生活物质绝大部分都可自行解决，与人交换的需要极少，自然不再需要货币了。这种自给自足的方式常被近代以来的人嗤笑为原始、低级、落后，实际上，相对于连基本的温饱需求都难以实现的现代人而言，自给自足实在称得上是个高远的理想。

阿尔村人既有丰足的物质，各类文化活动又都是围绕着他们的日常生活而发生，且大多就在左近，并不遥远，故而直接携物前往即可。由此我们看到，在过去，人们的礼信都是物品，如"送竹米"时，是米、猪蹄、鸡蛋、咂酒、被子、醪糟、猪油、下蛋母鸡和孩子的新衣等，吃订婚酒的日子，男方要背上菜蔬、烟酒和两套白布内衣，四套麻布外衣、鞋袜等前往女方家。结婚挂礼时，亲友的赠礼多为鞋、衣服和一道红。祝寿要送寿面两斤、点心一盒、酒一瓶，儿女还要为其做内外寿衣各一套。洁汗时亲人常携带一升米或玉米而来。相应地，主人家回的礼也多是物品，如"送竹米"回的是鸡蛋、米等。吃订婚酒临别时女方在男方背篼里装的也是物品，如云云鞋、鞋垫。婚礼上感谢红爷用两道红、两双鞋、两吊肉、两包香烟、两瓶酒和一个三香猪头。"谢吹吹"除了喜分钱，还有一双鞋、一瓶酒、一道红。十月初一还大愿的释比会得到羊前腿，还天晴愿的释比也有一只羊腿或鸡腿，羌医给人看病，释比挑鬾子治眼睛、看水碗等，人们一般会报以两瓶酒。"送血光"则有五谷，如青稞或玉米，和一两瓶酒的酬劳。

不过，最为常见、最为普遍，几乎可以说必不可少的回报形式却是酒肉饭招待。切莫小觑了这一顿顿看似稀松平常的酒肉饭，它实际上是维系羌人各类文化行为的重要纽带，足可称为"经济命脉"。

传统的阿尔村人，虽然不少学有所长，拥有某些特别技能，但却没有一人以技艺作为谋生手段，因而他们应人之请实际不过是在帮忙。而社会关系中交叠浓重的亲情，又使援手相助成为推之不得的情理分内的事儿。再者，相帮互助的生产生活方式也决定了这种有往有来的付出的"帮忙"特性。既然是帮忙，就不以谋求利益为目的，也就无所谓"工资"、"待遇"。因而，请人砌三两天石墙，余世荣说："那个是帮忙嘛，帮忙那个不用给钱。"婚礼上帮厨，也是"厨师给什么钱哦，都是帮忙的嘛"。"请工夫"

是要用自己的"工夫"去还的，就更不可能从中获利了。不过，虽则是帮忙，但别人劳累一天，而且一般都是利用空余时间，有些时候还要搁下自己手头的事情，先去帮助别人。像余世华说的："如果哪个寨子需要我父亲去做个什么事情，但他上山去了，也必须上山去喊他回来。因为时间定了，算好的时间一般不能改。"[①] 因此，对于别人的劳动付出和慷慨相助总得有所表示，他们采取的方式就是用上好的酒肉饭菜招呼，让人吃饱喝足。

事实上，吃饭喝酒是阿尔村羌人最为重要的社会交往手段和社会关系维系方式。他们把这种私家的日常行为社会化了，使之转变成了一种社会行为。一般来说，平日里羌人自己家中饭菜极为简单，肉食很少，但只要有亲友往来或贵客光临，就会好酒好肉招待，尤其是家中有事之时请人相助，菜肴更是丰盛无比，令人咋舌，每席常常十二三道菜，甚至十七八个菜盘子层层叠叠地放满了一桌。可以说，他们一家一户储备的肉食和菜蔬大部分不是为自己准备的，而是用于交际的，每个人又都是在帮助别人的时候获得同等的待遇。许多人根据羌人平时家居饭菜的粗鄙做出判断，认为他们生活艰苦，缺食少用，贫困潦倒，食不果腹，其实是没看到隐藏在这种"艰苦"、"穷困"表象背后的殷实和富足。而更多的人以为羌人对吃的重视是由于长期处于生存困境之中而难得一嗅腥荤的结果，实乃对羌人饮食文化包含的丰富社会意义的大不解。要知道，共同协作劳动之后，桌上席面呈现的何止是主人家沉甸甸的感激，满足的又何止是口腹之欲。举杯畅饮之际，

---

① 根据 2011 年 2 月 28 日采访余世华录像整理。

觥筹交错之间，朦胧醉意之中，更交织着情感的流动，信息的交换，问题的商讨，计划的安排，以致矛盾的消弭，至少这样的氛围也有利于疲劳的解除，身心的舒畅，所谓"独乐乐，不若众乐乐"是也。正是这一桌桌的饭席，撑托起了羌文化庞然的躯体，也是这一道道佳肴，勾连着羌人之间细密的关系和情谊。而赋予这日常习用如此多的功能，使其意义和价值得以无限扩延，不又折射着羌人一物多用的思想吗？

吃饭作为一种通行的酬劳方式，是家家户户都承担得起的消费，而乡里亲朋之间又是往来互助，这种方式可说最为经济节约，使花费减到了最低，回报又及时自然，不留痕迹，没有商业经济斤斤计较的弊病。在熟亲关系中，其对社会关系维持作用之重要更甚于金钱。有不少场合，赴宴者多少要赶一点礼，还要付出时间、体力或者是脑力，但宴席结束，多是空手而回，付出与所得并不相当，可他们情愿物质上吃亏，也无法忍受人情上的冷落。朱金龙明白地说："修房造屋日子测好了，哪天挖基脚，主人家就要请四大门亲。你挖基脚那天没请四大门亲，那安门、盖房子、安家神，这些他就不给你来。哦，你挖基脚时候没理到我，亲戚都没把我认到，你安门跟安神这些我凭啥子给你来？不得给你来！盖房子也不得给你来！"[①] 可见，人并不是一种纯粹的经济动物，除了物质上的需要，还有情感、心理等其他方面的需求，经济学理论，无论是古典的还是现代的，都只能部分地解释人类的行为。

---

① 根据2010年8月21日下午采访朱金龙录像整理。

羌人对亲情和社会关系的重视是显而易见的，有学者认为："这种短期的牺牲，将换来长期的社会保障，看远点还是划算的，大家彼此都需要，谁也离不开谁。借了亲属的组织形式，实质上是一种互惠互利的社会保障关系。"[①] 我们前面的分析似也印证了这一观点。把时间拉长来看，无论是酒肉饭，还是你来我往的相帮付出，大致是可以取得平衡的。但仅此而已吗？仔细考量阿尔村人的行为，会感觉情况似乎不只是那么简单。

　　首先来看看专业性较强的情况，如释比、羌医。这基本上属于单方面的帮忙，不掌握相关技能者很难回报。按照当地目前的劳务价格，干一天活的工价为80—120元。他们得到的酬劳，两瓶酒合计不超过15元，一顿饭若按货币来计量，也不过10元左右，这显然与一天或一晚上的辛劳之间不能画等号。但他们却乐此不疲。羌医朱忠福年年要花40多天时间冒着堕崖的危险攀爬陡峭、无路的高山采挖药草，目的不是为了出售，而是治病，可他在村里治病却不收费用，他自豪地说："我从没收一分钱。"释比余明海则只要人家有请，就会前去。当然释比做法事多数会得到一点喜分钱，但每做一次，无论是撑新人邪，还是安四脚地神、房屋奠基、安财门、送茅人等，即使在今天，所得最多也不过12元。陈天才教育徒弟时如是说："你真的安心学，就要学好的，要治病救人。给人医了病，要好多钱，你不要说。他喜欢给你，给你一点，他不喜欢，你不要跟他要。他今天给你办得到招待，你吃酒吃肉吃饭。他给你办了哩，你吃，他办不起，你自己不要开

---

① 徐平：《文化的适应和变迁：四川羌村调查》，上海人民出版社2006年版，第92页。

腔。"① 朱光亮也的确是这么做的,他说:"有些没得(钱),你又逼到喊人家拿钱啊?你心头喜欢给好多就给好多,我又不是专门治病的。我们阿尔村,哪个跟他要钱哦。"他们既不以此为生,自然不必用这种方式来增进情感,以维持"社会保障关系",实际上多数人也不具有这种技能,这并没影响到他们的社会关系。那么,释比、羌医们如此乐善好施,不求回报,原因何在?

此外,阿尔村人在礼金方面还根据场合和事件区别对待,忧事时的个人礼金数额往往高于喜事。2010年11月22日,巴夺寨余正虎婚礼收到的礼金情况如表7-5-1:

表7-5-1:余正虎婚礼所收礼金统计表 [②]

礼金(元)	人数	占总金额比例	占总人数比例
800	3	7.86%	1.22%
600	1	1.96%	0.41%
500	2	3.27%	0.81%
400	5	6.55%	2.03%
300	6	0.59%	2.44%
260	1	0.85%	0.41%
250	1	0.82%	0.41%
200	34	22.26%	13.82%
150	1	0.49%	0.41%
120	10	3.93%	4.07%

---

① 根据2011年4月25日下午采访朱光亮录像整理。
② 根据2010年11月22日余正虎婚礼礼簿统计。

续表

礼金（元）	人数	占总金额比例	占总人数比例
100	105	34.37%	42.68%
60	3	0.59%	1.22%
50	56	9.17%	22.76%
40	7	0.92%	2.85%
30	11	1.08%	4.47%

2010年2月9日，巴夺寨朱金文葬礼收到的礼金中，500元的就有12份，其中6份为个人礼金（另外6份多是两兄弟合出）；1000元的则有5份，全部为个人。[①] 发生在同一年、同一个寨子内的人生大事，所涉人员大致相同，但两相对比，500元以上的大额礼金，喜事总共才6份，忧事则有17份，其中个人礼金达11份。单笔数额，忧事最高为1000元，喜事只有800元。可见，大笔礼金，无论是人数还是单笔额值，忧事都远超喜事。

忧事属于下坛，许多环节涉及神、邪、魂、鬼，为保太平，要给相帮者喜分钱，故开支比喜事略多，这是事实，比如，余世荣说："帮着抬丧的辛苦了，给他们点分分钱（按：即喜分钱），或者是几包烟。"还有，"做母舅的，要给点钱；打羊皮鼓的，要给点钱；皇伞队，要给一点钱；送花圈的，要给点钱；拿镰刀开路先走那个人，要给点钱；后面撒米那个人，要给点钱；坟山上做主持那个人，要给点钱；最后验棺那个人，也要给点钱。礼金500元以上的，也给点钱"。但这点钱的数值实在不多，以朱金文

---

① 根据2010年2月10日朱金文下葬时口头宣布记录。

的葬礼为例，除了羊皮鼓队合得12元，5个打皇伞的各得6元，抬棺的共得两包烟外加2元，其余每人均只有2元。[①]阿尔村并没有规定忧事要多出钱，全凭自愿。他们重忧事轻喜事的行为又有何含义呢？

以上这些，若从为着长远的打算，以维持其社会关系这种对等交换的角度去分析，始终难以得出满意的答案，恐怕还要综合考虑其他因素。笔者以为，无法用价值估算的以下三个方面不可不加以掂量。

一是亲情。我们不应忘记的是羌人的"竹根亲"网络。对待亲人，当然不可能简单地用利益得失来进行计量。羌人常说"喜事不发请帖不赴宴，忧事不请全都会来"，体现的就是这种血浓于水的亲情。人若有病痛灾难，最为焦急，最为伤悲，最感切肤之痛的便是亲人，在这个时候，即使是陌生的路人，也常会不求报答地伸出援助之手，更何况是亲人，怎么还会去权衡投入产出之间合算与否，做长远互惠互利的筹谋呢。

二是道义。突如其来的丧事总是让人措手不及，不可能像喜事一样早早做好了准备，此时，对丧家给予更多的钱物支持则可解其燃眉之急，应对丧事庞大的支出，这一自觉行动不能不让人联想到羌人的道义本性。羌人的慈善仁义情怀和他们心性中浓厚的道义感，在前面关于羌人认知观念和羌文化特性的分析中，我们已经从他们对猪的一念之仁，对猴、对牛的无比感激，对自然

[①] 综合2010年8月18日上午、2011年5月10日下午采访余世荣录像和2010年2月10日早晨朱金文葬礼现场录像整理。

万物的深怀敬畏和改罪之心等行为中领略到了。显然，这些连磨刀、砍柴都觉得有罪的群体，绝不会对他人冷漠无情，也绝不可能当自己身有一技之长，能够帮助别人脱离苦难之时还斤斤计较。更没有理由因一些不影响自己基本生存、微不足道的利益得失而泯灭良心，失却道义，背叛自己的道德和价值观念。

笔者调查时的所遇所感也可为一证。2010年8月那次进山，因左右觅不着车辆，自己也有意一试，于是决定徒步上山。由于拖着个装满书的巨大箱子，背着同样装满书的沉沉的大背包，按房东的估算，少说也有一百多斤，这样负重登山，又烈日当空，辛苦是显而易见的，但一路上，遇见的所有羌人，无论男女，还是老幼，虽然全不认识，却几乎都会上来表示关心，半途经过一些羌人家门时，尽管素昧平生，他们多数竟也主动热情地招呼停下来歇一歇，还要进屋去倒水来解渴。而上山下山的车子，不管是载客的小客车，还是拖拉机，或是其他车辆，也都会停下来表示可以帮忙。令人感动不已，感慨万千，"羌人善良"的印象也就这样深深刻在了脑海中。其实，类似的情形和感受在整个调查期间经常得遇，有不少关系也是这样建立起来的。还记得一次夜里从高高的布瓦寨独自徒步下山，山道本就偏僻，漆黑的夜晚更无人行走，途中，山上下来的一辆小车竟也不避生嫌，停车说可以相载一程。羌人的古道热肠只怕是出于天性了。

三是兴趣。在"羌人的教育观念"一节里我们知道，最终掌握了一定特殊技能的羌人，都是对这种技艺近于痴迷的。人总是有这样的特点，一旦对某一事物发生了浓厚的兴趣，常常会废寝忘食，不惜散尽千金，可谓千金难买一好。在这种情形下，普通的价值理论便失去了解释力,人们在其兴趣爱好之中获得的快乐和享受难以用一般的价值标准来衡量。如果说道德是一种规范,用以约束人们的行为,使人不致脱离常轨,做出危害他人和社会的事,那么,兴趣恰相反,是一种动力,可让人超越常态,做出常人难能之举。释比、羌医们在其感兴趣的事件之中体验到的满足和成就感恐怕就不是局外人可以感受得到的了。

不过,应该指出,羌人尽管不计较回报的多寡,却并不等于他们不在乎报答的有无。这从余世荣的以下言语中可以体会得到:

> 有些时候可能是分分钱没得给。到头来你为他干活,请要把你请到,但给他做一天,吃了两顿饭,就是那样子啰,这几个钱大概就没得哦。还有些人家懂道理的,虽然是钱多钱少,表示一点,对我们来讲,让你觉得心情还是比较满意。①

朱光亮也说:

> 有些有良心的,给你带两瓶酒,如果没带酒,最低限给个十二块钱嘛。②

显然,这种不计多少,只重有无的思想,表明此时的钱物已不是用于等价交换,而是作为象征,表达一份心意和尊重,体现

---

① 根据2010年8月18日采访余世荣录像整理。
② 根据2011年4月25日下午采访朱光亮录音整理。

的是一种道理、良心、礼节。"十二"这个数值在这里并非具体的量,而是个程度概念,内含的意义或为"十二分满意",或为"十二分感谢"。现在用十二块钱代表,在过去则为十二角、十二分、十二个铜板、十二个小钱等等。

另外,对于一些公共的事务,比如转山会、还大愿等,所用物资的费用,阿尔村人均采取按户或按人分摊的方式解决。由于这种活动涉及每家每户每个人,本来就是自家必不可少的生产生活项目,出于节省、简便的角度考虑,才应众人要求合办的,费用已经远远低于单独操办,故各家各户都乐于出资,也必须出资,否则就无法了愿。对于活动中付出劳动较多者,人们也当然不会不愿意给予实际上甚少的喜分钱或物品作为"表示"和感谢。至于未用完物资的处理,以还大愿为例,余世华说:"敬神羊子的羊皮只能用来绷鼓,多出来的香蜡没有拿回家的规矩,酒烟或者是油,剩了就过称,在你家里面放着,你把它用掉就是了,明年十月初一的时候拿出相应数量就行了。"

至此,我们可以看到羌文化中经济行为的复合功能,它不仅用以解决实际的物资损耗,还用以传情达意、维系着亲情、道义、情感、尊严。虽说绝不能没有,但也无须太多。羌人总是用最少的经济消费解决问题,处理事情,丝毫不见斗富意气、比阔心态。这些当可作为羌文化实用特性的又一注脚。在非物质文化遗产保护中,如果不了解羌人及其文化的这些特点,用现代社会的经济思维去理解和对待他们,没有充分尊重他们的人格、情感和文化,常常会投入很多,换得的却是怨声载道。这样的例子,在考察中屡见不鲜,不少学者用心用力皆勤,所得成果在其研究领域亦堪称不菲，但少了对羌人的一份真诚、尊敬和信用，留下的则是满寨的骂名，非但起不到保护作用，反而适得其反，还制造了诸多障碍。不少人把原因归之于羌人，认为是他们观念落后，觉悟太低，实际上问题不在羌人，而是由于历史的原因，人们对羌文化仍然有太多的成见和误读。

第八章 阿尔村羌文化之演变与衰微

通过以上剖析，传统羌文化的自然形成之路及其生命力顽强的内在原因大概已清晰可见。传统羌文化在经受近千年风霜磨砺后，在历史洪流冲击下，在近现代的时代罡风之下，不可避免地发生了变形、扭曲，有的还萎缩、衰退，甚至消失，连有着多重屏障保护的阿尔村也不能幸免。

上篇在展开之前已有说明，该篇所述内容主要是综合实地考察和人们记忆，部分参考史料记载考证追溯而成，下篇前三章则是在上篇基础上的研究所得，而实际上，目前现实中阿尔村的羌文化并不完全如前所述，传统文化的风华已有所减少。由于渗入的新文化尚未成熟，传统文化又因失却了依存环境而难以再继，这使得阿尔村不仅文化景观呈现出斑驳、破碎的状况。还使人们常常陷于彷徨、困惑、无奈之中。

究其原因，竟是来自人为因素的过多过强干预，近代以来，尤其20世纪50年代以后，阿尔村羌人生存的社会人文和自然环境都发生了不亚于当年"大迁徙"时的巨大变化，可现在他们却不再有先辈另择"乐土"那样的条件。

让我们从元代开始来分析一下其演变历程。

第一节　元明清与民国时期羌区社会及文化的变迁

一、土司制度与改土归流

"改土归流"即改土司制度为流官制度。土司制度和改土归流虽然没有对阿尔村传统羌文化产生实质上的影响，也未动摇其根基，但对其周边的社会环境改变却是颇大，也为阿尔村后来的变迁打下了基础，因之有必要做一简略介绍。

土司制度肇始于元代。《元史·百官志》曰：

> 其在远服，又有招讨、安抚、宣抚等使，品秩员数，各有差等。
>
> ……
>
> 诸蛮夷长官司。西南夷诸溪洞各置长官司，秩如下州。达鲁花赤、长官、副长官，参用其土人为之。①

因此，所谓"土司"，即以"土人"任长官司，也即到了元代，对边远地区采用的还是地方自治的羁縻管理方式，用分封的方法，以边远部族的首领、豪酋担当地方官吏，且为世袭统治。阿尔村周围的广大羌区在元时都已纳入中央管辖之内：

---

① （明）宋濂：《元史》卷九十一《百官七》，中华书局1976年版，第2308、2318页。

> 松、潘、宕、叠、威、茂州等处军民安抚使司，秩正三品。达鲁花赤一员，安抚使一员，同知一员，佥事一员，经历、知事、照磨各一员，镇抚一员。威州保宁县，茂州汶山县、汶川县皆隶焉。①

明代沿用并进一步完善了土司制度：

> 洪武初，西南夷来归者，即用原官授之。其土官衔号曰宣慰司，曰宣抚司，曰招讨司，曰安抚司，曰长官司。以劳绩之多寡，分尊卑之等差，而府州县之名亦往往有之。袭替必奉朝命，虽在万里外，皆赴阙受职。②

明朝针对土司制定的官阶、赏罚、黜陟、袭替等诸方面的制度已颇为完备，羌区、土司与中央王朝之间的关系也较之以前任何时候都更为密切，于是至明一季：

> 迨有明踵元故事，大为恢拓，分别司郡州县，额以赋役，听我驱调，而法始备矣。然其道在于羁縻。彼大姓相擅，世积威约，而必假我爵禄，宠之名号，乃易为统摄，故奔走惟命。③

---

① （明）宋濂：《元史》卷八十七《百官三》，中华书局1976年版，第2197页。
② （清）张廷玉等：《明史》卷三百十《土司》，中华书局2000年版，第5345页。
③ （清）张廷玉等：《明史》卷三百十《土司》，中华书局2000年版，第5345页。

元明时期，羌区最大的改变是由边防重镇转为辖区内治。故此，明代在此地建立了一套较为严密的军事治安体系，并设置了大量的关、堡、墩台，驻兵设防。明时，仅汶川一境就有关、堡、墩台120处，戍守人员多达14252人。[①] 这使得明朝廷对羌区的管治力量比之过去大为增强。阿尔村未见有土司管辖的记载，大概属于非土司区域，但其周边远近自元明以降尽已处于中央朝廷牢牢掌控之中，位于其间的阿尔村估计很难不受影响，这由明王朝对非土司区常有弹压也可推知，文献中便有明朝廷对包括今属龙溪的一些寨子及其接壤的茂县黑虎寨征剿的记载：

（明）景泰间（1450—1457），高隆（按：高隆为一土司姓名）……，调征龙溪、卜南、黑虎等寨，屡有功。[②]

宪宗成化九年（1473），巡抚夏埙奏：黑虎贼首夜合等劫攻关堡，左参将宰用等督兵至松流堡败之。初，黑虎寨最强，相传有神术先知，官兵未至遁去，或潜伏要害窃发，屡败我众。按察使龚璲独曰："我自不密耳！"夜半统兵抵其寨，破寨二十余，斩五百级，降者数千，皆编籍输粮。（道光《龙安府志》卷五《武功》）

嘉靖五年（1526），乌都、鹁鸽、鹅儿等五寨番纠合黑虎八百余人，攻围长安等堡，阻截南路，巡抚朱廷立奏调汉、

[①] 参见冉光荣、李绍明、周锡银：《羌族史》，四川民族出版社1985年版，第225—227页。

[②] （清）李锡书：《汶志纪略》，罗晓林、兰玉蓉、张通霞等校注，汶川县史志编纂委员会办公室，2004年，第58页。

> 土官兵七千分为六哨……夹攻，……乌都等十一寨皆次剿平，又屠踏花寨，于是黑虎等寨齐心纳款。(道光《茂州志》卷八《武功》)①

清初因明制，仍然采用土司制度。不过，由于长期以来对土司"调遣日繁，急而生变，恃功怙过，侵扰益深，故历朝征发，利害各半"。② 而且：

> 诸土司之进止予夺，皆咨禀。及承平久，文网周密，凡事必与太监抚、按、三司会议后行，动多掣肘，土官子孙承袭有积至二三十年不得职者。土官复慢令玩法，无所忌惮；待其罪大恶极，然后兴兵征剿，致军民日困，地方日坏。③

因之，到了明中叶，有些土司势力渐趋雄强，有失控之势，于是有官员提出应"约束土官，以备缓急"，"敕兵备守巡及参将等官，严加约束，有不遵者，轻则治罪，重则提参"。④ 再者，土司之间也时有争斗，影响了社会安定。如：

---

① 转引自冉光荣、李绍明、周锡银：《羌族史》，四川民族出版社1985年版，第240页。其中"鹅儿"或有可能即今阿尔寨，一则音同，"阿尔"羌语发音实为"哦尔"，二则黑虎寨位于阿尔村东北面，两厢间虽山高路远，却是毗邻。阿尔村人也说攀上某某山梁即可见到黑虎寨，又常笑谈与黑虎人之间的纠纷过节等逸事。可见两地羌人平日有所接触。
② (清)张廷玉等：《明史》卷三百十《土司》，中华书局2000年版，第5345页。
③ (清)张廷玉等：《明史》卷三百三十三《云南土司》，中华书局2000年版，第5402页。
④ 冉光荣、李绍明、周锡银：《羌族史》，四川民族出版社1985年版，第250页。

（清）顺治十四年（1657），杂谷土司桑吉朋、阿日土官巴必太，合兵千余攻围瓦寺土官曲翊伸番寨未下，遂入内地，劫堡断桥，杀戮人民，掠去男妇四十余人。监军道佥事程翔凤调防威守备关天爵、林柯桂等领劲兵六百名首尾夹攻，……生擒阿朋……，桑吉朋、巴必太共负重伤逃回。六月内……吉朋愿献所掠男妇以赎阿朋及释阿归。……

康熙元年（1662），阿朋纠阿姜济等逐土官桑吉朋于别思蛮地方，而立其侄。……断绳桥，阻哨道，煽引水田、星上、曾头三寨贼番作乱，威、保声息不通。威茂兵备道陈子达、松潘副总兵何德成奉令调剿，四路夹击，遂斩阿朋，剿抚番寨百三十有奇。各番始纳欵输赋，听瓦寺、打喇二土司官约束，每岁量给赏需以示羁縻，诸番悉平，安置桑吉朋于维州。①

至清，以上诸现象大概已普遍存在，所以，"至雍正初，而有改土归流之议"。雍正四年（1726）春，云南巡抚兼总督事鄂尔泰上奏言："欲安民必先制夷，欲制夷必改土归流。"② 不过，汶、理、茂一带大规模推行改土归流，是在清乾隆十七年（1752）废除杂谷土司后。

杂谷所辖地域，初时"幅员仅五百里"，但自杂谷土司桑吉朋殁，其次子良儿吉袭任后便开始扩张兼并。

---

① （清）《理番厅志》卷四，清同治五年（1866）本，第37—38页。
② 赵尔巽等：《清史稿》卷五百十二《土司一》，中华书局1977年版，第14204页。

良儿吉狡黠善谋，康熙十九年（1680）袭取九子、龙窝等寨；二十二年袭取孟董等寨。又打喇土司居水田寨，八稜碉土司居丹者孟沟，皆为所并。又卓克基以西至松冈，别有思格立土舍，为儿吉外父，与妻谋，毒杀其兄弟而取其地。松冈之外为党坝土舍，畏其并吞，亦以众附。于是西至党坝，东至通化，绵亘一千余里，地广民众，号大酋长。①

良儿吉殁后，杂谷土司由其子孙袭替，再传三任至其孙苍旺时，又以武功见长。乾隆十四年（1749）苍旺就因从征金川有功，升为宣慰司。乾隆十七年，苍旺竟然抢掠梭磨、卓克基两土司所营部落。时任四川提督的岳钟琪向总督策楞建言："杂谷地即唐维州，最险要。闻苍旺密调九子龙窝兵据维关，此地一失，后将噬脐，宜及其未集击之。"于是二人"率松潘镇马良柱带兵进剿，擒苍旺，伏诛。招降各番民，改土归流，分其地为杂谷屯寨、乾堡屯寨、上孟董屯寨、下孟董屯寨、九子屯寨。归理番厅管辖"②。此后，羌区其他许多地方相继实行改土归流，如：

乾隆五十一年（1786），茂州菅属踏（桃）花等18寨，五十三年大定土千户属连环等寨改土归流，编入汉户为新民里、广民里。

道光六年（1826），大姓、小姓、松坪和大小黑水等五土

---

① （清）《理番厅志》卷四，清同治五年（1866）本，第21页。
② （清）《理番厅志》卷四，清同治五年（1866）本，第40页。

百户改土归流，新编为四里。①

从乾隆至道光历时一百多年，羌区大部基本完成了改土归流。少数保留的土司，其辖区也大为缩小，或名存实亡。②

需指出的是，改土归流并非纯粹中央王朝单方面的强制行为，有些还是羌民的主动要求。如清乾隆时，茂州三齐的三十六寨羌民与其归辖的瓦寺土司间常有冲突，以致乾隆六年（1741），"羌民聚众2000余人前往省城……要求脱土归州"。不过清廷颇为谨慎，担心"脱隶归州，恐滋事效尤"，要求地方官"熟加筹酌，妥善料理"。但乾隆九年（1744），三齐人再次要求归隶茂州管辖，经太子太保、川陕总督侍卫内大臣建议"民心既不乐从，自可归州管辖"，清廷方准奏，而且乾隆十年、十一年（1745、1746）两度复议才最终敲定。不仅如此，还"在三齐传集羌民宣讲圣谕，翻译讲解《大清律例》；晓谕化导番民子弟读书，送州义学肄业；新附羌民违法，暂照夷例归结，十年后照内地法律办理"③。看来，乾隆朝之所以能成为"盛世"，不仅仅源于军事和经济强盛，还在于其对待异文化的宽厚、包容、尊重，以及处理不同文化关系的审慎和智慧。

---

① 四川省阿坝藏族羌族自治州茂汶羌族自治县地方志编纂委员会编：《茂汶羌族自治县志》，四川辞书出版社1997年版，第9页。
② 参见冉光荣、李绍明、周锡银：《羌族史》，四川民族出版社1985年版，第254—255页。
③ 参见四川省阿坝藏族羌族自治州茂汶羌族自治县地方志编纂委员会编：《茂汶羌族自治县志》，四川辞书出版社1997年版，第35页。

应该说，是明朝二百多年的经营，使得中原的社会管理理念通过土司制度在羌区渐次化入人心，中原的文化和思维方式也徐徐渗入，与羌人的认知观念相交融，互启发，不同文化在日渐频密的接触中，随着交流、沟通的渠道日多，理解、接受的范围当日广，程度也必日深。如此，改土归流才得以普遍地发生和顺利地进行，羌民主动要求改土归流便是他们对中原文化认可、接受的一种体现。

二、里甲制与保甲制

改土归流后，地方管理的基本方式主要参照中原模式，也即州、县由几年一任流动的外籍官员执掌，称为流官制度；县以下则采用里甲制和保甲制相结合的方法管理。此皆为古制，今人面之常如雾里看花，不知其要，为察其对羌文化之影响，需略作辨析。

里甲制应由传统里社制衍化而来。里社是指"每里一百户立坛一所，祀五土五谷之神"[①]。"（明）太祖仍元里社制，……州县土著者以社分里甲，迁民分屯之地以屯分里甲。"故明代之制称"里甲"，清仍之。何为"里甲"？《明史·食货志》曰：

> 以一百十户为一里，推丁粮多者十户为长，余百户为十甲，甲凡十人。岁役里长一人，甲首一人，董一里一甲之事。先后以丁粮多寡为序，凡十年一周，曰排年。在城曰坊，近

[①] （清）张廷玉等：《明史》卷四十九《礼三》，中华书局2000年版，第845页。

城曰厢，乡都曰里。①

里甲制之目的，按《清史稿·食货志》的说法，用以"核实天下丁口，具载版籍"，"丁增而赋随之"，同时，"计丁授役"。因此，里长的任务主要是："催办钱粮，句摄公事"。②也就是说，里甲制是兼具户籍管理、税收纳取和安排徭役的制度。光绪四年（1878），山西巡抚曾国荃上疏请减晋省差徭时通篇称"里甲"，可见里甲制终清一朝未曾取消。③

与里甲制并行的还有保甲制。保甲制始于北宋。《宋史·兵志》云：

---

① （清）张廷玉等：《明史》卷七十七《食货一》，中华书局 2000 年版，第 1253—1254 页。
② 详为"一曰役法。初沿明旧制，计丁授役，三年一编审，嗣改为五年。凡里百有十户，推丁多者十人为长，余百户为十甲，甲十人。岁除里长一，管摄一里事。城中曰坊，近城曰厢，乡里曰里。里长十人，轮流应征，催办钱粮，句摄公事，十年一周，以丁数多寡为次，令催纳各户钱粮，不以差徭累之。编审之法，核实天下丁口，具载版籍。年六十以上开除，十六以上添注，丁增而赋随之。有市民、乡民、富民、佃民、客民之分。民丁外复有军、匠、灶、屯、站、土丁名。"参见赵尔巽等：《清史稿》卷一百二十一《食货二》，中华书局 1976 年版，第 3543—3544 页。
③ 《清史稿·食货二》如是说："光绪四年，山西巡抚曾国荃疏陈晋省疮痍难复，请均减差徭以舒民困，其略曰：'晋省右辅畿疆，西通秦、蜀，军差、饷差、藏差，络绎于道，州县供亿之烦，几于日不暇给。车马既资之民间，役夫亦责之里甲。而各属办理不同。有阖邑里甲通年摊认者，资众力以应役，法尚公允。有分里分甲限年轮认者，初年摊之一甲一里，次年摊之二甲二里，各年差徭多寡不等，即里甲认派苦乐不均。豪猾者恃有甲倒累甲、户倒累户之弊，将其地重价出售，而以空言自认其粮。三五年后，乘间潜逃，于是本甲既代赔无主之粮，又代认无主之差，贻害无穷。计惟减差均徭，尚堪略为补救。除大差持传单勘合，循例支应，其他概不得藉端苛派。如有擅索车马者，治以应得之罪。'"参见赵尔巽等：《清史稿》卷一百二十一《食货二》，中华书局 1976 年版，第 3548—3549 页。

保甲（宋）熙宁初，王安石变募兵而行保甲，帝从其议。三年（1070），始联比其民以相保任。及诏畿内之民，十家为一保，选主户有干力者一人为保长；五十家为一大保，选一人为大保长；十大保为一都保，选为众所服者为都保正，又以一人为之副。应主客户两丁以上，选一人为保丁。附保。两丁以上有余丁而壮勇者亦附之，内家赀最厚、材勇过人者亦充保丁，兵器非禁者听习。每一大保夜轮五人警盗，凡告捕所获，以赏格从事。同保犯强盗、杀人、放火、强奸、略人、传习妖教、造畜蛊毒，知而不告，依律伍保法。余事非干己，又非敕律所听纠，皆毋得告，虽知情亦不坐，若于法邻保合坐罪者乃坐之。其居停强盗三人，经三日，保邻虽不知情，科失觉罪。[①]

何以兴保甲？

（宋）咸平以后，承平既久，武备渐宽。仁宗之世，西兵招刺太多，将骄士惰，徒耗国用，忧世之士屡以为言，竟莫之改。神宗奋然更制，于是联比其民以为保甲，部分诸路以隶将兵，虽不能尽拯其弊，而亦足以作一时之气。[②]

从以上两段文字看，宋保甲制有两大功能，一是精兵简政，

[①] （元）脱脱等：《宋史》卷一百九十二《兵六》，中华书局2000年版，第3185页。
[②] （元）脱脱等：《宋史》卷一百八十七《兵一》，中华书局2000年版，第3063页。

二是治安联防，其实按王安石的解释，还有"民兵备战"之内涵，在此不作详述。虽然保甲制在宋代争议很多，但其基本理念——联防、互稽、连坐——对后世影响却甚大，一直到民国时期还在沿用。

清代里甲、保甲两制并用的情况可由《清史稿·食货二·赋役》提到里甲制"初沿明旧制"的同时，又在《食货一·户口田制》中说清世祖入关之时有编置"户口牌甲之令"得知。所谓"户口牌甲之令"，实质应为保甲制，其法：

> 州县城乡十户立一牌长，十牌立一甲长，十甲立一保长。户给印牌，书其姓名丁口。出则注所往，入则稽所来。其寺观亦一律颁给，以稽僧道之出入。其客店令各立一簿，书寓客姓名行李，以便稽察。[①]

据清代《保甲书》著者徐栋说，明王守仁立有十家牌法。户口牌甲令大概源于此法。由于纳赋粮、出丁役并非日常事务，而"保甲行于平时"，比里甲制几年一次编审清查户口更为详密，故户口管理的职能（至少是部分职能）在雍正四年（1726）以后为保甲制取代。[②]

雍正十三年（1735），由于"四川生番、岭夷归化者甚众，定

[①] 赵尔巽等：《清史稿》卷一百二十《食货一》，中华书局1976年版，第3481页。
[②] 参见赵尔巽等：《清史稿》卷一百二十《食货一》，中华书局1976年版，第3485—3486页。

例令专管官编立保甲,查缉匪类",至乾隆二十二年(1757),又规定"牌长、甲长三年更代,保长一年更代",而"四川改土归流各番寨,令乡约甲长等稽查,均听抚夷掌堡管束"。①

清人在实际运用保甲制时,使用的场合和人数的编配都很灵活,并不严格按照入关时的规矩,只是其治安或军事性质始终未改。如:

> (秦世祯)擢浙江巡抚,疏请增造战舰,精选水师;别疏言沿海渔舟,往往通寇,请按保甲法,以二十五舟为一队,无事听采捕,有事助守御:并议行。②
>
> (赵吉士)分夕巡城,行保甲法,匿贼者连坐,邻盗相戒不入境。③

清代的"团练"、"团甲"也应属于保甲制,茂县沟口乡水磨坪村于"道光七年(1827)丁亥之夏中完之吉日立"的碑文就说"川东川北一带百姓喜团练而畏保甲,不知团练系有事之秋,……保甲与团练无异"④。有人认为"出则注所往,入则稽所来"是里甲

---

① 参见赵尔巽等:《清史稿》卷一百二十《食货一》,中华书局1976年版,第3481—3482、3488页。
② 赵尔巽等:《清史稿》卷二百四十《列传二十七·秦世祯》,中华书局1976年版,第9544页。
③ 赵尔巽等:《清史稿》卷四百七十六《列传二百六十三·循吏一·赵吉士》,中华书局1976年版,第12983页。
④ 转引自李鸣:《羌族法制的历程》,中国政法大学出版社2008年版,第108页。

制的任务，这是把两种性质不同的制度混为一谈了。①

到了民国时期，情况比较复杂，几经更易。变更的诸多原因中，除了民政、治安、军事等方面的要求，还有新理念的影响。

1929年6月5日，根据当时的地方自治原则，南京国民政府颁布了一个《县组织法》，按此法律，县下设区，区下为乡（农村）或镇（城市），乡进一步分为闾（25户）及邻（5户）。职能为：人口普查及人口登记、土地调查、公益工作、教育、自卫、体育训练、公共卫生、水利灌溉、森林培植及保护、工商改良及保护、粮食储备及调节、垦牧渔猎保护及取缔、合作社组织、改革习俗、公众信仰、公共企业及财政控制等等。②在羌区，恐怕是由于当时战争的缘故，略有变化，吸收了保甲制。以汶川县为例：

> 民初，全县分五区，区下设甲。至二十四年（1935），始改划全县为三行政区，区下设联保七，保下设甲。二十九年（1940）三月，新制推行，复改联保为乡镇。③

"区下设甲"实际是区下为乡，乡辖保、甲。十户一甲，十

---

① 如《羌族史》就说"里甲制规定所辖百姓'出则注明所往，入则稽其所来'，'无事递相稽查，有事互相救应'，其目的是'稽其犯令作慝而投（应为报）焉'"。它是引用的萧一山《清史大纲》，《清史大纲》虽并未明言，但仔细看去，似也未察"里甲"、"保甲"之异。参见冉光荣、李绍明、周锡银：《羌族史》，四川民族出版社1985年版，第270页。萧一山：《清史大纲》，上海古籍出版社2005年版，第84页。
② 参见费孝通：《江村经济》，上海人民出版社2007年版，第89页。
③ 祝世德：《汶川县县志》，罗晓林校注，阿坝州地方志编纂委员会，1997年，第91页。

甲一保，保上为乡团。分级设有甲长、保正、乡团总、区长等职别。[①] 这大概就是所谓的民初"团甲制"。

"地方自治"这个名词看起来很新鲜，但传统社会并非地方不自治，民初法律规定的地方政府的很多职能在传统羌区原本就有完善的管理制度，民国政府只不过按照自己的想象和意愿进行了重新划分和建构，新增了部分类别。这种一厢情愿的制度因脱离实际，实施起来问题丛生，实际效能很低，"在1931年举行的第二次全国行政会议上，……受到了严厉的批评"[②]。当然，批评归批评，并未完全否定，基本理念未变。在新理念指导下的新制度对传统管理制度有一定程度的干扰。不过也应看到，民国新政在现实面前有向传统妥协的一面，不少方面仍然沿袭或依靠传统方式。所以，羌区民初的地方管理事实上更似清制的延续，综合了里甲制和保甲制，偏重后者。

至于1935年改联保制，就完全是出于军事和治安之目的了，因为1935年3月中国工农红军长征进入了羌区。国民党"剿共"司令部1932年8月曾发布一个法令，规定在军事行动区的人民要在保甲制之下，组织起统一的自卫单位。"在遭到破坏的地区有效地组织民众，取得精确的人口统计以便增强地方自卫反共的力量，并使军队能更有效地履行其职能。"[③] 这一法令1935年才在羌区实施。显然，此时的联保制就是传统保甲制的民国版。

1935年秋红军陆续离开羌区，几年后，民国政府在《组织法》

---

① 参见《理县志》编纂委员会编纂：《理县志》，四川民族出版社1997年版，第74页。
② 费孝通：《江村经济》，上海人民出版社2007年版，第89页。
③ 费孝通：《江村经济》，上海人民出版社2007年版，第89—90页。

基础上修正而成的"新制"出台,也在汶、茂、理一带实施。对于"新制",1944年的《汶川县县志》如是说:

> 自二十八年(1939)九月二十九日,中央公布县各级组织纲要,第五条明定之曰:"县为法人、乡镇为法人"。乡镇乃于县下变为一自治单位,而地位骤形重要矣。其上之区。为一虚级。甚下之保甲。为组成此自治单位之细胞,其本体有乡镇公所,以作其执行机关,有乡镇人民代表会,以作其意思机关。有依法赋予之各种收入,以作其独立之财政。虽然为县下一级,而其为法人。为自治单位,则与县级无二致。①

此一"新制"看起来是将古、今、中、西的多种思想熔为一炉,而且在形式上侧重西方,已颇有现代意味了。彼时国内形势与民初时已有所不同,社会主流思潮也大致定型,且不论"新制"的现实作用如何,它却可以代表那个时代中国人的心理倾向和理想追求。

弄清楚了以上问题,让我们回到阿尔村。

阿尔村是何时被纳入中原政权的行政网络之中的呢?由于史料缺乏,元明时期无考,能够确定的是至迟到清前期已经开始。

目前有关阿尔村各寨行政归属最早的文字记录见于辑自清乾隆三年(1738),成于乾隆十三年(1748)的理县第一部县志《保县志》,其中《民居》一章有载:

---

① 祝世德:《汶川县县志》,罗晓林校注,阿坝州地方志编纂委员会,1997年,第86页。

明时，江北生羌纷然为患……。国朝（按：指清朝）威惠远播，蛮民慑服，江北生羌取次投诚。为编民、听讼狱、输粮赋、无生熟分类。

…………

番为寨名者一百有八。

…………

木上、布南村、罗卜底、龙溪（原注：唐时龙溪故地）、罗布、地里、马岛、八家岛、鹿耳、慈鸦、立壁、昔丢、挖巴、不杂、只台、哭布、马房、昔格、大门、勒利、巴岛。自龙溪以下十八寨，于康熙年间投诚。

以上各寨为中三窝。在铁邑旧州江北山岭。①

文中所列八家岛、慈鸦、立壁、挖巴、巴岛应即今之百家夺、自牙、立别、瓦巴、巴夺。由此可知，阿尔村各寨羌人乃于康熙年间被纳为编民，开始向朝廷缴交粮赋，并须遵守清朝律规。最晚到编辑《保县志》的乾隆时期，同治时称为"中三枯"的行政区划前身——"中三窝"已然定型。

《龙溪乡志》言，该乡"1935年推行联保制，分设联保、保、甲三级。1940年推行'新制'，改联保为乡镇，实行乡、保、甲三级制，……10户为一甲，全乡辖四保32甲。……阿尔、立别、马灯、白家夺、雪溜、巴夺为第三保，先后有余明海、余明德、马

---

① （清）陈克绳：《保县志》，毕成裕校注，阿坝州地方志编纂委员会，1998年，第64、219页。

成彬、刘春德、何天佑任保长"①。与前述材料相一致。

三、受"制"后阿尔村羌文化之嬗变

很明显,元明以后,阿尔村及其周边的社会环境已有了不小的改变。不同时代中央政权的政令通过各种形式的体制网络,直达羌区基层,作用至每一个人,羌人无论是行为还是思想,从此都多了一种约束力。这种约束,在以下几个方面对羌文化产生了影响。

首先,变"无君长"的社会为有差等的组织。里甲制"推丁粮多者十户为长",保甲制拥"有干力者"为长,"选为众所服者为都保正",表面上是由众人推举出来的,实际上是统治阶层引导的,并由当政者赋予其领导地位。这无疑突出了较富有、人丁兴旺的家庭和强化了武功的重要性。同时,这些人员不仅代表政权机关执行"催纳各户钱粮"、"出则注所往,入则稽所来"等公事,而且或"不以差徭累之",拥有一定的特权,或"凡告捕所获,以赏格从事",以名利诱导。这就不可能不对羌人原有平等观念产生一定干扰和冲击。实乃来自外在的人为分化力量,打破了原有平衡状态。

其次,由于中原和羌区社会组织管理方式有所不同,为让羌人了解新的制度和规定,以便辖治,中原统治者一方面开展宣传,一方面推行教育。正如前述乾隆时三齐改土归州后那样,即行"传集羌民宣讲圣谕,翻译讲解《大清律例》;晓谕化导番民子弟

---

① 龙溪乡人民政府编纂:《龙溪乡志(1911—2000)》,第16页。

读书，送州义学肄业"。其实，在雍正时代四川生番归化者甚众之时这已成定例："逢望日宣讲上谕，以兴教化，自是番民衣冠言语悉与其地民人无异，亦有读书应考者。"①

复次，因为文化传统有别，不同文化的价值观、伦理观等观念常存在许多不同之处，甚至于某些行为，在不同文化体系里，人们的态度会截然相反。对于长期形成的根深蒂固的观念，不但靠温和的宣讲难以"化导"，在统治的一方可能还会因无法接受而不能，甚或不愿去理解，直接采用强制手段进行革除。试举光绪六年（1880）薛城一碑文为例：

> 为严禁转房以正人伦事：查律载凡同姓不宗为婚者，男女各杖六十，离异。外姻有服为婚者以奸论。若娶己之姑，舅，两姨姐妹之亲，及无服亲之妻者，男女各杖一百，离异。若娶己之缌麻亲之妻，及舅甥妻，各杖六十，徒一年，并离异。若娶小功以上之妻，各以奸论罪，自徒三年至绞斩。若收父祖妾，及伯叔母者，各斩立决。若兄亡收嫂，弟亡收弟妇者，各绞立决，等语。其余亲属不应为婚者殊多，即同姓不宗及外姻亲属尚不得为婚，况同宗均有名分，岂容渎乱无纪，致蹈重罪。乃近闻府属旧有兄亡收嫂，弟亡收弟妇之事，名为转房。缘亡者之兄弟，恐聘娶新妇，不习家务，是以收寡嫂弟妇为妻，□□□□殊不知大乖伦理，重犯典刑，亟宜晓谕严禁。除已往不究外，合行示禁，为此示仰府属汉番军

---

① 赵尔巽等：《清史稿》卷一百二十《食货一》，中华书局1976年版，第3488页。

民人等知悉：嗣后尔等遇有兄弟亡故，其寡嫂弟妇不肯再醮者，自应听从守节，以成其美。如不愿守节者，可改嫁他姓，毋得贪图己便，以兄弟之妻为妻，致坏名教。而罹重辟。其余凡例禁为婚者，均一概不准擅自嫁娶，以肃伦纪。本府训民以忠孝节义为先，甚不忍愚民灭理乱伦，自蹈刑辟，并犯天理，特此谆谆告诫，尔百姓务以转房等事为戒为耻，共勉为敦伦饰纪之人，本府实有厚望焉。再自此示谕之后，倘有无耻之徒，仍敢违禁转房，及娶同姓同宗有服□□亲之妻女，并一切违律为婚者，一经发觉，定即照律治罪，决不宽贷。本府言出法随，切勿以身尝试，后悔无及，懔之慎之，切切勿违。特示！①

"同姓不宗为婚"、"转房"等在当地自有其社会学、经济学等多方面的需要和长期的生物学实践作基础，因而受到普遍认可，但在极为重视伦理纲常的中原文化中却必须严禁，违者杖刑甚至绞斩，处罚极为严厉。这种强硬态度必然会一定程度上改变着羌文化。

在以上多种外来因素的作用下，羌人有些传承了上千年的文化和习俗改变了，比如羌人过去火葬的习俗据说就是自清以后渐渐改为以土葬为主的。1983年，有学者在今龙溪乡调查到这样一

---

① 此碑文摘自庄学本《羌戎考察记》第67—68页，由于笔者所见原著缺本信息页，故无法确知出版者及年份。该碑文《理县志》有收录，且称《羌戎考察记》出版于1937年。但《理县志》所录有个别字错讹，也误把碑文颁布年代"光绪六年"录为"光绪元年"，故不从。

段丧葬唱词：

> 康熙四十二年（1703）前，羌人死后不用棺，草连软裹架柴烧，姓姓都有火葬场。四十二年天下乱，乱后羌人归大朝。人死须穿六件衣，装入棺材用土埋。习俗大变行土葬，六畜兴旺万民安。①

羌人丧葬习俗具体是哪一年开始改变，恐怕与各个村寨的历史际遇相关，不必深究。而中原文化重土葬禁火葬的观念由来已久却是事实。

朱元璋就认为：

> 古者圣王治天下，有掩骼埋胔之令，推恩及于朽骨。近世狃于胡俗，死者或以火焚之，而投其骨于水。孝子慈孙于心何忍？伤恩败俗莫此为甚。②

顾炎武《日知录》有《火葬》篇，他在引宋人言论历陈古往今来火葬之不孝和惨绝后，曰：

> 焚其亲者，以不孝罪之。庶乎礼教可兴，民俗可厚也。

---

① 《中国少数民族社会历史调查资料丛刊》修订编辑委员会四川省编辑组编：《羌族社会历史调查》，民族出版社2009年版，第179页。
② （明）《明实录：明太祖实录》卷五十三，台北"中央研究院"1962年影印原北平图书馆藏本，第1052—1053页。

呜呼！古人于服器之微犹不敢投之于火，故于重也埋之，于杖也断而弃之，况敢焚及于尸柩乎？①

乾隆颁有"丧葬禁令"，令云：

古之葬者，厚衣之以薪，葬于中野。后世圣人，易之以棺椁，所以通变宜民，而达其仁孝之心也。……而流俗不察，或仍用火化，此狃于沿习之旧，而不思当年所以不得已而出此之故也。朕思人子事亲，送死最为大事，岂可不因时定制，而痛自猛省乎？嗣后除远乡贫人，不能扶柩回里，不得已攜骨归葬者，姑听不禁外，其余一概不许火化。倘有犯者，按律治罪。族长及佐领等隐匿不报，一并处分。②

当然，中原处理尸体也不是完全不用火。可用火却不仅仅是用火烧化这么简单。同样是火化，在汉、羌两种文化中价值取向截然不同，内涵迥异，各自有其复杂、丰富的内容，是两个不同的体系。羌人火葬主表"敬"，中原则比较复杂，因地区、时代、事件而不同，表"恨"是其中重要的一种。

乾隆时期成书的《保县志》之《民事志·风俗》章记录当时当地的葬俗为：

---

① （清）顾炎武：《日知录集释（全校本）》，黄汝成集释，栾保群、吕宗力校点，上海古籍出版社 2006 年版，第 898—901 页。
② （清）《清实录：高宗实录》卷五，中华书局 1985 年影印本，第 240—241 页。

丧礼用鼓乐，多修佛事。

无棺椁，人死盛衣饰卧于地，诹吉以葬，葬时邻人大聚，饮酒歌舞。①

此处未说用火化，不知是否已经改为土葬了。但无论火葬、土葬，对比今天阿尔村的葬俗，至少有一点是与乾隆时不一样的，那就是过去无棺椁，现在却有。可见即使是火葬，也发生了变化。

那么，是否就可借此论断，是强势的中原文化影响了羌文化，羌文化只是被动地接受，进而变异或汉化了呢？笔者却以为不尽然。这里有三个方面必须加以考虑和分析。

其一，虽则中原的社会管理模式有等级之分，对平等互助为主的羌人社会有一定影响，但其所推拥为长的家资雄厚者、为众所服者，也确是事实上较有威望者。这倒并非纯粹因其财大势大。按正常来说，一个人、一个家庭，以至一个家族之所以富有，总是与勤劳和品德端良成正相关。换言之，在任何文化系统中，只有符合其文化所要求的品行俱佳者方易与人和睦相处，从而易于获得多方面的资源和帮助。勤劳就是人类普遍认可的良好品质，而要致富，非勤劳不能。因此，家资雄厚者往往是由于其各方面都比较优秀，故能为众所服。所以，中原政权对羌区的管辖只是对其原有管理体系的强化和固化，并未进行实质性的改变，大体上还是原有传统的继续。

---

① （清）陈克绳：《保县志》，毕成裕校注，阿坝州地方志编纂委员会，1998年，第84、85页。

其二，中原传统的社会管理体制虽然完善而严密，伸延到社会各个角落，及达"王土"之上的每一个人，但不可忘记，中国传统的管理思想倾向无为政治，注重清静无为，与民休养生息，反对政令繁苛、骚扰百姓。遍及桑间濮上的体制网络主要是为纳赋税、征徭役、防匪盗、备战事等关涉王朝命脉和社会安定的大事而备设的，而非用以控制人民的一言一行、一举一动。

不过，"无为"并非完全放任自流，这种"无为"的前提是地方能够"自为"，而且这种"自为"与中央集权统治不相冲突。在中国传统的社会里就有这样的"自为"组织，那就是遍布各地的宗族。由于各地宗族承担起了自我管教调解的"自为"任务，因此绝大部分民事在家族内部便能自行了断，只有宗族无法解决的重大问题才诉诸县衙以上的官府。《明史·食货志》说："里设老人，选年高为众所服者，导民善，平乡里争讼。"[①] 梁启超称这种管理方式为"乡自治"或"族自治"。这里可引摘梁任公记述的其家乡清末"族自治"之部分文字，以略观其貌：

> 吾乡曰茶坑，……亦称三保。乡治各决于本保，其有关系三保共同利害者，则由三保联治机关法决之。联治机关曰"三保庙"，本保自治机关则吾梁氏宗祠"叠绳堂"。
>
> 自治机关之最高权，由叠绳堂子孙年五十一岁以上之耆老会议掌之。未及年而有"功名"者（秀才监生以上。——引者注），亦得与焉。会议名曰"上祠堂"（联治会议则名曰

[①] （清）张廷玉等：《明史》卷七十七《食货一》，中华书局2000年版，第1254页。

"上庙"。——引者注)。本保大小事,皆以"上祠堂"决之。

....

保长一人,专以应官,身份甚卑,未及年者则不得列席耆老会议。

....

临行会议其议题,以对于纷争之调解或裁判为最多。每有纷争,最初由亲友耆老和判,不服,则述诸各房分祠,不服则述诸叠绳堂。叠绳堂为一乡最高法庭,不服则讼于官矣。然不服叠绳堂之判决而兴讼,乡人认为不道德,故行者极希。①

归"制"之后的羌区情况怎样呢?

清王朝同治年间针对理番厅诸屯制定的《核定善后章程》中有一条:

屯中每有因细故抄家、丢河等事,实悉恶习,尤属大干法纪。嗣后如有口角争斗等事,应先凭人理论,倘不能了息,再行控官申理。不准抄家、丢河,违则尽法处治。②

由"倘不能了息,再行控官申理"一言可知清廷治理羌区的基本方略乃尽可能先自行处理,实在难解方讼,而不是如现代

---

① 梁启超:《中国文化史》,载《饮冰室合集:专集之八十六》,中华书局1936年版,第58—60页。
② (清)《理番厅志》卷六《志存》,清同治五年(1866)本,第42页。

倡导的大小事务均应诉之于法律机关。传统社会把"讼稀"看成是一种美德，是民风淳朴的表现。如《汶志纪略》即曰其地民风"民淳讼息"①，把两者相关联。清人亦有诗云理番一境"民能无讼使官清"②，显然是出于赞誉。

其他土司辖区自行订立的规约也是如此模式。如：

> 琐屑忿事，当忍耐消释，如甚不已事，方可来辕伸屈。③
> 争讼各就决于所辖土目，未服方决于土司。④

羌区各村寨的乡规民约所定条规绝大部分都是与官府无关联的"土规"，只把"送官"作为一种更为严厉的惩罚方式加以利用，如：

> 一议各村人等，大男小妇，远方近邻，仁人君子之悉，众等公议，竖碑于此。□有每年，□□以来，万保告诫等□下树，大男小妇，假借扯猪□草，□搬□□，若是将人架，双投知首人，齐团示众。各村人等以到中乡议论，钱贰仟文□□。不尊者，各村首人乡约，扭禀送官，受予刑罚。休得

---

① （清）李锡书：《汶志纪略》，罗晓林、兰玉蓉、张通霞等校注，汶川县史志编纂委员会办公室，2004年，第273页。
② （清）王铭：《双城》，载《理番厅志·艺文》，清同治五年（1866）本，第55页。
③ 牟托巡检司碑立于茂县南新乡牟托村内，约康熙四十年（1701）后立。转引自李鸣：《碉楼与议话坪：羌族习惯法的田野调查》，中国法制出版社2008年版，第222页。
④ （清）陈克绳：《保县志》，毕成裕校注，阿坝州地方志编纂委员会，1998年，第325页。

见怪言之不先也。①

一议村中有等不孝之徒，不思父母养，反与父母抗敌，倘有此等，定要投明村中知竟，照男丁童等当众罚钱五仟文存公。若不依章程，集众送官惩。

一议村中每逢神会之期，有恶霸之徒私造妄言曲语唠酒法及行凶打架提刀弄斧，依老匪喘依贫匪奈，父子行凶、兄弟恶霸，倘为此，查出，罚香钱十仟文，若不依章程，绳缚送官。②

其他更多的只涉及内部如何处理的规定这里不再一一列出，从阿尔村的情况也已可以知悉。这种现象的普遍存在，恰说明即使在中原王朝的辖治之下，羌人还是保留了很多自主权，其文化被强迫改变的情况并不多。

那么，既无巨大的外力强制，为何阿尔村羌文化还会发生改变呢？难道真的像有些人说的是被所谓优秀、先进的文化吸引所致吗？笔者以为这无关先进与落后，一种外来的高效利用资源的技术手段在起初确实颇能眩人耳目，效仿者可能也会不少，短期内甚至会产生不错的效果，但新的方式是否适宜在当地使用，却还须经相当长的时间检验。只有最终证明能与其文化结构、自然环境等相契合的才有可能留下，否则，效率再高，再

---

① 清光绪十六年（1890）汶川雁门乡月里村乡规民约碑文。转引自李鸣：《碉楼与议话坪：羌族习惯法的田野调查》，中国法制出版社2008年版，第244页。
② 永定章程条规碑，光绪二十二年（1896）立于茂县合心坝。转引自李鸣：《碉楼与议话坪：羌族习惯法的田野调查》，中国法制出版社2008年版，第291页。

先进也会被淘汰。在中原地区功高绩煌的引水灌溉系统不可谓不先进，但在阿尔村就显然落后于求雨。所有理论，包括马克思在其所处时代认识基础上提出的生产力与生产关系理论，如果不加前提条件，不考虑实际情况，随便套用，就很有可能是谬论。

这里要指出的是，只要有足够长的时间，一种文化吸收别的文化是可能的，在形态上发生变化也是可能的，有时看起来甚至像是被其他文化"替换"了。如果这种替换是缓慢而自然地发生，我们就要小心。一种文化在形态上的自然"他化"，并不等于原有文化的衰变和消失，恰恰相反，极可能是原文化在新形势下的转变和发展。因为在"他化"过程中，原文化的本质会慢慢地迁移到新的形态上，这种迁移一旦稳定下来，"他化"就完成了，原文化就以新的形态表现其精神，从而在新的社会和自然环境中获得生存和延续。因此，文化在生存条件发生改变时有所嬗变是正常的，也是应该的。我们切不可在看到文化的样貌发生改变时就惊呼"文化衰亡"。当然，若有外力作用，此外力不能太激进、太蛮强。元明清三朝，羌文化的衍变便是在较为缓和的外力作用下进行的。民国时期思想虽已大变，但民国政府主要还是依靠当地财力较厚、威望较高者负责地方管理，因而还保留着相当程度的"族自治"传统色彩，又由于时间太短，政局太乱，教育无法全面展开，而十年树木，百年树人，急切间也不可立竿见影，于是新思维、新举措还没有能够在边远的羌区产生足够强烈的影响，故其作用力也相对较为微弱。所以，自元至民国这段时间，阿尔村羌文化属于自然衍变，而非汉化，更不是衰落。

以阿尔村羌人丧葬的变化为例。其俗由火葬改为土葬，由无棺变成有棺，形态改变不可谓不大，这是要应和当时中央政权的要求，不能不变。不过要注意，中原文化对丧葬的这种要求是为了表达对先人的尊重、怀念，体现的是敬祖爱人之精神，这不是和羌人的生命宇宙观相符合吗？大概羌人是乐意接受的。但这只是羌人丧葬内涵和功能的一部分，在羌人的经验世界里，火葬还是免除某些灾害的重要手段。如，他们认为，意外死亡和幼儿早夭会对在世的人产生不利影响的问题，土葬的方法似就解决不了，时至今日，阿尔村羌人都还未找到良策，故而只能沿用火化的方式。因此火葬还不能完全废弃。这不单只是习惯和观念的问题，还与土葬未能完全涵盖火葬的所有功能有关。而土葬产生的新问题，羌人倒是已经找到了不少解决办法，如撵死人邪、出殡之前和路上对棺材撒米、前面用镰刀开路、下葬前在坟坑底部铺满纸钱并烧化、验棺时要防止生人影子投入墓中、用石头垒砌坟墓、糊丧、办百期，等等，这些可能部分是阿尔村羌人原有文化思想在面对新情况时的经验总结和发明，部分是对传入的土葬经验的借鉴吸收。这种借鉴在初时难免会是一种简单的机械模仿，但对讲究实用的羌人来说应该不会长期如此。由于羌人过去火葬细节资料阙如，故在此无法进行全面的对比和分析。就目前的情况看，似应可以认为，阿尔村羌人火葬的大部分文化行为和观念大都成功转移到了土葬上。如果这一判断不错的话，那么，羌人火葬改土葬就不应认为是羌文化的凋萎，而应是羌文化在丧葬方面的新发扬。通过这种土葬，我们仍然可以处处感觉到阿尔村羌文化之神的具在。如果哪一天他们的丧葬徒具火烧、土埋这种简单形式，其他都被剪除，那才是羌文化的真幻灭。

有人或许会说，居住偏远、深山的羌人保留有火葬，但居住平坝、与汉人杂处的羌人却不再用火葬，难道不是说明火葬可以被取代吗？这要具体分析三个问题，一是随着人对自然环境的改变，原来土葬无法克服的难题可能已经不存在了；二是在中原文化体系中，这种问题可能有其他应对或回避的办法；三是文化氛围和教育的作用不可忽视。试想，少数羌人处于大量的汉人之中，起初他们自然不会有太大的变化，但其子孙自小长与汉人相往来，加上教育的作用，人们如果又不去自觉坚守自己的文化，认知观念怎么可能不发生改变呢？经若干代，羌人子孙们的整个知识体系和思维方式大概都与其祖辈不同了。如此，斯辈空有"羌"之名而无其实矣。这样，他们处理问题当然只能依靠自己掌握的知识，而他们此辈的知识体系不倡行火葬，自然不会采用。这显然不是用土葬取代火葬这么单纯，而是采用教化的方式以一种文化完全取替另一种文化使然。此乃釜底抽薪之法。

在非物质文化遗产保护中，有些人一心都放在形式上。由上面的分析可知，形式不是根本的。环境变了，文化形式若不变，就很可能真的会消亡。不过，在文化受到严重破坏，而且这种破坏持续进行，同时人们又不了解一种文化的本质的情况下，原封不动地保存其原有形式却是最好的，恐怕也是唯一的办法。因为不了解本质就无从判断什么改动才合乎其道。

第二节　工业化理想与羌文化的凋蔽

需要提醒注意的是，对文化的破坏并不总是因为敌视和仇恨，有许多时候还是出自善良的愿望和美好的理想。羌文化近几十年间的急剧衰落，就是因为近现代的中国人向着用工业化重建新中国这一宏大理想努力的副作用后果。之所以要工业化，是因为人们认为工业化可以强国，可以富民。

一、从民主改革到"文革"

中华泱泱大国，从来都以富庶著名于世，即使朝代更迭，也多因此而起，而不是由于贫穷，在人们脑海中，苦寒贫瘠的边区才是穷苦人的聚落所在。因此，认为羌人穷困不堪，并非中华人民共和国成立后的新发现。在传统社会里，一直以来，许多中原文人都为羌民生活之"穷"和"苦"扼腕叹息，深为同情。兹列几则：

> 清乾隆时：保地不毛，民火种刀耕于硗确中，仰事俯畜，乐岁皆苦。①
>
> 清嘉庆时：羌民附山而居，耕田凿井，勤劳艰辛之状，

---

① （清）陈克绳：《保县志》，毕成裕校注，阿坝州地方志编纂委员会，1998年，第30页。

苦不可言。①

　　清道光时：尔等世处山头之上，……火种刀耕，纵遇风调雨顺，收获尚且无多，卖柴鬻炭，就是终岁辛勤，得钱诚然有限，故富户少而贫民多。日食杂粮，五味之调和未曾入口；常穿麻布，衣裳锦绣那能着身。……近来偶遭干旱……。父母刨寒，妻儿冻馁。……县洞悉尔等境况，鼻酸泪落。②

　　清同治初：改土归流算汉民，科粮榷税重儒巾。可怜丁口无千户，堡砦高楼半赤贫。③

　　清同治时：黧额终年垦石田，茂汶生计太萧然。边民竟似流民苦，敢怨苍苍覆载偏。④

　　但自鸦片战争起，中国面对外国列强的侵略，接二连三地溃败，使得中国人不单只是觉得羌民贫穷了，而是整个中国都如此，而且越战越穷，于是全国上下开始寻找救国方略。

　　渐渐地，国人的认识统一了，认为一度强大的中国之所以屡屡败于后起的外国列强，是由于他们拥有中国无法匹敌的精良武器，即所谓"船坚炮利"。而他们之所以船坚炮利，则是源于其全方位、高度发达的工业化，这种工业化之所以出现，和他们的

---

① （清）李锡书：《汶志纪略》，罗晓林、兰玉蓉、张通霞等校注，汶川县史志编纂委员会办公室，2004年，第276—277页。
② （清）魏煜：《谕九寨羌民》，载祝世德：《汶川县县志》，罗晓林校注，阿坝州地方志编纂委员会，1997年，第431—432页。
③ （清）王铭：《六里》，载《理番厅志》卷五《艺文》，清同治五年（1866）本，第55页。
④ （清）吴棠：《经茂汶即景》，载（清）李锡书：《汶志纪略》，罗晓林、兰玉蓉、张通霞等校注，汶川县史志编纂委员会办公室，2004年，第392页。

科学大发展有关，与其科学发展和高度工业化相匹配相适应的则是其社会制度——资本主义。而中国，却是历来忌奇技淫巧的以农业为重的国家，与此相配套的是中国沿袭几千年的传统制度和文化。无论如何，在较为稳定的社会中讲究吃穿住用、陶然之乐的农业人在武器上、思维上都难以和处于经济、技术上升期，崇尚竞争挑战、拼速度比强度的工业人在以比强、比硬、比快为主的残酷的战争中抗衡，除非早早做好了准备。可中国的夜郎自大使自己未能觉察世界的变化，故而没有足够的准备，以致一交手便溃不成军，连连败北。由此，时人深感发展工业于扭转局面之重要，而当时内外交困的危急形势，却容不得国人缓缓图之，在激烈的辩论之中，认为传统制度和思想是阻碍中国工业发展的主要原因的观点逐渐主导了中国社会思潮。既有如此判断，那么要救国图强就要变革制度。于是乎，以善治天下为人称道的传统制度和传统文化顿然间竟成了众矢之的、罪魁祸首，必须根除摒弃。就这样，从近代开始，中国人开始了重造文化，向工业化国家转型的艰难历程。从前面民国政府对县乡管理制度的改革，我们可以感觉到那时的当政者并非毫无作为，他们也是在朝着这个方向不断摸索试验。后来，以更科学的理论为依托的中国共产党取得了全面的胜利，不但推翻了压在中国人民头上的"三座大山"，还建立了人民民主的政权，建立了被认为比资本主义更先进的社会主义国家。

事实是如此雄辩地对国人的判断和选择进行了证明，不由人不信服。就是这样，在赶走了所有侵略者，平息了国内大小战事，成立了中华人民共和国，国内外形势较为稳定的情况下，全国人民由中国共产党领导着继续前人未完成的事业。而在阿尔村，早在1951年12月，就在新政权主导下进行过减租保佃的试验，但浅尝辄止，没有产生大的影响，真正对其传统制度和文化进行"革命"，是从1955年民主改革开始的。

从民主改革到"文革"时期，在今天看来，是个变动频繁、动荡不安，常令许多经历者回忆起来五味杂陈的时代，但在当时多数人眼中，可用"日新月异"这个光彩耀目的褒义词来形容，新思想、新观念、新办法等等"新生事物"层出不穷，几乎可以说"日子每天都是新的"，让人目不暇接。让我们先从民主改革谈起。

"民主改革"，有人解释为"以和平协商土地改革为中心内容的全面社会变革"①，其实，民主改革是以土地改革为主要手段的社会改造在民族地区的具体化，是土地改革的一种变通方式。之所以改"土地改革"为"民主改革"，是因为民族地区有些地方以牧业或其他生产方式为主，而不是农业，故而将名称改为"民主改革"；方法也因民族地区情况的复杂和特殊，改为"和平协商"。

为什么要进行改革？中国共产党领导建立的中华人民共和国在建国之初被定性为新民主主义社会，这是一种由半封建半殖民地社会走向社会主义社会的阶段，是过渡性质的社会，并非独立的社会形态，不过也属于社会主义体系。要进入真正的社会主义阶段，按当时的构想，还要经两个步骤，首先是土地改革，废除封建制度，再就是进行社会主义改造，彻底消灭剥削。新中国成

---

① 王连芳：《王连芳云南民族工作回忆》，云南人民出版社1999年版，第231页。转引自秦和平编：《四川民族地区民主改革资料集》，民族出版社2008年版，第1页。

立后不久，汉族所在的大部分地区，已用很短的时间就完成了土地改革，准备或已经开始社会主义改造。而尚未进行这种改革的少数民族地区，有的被定性为处于封建地主经济阶段，有的处于封建农奴制阶段（如藏族地区），有的处于奴隶制阶段（如彝族地区），有的处于原始社会阶段。这些都被认为是社会生产力水平低下、生产工具落后的社会，这里有剥削有压迫，有尖锐的阶级矛盾，占绝大多数的劳动人民深处苦难之中。对于以解放全中国人民，废除剥削制度，让所有人过上自由、平等、幸福、美好生活为己任的共产党而言，通过改革帮助他们迈进社会主义社会就成为必然。1950年7月21日，邓小平在接见中央民族访问团西南分团成员时说：

> 改革是需要的，不搞改革，少数民族的贫困就不能消灭；不消灭贫困，就不能消灭落后。①

1954年9月15日，刘少奇在《关于民族区域自治问题》中说：

> 只有社会主义才能保证每一个民族都能在经济和文化上有高度的发展。我们的国家是有责任帮助国内每一个民族逐步走上这条幸福的大道的。②

---

① 邓小平：《关于西南少数民族问题》，载中央文献研究室等编：《邓小平西南工作文集》，中央文献出版社2006年版。转引自秦和平、冉琳闻编著：《四川民族地区民主改革大事记》，民族出版社2008年版，第6—7页。
② 转引自秦和平编：《四川民族地区民主改革资料集》，民族出版社2008年版，第7页。

周恩来1957年8月4日在《关于我国民族政策的几个问题》中讲得更清楚：

> 我们所说的社会改革，最根本的是经济改革。为什么要改革？因为要建设社会主义，要人民生活富裕起来。要富裕就要有工业，一个民族没有工业不可能富裕起来。因此，我们中国要工业化，没有工业化，就不可能使生产发展。而要工业化，就得首先在农业上实行改革，把农业上的封建制度、奴隶制度废除。农民得到了解放，才能够使农业经济得到发展，才能有工业发展的基础。农业能够大量增产，才可能积累资金，才可能供给工业原料，才可能解放劳动力参加工业生产。只有建立起工业基地来，这个民族才有发展的基础。所以每个民族都不可避免地要经过经济改革。……经济改革分两步，第一步是民主改革，即土地改革，第二步是实行社会主义改造。①

可见，民主改革是为了发展工业，是为着一个崇高的理想做准备。

不过，当时的中央领导们考虑到民族地区情况的复杂和改造的不易，因而非常慎重，采取了和平协商及耐心等待的缓和方式。毛泽东在1950年6月中共七届三中全会上便指出：

---

① 周恩来：《关于我国民族政策的几个问题》，中国经济网，http://www.ce.cn/xwzx/gnsz/szyw/200706/04/t20070604_11596258.shtml，2007—06—04。

> 少数民族地区的社会改革，是一件重大的事情，必须谨慎对待。我们无论如何不能急躁，急了会出毛病。条件不成熟，不能进行改革，一个条件成熟了，其他条件不成熟，也不要进行重大的改革。①

邓小平1950年11月28日在对西南各民族庆祝国庆代表团的讲话中说：

> 少数民族地区的所有改革，包括经济的、政治的改革事宜，一定要在各族人民自己要求的基础上，与各民族人民来商量解决。大家商量如何办就如何办，不做就放下。这点绝不能急，要稳重的去做，但这种慢是有利的。②

国家领导人以上这些言论和思想，可以说体现了一个开国大党的气度、信心、豪情壮志和振兴中华的远大理想。

汉区的土地改革及其后民族地区的民主改革之所以能在短时间内顺利地完成，除了方法外，恐怕还与近代以来中国共产党的杰出表现有关。不到三十年时间，中国共产党由无到有，由小到大，由少到多，由弱到强，在纷乱的战争年代里从众多党派之中脱颖而出，这不由不使人侧目；国人在驱逐最可痛恨的侵略者的

---

① 转引自秦和平、冉琳闻编著：《四川民族地区民主改革大事记》，民族出版社2008年版，第6—7页。
② 转引自秦和平、冉琳闻编著：《四川民族地区民主改革大事记》，民族出版社2008年版，第7页。

斗争中，寻寻觅觅苦无良策之时，挺身而出的中国共产党表现出的正气、智慧、勇敢、坚韧不拔及其理论和实践的卓有成效，为中华民族摆脱屈辱立下了莫大功劳，尤其令人难忘和肃然起敬；它甚至击败比自己强大得多的国民党反动政权，并展示出其思想的全新境界和蓬勃生命力，又让人对其能力和理论之正确充满信心。这些神话般的奇迹，加上社会主义理论是如此的新颖和具有吸引力，使得人们满怀期待和憧憬。当然，其中还挟着虎虎军威。如有一封《致叛乱分子的公开信》是给凉山彝族地区一些武装反对民主改革的奴隶主的，信中有这样的话：

> 人民政府、人民解放军的力量是强大无比的，也是举世所公认的。国民党八百万反动军队被消灭了，就是美帝国主义者在朝鲜也得到同样的失败。而你们呢？根本不值得一打。比如在依乌里克、阿祝八呷、呷洛坡坡、岩润这几个地方，才两三点钟就平息了你们的叛乱。[1]

此外，政策的宽松，特别是汉区改革的成功和焕然一新的景象，则更是让周边的少数民族怦然心动。如在茂县，"1952年农民开始要求民主改革，多次向县、专区、省人民代表大会（会议）提出议案，至1955年1月，县各族各界人民代表会议收到民改提案占全部提案的70%"[2]。

---

[1] 转引自秦和平：《四川民族地区民主改革资料集》，民族出版社2008年版，第202页。
[2] 四川省阿坝藏族羌族自治州茂汶羌族自治县地方志编纂委员会编：《茂汶羌族自治县志》，四川辞书出版社1997年版，第48页。

就是在这样的背景下,民主改革在羌区、在阿尔村展开了。所有人,包括中央领导和平民百姓都没有经验,甚至没有做好足够的思想准备和心理准备来迎接这史无前例的新制度,因而实际上没有人确切地知道这看起来似乎简单,听起来美好的未来之路该怎么走;没有人知道这个过程是如此的坎坷艰难,处处迷障;更没有人能估料其对文化会产生什么样的影响。人们对改革及其后各阶段出现的现象和有些做法纵有疑惑,理解不了,也通常是认为自己水平不够、觉悟太低,需要再进一步学习,以领会这种新理论蕴涵的思想,以提高认识,改变落后观念,自觉做深刻的自我反省和否定。

阿尔村民主改革的时间实际很短。当时阿尔村归理县管辖,属于第一期民主改革的地区。也许是经过了试点的缘故,也许是羌文化自身性格使然,龙溪乡比全县都要早完成任务,改革 1955 年 12 月开始,当月 21 日便告结束[①],而全县要到第二年 1 月才完成。阿尔村又在全乡最早,故更名为"胜利村"。时间虽短,却为日后的所有进程打下了基础。

由于农业在阿尔村仍是重要的生存手段,因此,阿尔村的民主改革实际采用的是土地改革的方法,主要按照土地多寡划分阶级。但在阿尔村,原本就家家有土地,土地又都不多,彼此间相差也不远,故改革的基本目标"耕者有其田"这方面效果并不明显。划分的成份中,雇农和富农都没有,四户地主的划定也各有原因,比如余世华的爷爷也只是被划为劳动地主,还是他自己主

---

① 参见龙溪乡人民政府编纂:《龙溪乡志(1911—2000)》,第 89 页。

动申报的："我有三间房子，土地多，百家夺没有哪家有我这么多。"① 王世林就很委屈，他父亲好不容易挖了许多贝母，卖了之后买了地没多久就遇上了改革。反是一些因抽鸦片变卖了土地的人此时土地得到了增加。

贫富没有明显分化大概是羌区的普遍现象。龙溪乡全乡就没有一户雇农，八个大队中有三个大队没有地主。另有学者在研究汶川绵虒乡时也说："事实上农民的普遍贫穷，使阶级分化并不十分尖锐，民改划定成份时，……羌村竟找不出地富来。"② 还有研究表明："由于羌族地区农民普遍拥有自己的土地，因而租佃关系不多，只有少数缺地户租种汉族及本族地主、富农的土地或少数公地。……龙溪乡的自耕土地高达94.8%，有租佃关系的土地仅为5.2%。……各地的差异较大，……桃坪因有一个小寨子土地缺乏，该寨子大部分靠租佃土地耕种，因而有租佃关系的土地的比较高，达39.9%。"而且"羌族出租土地一般不要押金"。③ 仅用客观的数值评判羌人富裕还是贫穷自然是过于简单和失之片面的，但这些研究也一定程度上印证了我们前面的分析，从另一侧面反映了羌人的平等观念，也说明他们的社会组织管理模式不容易导致两极分化。

看来，民主改革对羌区和阿尔村最大的改变不是物质上的。

---

① 阿尔村人编著：《阿尔档案》，文物出版社2011年版，第220页。
② 徐平：《文化的适应和变迁：四川羌村调查》，上海人民出版社2006年版，第116页。
③ 蒋彬主编：《民主改革与四川羌族地区社会文化变迁研究》，民族出版社2008年版，第18页。其中"自耕农"，1953年在汉区也只不过占总农户85%—90%，详见陈吉元、陈家骥、杨勋主编：《中国农村社会经济变迁（1949—1989）》，山西经济出版社1993年版，第86页。

那在哪些方面呢？是对观念和社会结构的冲击。一是过去较富有者受重用，现在却是较贫穷者被重视。二是通过培养阶级感情、提高阶级觉悟等方式为主要手段区分出来的"阶级"和成份的划分[①]，使原来不明显，准确地说应该是不存在的基于阶级观念的社会结构被构建了起来。新结构的出现虽没有导致传统血缘、地缘社会结构解体，但新的社会结构有着无可比拟的强势话语权和政治、经济等各方面的优先权，对传统血浓于水的亲缘关系有一定分化、消融、撕裂作用。民主改革目的是要消灭阶级，但很不幸的是，在阿尔村却是人为制造出了"阶级"。三是在新的社会结构基础上产生了新的社会管理机构，其成员的产生方式及标准和以往大不相同。当然，不能说它完全取代或摧毁了传统的社会管理机制，这一点由民主改革后阿尔村还大愿仍然举办至1959年左右可以推知[②]，但由于产生途径迥异，两者之间重合的几率比之过去必然要小得多，这就为后来的矛盾和文化的凋落埋下了伏笔。四是频繁的政治思想和现代化教育的推行，在羌人脑海中注入了一种新的知识体系和价值观念。五是经济结构的突然变动，打乱了原有的生产劳动节奏，加上阶级关系的出现和介入，对传统生产制度形成一定的冲击和影响。

民主改革主要目的在于废除封建制度，其后个人财产仍然归私人所有，这是为资本主义工业化做准备的，对比同样希望发展资本主义工业的民国政府诸举措，由国家意志力主导并强力介入

[①] 这从《汶川县绵虒乡土改第二、三、四阶段工作计划》可以看出。详见蒋彬主编：《民主改革与四川羌族地区社会文化变迁研究》，民族出版社2008年版，第26—30页。
[②] 依据2011年2月25日采访阿尔村巴夺寨民主改革工作队员余成发（82岁）笔记。

的民主改革显然力度要大得多,可谓真正"重造文化,向工业化国家转型"的开始。

之后形势发展极速,很快就向社会主义迈进了。不过中央一开始并非如此打算,初时有一个较为长远的计划,而不是想一蹴而就。按原来的设想,先实现工业化再进行社会主义改造,但由于形势发展之快远超预料,加上其他多种因素的作用,不久变成了合并进行,时间也越缩越短。1954年6月14日,毛泽东在中央人民政府委员会第30次会议上还说:

> 我们是一个6亿人口的大国,要实现社会主义工业化,要实现农业的社会主义化、机械化……,究竟需要多少时间? ……大概是3个五年计划,即15年左右。①

但到了阿尔村刚刚完成民主改革的1956年初,全国各地已兴起大办高级合作社,争先恐后跨入社会主义的热潮。民主改革后的阿尔村已经被纳入全国的统一管理之中,跟上了全国的大势,不再是需要特别对待的区域了。于是就在这风潮中,马上开始社会主义改造,成立了互助组,1957年春转为初级合作社,1958年转为高级合作社,同年全乡转入人民公社(初称高级联社),办起了公共食堂。② 阿尔村传统的生产、管理机制和知识体系,就这样一步一步地,又是迅速地被瓦解了。

---

① 转引自陈吉元、陈家骥、杨勋主编:《中国农村社会经济变迁(1949—1989)》,山西经济出版社1993年版,第291页。
② 参见龙溪乡人民政府编纂:《龙溪乡志(1911—2000)》,第91页。

互助组分临时互助组和常年互助组。临时互助组与阿尔村原有"请工夫"的换工互助相仿。常年互助组的特点是所属成员比较固定,有共同生产计划和组织管理制度、分配制度。农业生产管理上有初步的分工,还有一定的共有财产。初级农业生产合作社(简称"初级合作社")的特点是:除包括常年互助组的主要特点,还对土地实行统一经营。农民虽然还拥有土地的所用权,但使用权归农业生产合作社,年终分配时,农民可凭土地参加分红。① 这是小型的"半社会主义",而高级合作社就是"完全社会主义"了,不仅农民的生产、经营活动被纳入高级社的范围,连个人部分活动时间和空间也被纳入了高级社管理范畴之中,牲畜、农具全部折价入社,包产、包工、包投资、超产奖励、短产受罚(合称"三包一奖"制),属于一种高度集中,有严格管理制度的组织机构。其理念,颇有点类似于现代管理方式。虽然看起来在形式上这与传统的分散经营模式截然相反,但有些方面还是与阿尔村的传统暗合的,比如一人有事众人帮助,集众人之力解决公共问题等。不过,其背后的目的和支撑的文化体系却完全不同。传统行为是经长期磨合摸索,自然形成的与当地条件相适应的生存之道,为的是解决实际问题;高级合作社则是基于工业化思维,采用规模化、"大兵团作战"的方式,为的是大幅度提高劳动生产率。毛泽东在评价初级社时说:

---

① 主要参见陈吉元、陈家骥、杨勋主编:《中国农村社会经济变迁(1949—1989)》,山西经济出版社1993年版,第123—124页。

> 小社人少资金少，不能进行大规模的经营，不能使用机器。这种小社仍束缚生产力的发展，不能停留太久。①

所以办高级社就是为了使用机器，大规模经营，促进农业生产力发展。

人民公社是"大跃进"的产物。那么人民公社又有什么不同呢？毛泽东说人民公社"可以把工、农、商、学、兵合在一起，便于领导"。按新华社的说法，是"工农业生产建设和文化事业普遍开花，组织军事化，行动战斗化，生活集体化"，《中共中央关于在农村建立人民公社问题的决议》指出："建立农林牧副渔全面发展，工农商学兵互相结合的人民公社，是指导农民加速社会主义建设，提前建成社会主义并逐步过渡到共产主义所必须采取的基本方针。"当时作为样板的河南省遂平县《卫星人民公社试行简章（草案）》规定：

> 根据共产主义大协作的精神，应该将一切公有财产交给公社，多者不退，少者不补。……在已经基本上实现了生产资料公有化的基础上，社员转入公社，应该交出全部自留地，并且将私有的房基、牲畜、林木等生产资料转为全社所有，但可以留下小量的家畜和家禽，仍归个人私有。……公社实行全民武装。……公社在收入稳定、资金充足、社

---

① 转引自陈吉元、陈家骥、杨勋主编：《中国农村社会经济变迁（1949—1989）》，山西经济出版社1993年版，第300页。

员能够自觉地巩固劳动纪律的情况下，实行工资制。……在粮食生产高度发展，全体社员一致同意的条件下，实行粮食供给制。①

而公共食堂，就是粮食供给制的产物，"吃饭不要钱"。

在阿尔村，人民公社时期，家禽、家畜全部入社，由集体养殖，为集体所有。男劳力16至60岁，女劳力16至55岁为正常定级劳力，要定出全年基本出勤日，劳动实行统一指挥，由大队、生产队调配劳动力。按照军队建制，现在的村那时称大队，为连；寨为生产队，为排；再下为作业组，为班。1958年实行"吃饭不要钱，每月发工资"的半供给、半工资制，但时间很短，之后随政治形势变化频繁更易。

至此，阿尔村人的生产、生活方式已完全改变，十月初一还大愿等集体性质的传统活动已不可能再举办。但是，一种与传统完全隔裂的全新社会制度怎么可能在短短几年间靠自己摸索出完善的知识体系，建立起良好的运行机制呢？坚持了20多年的人民公社，其间的不断调整，艰难维持和最终被否定，都说明这种建构的不易。但20多年，足可以创造一代人，改变或深刻影响至少两代，乃至更多的人的思维观念。磨合应用了上千年的传统羌文化就在这个过程中被否定、被淡化、被压抑、被屏蔽、被消磨，以致被忘却。调查中，从朱金龙、余世华等

---

① 转引自陈吉元、陈家骥、杨勋主编：《中国农村社会经济变迁（1949—1989）》，山西经济出版社1993年版，第302—305页。

口中了解到,"文革"后重办还大愿时,老释比余明海、朱顺才两人就都发现自己对经文不但陌生,有些甚至已模糊不清了,虽经互相启发渐渐恢复,但也还不完全。说明 20 多年对文化的消蚀作用之大。

如果说社会制度和生活方式的改变对传统羌文化的破坏属于釜底抽薪的话,那么"大跃进"和"文革"就是从正面摧毁了。

制度的突然巨变和新思想的强力导引,打乱了羌人的整个知识体系,生存环境也急遽地发生改变。他们的所有行为都在新的理论指导下重新规范。在阿尔村人称为"大集体"的公社时代,为了提高产量,他们一方面随着全国大潮流借鉴学习,一方面结合实际自己创造,采用了多种方法。我们先来看看表 8-2-1:

表 8-2-1:龙溪公社提高产量方法汇总表 [①]

方法一:引进良种		
类别	引进品种	引进时间
玉米	金皇后、川农 561	1950 年后
	多包、百日黄、昭党黄、铜罐、维尔 156、增坡 1 号	1960 年后
	嫩单 1 号、嫩单 3 号、甸子、中原 2 号、成单 1 号、新单 1 号	1970 年后
	中单 2 号	1980 年后
小麦	南大 2419、矮粒多、51 麦、阿波麦、六菱麦、川农繁六、川农繁七	1950 年—1985 年
	绵阳 11 号、绵阳 15 号、甘麦 8 号、西辐 5 号	1986 年—2000 年

---

① 根据《龙溪乡志(1911—2000)》整理制作。

续表

洋芋	巫峡、红豆沙、疫不加、南湖塔、米拉	1950年后
	茎尖脱毒种薯"疫不加"	1985年后
	米拉、疫不加、克斯2号、克斯三号、凉薯97	1993年后
羊	成都麻羊（又称铜羊）	
	山谷型藏羊	
鸡	京白1系和2系、来航量杂288、新汉夏、澳洲黑、红育黄羽、成都白鸡	1970年后

方法二：施肥	
肥料及施肥方法	采用时间
开始使用土法生产的胡敏酸、腐肥	1956年
开始用化肥碳氨、氨水	1957年
开始用尿素	1967年
大量使用硫酸铵、硝酸铵、碳酸氢铵、尿素等速效氮素化肥，挖窝深施、覆土提高肥效，减少浪费，提高利用率，与农家肥相结合，提高肥力	1970年后
开始用磷肥	1973年
开始用复合肥和微肥（微量元素）	1978年
化肥用量不断增大	1986年后

方法三：栽培方式	
传统方法	新方法
小麦收割后种玉米	小麦套种玉米
洋芋收获之后种荞麦	洋芋套种玉米

续表

玉米地无套种	玉米套种黄豆、小白豆
玉米地无地膜	采用地膜玉米栽培技术,以保温、积湿
高半山种早中熟玉米	高半山种中晚熟品种
玉米:采用花窝子、四方桌、稀大窝、老三株种植方式	双行错窝、双株密植、带状密植
小麦:一犁一耙,寒露撒播,开春除草,追提苗肥一次,净种	1950年后为点播、条播、套种

方法四:防治病虫害	
防治方法	时间
人工防治	1950年前后
预防为主,防治并举,土洋结合,全面防治,安全有效	1960年后
预防为主,综合防治,选种,轮作换种,调整播期抑制病虫害,消灭病虫源,精耕细作育壮苗,加强水肥管理,同时采用植物检疫、化学除草、打猎护田等措施,防病虫害主要靠化学药品喷洒	1975年后

方法五:农田基本建设	
改进方法	时间
开展农业学大寨,改土造田,河滩变良田,坡改梯,加厚土层,兴修水利,公社、大队、生产队分别组建常年改土队,冬季农闲全体社员改土	1964年
贯彻"北方农业会议精神",大兴农田改土,水利建设,积肥造肥,改良土壤	1970年

表8-2-1还不是完全的统计,但也足以体现其种类之多、涉及面之广、革新之勤,由此可以想见当年轰轰烈烈、日新月异的场面。在这旋风般的变革面前,羌人原有的知识又有多少能派得上

用场呢？恐怕要跟上形势也不是那么容易的事情。从那一时代走过来的阿尔村人告诉笔者，那时，人们大胆去改土造田、兴修水利，凿岩石、砍树木，无所顾忌。阿尔村各个寨子几百上千年守护着羌人家园的神树林就是在这冲天的干劲中被砍伐殆尽的，有的成了各种农具，有的成了公共食堂里的"好柴"。不可否认，这些方法在短期内确实效果显著。

"大跃进"初期短暂的繁荣，让人们以为刚刚建立起来的管理模式又已经不能适应"高速发展"和"物质极大丰富"的新形势了，因而又创造出了人民公社，但很快人民公社便陷入了困境，并造成了许多混乱，于是中央不得不进行各种整顿，随后不久"文革"爆发了。1966年8月8日，阿尔村所在的茂汶羌族自治县[①]收到中央《关于无产阶级文化大革命的决定》，开始了"破四旧（旧思想、旧文化、旧风俗、旧习惯）"、"立四新（新思想、新文化、新风俗、新习惯）"、"横扫牛鬼蛇神"。调查中村中的老人几乎是众口一词，说阿尔村的山神庙、城隍庙等等大小庙宇及各种塑像就是在那时顷刻间被全部砸毁；对于祭祀塔，"革命者"虽还不敢造次，不敢将其拆毁，但塔门石板也还是难逃被撬之劫运；所有有家谱的人家均将谱本付之一炬；然后便是反复地批斗"四旧"的典型人物——释比；巴夺寨碉楼在1974年则因挡住了集体晒坝的阳光而被人为拆掉了上面数层，保留下来的部分成了集体保管室……

[①] 1958年4月21日，撤销茂县、汶川县，两县原辖区加上理县部分区域合并设立茂汶羌族自治县，阿尔村此时属于茂汶羌族自治县。

二、改革开放与羌文化衰落的加剧

1978年12月18—22日，中国共产党召开十一届三中全会，从会议结束后的1979年1月开始，中国的面貌发生了大转变，进入了改革开放时代，国家再次把注意力转移回以工业化为核心的现代化建设上来。

站在今天的角度回顾中华人民共和国70年的历程，客观地说，对过去发生的种种事情，无论是民主改革、"大跃进"、人民公社，还是"文革"，都不能简单地以对错论之。其实，每一次运动，主张的人和反对的人，他们的目的是一样的，就是希望"尽快地把我国从落后的农业国变为先进的工业国"[①]。而"文革"的出现，其初衷主要的也应在于为确保工业化这一目标的实现而清除障碍。实际上一个新的国家在拒绝传统的情况下，在这么短的时间里要寻找到和建立起新的、适当的知识体系是极其困难的，甚至可以肯定地说是不可能的。因而，发生争辩、挫折、误入歧途和反复都无可避免，也是迟早会发生的事情。而且，停滞或倒退，也不应该简单地就认为一定是坏事。不过，也仅仅是放缓，即使动乱的"文革"十年也没有使中国现代化、工业化的进程完全止步，只是改革开放后速度陡然加快了。而这种进程的加快，对传统羌文化的破坏，较之以前，则是有过之而无不及。

应该提醒的是，改革开放并非对此前30年在方向上的根本否定，而是对过去急于求成思想、不切实际方法和错误判断的纠

[①] 语出1956年9月15日至27日中国共产党第八次全国代表大会决议。转引自陈吉元、陈家骥、杨勋主编：《中国农村社会经济变迁（1949—1989）》，山西经济出版社1993年版，第273页。

正，实际上改革开放仍然是前30年工业化理想的延续和深化。此论可由下例作证，1956年毛泽东主持制定的《十二年农业发展纲要》包含这样一些要求：逐步实行农业机械化，多种植高产作物，加强农业科学技术的研究和推广运用工作，扫除文盲、普及教育，普及农村广播网和电话网，建成全国地方道路网，等等。[①]这些要求在当年或者没做到或者没做好，其陆续完善和逐步实现都在改革开放之后。

诚然，在改革开放的初期，阿尔村传统文化有过反弹，比如余明海等人就试图恢复十月初一还大愿等传统活动。在巴夺寨的带动下，百家夺、阿尔、立别三个寨子也开始恢复，但最长的也只举办了三年，之后，以传统方式操作的还大愿再也没有办过。为什么办不下去呢？余世华说："有几家捣乱。我们会首都已经先当了，轮到他们的时候他们不做了。"在巴夺寨，或许可以归因于"外迁户太多，人员太杂了"。[②]这"捣乱"的几家多数就是外迁户。对于外迁户来说，还没有完全融入新的集体，没有共同的神魂系谱，他们不愿意做是可以理解的。但其他三个寨子，主要是迁出，极少迁入，为什么也不办了呢？笔者以为，更深层的原因是：一、如前所述，由于社会变革等多种因素，无论是社会管理模式，还是知识体系、生活方式、宇宙观、价值观等等都已经发生了微妙而深刻的变化，简言之，许多人已不像过去那样相信还大愿等传统活动具有效力了。二、改革开放引起的社会巨大改变和飞速发

---

① 参见陈吉元、陈家骥、杨勋主编：《中国农村社会经济变迁（1949—1989）》，山西经济出版社1993年版，第244—245页。

② 依据2011年5月6日晚访谈余世华笔记整理。

展，更加深了人们对传统的不信任，同时，他们也没有余暇和足够的耐心把精力放在"效益不显著"的传统活动上面。朱金龙坦言："我年轻的时候除了喜欢跳羊皮鼓舞，其他没学什么。后来我又任村长队长，哪有时间啊。我又觉得，哎呀，释比这些事情没得啥子学头哦。哪晓得哦，现在这样重视。"[①]朱金龙这番表白可说道出了多数阿尔村人的心路历程，看得出，他们的心情复杂而又有些困惑。如果再进一步分析，则可以看出，这些现象一部分是改革开放之前30年影响所致，一部分是改革开放作用的结果。

在制度方面，尽管改革开放之后与之前已截然不同，不再是"大集体"制了，而是包干到户的家庭联产承包责任制，生产生活都由农户自主安排，又回到过去农忙务农，闲时务工的生产生活模式，但是改革开放前30年的社会生活模式对人们行为和思维的形塑不可能在短时间内改变。虽然，30年，对于历史而言，短暂得几乎可以忽略不计，但对于一个人来说，却差不多是三分之一的生命长度。30年，可以让懵懂无知的幼儿、少年步入壮年，完成知识体系的建构和定型；又能使年富力强的青壮年转入精力渐衰的年纪，他们受时代变迁影响最深，雄心也难再起；30年还是经验丰富的老年人最后一段人生旅程，即使健在，也没有能力和权力干涉世事。更何况人们还心有余悸，不知又会有什么变故呢？这是其一。

其二，已被搅乱的羌人社会缺乏有力组织。何出此言？理由又有五。一、关于这一点，有人也许会反驳，村里不是有书记、

[①] 根据2010年8月21日采访朱金龙录像整理。

村委会主任等基层领导吗?怎么会没有组织呢?所言极是,还可以进一步说,这种组织看起来甚至比羌人传统的管理模式更为严密有力。但不要忘记,这种组织当初的一个重要任务就是打破传统。打破传统无可厚非,因为这正是国人近代之抉择及追求之目标,国人认为,不如此不足以摆脱传统思维束缚,不如此不能够发展工业,不如此无以抵抗侵略、挽救中国。故打破传统有其时代的合理性。但这些同时也说明,此种管理机构是反传统的,尽管随着时代变迁,其反传统性已有所减退。二、不过,前面刚刚说过,改革开放前长期的社会生活模式,人们已经养成了习惯,短期内难以改变,因此,人民公社而今虽已取消,但事实上,人民公社的影响还存在。实际上它是新制度中成长起来的当今基层干部的基本逻辑体系。人民公社"一大二公"、"政社合一"、"便于领导"的观念在今天各级管理阶层中,包括乡村一级的管理者,还相当程度地存在着。其特点是主要对"公",对集体、国家负责,并不像传统有威望的长者那样真的十分关心村民的实际需求。有学者在论及羌区乡村书记、村长的选举时指出:"上级要选出靠得住、好指挥、而且有政策水平的干部;群众则要选信得过、有能力、办事公道、愿意为大家办事,而且有一定的家族势力的干部。两者的意愿常常合不到一起。"[①]所见非虚。还有人总结为"干部要方向,农民要产量","干部怕错,农民怕饿",更为精辟。因此,这种管理机构主要是执行上级指令,而不是解决村民各种现实需求。三、改革开放以后,包干到户,人人自主,村民依赖村

[①] 徐平:《文化的适应和变迁:四川羌村调查》,上海人民出版社2006年版,第128页。

干部的机会大为减少,村干部在村中的权威和支配能力大大减弱,远不如公社时期,威信也就大为下降;而且,村干部也要自谋生活,故对村中事情多少有点心不在焉。力主恢复传统的朱金龙就是在此期间为忙自家事务而不愿连任村主任的。四、改革开放多年之后,不少年轻的村干部亲自从事农业生产的越来越少,有的甚至长期在外,难得在村中露面,因而对农事越来越不熟悉,对村内事务关心也越来越少,多是放任自流。因而,现在的组织机构是疲软无力的。五、随着改革开放的深入,阿尔村的社会关系网络也渐趋离散,不再像传统社会那样主要集中在周围几个村寨中了。再以百家夺余氏家族为例,将表7-1-1《百家夺寨余成龙及其后代联姻关系表》数据进行统计可得出表8-2-2:

表8-2-2:百家夺寨余成龙及其后代联姻关系分布统计表

地区	辈分							
	成		明		世		正	
	联姻方式							
	娶入招赘	嫁出上门	娶入招赘	嫁出上门	娶入招赘	嫁出上门	娶入招赘	嫁出上门
本村	1		2	3	4	3	2	2
本乡外村						1	2	1
本县外乡					4		1	3
邻县						2		
成都周边					1		1	2
外省							1	
不详					1		3	3

由表 8-2-2 可看出，在改革开放后成长起来的正字辈，其联姻范围已经很广，不再限于周边寨子，大部分联姻关系是距离较远的外乡，甚至远至外省。如果一个姓氏不足以说明问题，还可以举《羌族：四川汶川县阿尔村调查》一书 2003 年的调查数据为证。该书有巴夺寨 50 户人家通婚关系的调查资料，包括《妻源情况表》、《上门女婿情况表》、《外嫁女性情况表》[①]，综合三表数据得表 8-2-3：

表 8-2-3：巴夺寨联姻关系分布统计表

地区	年代（20世纪）				2000年	2002年
	60年代	70年代	80年代	90年代		
本寨	4	8	5	3	1	
本村	6	5	5	13		3
本乡			1	5	1	2
本县		3	3	4	1	
本州			4			2
本省	1		1			3
外省				1		1

表 8-2-3 也同样反映了 20 世纪 80 年代后，巴夺寨人通婚范围渐广。由此可见，传统"竹根亲"社会关系网在改革开放后日渐松散，类似传统社会的内在组织力虽不能说完全无法形成，但至少短期内不易建立起来。所以，综合以上五点，可以得出阿尔村缺乏有力组织的结论。而民间许多传统活动看似为自发，实际都

---

① 参见何斯强、蒋彬主编：《羌族：四川汶川县阿尔村调查》，云南大学出版社 2004 年版，第 152 页。

是有组织的行为。在自然状态下，羌人社会由德高望重的长者维持；在改土归流至民国期间，中央政权建立起的各种组织机构又都是利用原有机制，故而传统不至衰灭；但民主改革至今，传统组织力量瓦解，取而代之的是新机构，焉能不衰落？如今阿尔村的传统活动办不起来，缺乏组织不能不说是一个重要原因。这一判断，其实最早得自于实地的考察与访谈：

> 朱金龙："这些事领导不重视，除了我任那几年。领导如果是爱好，就不一样，他就支持，领导他不爱好，就得不到支持。"
> 朱忠福："领导有很大的关系，如果村上的领导啊，村上书记啊，或者村民小组长，对这方面比较重视，就不一样。"
> 陈兴亮："这个就要问村干部嘛。还是要靠村干部。"①

可惜，当时有的村干部们还是习惯于跟着"方向"走，很少能真正顾及村民的意愿。

在社会文化和生存环境方面，也发生了巨大的改变。

这里有一个问题首先要回答，为什么国家工业化要大力发展农业，要搞农业机械化呢？这是因为一方面"工业部门内部最早发展起来的部门，一般是与农业后向联系最密切的轻工业部门，它靠农业部门提供原料"②，也就是说，工业在发展初期要靠农业

---

① 根据 2010 年 8 月 21 日采访朱金龙、朱忠福录像，8 月 23 日采访陈兴亮笔记整理。
② 陈吉元、陈家骥、杨勋主编：《中国农村社会经济变迁（1949—1989）》，山西经济出版社 1993 年版，第 568 页。

提供原材料支持，比如棉纺织业、酿酒业、制糖业等食品加工业。如果农业的产出只够维持生活基本需求，就不可能有富余的原料供给工业，所以，要发展工业就要提高农业产量；另一方面，工业生产需要大量的产业工人，如果农业低产低效，占人口大多数的农民一心务农，就不可能脱身进入工厂。只有在农业增产和农业机械化后，才会出现大量的剩余劳动力，才能保证工人的来源。

改革开放后首先解决的就是这两方面的问题，至于提高产量的方法，和过去大体相似，可参见表 8-2-1《龙溪公社提高产量方法汇总表》，这里不再赘述。由于改革开放后对人的束缚减少，人们的积极性大大提高，新方法的效果也随之而格外明显，如玉米采用地膜技术后，亩产增加了三到四成。在机械化方面也是日新月异，成效显著。玉米脱粒机发明后，传统的人工敲打脱粒便被取代，原来脱粒玉米要花很长时间，现在一两千斤玉米最多两天便可完成脱粒（图 8-2-2-1、图 8-2-2-2）；1986 年，为利用山区的水力发电，政府投资修建了百家夺电站路；1992 年 4 月，百家夺电站建成，开始发电；1994 年，从龙溪乡政府驻地到阿尔村全长 13 公里的机耕道建成通车；1995 年，起于巴夺，止于巴夺小沟，全长 4 公里的小沟机耕道建成通车[1]；2000 年，建成阿尔一级水电站。路通了，拖拉机、汽车等就可以进入山区；山区的粮食、山货等也可以方便、迅速而且大量地进入流通市场。而电有了，山区羌民的生活也随之变化，电磨取代了水磨。1997 年后，阿尔村安装了电视卫星地面接收站，开通中央一台、四川一台两套节目。1999 年，国家援建"村村通"广播电视工程，阿尔村首先得

---

[1] 龙溪乡人民政府编纂：《龙溪乡志（1911—2000）》，第 126 页。

到援建。① 改革开放仅用了 20 年时间，就已使偏远封闭的阿尔村和世界连通了起来。然而，这种飞速前进也同时带来了负面效应。负面影响至少有二：一为导致生态环境进一步恶化。筑路架桥、修建电站、工业伐木等严重破坏了自然生态，目前所有的生态危机其实都是现代化进程结出的恶果，所谓"乱砍滥伐"的主要责任者并不是居住山区的人民，他们实际都是受害者。这一问题可以用以指证的事例很多，在这里暂且不做深论。第二就是致使传统羌文化急剧衰落。

当然不能够因此否认改革开放的伟大成就，但我们也应该清醒地看到，新技术、新产品在迅速取代传统方式的同时，也抽走了传统羌文化生态链中的一环或者多环。譬如，用玉米脱粒机取代传统敲打脱粒，用白菜等经济类农作物取代低产的荞麦、青稞。1987 年，汶川县全县已停种有千年以上种植历史的青稞，荞麦也只有极少数地方种植。② 其结果是，在房背敲打粮食的行为减少甚至消失了，黄泥屋顶不敲便要漏水，因此 1990 年左右阿尔村人开

图 8-2-2-1：手工脱粒玉米　　图 8-2-2-2：玉米脱粒机脱粒

---

① 龙溪乡人民政府编纂：《龙溪乡志（1911—2000）》，第 139—140 页。
② 参见汶川县史志编纂委员会编：《汶川县志（1986—2000）》，巴蜀书社 2007 年版，第 220—221 页。

图 8-2-2-3：水泥屋面

始接受水泥屋面（图 8-2-2-3），"5·12 汶川大地震"之后修建的房子已全部采用水泥屋面。水泥屋面的材料不能在自然界无偿获得，羌人只好下山，只好学汉语，只好投身工业化洪流中进一步发展经济，努力挣钱，然后购买原料；而与黄泥屋面相关的所有传统行为和知识也就自然消失。还有，不种青稞，就意味着没有咂酒。马永清说："从 1987 年起，就没有人酿咂酒了，（因为）青稞没人种了。"[①] 没有了咂酒，需要用咂酒的传统活动只能或停办，或删减项目，与之相应的经文和唱法想必难以保存，更不用说其蕴涵的、我们目前尚未全然了解的其他文化意义和特别功能了。再有，在阿尔村，电炉取代柴火的趋势也越来越明显，火塘功能逐渐减弱，其承载的文化功能和内涵也愈来愈少。没有了火，没有了烟，房子、梁柱、腊肉等又将会怎么改变呢？现在似乎还难以估料。余世荣说："毒药猫现在也少了。"因为毒药猫"怕光，怕枪"。没有了毒药猫，不知喝水是否还会中毒呢？也许不会，因为整个自然环境都已改变。即使会，也应该不会再和毒药猫有什么关系了，很可能这种"中毒"已经有了现代的医学术语，相应地有现代的医治方法，又或现代医学对之无能为力，正成为科研人员攻关的项目。

---

① 根据 2011 年 5 月 6 日采访马永清笔记整理。

对羌文化影响更深更彻底的还是教育。要实现从农业化向工业化的转变,教育是最为基本也是最为根本的办法。《十二年农业发展纲要》要求从1956年开始,按照各地情况,分别在5年或者7年内基本上扫除文盲,扫除文盲的标准是认识1500字以上。[①] 在羌区,从1951年开始,各种教育就已经深入各村寨。以龙溪乡为例,1951年,县统一发《农民文化课本》(一、二册),以农协分会(或保甲)试点。1953年,农民教育以巩固为主,适当发展。1956—1960年,全乡开展扫盲教育。1964年,恢复农村业余教育,开办识字班,在贫下中农青壮年、基层干部、民兵骨干中扫盲。1972—1978年,各生产队均有政治夜校。1980年,继续扫盲。1984年,进一步开展农民业余教育,"一堵二扫三提高",1991年,全乡组织扫盲领导小组,指导各村扫盲。主要针对15至40岁之间的羌民,扫盲后非文盲率为89.01%。1992—1995年,乡建立农民文化技术学校,普及初等教育。1996—1999年,扫盲与技术教育相结合。2000年,全乡非文盲率为94.9%。[②] 以上是成人扫盲教育。在学校教育方面,龙溪乡各村虽大都位处高山,但最早在清末,最迟在1967年,每个村子都设有小学。阿尔村小学便是1944年创办的[③],校址位于居中的巴夺寨,直到2010年被县

---

① 参见陈吉元、陈家骥、杨勋主编:《中国农村社会经济变迁(1949—1989)》,山西经济出版社1993年版,第245页。
② 龙溪乡人民政府编纂:《龙溪乡志(1911—2000)》,第135—136页。
③ 《阿尔档案》中《早期的阿尔小学》一节称"阿尔小学校办学历史较为悠久,1930年建校"有误,除了调查考证外,文中提及的当时理县县长米珍,经查《理县志》,任期为1942—1944年,故阿尔小学不可能建于1930年,《龙溪乡志》记载的1944年应比较可信。

政府强迫与龙溪中心小学整合,才因缺乏师资而无法继续维持。

扫盲、教育在当时其目的,一方面是为了提高羌人的素质,一方面是使之掌握工业生产必需的基本知识,为工业化做准备。但在思想意识的深层,是科学至上的观念。尤其"科学技术是第一生产力"成为了这一时代的口号,而且科技又使改革开放获得了巨大成就,使中国得以腾飞,此时,科学世界观和以科学为评价标准就更显得理由充分和不容置疑。在此并不是要否定科学技术,只是根据我们前面的分析,人类所有的功能认知体系,包括以科学为根基的现代知识体系,都不具有特别正确的特质。一种知识体系以什么认知方式为基础本没有什么问题,问题在于,现代人过分偏执"科学即是真理"这一信条,只强调站在科学的角度去解释世界,去评判其他知识体系是与非,与科学系统相一致的就正确,否则便错误。于是,科学世界观合着政治上的否定,把羌人传统认知方式挤压得无立锥之地。以致现在的阿尔村人也习惯于用科学来解释各种传统行为,比如求雨,在阿尔村已普遍被"震动空气"这一词汇代替;据说,对于踩铧头为什么要选用生铁,一位60多岁的村民解释为:"生铁中富含高锰酸钾,它有消毒杀菌的功效,故能产生疗效。"[①] 当然,这种解释并不普遍,但也一定程度上反映了科学世界观对羌人认知方式的影响。

在现代教育体系中成长起来的阿尔村新一代,其世界观、价值观、审美观等,与传统已渐渐疏离。大约从1986年开始,阿尔

[①] 转引自焦虎三:《云端的阿尔村:一个羌族村寨的田野记录》,重庆出版社2007年版,第57页。

村人不再举办传统婚礼，不再集体还大愿，不再穿麻布衣服，不再愿意说羌语，更不相信传统仪式能治理虫害。1976年阿尔村人还甘冒风险偷偷在木扎寨还大愿，谁能想到十年后，物资丰足、无人限制，却自己停办了呢？

最近几年，在非物质文化遗产保护的大力倡导和推动下，阿尔村人似乎意识到了传统的重要，但也只是口头应和，认为"确实不能丢"，可在行动上，就在笔者考察的两三年间，无论是还大愿，还是耍狮子、转山会，村人们尽管一次次对笔者十分确定地说"明年一定会办"，却总是一而再，再而三地"难产"。可见恢复之不易。在阿尔村人心中，这根传统之线似已可有可无，处于将断未断的地步了。

除此之外，现代学校教育模式对羌人传统教育模式也形成冲击。羌寨普遍都在深山，距离学校很远，要读书就不得不寄宿。这样，学生自小就脱离了羌文化环境，失去了羌文化教育的机会，久而久之，他们对本体文化的隔阂也就越来越深。阿尔村羌文化过去保持得较好，显然与该村拥有自己的小学有一定关系。

随着生存环境的改变和传统认知体系被主流压制，以及新认知模式的灌输，还有生产方式的更易，阿尔村羌文化原有依存系统，从认知方式到组织机构、监督机制、教育体系、经济支持等，逐渐瓦解、崩溃。

来势迅猛的现代文明就是这样通过改变人的思想和自然、人文环境，来为自己创造生存条件的。而断环满布的羌文化也将自然坍塌、消亡。

第九章 阿尔村非物质文化遗产保护研究

1992年,邓小平在南方谈话中说:"不改革开放只能是死路一条!"20年后的2012年,时任国务院总理温家宝在广东考察时又重提邓小平当年说的这句话,并强调:"改革开放必将贯彻整个现代化进程,只有改革开放才能走出一条中国特色社会主义道路,才能使我们的经济和社会发生更大的变化,给人民带来更多的实惠,我们的民族才能在世界民族之林昂起头来,坚强不倒。"①

也就是说,改革开放不会止步。诚然,改革开放使中国获得了新生,基本实现了一百多年来所有中国人强国富民的梦想,功莫大焉。这一点是有目共睹的,我们必须承认和充分肯定,但在前面的分析中,我们也看到,从中华人民共和国成立到改革开放的今天,以工业化为核心的现代化进程是一脉相承的,而这个现代化过程又导致了传统文化的萎缩以至消亡。可以说,中国,乃至世界的现代化某种程度上都是以牺牲传统文明为代价的。那么,如今,我们又要求保护非物质文化遗产,这些非物质文化遗产却

---

① 《温家宝广东重温小平讲话 强调具有深远历史意义》,中国新闻网,http://www.chinanews.com/gn/2012/02-05/3645413.shtml,2012—02—05。

又都是我们一直以来批判以致否定的，属于"落后文化"，是妨碍进步的羁绊，过去弃之尚嫌其迟，现在却为何反其道而行之，又要保护了呢？而且还作为当务之急。这不是自相矛盾吗？这种保护可能吗？我们应该如何处理这两者之间的关系？这些问题若不解决，将会使得许多人在现代与传统之间不知如何取舍，更不知道为什么要保护，保护什么，如何保护。

第一节 现代化与贫富关系辨析①

我们先来分析一下之所以要发展工业的一些基本观念和思想。中国过去几千年没有工业的历史，究竟是富庶还是穷困的呢？全人类没有工业的历史远比有工业的历史要长得多，那也都是贫穷的吗？阿尔村羌人处居山林近千年，古人云"穷则思变"，他们怎么可能这么长时间甘于穷困而不求改变呢？显然，工业与富裕之间的关系还需要再进一步考量。

那么在和平时代发展工业是否与生活富裕关系密切呢？我们再来看看少数民族的情况。长期以来，人们都说少数民族贫穷落后，现代化则是帮助他们摆脱这种状况，过上美好生活的方法。我们就以羌人为例分析一下他们"贫穷"的境况。

由于在阿尔村无法获得完整而可靠的数据，笔者也未能从龙溪乡得到相关资料，只能把范围放大一些，根据县志记载，结合考察所得进行大略分析。

---

① 本节有删改。相关内容可参考巫宇军：《音乐、现代化与贫富关系辨析——以阿尔村羌人音乐功能与生活方式的现代变迁为例》，《中国音乐学》2013年第2期。

在考察中，上了年纪的阿尔村人常常提到"过去"的生活很穷，很苦，天天吃野菜、山萝卜，吃得周身浮肿。通常我们概念中的"过去"是中华人民共和国成立以前，而且可以一直联想到清朝以至更遥远的传统社会。但仔细询问之下，所有老年人指的贫困时期都是"公共食堂"、"大集体"的时候，再具体一点，他们会说："就六一年（指1961年）那些时候嘛。"若再让80岁左右的老人回忆对比一下1950年以前，是否觉得穷或者苦，得到的回答颇为一致，就是："哦，那个不会哦，那时还挺好。"如果再进一步，让他们把1950年以前和今天做一比较，答案就比较多样了，有的说"差不多"，有的则表示各有各的好，有的说"现在还是好（按：意思是指现在也不错）"，等等，竟没有一个完全肯定现在比过去更好。至于"公共食堂"时期的穷困状，朱金龙有一段自述：

> 那会儿是奶奶带我，吃"公共食堂"，生活比较紧张，我有时候挨饿，哭，奶奶就背着我，吃得最多的是野菜面汤，我又不愿意多吃，就饿着肚子哭。奶奶很疼我，有时候就给我吃鸡蛋。……我七岁的时候，在本地小学读书。生活非常艰苦，一直在"公共食堂"吃饭，一个月的生活只有十多斤粮食，以豆类和洋芋为主，玉米基本要上交，老百姓一般吃剩下来的杂粮。到小学五六年级的时候，就要到"东门口"（即龙溪乡上）读。……那时候读书生活很困难，每周回来自己背粮食，交什么就吃啥，又刚刚赶到1961—1962年，生活最紧张，人均收入大概有每个月13斤粮食，基本上就吃野菜，

还有荞麦杆、玉米核碾出来的粉粉,五斤洋芋换一斤成品粮(玉米),可以换30%的荞麦,油麦可以1:1来换。①

《百岁老人马长英的故事》里也说:

> 1962—1963年时,大家生活很难过,吃野菜都吃伤了,总是处于饥饿之中。我们一个大家庭八九个人,一碗玉米面,奶奶再上山掏点野菜,其中有种山萝卜,皮有毒,要削了皮,煮熟,才可以吃。把那些野菜和玉米面煮到一起,就是野菜面汤。刚刚大集体时,按照口粮分配,吃得饱吃不饱都是那一点。②

我们再参考一下县志里的一些资料。《理县志》中有《1949—1990年粮食分配统计表》如下:

表9-1-1:理县1949—1990年粮食分配统计表③ (单位:吨、公斤)

年度	总产量	征购粮	种子	饲料	储备	社员分配	人均
1949	3920	105				3815	
1950	4120	565				3555	
1951	4325	860				3465	
1952	4590	1125				3465	
1953	4910	900				4010	

---

① 阿尔村人编著:《阿尔档案》,文物出版社2011年版,第228页。
② 阿尔村人编著:《阿尔档案》,文物出版社2011年版,第225页。
③ 《理县志》编纂委员会编纂:《理县志》,四川民族出版社1997年版,第381—382页。

续表

年度	总产量	征购粮	种子	饲料	储备	社员分配	人均
1954	5255	1515				3740	
1955	5625	1585				4040	
1956	6136	1445				4145	
1857	7160	1650				5515	
1958	7240	1540				5700	
1959	6940	5775				4165	
1960	6760	2570	805	500		2885	154
1961	7040	2705	850	510		2975	150
1962	8670	2380	870	750	516	4154	200
1963	8900	2400	890	760	428	4422	196
1964	9960	2450	910	780	1129	4691	212
1965	8075	2420	890	690	30	4045	179
1966	8000	2160	925	655	170	4090	180
1967	8320	1645	910	774	165	4826	202
1968	7810	1680	916	543	70	4601	189
1969	7410	1260	921	613	60	4556	170
1970	7000	940	920	743	80	4317	158
1971	8990	1600	940	750	599	5101	184
1972	8100	1350	970	740	50	4990	181
1973	8890	1635	1068	789	68	5330	169
1974	8405	1285	1119	759	35	5207	180
1975	10085	1615	1198	701	381	6190	196
1976	10315	1715	1210	755	300	6325	230

续表

年度	总产量	征购粮	种子	饲料	储备	社员分配	人均
1977	11465	1980	1361	794	300	7030	231
1978	11745	1850	1020	1354	236	7285	238
1979	11675	1615	1423	882	138	7572	250
1980	13230	1290	1395	869	267	9409	292
1981	14405	1160	1270	2790	79	9106	225
1982	14460	1045	1098	265	97	11955	253
1983	15605	1615				13990	376
1984	15465	1350				14115	338
1985	15420	145				15275	327
1986	12381	63				12318	376
1987	14832	243				14589	447
1988	15694	149				15545	469
1989	15313	185				15128	451
1990	15272	175				15097	447

注：在民改前（1949—1956年）初高级合作社（1957—1959年）和实行包产到户后（1983—1990年），未统计粮食提留的种子、饲料和储备粮，故表中资料空缺。

从表9-1-1"社员分配"一项数值看，1960年最少，处于谷底，远不及1949年的水平；1961年则人均粮食最少。人口增长方面，根据《理县1949年—1969年人口变化统计表》，1949年年末总人数为18500人，1960年为34591人，1961年为34718人[①]，如

---

① 《理县志》编纂委员会编纂：《理县志》，四川民族出版社1997年版，第135页。

果按照1949年的人数来平均，1949年人均粮食约为206公斤[①]。按通常的算法，人一天食粮约为1斤，一年至少要有180公斤口粮才不会挨饿，而1960年人均才154公斤，1961年更少，只有150公斤，连基本的生存需求都不能满足，何况根据朱金龙的自述，主粮玉米一般全部上交，那么这些还未必就是主粮，难怪人们都说那时贫穷，"总是处于饥饿之中"了。而1949年人均拥有粮食则在206公斤以上。这种水平，要到1976年才超过。

根据表9-1-1，自1983年起实行家庭联产承包责任制以后，羌区人均有粮大幅度提高，至1990年已经超出阿尔村人不感到贫穷的1949年一倍有余，更远远超过基本生活所需，真可谓"吃也吃不完"，真如羌人唱词中描绘的理想境界。1983年理县人均粮食376公斤时，阿尔村所属的汶川县人均粮食还只有322.5公斤[②]，但阿尔村人已经觉得这是史无前例的大丰收，非常富裕，无比满足了，忍不住要还大愿酬谢天地自然。可是，外面许多人仍然说阿尔村人"穷"，这又是什么原因呢？

实际上，认为羌人"穷"，几乎都属于"他称"，而非"自称"，正如"羌"字的出现一样。古人之论羌"贫"，"日食杂粮，

[①] 实际上这种计算方法是不准确的，按照《理县1949年—1969年人口变化统计表》的附注，1949年数值未包括龙溪乡，但经核对其他年份数值，发现用《理县1949年—1969年人口变化统计表》中数值算出的所有年份人均粮食量远小于《理县1949—1990年粮食分配统计表》，其差值大到即使加上龙溪乡1949年人口数进行计算得到的人均粮食量也应该不止206公斤。

[②] 1983年阿尔村已划属汶川县，汶川县1983年人均粮食为645斤，即322.5公斤，低于理县。详见四川省阿坝藏族羌族自治州汶川县地方志编纂委员会编：《汶川县志》，民族出版社1992年版，第370页。

五味之调和未曾入口；常穿麻布，衣裳锦绣哪能着身"。可为代表，以下文字更为具体：

> ……处万山之中，无宜禾之地，其业农者岁收不过大小麦、荞麦、青稞而已，即玉麦（按：即玉米）一种，乃近来所产，二十年前尚未有也。州地周环数百里，求其地脉深厚、土色滋润者，不过十分之一。而欲以养一州之黎庶，无怪乎生齿日繁而穷苦日甚也（道光《茂州志》卷三《杂记》）。①

因此，让羌人吃上大米，便是自古以来众多当政者使羌人"脱贫"的重要方法之一。到了现代化的今天，人们早已不满足于粮食的丰收，在多数羌区，也不只是改变"日食杂粮，五味之调和未曾入口"这么简单，而是已经彻底把羌人的饮食习惯由青稞改为了大米，饮食结构也有了许多大的改变。我们来看看汶川县的情况。

汶川县农民人均拥有粮食量，从1986年到2000年逐年递减，由432公斤减少至353公斤，人均减少79公斤。这说明人均有粮353公斤左右已经足够，不必太多。这亦可从导致粮食减少的原因中看出，其原因，除了"基本建设用地、退耕还林（草）、还牧面积增加"外，更为重要的是"大面积种植蔬菜、山葵、茶树、果木等经济作物和林木，使耕地大面积减少"，阿尔村人就大量种植白菜、海椒等，用于出售。需要注意的是，此时，耕种的粮食

---

① 转引自冉光荣、李绍明、周锡银：《羌族史》，四川民族出版社1985年版，第260页。

主要也不是自己食用,而是"自产的玉米等粗粮大多出售或作饲料",在阿尔村,玉米一般不出售,而是磨成面备用,最主要的用途就是作饲料,比如喂牛的"牛坨坨"。人的粮食消费则以本地不出产的大米为主。但这并不影响羌人的正常生活,因为种植经济作物和其他来源,如"做活路",也即出外打工,使人民人均年纯收入由1986年的382元增长到了2000年的1550元,人均增长1168元。故大米虽不能自产,却可以通过购买获得。

食用大米的"理想"已经实现,是否满足了呢?不然!《汶川县志》曰:1990年后,农村人口的衣、食、住、行随着经济的发展,变化较大,衣着大多由过去的手工缝制转为购买成品衣,讲究穿着美观大方,经济耐用。农村服装穿着讲究多姿多彩,有传统服装,有时髦服装,有西装革履,也有长短混穿;膳食结构也发生明显变化,主食消费量不断下降,副食消费攀升,逐步摆脱过去以粮食为主的粗放消费方式,向讲究卫生、营养、风味、方便等消费方式转变。①

即使是这样,羌区仍然被称为"贫困地区"。综合各类说法,导致羌区"贫穷"的原因大概有以下几种:

一、生活方式和饮食结构改变所致。过去羌人吃用皆取自大自然,而今所需所用已经多数无法自产,自产所得又不是社会稀缺和大量需求的物资,故而经济价值不高,微薄的收入和需求之间的差距逐渐拉大,也就日显穷困。

---

① 综合汶川县史志编纂委员会编:《汶川县志(1986—2000)》,巴蜀书社2007年版,第195、206页。

二、人为限制的结果。羌人长期以来靠山吃山，可以说离开了大山的供养，他们难以生存，但现代社会的生态问题日趋严峻，环境保护成为了热点，退耕还林，限制砍伐、猎取、采摘的呼声日盛。诚然，自然环境和动植物需要保护，但这些保护却多数缺乏深入调查和研究，做法流于简单，现代人恨不得所有农田皆改为茂林，恨不得满山都是飞禽走兽、鲜花野草，而忘记了山里人也要吃饭，也要生存，忘记了野猪、熊是啃食庄稼的大害等现实问题。现代人自恃有"科学"指导，便妄自尊大，不知其实是盲目，他们不知道山里人早已有了丰富的环保经验，不知道他们更清楚哪里不能砍伐，哪里可以烧山。实际上现在自然环境的破坏，神树林的消失，皆拜这些所谓的现代"科学"所赐。"科学"虽能不断自我纠错，但却一错再错，而且造成的伤害大都难以恢复。根据这种"科学"思想指导而制定的环保政策，山中的大量资源被纳入"保护"范围而无法利用，失去了生存来源的羌人只能向外求索，他们付出的代价自然比他人大，唯有不断降低标准，求其次等，贫穷也就产生了。

三、在对比中形成。"贫"和"富"本来就没有具体的量化标准，通常是在比较中出现，更多属于主观的感觉。同样的量，在不同的情况下，可以是"穷"，也可能是"富"。从羌人自身的变化来看，财富不断增加，但若横向简单比较，如只拿纯收入同城市相比，自是存在差距。这种比较虽然片面，但却是现实中人们经常采用的方法，其结果是使人心理产生不平衡，"贫穷"的心理由是而来。

四、他人定性并赋予。根据经与阿尔村人长期接触了解到的情况看,尽管综合来说,他们未必真的贫穷①,绝大多数也没有什么"苦不堪言"的感受(据调查,有"困苦"感的少数人也是因为子女在外读书造成的经济压力所致),但在现代人眼里,不能过上现代生活就算贫穷。我们听到的"贫穷"多属于此类。按这样的标准评估,由于现代社会不断更新,羌区要真正"脱贫"实为不易。

五、因价值标准变更引起。过去羌人认为丰衣足食就很幸福美满了,现在生活却以消费享受为追求,所谓"日益增长的物质文化需要"。现代生活对物质文化的需求不断增长其实是现代化的缺陷,因为现代生活划分过细,模式标准化,过于单一。源于西方文化的现代观念甚至连"美"都要从生活中剥离出来,使之成为纯粹的、缺乏实感和生命力的、孤独的"美",需要专门的方式才能满足人对"美"的基本需求,这远远不及中国的传统生活,哪怕一件小事都有美,有爱,有恩,有义,也有利,能同时给人以多层次的满足,所以现代生活不得不无限地求新求变,寻求多样。现代化也正是以这种方式使人类陷入了对欲望无限追求的迷途之中。欲望本是一种维持生存和向前迈进的动力,但因其不易把控,往往难以自主,故常常成为人性弱点之一。可是西方近代文明在崇尚理想、美好,使情感理智趋于崇高的同时,也强化了欲望,不仅使之得以美化,还将其合法化,称之为"追求利益最

---

① 比如余世荣家,汶川大地震后,仅用九万元便重建了一座有八九间房,面积二百多平方米的全新房子,但随后政府出资请专人施工的"文物修复",仅仅加装门窗和在房顶用防水材料、水泥涂抹一遍,每户便要用十万元之多,质量还甚次,不到三个月已风化开裂。如此悬殊的差距说明,生活在城市里的人需要多出许多倍的货币量才能及至乡间最基本的生活水平。所以仅用货币量来论贫富是十分片面的。

大化"等，以致失度，永无满足之时。不能"知足常乐"，自然总处于"贫穷"之中。

综观以上各点，几乎都与现代化进程有关，那么可以说，正是现代化进程使羌人走向了"贫穷"。想通过现代化追求"富裕"，却陷入了无法摆脱的"贫穷"，实在让人意外。

虽然，现代化是许多代中国人的梦想，但前人并未经历过现代化，更不知现代化有如此多的问题，而且在过去，虽不能说现代化是所有人都追求的理想，可的确是救国的速效良方。先行的西方，现代化也曾经是他们的理想，但在现实面前，西方人已经开始反省了，实际上这种反省很早就已经开始，18世纪兴于欧洲的浪漫主义运动，就是因质疑这种理想而起。比起先贤来，站在现代化门槛上的当代中国人已有条件去辨析和选择，而进行辨析和选择也正是这一时代中国人应负的使命。说这些并不是要彻底否定现代化，如前所说，这是强国之法，虽非良策，却不可不为，历史也告诉我们，不如此就要挨打，所以，现代化不能放弃，而且要积极地现代化，但要提醒的是，现代化应有"度"，至于"度"是多少，则是尚未充分展开的课题。另外，除了"度"，还可以思考现代化的形式。这方面也许有了不少研究成果，那就是"中国特色"。不过，这些研究，在理念上排斥中国传统文化者居多。是否还可以用传统文化植入并驾驭现代化，用中华文明的思想取替现代化自身无法克服的侵略性呢？或许这样的现代化才是真正的中国的现代化，正如过去中国文化对异文化的吸收那样。这一点，中华文明的博大包容性格应该有可能做到。中国今天的非物质文化遗产保护和研究则应该向此方向努力，为之贡献力量。

从文化迁移的观点看也应该是可行的，因为文化思想迁移之后一般而言可以驾驭各种新形式，只是迁移需要时间。

第二节　五四精神与非物质文化遗产保护

除了现代化的问题，困扰当今中国人的还有改变中国命运的，奠定中国今日繁盛国运的，被历史地证明是正确的，以五四新文化运动为代表的"反传统"与现下保护传统之间的"矛盾"。

一些人认为五四运动时期的反传统和现在的非物质文化遗产保护是对立的、矛盾的，甚至于有的人说现在的一些保护非物质文化遗产的行为是"复辟"。可笔者却以为，"五四"的反传统和当下的保护传统不但不是对立的，还是一脉相承的，换句话说，如今保护传统正是五四精神的延续和当代表现。

如此立论，并不新颖，许多学者在谈及"五四"时期何以反传统时，也说当时为形势所迫，不得不如此，并举当年许多"砸烂孔家店"的勇士们为据，指出他们传统根基深厚，在反传统的同时也有不少维护传统文化的言论，比如胡适，比如陈独秀，等等。反传统最为著名的是鲁迅，往往被人们作为例证，尤其是其在"五四"前后表现出的对传统态度的"转变"。

鲁迅1908年留学日本时曾撰文《破恶声论》，严厉指责国内一些"志士"破迷信、反佛教之主张为"恶声"，指出"夫佛教崇高，凡有识者所同可"[①]，"五四"以后他转而有不少批判佛教的议

---

① 鲁迅：《鲁迅全集》第八卷《破恶声论》，人民文学出版社1981年版，第28页。

论。不仅如此,他的许多尖锐言词更表现出强烈的"反传统"倾向,俨然扛起了反传统的大旗。1925年,他发表了一篇杂文《忽然想到(六)》,其中的一段话屡屡为当代学者引用,这里不妨也摘引为例:

> 我们目下的当务之急,是:一要生存,二要温饱,三要发展。苟有阻碍这前途者,无论是古是今,是人是鬼,是《三坟》《五典》,百宋千元,天球河图,金人玉佛,祖传丸散,秘制膏丹,全都踏倒他。①

从文字上看,确是决绝得不留余地、不容置辩,充分表现了他常说的"勇猛"和"毅力",显示出对传统大行革命的魄力和决心。

然而,细细通读全文就会知道,最深爱传统者莫过于鲁迅,最痛惜传统之不保者莫过于这位高呼要"踏倒"传统的斗士。为什么?因为当时的背景是这样的:

1892年,法国格莱那从和阗拿走了不少梵文佛经残本、士俑等文物;1901年,英国斯坦因在和阗掘挖汉晋木简;1907年、1914年,斯坦因又两次从敦煌千佛洞以极低价格买走大批古代写本及古画、刺绣等艺术品;1908年,法国伯希和也从千佛洞以低价换走很多唐宋文物;到鲁迅写《忽然想到(六)》时,国外掠夺者更"联翩而至",如:1924年,美国瓦尔纳在千佛洞以特制胶

---

① 鲁迅:《鲁迅全集》第三卷《忽然想到(六)》,人民文学出版社1981年版,第44页。

布粘去壁画一十六幅；1925年2月，美国又让瓦尔纳组织一个以哈佛大学旅行团为名义的团体，带大批胶布等材料，再次到千佛洞做有计划的"考古"，由于敦煌人民反对阻止，才未得逞。至于国人，清末藏书家浙江陆心源藏有的宋版书约二百种（故曰"皕宋"）被其后人于1907年尽数卖至日本；清代古文物收藏家山东陈介祺藏有的十口古代乐器钟亦为其子孙于1917年卖给日本人。

而当其时，许多提倡"保古"的人士非但保不住这些文物，还极力反对革新。按鲁迅的话说："保古家还在痛骂革新，力保旧物地干……而外国人所得的古董，却每从高人的高尚的袖底里共清风一同流出。"由是，鲁迅开篇即深叹说"不能革新的人种，也不能保古的"，行文至中则云"我们的古也就难保，因为土地先已危险而不安全。土地给了别人，则'国宝'虽多，我觉得实在也无处陈列"，之后再强调"无论如何，不革新，是生存也为难的，而况保古。现状就是铁证，比保古家的万言书有力得多"，紧接下来就是我们前面引用的那段决绝的话，最后鲁迅再质问：

> 保古家大概总读过古书，"林回弃千金之璧，负赤子而趋"，该不能说是禽兽行为罢。那么，弃赤子而抱千金之璧的是什么？

"林回弃千金之璧，负赤子而趋"语出《庄子·山木》，是古代假国人林回在逃亡之时的选择和行为，乃孔子向隐居者子桑雽求问自己一生多难的原因时，子桑雽答话中举的例子。原文为：

子桑雽曰:"子独不闻假人之亡矣?林回弃千金之璧,负赤子而趋。或曰:'为其布(按:布为古代钱币)与?赤子之布寡矣;为其累与?赤子之累多矣;弃千金之璧,负赤子而趋,何也?'林回曰:'彼以利合,此以天属(按:天属即人之天性)也。'……"①

可见,鲁迅是把中国比为"赤子",把文物等比为"千金之璧"。孰重孰轻?孰本孰末?孰先孰后?爱传统抑或恨传统?显然,国之不保,焉能保传统,民之将亡,又何以守家业呢?因此,欲保传统,必先卫国,欲卫国土,须能割爱,暂时退忍舍弃。了解了这些,我们还能说鲁迅真的要"踏倒"传统吗?舍小保本才是鲁迅严词后面的深意,断非传统不值一保。② 以壮士断臂之勇毅来保住中华之命脉,方为五四运动之真精神。

我们今天呢?危机怕更甚于当年。现代化如潮水般涌来,润物细无声一般浸漫了整个中华大地。"暖风熏得游人醉",人们于陶陶然、欣欣然之间却不知中华文脉渐已模糊,不知"福兮,祸之所伏"。前人以断臂之勇接续下来的中华民族之生命体,今人该如何续其精气神呢?恐怕更需要大智慧,更需要大勇力,更需

---

① 涉及《忽然想到(六)》一文的相关内容均选引自鲁迅:《鲁迅全集》第三卷《忽然想到(六)》,人民文学出版社1981年版,第42—47页。"林回弃千金之璧"还可参见陈鼓应注译:《庄子今注今译(中)》,中华书局1983年版,第512—515页。
② 当然,对鲁迅的思想评价是个复杂的问题,在此不可细加评论,但无论其取中取西,不变的一点是挽救中国,这个是无疑义的。而且,就算鲁迅在某些方面认为中国不及西方,也只能就具体的方面并结合具体的时代背景来谈,可以肯定的是绝非一概否定。

要真识见。延续文脉,看似容易,实则艰难,今人之任重矣!但却是今人不得不担之责任。既如此,这种责任的续替不是五四精神是什么?否定传统既非五四运动之根本,那么如今,一切可能中断中华文脉的因素,如果这个因素是现代化的话,按鲁迅当年的说法,不是同样也可以"全都踏倒"吗?该做什么不该做什么,实乃时也势也,并无定则,无常法,在今天,就是保护非物质文化遗产。

费孝通说,要延续中华文明需要有"文化自觉",所见甚是。不过,"文化自觉"实际正是中华文化传统本身的一种特质。可以说,没有"文化自觉"意识的文化不是真正意义上的中华文化。凡中华文脉的真正承继者,必深具"文化自觉"品格。

几千年来,中华古国分分合合,迭历磨难,内忧外患无从计。然而,中华文明却始终以不屈之精神独立长存于天下,纵是到了19世纪末的近代,面对西方强大的武力挟逼,中国知识分子依然承续这一精神传统,以勇谋,以恒力坚守之,这才有我们今天的中国。

遥想孔子当年,正值春秋晚期,战国将现,礼崩乐坏,人心离乱,他却逆时代之思潮,四处奔走疾呼恢复礼乐,明知不可为而为之。现代或有人批评孔子保守,但他这种遗世独立、溯流而上的不屈、坚持和锐气又有几人能为?正因为有了孔子留得先古礼乐在,才得再传后世数千载,不但成就了一代圣贤,更成就了中华文化,也成就了人类文明。

让我们再看,当释风大兴于唐代,从皇族到百姓,从深宫到野巷,梵音袅袅,佛乐声声,一派"街东街西讲佛经,撞钟吹螺闹宫廷"的佛国气象，可谓万人空巷为佛法，千城诵经效皇家。那时，宪宗皇帝欲迎佛骨，"王公士庶，奔走舍施，唯恐在后"。这种局面，好好从众不就得了，可偏偏有个"不识时务"的韩愈竟敢上《论佛骨表》力陈其弊，最终落个"一封朝奏九重天，夕贬潮州路八千"的下场。但就是这么个不顾生死敢上谏书的韩公才成为儒家思想接力的中流砥柱。

谁能说孔、韩逆势而为的动力不是一种潜在的"文化自觉"呢？有幸的是，神州莽莽，岁月悠悠，具有这种"文化自觉"意识的精英各朝各代不曾少出。正如鲁迅先生云："我们从古以来，就有埋头苦干的人，有拼命硬干的人，有为民请命的人，有舍身求法的人。"不能不说，包括鲁迅在内的"五四"诸贤正是这样的人，不能不说，今日保护非物质文化遗产正是这种"文化自觉"的继续。①

那么，何以中华文明有这种自觉能力？何以鲁迅一辈人能如此拿得起放得下？恐怕这不完全是由于他们天赋异禀，主要的还应是中国文化本身的性格使然。

有学者指出，中国文化最本质的特点是"天人合一"。不失为真见地。但天人合一还只是站在人的角度观察的结果，似还可以再广再深一些。笔者以为，中国文化之特性，最根本的应该是"和而不同"。这种思想在先秦时期就普遍存在，这从先秦诸子言论可看出，至少有两例为证，其一为《国语·郑语》，周太史伯答

---

① 关于文化自觉的内容，主要参考并引自笔者拙文。参见巫宇军：《继承并培育文化自觉：中国非物质文化遗产保护的现时思考》，《团结报》2010年10月30日。

郑桓公关于"周其弊乎"时有如下议论：

> 殆于必弊者也。《泰誓》曰："民之所欲，天必从之。"今王弃高明昭显而好谗慝暗昧，恶角犀丰盈而近顽童穷固，云和而取同。夫和实生物，同则不继。以他平他谓之和，故能丰长而物归之；若以同裨同，尽乃弃矣。故先王以土与金、木、水、火杂，以成百物。是以和五味以调口，刚四支以卫体，和六律以聪耳，正七体以役心，平八索以成人，建九纪以立纯德，合十数以训百体，出千品，具万方，计亿事，材兆物，收经入，行姟极。故王者居九垓之田，收经入以食兆民，周训而能用之，和乐如一。夫如是，和之至也。于是乎先王聘后于异姓，求财于有方，择臣取谏工而讲以多物，务和同也。声一无听，物一无文，味一无果，物一不讲。王将弃是类也而与剸同，天夺之明，欲无弊，得乎？

其二为《春秋左传》，见于齐侯与晏子的对话：

> 公曰："和与同异乎？"对曰："异。和如羹焉，水、火、醯、醢、盐、梅，以烹鱼肉，燀之以薪。宰夫和之，齐之以味，济其不及，以泄其过。君子食之，以平其心。君臣亦然。君所谓可而有否焉，臣献其否以成其可；君所谓否而有可焉，臣献其可以去其否，是以政平而不干，民无争心。故《诗》曰：'亦有和羹，既戒既平。鬷嘏无言，时靡有争。'先王之济五味、和五声也，以平其心，成其政也。声亦如味，一气，

二体,三类,四物,五声,六律,七音,八风,九歌,以相成也;清浊,小大,短长、疾徐,哀乐、刚柔,迟速、高下,出入、周疏,以相济也。君子听之,以平其心。心平,德和。故《诗》曰:'德音不瑕。'今据不然。君所谓可,据亦曰可;君所谓否,据亦曰否。若以水济水,谁能食之?若琴瑟之专一,谁能听之?同之不可也如是。"①

由以上文字可以看出,"和而不同"于万物生长,于国家治理,于饮食,于音乐,等等,其理皆通,可推而广之。既然是重"和",而"以他平他谓之和",那便不可偏废,也即平等相待,各有其能,各尽其力,这不是和我们前面讨论的羌文化之特性很相近吗?其实羌文化特性的确可以给我们理解中国人的以上行为以启发。因为不仅是性相近,事实上,历史上的"羌"与中原之渊源深矣。且看:

西汉司马迁《史记》:禹兴於西羌。[集解]:皇甫谧曰:"孟子称禹生石纽,西夷人也。传曰'禹生自西羌'是也。"[正义]:禹生於茂州汶川县,本冉駹国,皆西羌。②

西汉扬雄《蜀纪》(蜀王本纪):禹本汶山郡广柔县人,生于石纽。

晋代陈寿《三国志·蜀志》:禹生汶山郡之石纽。

---

① 杨伯峻编著:《春秋左传注(修订本)》,中华书局1990年版,第1419—1420页。
② (西汉)司马迁:《史记》卷十五《六国年表第三》,中华书局1959年版,第686页。

晋代谯周《蜀本纪》：禹本汶山郡广柔县人，生于石纽，其地名刳儿坪。

北魏郦道元《水经注》：广柔县石纽乡，禹所生也。

东晋常瑶《华阳国志》：石纽，古汶山郡也。崇伯得有莘氏女，治水，行天下，而生禹于石纽之刳儿坪。

唐代李吉甫《元和郡县志》：禹，汶山广柔县人，生于刳儿坪。

唐代孔颖达《正义》：禹名文命，字密，身长九尺二寸，西夷人也。

唐代杜光庭《青城记》：禹生于石纽，起于龙冢，龙冢者，江源岷山也。

宋代《寰宇记》：石纽村在今茂州汶川县北四十里。

宋代罗泌《路史》：石纽在汶山西番界龙冢山之原，鲧，汶山广柔人也。纳有莘氏女，岁有二月，以六月六日生禹于道之石纽乡，所谓刳儿坪，长于西羌，西夷之人也。[1]

各朝史书尽皆把大禹同阿尔村左近的地域联系在一起。当然，大禹是否生于西羌恐怕难考，但大禹治水起于西方或为可信，因为如前面"调查区域地理概况"中提到的，羌人所居区域正是中国腹地主要水系流出之地。而从阿尔村人六月初六转山会主要以纪念大禹为目的，且他们长期以来一致认为大禹就是释比的祖先，

---

[1] 以上诸条除《史记》，皆摘录整理自祝世德：《大禹志》，罗晓林校注，汶川县史志办，1999年，第25—28页。

可看出大禹在羌人心中地位之重，对羌文化影响之深巨。或者可以说羌文化与华夏文化有着许多共源之处，也可以说羌文化是中华文明的重要来源之一。

如果传说中的大禹过于遥远，还可以看看周王朝。我们之前曾提到"姜"与"羌"同。周王室与姜姓关系之密切应无疑义，在此不再详细考证。据先贤研究，不仅周人的始祖母为姜姓，之后周家与姜家还有接连不断的婚姻，如太王娶妻为太姜，武王所娶乃邑姜。周武王得天下后，所封诸侯除本姓外，其他姓氏以姜姓为最多，有申、吕、齐、许、纪、向、州、鄣、厉等国。其中，申位于今河南南阳；吕原在陕西，后迁河南，与申皆在今河南南阳地区；齐即在今山东；许在今许昌境内；纪位于今山东寿光；向位于今安徽怀远；州位于今山东安丘；鄣位于今山东东平；厉位于今湖北随县。[1] 可见其分布之广。既为当地主政王侯，其思想不可能完全不对所辖地域产生影响。

若说周时的姜与我们研究的羌相距太远，自然和人文环境有别，思想未必相同，那么就再退一步，自秦汉开疆拓土后，中原范围不断西扩，及至渡河湟，据甘青，开河西、设四郡，中原人进入西部者渐多。但相对而言，深入西部的中原人毕竟是少数，中原文化在西部显然应为非主流，他们的思想必然受到西部文化的影响。而在这过程中，羌人也被不断地大批量移迁入关内，例

---

[1] 综合参考顾颉刚：《从古籍中探索我国的西部民族：羌族》，《社会科学战线》1980年第1期；费孝通主编：《中华民族多元一体格局（修订本）》，中央民族大学出版社1999年版，第88页；冉光荣、李绍明、周锡银：《羌族史》，四川民族出版社1985年版，第35—36页。

如：汉明帝永平元年（58），窦固、马武击破烧当羌豪滇吾，把降人七千余口安置于三辅，即今陕西渭水流域一带；汉顺帝时期，开羌、罕羌邑落五千余户降，罕、开羌后来多徙居于陕西关中各地，等等。① 这些羌人原来的所居地域已是今天羌人的先祖来源地，认知观念大概比较接近了，他们与中原人频繁而大量的交往，以中原文化的包容性格来说，似也不应只有羌人华化，而无中原吸纳羌文化之理。

以上这些都说明，羌、汉实水乳交融，难分彼此。而从文化上看，则是异形同构，表面上有差别，内部结构却多一致。这种一致表现在自然性上，无论道家、儒家，还是释家，其理论建构方式虽各有特点，但实际都顺应自然而为。道家"人法地，地法天，天法道，道法自然"，"法天贵真"，以自然为法则，自不必说；儒家似乎是主"人"说，有反自然倾向，怎么也顺应自然呢？实际上我们在分析羌文化特性时已经谈到，对于人而言，只有以人为中心才是最自然的状态，而刻意否定自己去求所谓的"客观"恰恰是不自然的行为。儒家正是看到了这一点，以己度人，推己及人，所以才会提出"己所不欲，勿施于人"、"己欲立而立人，己欲达而达人"。同时，人与人之间的矛盾同样自然存在，不能视而不见。既然如此，只能顺应这种自然之存在而建立

---

① 综合参考顾颉刚：《从古籍中探索我国的西部民族：羌族》，《社会科学战线》1980年第1期；费孝通主编：《中华民族多元一体格局（修订本）》，中央民族大学出版社1999年版，第198—200页；冉光荣、李绍明、周锡银：《羌族史》，四川民族出版社1985年版，第59—60页。其中《羌族史》说开羌、罕羌事时提到"阳嘉六年（141）"，经查，顺帝"阳嘉"年号只有4年，之后改元"永和"，公元141年为永和六年。

一套基本符合人之特性的伦理体系，于是有"克己复礼为仁"①。从这个角度上看，儒家实在是顺应人之自然性的实践者。实际上，儒家的"仁"、"礼"、"中庸"等都近似于"道"，都不能仅从字面去理解，也不能将一个具体的事例随意推而广之，须结合实际方有相应的内涵和行为。这体现的正是遵从自然的态度。这些，孔子以其因人施教的行为已为我们做了许多示范，在此仅举一例：

> 子路问："闻斯行诸？"子曰："有父兄在，如之何其闻斯行之？"
> 冉有问："闻斯行诸？"子曰："闻斯行之。"
> 公西华曰："由也问闻斯行诸，子曰，'有父兄在'；求也问闻斯行诸，子曰，'闻斯行之'。赤也惑，敢问。"子曰："求也退，故进之；由也兼人，故退之。"②

老子观天地而悟"道"，"德"，孔子察古今而明人伦。二者皆无定法，无通辞，凡合道则倡之誉之，离道则斥之劝之，不唯人，不唯物，不唯亲，不唯故，乃为天地提纲，为人类立法，非为一时一势也。其立论所基于的，或是天地，或是人类的自然秉性。

在释家，则认为世间存在的各种事物和现象都是因缘和合而生，又都随缘尽而散，故都有生长老死、成住坏空的规律，在

---

① 杨伯峻译注：《论语译注》，中华书局2009年版，第64、121页。
② 杨伯峻译注：《论语译注》，中华书局2009年版，第115—116页。

各物出现前和消亡后,皆为空有。这不也是观察自然得出的结果吗?佛理还说凡事不可刻意,欲念一生,便难解脱,所以想靠坐禅解脱者实际是无法得道的,这实际是教人要顺应自然。在禅宗的许多公案里,顺应自然的思想更为突出,如"饿了吃饭是禅"、"困了睡觉是禅"等便是。《坛经》曰:"一切万法本自不有。故知万法本自人兴,一切经书因人说有。"[①]"不有"即"无",与道家"天下万物生于有,有生于无"[②]理念近似;而万法"自人兴","因人说有"则同于儒家因人施教。可见,释与儒、道亦相通矣。

这种基于自然而形成的认知,通常都如羌文化一样,具有普遍平等的思想。纵是儒家,也是如此。儒家强调"仁"。从"推己及人"和"克己复礼为仁"的理念出发,可以认为"仁"主要的是处理"己"与"他"的关系,也即可以简单地说"仁"是"二人"。不过,这"二人"并非实指的两个人,而是任何二人之间皆如此,这么看,不就普遍平等了吗?而所谓的"等级",也只是指各人具体的位置不同而已,并不内含实质上的高低差别。孟子"民为贵,社稷次之,君为轻"[③]看似重民轻君,实际主要是为了反对其时世人重君轻民的思想,含有平等之义。至于这套理论为人利用以制造差别,那是另外一回事。不是文化本身的问题。释家则说"众生即佛,佛即众生",更是众生平等了。释家的"普度众生"之"众生"并非特指生物,而是指整个太虚空间里有情无情、

[①] 星云大师:《六祖坛经讲话:般若品》,新世界出版社2008年版,第50页。
[②] 陈鼓应:《老子注译及评介》,中华书局1984年版,第223页。
[③] 杨伯峻译注:《孟子译注》,中华书局2005年版,第328页。

有生无生之森罗万象、万事万物，不仅包括禽兽草木，还包括沙石尘土，也包括佛、菩萨、罗汉、修罗、恶鬼，等等。这与羌人之生命宇宙观多么相似。既为"众生"，不管是佛、菩萨，还是沙石、草木，全都会"悟则成佛，迷则成魔"，更不用说他们在本质上的相同和平等了。在这种平等观念下，指向的必然是"和而不同"，必然是万物同生共存，"天人合一"主要是儒家的观点，儒家侧重解决人的问题，当然会以人为基点得到此结论，其体现的仍然是"和而不同"思想。羌文化与道家、释家则都超出了人的中心观，显得更为宏观。

"和而不同"意味着万物皆有生存之道，须相互尊重，有所克制。由此，就会有羌文化"合度止用"那样的观念，若其中之一违反自然法则，过度而为，以完全牺牲他者来图求自己单独生存，便会导致激烈的反抗，甚至做出极端的行为。这一点在讨论羌文化合度止用时已有所阐述。在于道家，也是如此。老子曰："民不畏威，则大威至。""民不畏死，奈何以死惧之。"[①] 这说明老子的"无为"、"不争"并非一昧懦弱、躲避，实应指不妄为，若逼压太甚，超出了容忍限度，危及了生存，便自会起而反击，甚至铤而走险。儒家亦然。孔子曰："八佾舞于庭，是可忍也，孰不可忍也？"由此也知孔子不是事事隐忍之人，而是爱憎分明，有"怒"，能"怒"。子又曰："见义不为，无勇也。""勇者不惧。""仁者必有勇。"[②] 可见，在孔子观念里，仁者同时也应是勇

---

① 陈鼓应：《老子注译及评介》，中华书局1984年版，第331、337页。
② 杨伯峻译注：《论语译注》，中华书局2009年版，第21—23、143、153页。

者,那么儒家又岂是孱弱之辈?义勇之性亦是真儒者之本色。释家或许相对温和,但据说释迦牟尼也曾为救人而刺杀强盗。此虽为传说,但既有传说,便不排除非常情况下效仿之可能。

由此可知,中国文化之性格刚柔并济。从而,我们也就可以明白,中国人于19世纪末遭遇巨变之时,在一试再试,仍然一败再败的情况下,之所以会,而且能够走向极端,实际是与文化性格有关。正因此,中国这个几千年来以文明独傲天下的古老国家,竟然不惜将应用磨合了两千多年的,以"半部《论语》治天下"称誉的成熟的文化及其制度推到革命的刀口上,目的只是为了"留得青山在"。如此决绝,其痛可知,其悲亦可知,大概鲜有出其右者罢。不是吗?世界的工业先锋英国,皇室今在;亚洲的维新先行日本,天皇仍存。而中国,却能在20世纪初以无以伦比的"神速"由帝制一跃而为"共和"。当年革命之"速"仅次于葡萄牙,而"共和"之快,则无有过之者。清末时人杜亚泉这样评论辛亥革命:"我国革命之成功,虽不及葡萄牙之神速,然绝非其他诸国,所能比拟。"[1]"自辛秋起义,不及半年,共和聿成,民国统一。以极短时间,成极大事业,不特中国所未有,抑亦先进之所无。"[2]而彼时,世界上的共和国尚少,中国已列其一,且是最大的一个,在亚洲更是早于诸国首先成之,"为东亚细亚方面,开伊古未有之创局"[3]。其激进、开放由是可见,所以中国今日之改革开放

---

[1] 伧父(杜亚泉笔名):《中华民国之前途》,《东方杂志》1912年第8卷第10期。
[2] 高劳(杜亚泉笔名):《革命战争之经过及其失败》,《东方杂志》1913年第10卷第3期。
[3] 伧父(杜亚泉笔名):《中华民国之前途》,《东方杂志》1912年第8卷第10期。

得能顺利进行,获大成效,亦非偶然。这些,都是中华文化之性格,即"和而不同"使然。"和而不同"性格虽柔,与现代文明的侵略性格截然相反,但柔极则至刚,柔能克刚,不可欺辱也,用毛泽东的话来说,就是:"人不犯我,我不犯人。人若犯我,我必犯人。"故知"五四"精英们的非凡胆识并非无由。此一。其二,在常时,"和而不同"性格总能包容博大,博大于是生机内藏。世人对于中华文明历史上不断出现的诸多超乎寻常的科技成就常觉不可思议,无法获解,实际仍然来自这"和而不同"。由于这关乎羌文化等非物质文化遗产价值之判定,并直接影响到保护什么及如何保护的问题,因之,有必要做一探讨。

第三节 非物质文化遗产保护意义再探讨

非物质文化遗产究竟有何价值,实际上是个见仁见智的问题,中国近几年的非物质文化遗产保护实践表明,从不同的学科出发,从不同的角度观察,同一传统文化现象其价值往往不同,甚至"越研究越有价值"。联合国教科文组织《保护非物质文化遗产公约》在对"非物质文化遗产"定义时如是说:

> "非物质文化遗产"指被各群体、团体、有时为个人视为其文化遗产的各种实践、表演、表现形式、知识和技能及其有关的工具、实物、工艺品和文化场所。各个群体和团体随着其所处环境、与自然界的相互关系和历史条件的变化不断使这种代代相传的非物质文化遗产得到创新,同时使他们

自己具有一种认同感和历史感,从而促进了文化多样性和人类的创造力。①

也就是说,人类因各种不同条件而在非物质文化遗产方面有所创新的同时,非物质文化遗产也使各群体、团体和个体具有某种认同感和历史感,进而又确保并促进了人类创造力和文化多样性的延续。那么,可以认为,国际公约对某一非物质文化遗产价值判定的一个重要标准是看其是否能"确保并促进人类创造力和文化多样性的延续",换言之,在评定非物质文化遗产时也应遵循这一原则。其目的主要是为了化解当下人类面临的危机——现代文明日益趋同和单一化,导致创造能力逐渐减弱,后继乏力之迹象日呈。

要指出的是,此原则虽然宽泛,看起来也颇为客观,但仍不免有站在现代文明立场择选传统文化之嫌。具体到了中国,就更为明显,多数是人为地根据"历史、文学、艺术、科学价值"②的大小进行选择性保护。以这样的目的来判选传统文化,实际难以实现活态传承。由于中国现在的学科体系是借鉴西方学科体系建构起来的,与中国传统文化存在许多不一致的地方,多有扞格之处,因而很难对接。而现代学科体系分科又极为细碎,看似全面,其实偏狭,与现实相去甚远,很多传统文化现象处于"边缘"位

---

① 联合国教科文组织:《保护非物质文化遗产公约(2003)》,中国非物质文化遗产网·中国非物质文化遗产数字博物馆,http://www.ihchina.cn/Article/Index/detail?id=11668,2003—12—08。
② 参见《中华人民共和国非物质文化遗产法》第三条,中国非物质文化遗产网·中国非物质文化遗产数字博物馆,http://www.ihchina.cn/Article/Index/detail?id=11569,2011—02—28。

置，往往被人忽视；或者是，学音乐的侧重把音乐记录下来，学舞蹈的则偏重保存舞蹈的形式，等等。结果把一个完整的文化肢解了，遗漏、丢失了很多更为重要的实质性的文化内容，于是被选择保存下来的文化形式很快变异，并失去活力。这反过来又加深了人们对非物质文化遗产价值及保护工作之意义的怀疑。对于上述困境，笔者认为，问题主要出在我们对待非物质文化遗产的态度和立场上。

实际上，传统文化价值之大小，并不因现代人当前需求与否而改变，也不会因人们的意志而转移，一种在较长历史时段中存在的文化，哪怕是在一个有限的区域内发生，其价值都是无限的，不由现代人来界定，也无须后来者界定，无论是对今天，还是未来，都可以说是无价之宝，都应该珍视。不同时代的人，不同背景的人都可以从中获得知识或启迪。从这个意义上说，所有传统文化，无论大还是小，都值得保护。

那么，这就引出了这样一个问题，难道说对传统的东西我们不分巨细，不分轻重，甚至不分优劣全盘保留吗？此诘问同样有其道理，因此也是无法回答的。我们是否可以换个角度来思考，是否保护非物质文化遗产真的就只是为了保住某些传统形式、某些传统技艺？又真的能保得住吗？事实上，无论我们多么努力，投入多少人力、物力和财力，都无法阻止一种文化发生变迁。人们尽可以去保留自己喜爱的形式，但却无法保证此形式仍然具备原有的生命力。也就是说，我们实际无法"保住"传统，至少目前的保护方法无一能够做到。既如此，保护非物质文化遗产，其意义何在？

笔者以为，保护非物质文化遗产，其意义并不在能保住和保住了多少传统，更重要的是在于通过这个过程让人们重新认识传统。陈寅恪先生说，对待古人著作应持"了解之同情"之心，对传统文化不也同样应该如此吗？不能说传统文化完美无瑕，但相信每一文化现象的出现都应有其不得不如此的特定背景和原因，需要后人予以理解。

一般而言，具有批判精神是获得客观、公正、准确评价的基本要求，但如今对于传统文化，在客观公正的天平上，由于历史原因，批判已经远远大于敬重，以致天平严重失衡的情况下，还再强调要两边同时增加砝码，不是永远也无法达到均衡的状态吗？那么，这种所谓的表面上的"客观"其实内含着的是不客观。所以，本着具体问题具体对待的原则，当前保护非物质文化遗产应尽可能挖掘传统文化的正面价值或者给予正面解释和评价，以改变过去因时代需要而对传统采取批判态度，以致在今人心中留下对传统过强过多负面印象的不良影响，使今人学会尊重传统，学会尊重前人，学会尊重民间，学会从传统中汲取智慧。

只有态度和立场的根本转变，我们才不会居高临下地要去"保护"非物质文化遗产，而是虚心地学习，不但学习非物质文化遗产在过去与各种复杂环境和谐相处的超凡能力，还学习其在当代遭遇新环境时取舍抉择中内含的精神和智慧。要知道，传统文化并非真如我们想象的那么脆弱，那么垂垂老矣，那么一息尚存，而是有着顽强的韧性，轻易不能夺其志，尤其是中华文明这样柔则若水，强能胜钢的文化。反而是现代文明之路越走越窄，需要自我反省，更需要从传统中获取能量。不能接受传统的文化，也不会有未来的。只有改变了对传统原有的批判态度，我们看传统文化时才能常见常新，同时又会觉得传统精神始终不变。

因此，保护非物质文化遗产，实应是这一时代的思潮，而不应仅仅是某些具体的行为。观念转变了，非物质文化遗产才能不保自保，这许是保护非物质文化遗产应追求的最终目标。唯有改变我们自己，才可能真正实现对非物质文化遗产的保护，毕竟，传统文化凋萎的根源是现代化进程。因是之故，保护非物质文化遗产也许实质并不在于保护，而在于反思现代。

羌人的神魂观念，长期以来被视为"迷信"，评价甚低，甚至被认为是一种极其原始落后的认知水平的产物。有这种态度的人，又怎么能从中得到启发呢？即使"保护"也不过是停留在表面，心中实无共鸣，也不可能产生真的敬意，更不可能想出切实有效的方法。但是如果换一种心态，认为羌人的神魂观念自有其道理在，只不过我们未得其旨，那就会沿着羌人的思维一路探寻，不能说其全部内容对每一个人、在任何时候都有用，但在这探问过程中，羌人不同的认知模式，不同的理解自然的方式，不同的处理人与自然关系的方法，想必多少总能让人有眼前一亮的感觉，甚或得到启示。为自己解决问题提供帮助，所谓"他山之石，可以攻玉"。前文提出的羌人的生命宇宙观，既不是羌人自己总结的，也未经羌人认可，由于对羌文化认识尚浅，有可能与羌人实际的宇宙观还存在一定出入。但只要我们尊重羌文化，只要羌文化一直存在，那么，即使目前不能完全理解其深邃内涵，但若在与之接触时能经其激发得出一种新的理论，价值不是又已超出了事实本身了吗？如果新的理论哪一天又结出了新的果实，那便是人类文明的又一进步了。

然而，现在的主流世界观却有排除异己的强烈倾向。实际上，纵观中国历史，可以说中华文明之所以几千年生生不息，代有新意，根本原因在其包容百川的"和而不同"思想。无论是自然科学，还是政治文化方面，都是如此。司马迁之父司马谈曾对先秦各家有所评介，其表现出的心胸之宽广令人嗟仰，也足以代表中国古人的大度、睿智、客观和求实精神，而这些，正是今人欠缺的。司马谈曰：

> 夫阴阳、儒、墨、名、法、道德，此务为治者也，直所从言之异路，有省不省耳。尝窃观阴阳之术，大祥而众忌讳，使人拘而多所畏；然其序四时之大顺，不可失也。儒者博而寡要，劳而少功，是以其事难尽从；然其序君臣父子之礼，列夫妇长幼之别，不可易也。墨者俭而难遵，是以其事不可遍循；然其彊本节用，不可废也。法家严而少恩；然其正君臣上下之分，不可改矣。名家使人俭而善失真；然其正名实，不可不察也。道家使人精神专一，动合无形，赡足万物。其为术也，因阴阳之大顺，采儒墨之善，撮名法之要，与时迁移，应物变化，立俗施事，无所不宜，指约而易操，事少而功多。①

---

① （西汉）司马迁：《史记》卷一百三十《太史公自序》，中华书局1959年版，第3288—3289页。

自汉武起，虽则儒家定为正统，但实际从未真的"罢黜百家"。两千年来各朝各代在管理方法上始终提倡道家无为之治；同时，法家之政刑也未曾懈驰；待佛教入中土，不说南朝四百八十寺，盛唐亦梵声盈耳，及至后世更主张三教合一；其间阴阳五行之说亦长行不断……实际中华一境，何止百家。可见在中国古时，人身或有所约束，但思想上，实远较精神上倾于专制的欧洲要自由活跃得多。正是因此，几千年来中国人在科学技术方面几无观念的束缚，任凭发挥驰骋，这才有令世人惊叹的无数科技上的第一。据著名科学技术史家李约瑟的研究，中国古代科技发展一直处于一种连续增长状态，长时期内遥遥领先于世界，直到十六七世纪才为欧洲赶超，但之后也仍然不断上升，没有停滞。

欧洲面貌的为之一新，不也是仰赖思想的大解放吗？我们知道，西方文明近代以来的辉煌，得益于文艺复兴，文艺复兴的关键，在于思想观念的转变，而思想观念转变的重要原因，则是古希腊文明的重新发现和复活。古希腊人的思想便如同中国先秦时期一般，异常活跃，学派林立，范围极广，涉及文学、医学、数学、动物学、植物学、物理学、化学、天文学以及历史学等方面，可谓无所不包。前文提及哥白尼日心说体系的建立便是与他深受古希腊毕达哥拉斯派数理谐和思想影响有关；19世纪初的道尔顿原子论也同样源自古希腊学说。其实西方近代几乎所有科学家都是得沐古希腊思想之光才能够有所突破，取得成就的。从这些现象，我们可以看到，思想的开放和不拘一格对人类文明的影响何其巨大。即是爱因斯坦相对论的提出，也是由于在思想上受到休谟和马赫的深刻影响，并非纯粹出于他的科学头脑。爱因斯坦曾自述他提出狭义相对论是因为具有批判精神，而这种批判精神的获得，他说："对于发现这个中心点所需要的批判思想，就我的情况来说，特别是由于阅读了戴维·休谟和恩斯特·马赫的哲学著作而得到决定性的进展。"[①] 休谟是恩格斯批判的不可知论者，马赫是列宁批判的唯心主义者，可见，被唯物主义者严厉批判和抵制的思想对于科学的推动作用同样难以估量。

所以，只有思想自由和多样才可能有人类文明的繁富和生机，无论中外皆然。那么，我们还有什么理由压制民间自然形成的、丰富多彩、生动活泼的认知观念呢？又有什么理由轻视前人为我们积累的无尽智慧宝藏、挖掘的思想源泉呢？保护非物质文化遗产不就应该是寻找这些被人们一度抛弃、忽略、遗忘的本源吗？

因此，保护非物质文化遗产，保护羌文化，除了保存文化的多种形态，更重要的是让世人"回心转意"，重新"发现"传统文化朴质外表下内敛深藏的光华。非物质文化遗产，不应只是现代化的附庸，不应只是为现代化服务的陈旧遗物，其地位应与现代文明相比肩，而其中许多更是比现代文明还要有生命力的人类智慧结晶。现代化进程要想减少自身的盲目和失误，唯有向传统文明求教。

在中国，保护羌文化等非物质文化遗产，可以说是复兴中华文明的必由之路。从这个角度看中国的非物质文化遗产保护意义尤为深远。但要做到这一点，则须拆除思想之藩篱。毛泽东提

---

① 〔美〕爱因斯坦：《狭义与广义相对论浅说》，杨润殷译，胡刚复校，北京大学出版社2006年版，第146页。

出"百花齐放,百家争鸣",这"百花"不应同长在一棵树上,而应是指广袤多样的中华大地自然培育的有独立思想和精神的"百花"。过去,中国的改革开放是关闭传统大门,向西方开放,现在该是打开传统之门,向传统开放,向传统学习的时候了。此时为之尚不算晚。这应是中国当今发展的新途径。正如田青先生所说:"当我们站在今天的原点四顾时,'往昔'已然模糊,历史已出现断裂,记忆已出现空白。"那么,"向空白而行",就是"发展"。因为,"接续历史是一种创造",所以,"回归,也是发展"。①

第四节 保护方法略论

通过上面以阿尔村羌文化为例的研究和讨论,可以明显看出,传统文化无论是成、继,还是变、衰,都是多方面综合作用的结果,而不是某一时代,某一群体或某一阶层主观意愿的产物,因之,要保护非物质文化遗产,也就不是仅凭靠一种方法,个别部门,少数人员就能做到的,需要全社会的全面参与。

非物质文化遗产保护在当代全球范围的提出,表明一个关乎全人类前途的深刻社会变革的到来。中国政府的积极响应和及时跟进以及中国全社会上下对保护非物质文化遗产表现出的热情和拥护正说明中国人对新时期先进文化的敏感,大概这是"先天下之忧而忧"的中国文化在漫长的历史中经无数坎坷历练自然形成

---

① 田青:《捡起金叶:田青"非物质"·"原生态"文论集》,文化艺术出版社2010年版,第237—238页。

的特质。须知，无论是自然还是人生，无论是社会还是文化，都有水穷云起，峰回路转之时，"道"未必一定在前方，可能在上方，可能在下方，可能在左，可能在右，也可能在后，该转向而不转向便会碰壁。在过去，进化论、工业化、现代化是引领世界前行的旗帜，而今，在危机已可预见，甚至已经出现的情况下，及时做出调整方能避免或减少挫折。反之，固守过去之先进，"穷不思变"者则要蜕变成新时期的守旧者了。

一、解铃还须系铃人：政府主导

政府，作为一国万务之统领，其主导地位是不言而喻的。当然，一般而言，政治的作用是短期的，但当政治合于"道"时，其影响亦甚深远。

佛罗伦萨之所以成为欧洲文艺复兴的中心，就不能不归功于当时该城邦两位贤明而能干的君主，一是加司莫，一是加司莫的孙子罗棱索。这祖孙两人不但都能礼贤下士，而且思想开放，奖励美术文学，还创建图书馆及柏拉图学院，使佛罗伦萨成为研究古希腊最为便利，最为集中，也最舒适，最能得到优待的地方。这些皆与彼时时代之"道"相合。若没有当政者的支持，欧洲文艺复兴是什么样子，实难想象。

同样，国家和政府在保护非物质文化遗产方面的作用之巨大，也可以从中国近几年的实践看出。若无中国政府的高度重视，就不会有保护活动的蓬勃兴起；若无国家的充分肯定和大力宣传，就不会有全民意识的迅速复苏；若无各级政府的群策群力和鼎力资助，就不会有多级保护机构的快速建立和大量丰硕成果的获得。

在前文的分析中,也可以看到,主要由国家政权掌握的宣传和教育系统对于民众思想起着最大的导向作用。而保护非物质文化遗产最根本的问题就是思想观念问题。

那么,能否对现代化进行反思,能否对传统文化充分褒扬,能否对科学世界观进行客观全面的再评价,很大程度上取决于政府的取向,也是当前中国政府及其下各职能部门不能不直面的课题。当然,这并不是说完全要管理者单独承担,大可以充分利用学术和社会资源,但这需要管理者有足够的宽容和胸怀。只要不影响国家的稳定和团结,无论站在哪一个角度和立场,传统还是现代,唯物还是唯心,中国还是他国,都应该大力支持,对各方均应全面肯定,然后才会有充分的讨论,然后才能既知一论之长,亦能见其之短,再审时度势,择善而从之。

但总的来说,解铃还须系铃人,现代化进程既是加速传统文化衰落的一个主因,那么,国家层面对现代化、传统、科学的观念的转变和方略的适当调整,将是保护非物质文化遗产最直接有效的方法,也最为经济。否则,这个过程就会变得漫长,走很多弯路。

二、"纯本位视角"与"体察感知":学术研究

学术界,这个思想最为活跃的领域,自古以来都是文化和精神的坚守者,同时又是人类未来走向的思考者和先行者。别的不说,五四新文化运动革命号角的吹响和理想飞扬的20世纪80年代改革开放蓝图的规划便无法不让人想起那些儒雅又风骨独立的学人。

在非物质文化遗产保护中,学界更显示出其文化的敏锐感觉和前瞻意识以及强烈的时代责任感。而要对传统文化历史存在的合理性进行分析和对非物质文化遗产在当代的价值做出更为准确的定位并兼及未来的长远发展,不只是满足现下短时之需,则非学术研究不能。这是还传统文化历史地位和坚定人们保护非物质文化遗产信心的基础,也是提出具体有效的保护方法的前提。

要做到这一点,就要有大量深入的基础研究。近些年关涉非物质文化遗产项目的研究论文尽管不少,但多数仍停留在初期宣传阶段,深入仔细考察各个非物质文化遗产和与其相关的人们的生活、思想之间的关系,找出其出现、形成、变化的内在动力,然后对当前形势和其所处的现状进行准确、完整阐述和分析者不多,提出具体而有针对性、建设性的保护意见者就更少。这当然与非物质文化遗产保护来得突然,理论研究一时跟不上有关,也与改变不易的社会主流思潮和大气候影响不无干系,但非物质文化遗产保护近来日渐明显的"重申报,轻保护",甚或因"保护"造成更大破坏的现象也说明之前对非物质文化遗产价值及保护意义的定位可能也需要再思考、再探讨。因此,在扎实基础研究前提下进行的理论研究也亟待深入。

对非物质文化遗产进行研究首先遇到的问题就是应该采用什么方法和研究角度,是否有与众不同之处。虽然中国对传统文化的研究代传有方,但新近兴起的非物质文化遗产保护又有其特点,即与现实和未来前途联系更为紧密。按照前文的分析,保护非物质文化遗产应该站在反思现代文明及重视并正视传统文化的立场上,这样看来,非物质文化遗产及保护研究在视角、方法和目的等方面就应自成规矩。在此结合阿尔村羌文化保护略谈一二，以做抛砖引玉。

（一）在研究视角方面，主张采用纯本位视角

"纯本位视角"实际是指"纯非物质文化遗产的视角"。何为"纯非物质文化遗产的视角"？这是个尚不明晰的问题。通常我们会看到一些类似的说法如"非物质文化遗产（保护）的角度"、"非物质文化遗产（保护）的视野"等等，常见于学术界，尤以博士、硕士学位论文为多。但这些"角度"和"视角"颇为宽泛，而且模糊，具体所指是什么？有何独特之处？未见有专门的论述和界定，一般只是根据"非物质文化遗产"的定义对某一文化事项进行定位，视之为濒临灭绝或消失，需要抢救和保护的对象。这是站在作为主体的研究者、保护者和管理者角度进行观察，非物质文化遗产则处于被观察的客体位置。

在此提出的"纯非物质文化遗产的视角"则是以非物质文化遗产为主体，研究者、保护者必须设身处地，站在非物质文化遗产的立场去审视其各种行为，以非物质文化遗产拥有者原有的认知方式、价值观念去理解、分析各类问题和现象。就羌文化来说，简言之，就是用羌人的眼睛看世界，用羌人的思维想问题，用羌人的价值观断是非。为免与其他相似称呼相混淆，姑且将这种视角称为"纯本位视角"。要做到这一点，前提是首先要认可羌文化的一切传统文化行为和文化现象都是合理的，都有其内在的道理和逻辑。至于其中的原理是什么，不能随意用羌文化以外的思维方式去解读，只能依循羌文化本身的认知特点和衍变规律去探求。

强调羌文化纯本位视角，是基于功能认知体系的特点提出的。

因为作为一种长期摸索、自然形成的功能认知体系，已经经过了无数的实践检验，在应用层面已属于"真理"范畴。而如人类学等学科提倡的主位与客位相结合，局内和局外相补充的方法，只是为了尽可能地接近和理解这一"真理"，并不具备评价其所研究的文化是否属于"真理"的能力和条件，何况根据功能认知体系的特点，应用层面的"真理"也并不需要完全建立在终极的真理之上，而且在不同功能认知体系中，表面相同的行为很可能包含不同，甚至相反的价值取向，这种差别有时是难以判断的，如不能压制研究者自己已有的观念，就更难进入对方的文化系统，所谓的"客观"就很可能更不客观。故笔者主张"忘我"。

另外，保护非物质文化遗产主要目的在于弄清和保护研究对象的本质和规律，包括其他文化无法理解的特殊认知方式，而不是为了文化之间的理解和交流。因此，只有尽可能避免用他文化认知思维解读羌文化，而用羌人的思维逻辑进行分析研究，才有可能认识到羌人各种文化行为的合理性、正确性和"真理性"。当然，最后形成研究成果时不免要进行文化转换、文化翻译，也会导致一定程度的失真，但这已是另外一个问题。

目前人们对非物质文化遗产进行研究一般都以各研究者原有专业的方法和视角为依托，尚未形成非物质文化遗产及保护研究自己独特的研究视角，纯本位视角或许可作为参考，这样，就可界定非物质文化遗产及保护研究的范围和目的，也即是采用纯本位视角，以探求非物质文化遗产自身的内在特质和规律为主要目的，在把握其特点的基础上，提出具体而符合实际的保护方案。

当下的许多研究倾向于挖掘和凸显非物质文化遗产中与现

代主流观念相符合的部分，比如羌文化中的神树林就被认为与现代生态保护理念相一致。这并非完全不得要领，但存在片面性。羌人的神树林是羌文化整体结构中的一部分，是融生态保护和生存需求于一体的非常复杂的交织复合体系之一元。如果只视为保护生态，则是将其简单化了，这还会把它从其文化整体中割裂开来，凸显了出来，其他文化要素的地位则下降以致被忽略或抹杀，这就会导致整个羌文化体系的垮塌。因此，这种认知在实际操作中常常引发非物质文化遗产保护与现代文明生态保护的冲突。这种矛盾一方面说明缺乏纯本位视角难有切合实际的措施，一方面也是现代文化思维过于单一的具体表现，同时也说明两种文化体系结构存在明显的不同。如何权衡和取舍则有待专门的比较研究。

故此，纯本位视角既是研究非物质文化遗产的视角，也是其他专业的研究在涉及非物质文化遗产保护时需要考虑的视角。

（二）在研究方法方面，主张采用体察感知法

至于研究方法，导言中陈述本研究的调查方法时已有所议论，这里再结合"纯本位视角"做一些补充。

对于一个非羌文化背景的人来说，要有羌人的思维和视角是不易做到的，必须通过长期、大量的观察和实践才能逐渐认识和获得，其间还须不断地自我调整。这是一个漫长、复杂而艰苦的过程。进入田野与羌文化直接接触是最基本的要求，不必多言。在此要强调的是，除了通常的观察和访谈，还需要有更深入、实际的生活体验，否则不可能真正了解源于生活的羌文化。此外，还需要综合各种现象，反复辨析，在多种不同体验中感觉察知羌

文化的实质和其内在的一致性。因为文化作用在人身上产生的深层细微的心理感受,别人,哪怕是羌人自己,也往往无法准确描述,直接给出答案;也由于语言、文字传达信息的有限,许多时候他们的回答还有误导和迷惑性。这种现象是不同文化,甚至不同个体之间交流常常会发生的,不足为怪,但作为研究者,则须时时自我提醒。实际上,通过行为去察知,自己亲身去感受体会,远比访谈得到的言语表达更为真实可靠和准确有力。因之,这里提出"体察感知法"。在对阿尔村羌文化进行研究的整个过程中,笔者始终秉持此法,有不少直接具体的经验,导言里已举过一些例子,这里不妨再举一例。

现代社会的人常会认为山里人不卫生,身上满是灰尘。阿尔村人就是如此,他们从来不避忌灰尘泥土,可以随时随地坐在地上,甚至有时候食物掉在地上,捡起来拍一拍或吹一吹就吃。为什么他们这么不嫌"脏"呢?有人或许会说,他们是农民,农民与大地的感情最深,因为土地养育了他们。此话有一定道理。阿尔村人自己说:"没办法,要干活啊。"然而这些答案给人印象还是不深刻,许多现代人仍然看不惯,希望改变他们这种"不讲卫生"的生活习性。

如果跟随他们进山打一次猎,恐怕就可能会有改观。以打野鸡为例。打野鸡须在秋冬季天黑以后(羌人告曰,天黑野鸡才上树栖息,春季野鸡多不上树,且草长叶密不易找寻)。夜里在伸手不见五指,完全没有路的浓密丛林里奔跑穿行时,常常会一脚踩空,此时马上伏在地上是最为安全的方法,尤其当山坡比较陡,甚至是悬崖的地方,人在完全不受控制地往下滑的时候,除了想和大地紧紧地贴在一起，准确地说，是恨不能把大地整个拥在怀中，或与大地融为一体，几乎不会再有第二个念头，因为只有这样，才是保命的唯一良策。特别是对于第一次体验的人来说，一种对大地无法言说的爱和主动

图9-4-2-1：在雪溜打猎（左一为笔者）

与之贴近、亲近的强烈感觉会霎时从心底升起。当然，这种感受也并非只有遇到危险时才能体会到。由于打猎的所在往往到处是密密匝匝的枝丛甚至荆棘，人常常不得不从底下钻过，其空间之狭小是超乎想象的，很多时候连脸都要紧贴在地上摩挲而过，还直恨不能嵌地更深一些，若不如此，对大地稍有拒绝和嫌斥，就无法通过或者会被刺伤，此刻，以上所说的和大地的亲密感也会油然而生。土地真如母亲一般的护爱着你，是最可信赖和依靠的对象。为何不找一条好走的路呢？实际上，由于漆黑一团，除非地形自己早已熟悉，否则是无从判断的，另择新路情况也相差无几。（图9-4-2-1）

在经验着以上这些时，自己不由想到，或许，羌人与大地之间的亲密关系就是这样建立起来的。因为自己对土地的无比亲近感就是这样产生的，而这些经历也彻底改变了我自己的许多习惯和感觉。当有了这种感知之后，自己再看到羌人修建牛栅栏时无论老幼，不管是穿着皮衣还是羊毛衫、或其他上好的衣服，都

毫不犹豫地全身伏在地上挖坑埋桩，皆不嫌泥土肮脏，就再也不会皱眉头，像先前那样难以理解，而是心中暗暗点头说"就该如此"。甚至不但不再叹息羌人"脏"，连自己也越来越愿意和羌人一样滚打在地上，不觉其"脏"。笔者以为，只有到了这个时候，在认识上才有可能触碰到羌人这种行为的文化内涵。还有，讲究"卫生"的人干活总是会觉得力气不济，效率低而且效果差，原因很简单，就是不能与物合为一体，即使有力也作用不到物体上。再者，阿尔村人实际上也几乎没有因这种"不卫生"而得病的。现代社会为什么一定要改变他们呢？

还可指出一点，当一个人疲劳已极的时候，自会就地落坐，甚或躺卧于地，哪里还去动念选择和嫌弃，此时，大地则为你卸去了重负并赐予你无比的舒畅和惬意，其可亲可感，可谓无以言表，这一点，笔者在2010年8月负重进山之时是深刻地体会了的，记得那时，自己是不由自主地拍着身边的地和它称兄道弟地说起话来；而不能接受土地的人，就必须用肉体和意志艰难地承受各种不同的"苦"和"累"，这不是和自己过不去吗？于是，在以上多种感受交织作用和启发下，自己终于明白，羌人与泥土的关系反映的既是一种生活生存的方式，也包含着某种或许他们自己都浑不知觉的、说不清道不明的情愫。这种认知，则是后来洞见羌人生命宇宙观之基础。因此，不能理解羌人的"脏"，也就不能真正了解羌人及其文化。当然，羌人并非真的不怕脏，他们自有其"卫生"和"肮脏"的标准。

体察感知法与人类学参与观察法相比，首先在于视角和立场不同，人类学虽则也提倡"本位方法"，即用研究对象的观点解释他们的文化，但又认为"本位方法"有局限，会存在文化盲区等其他问题。这一态度实际已经规定了对研究对象的解释体系，已一定程度上将其纳入研究者自己可以理解的文化结构中来，故而实际仍然是站在研究者自己的视角，只不过增加了比较的方法，在不同文化之间寻找联系，以求对异文化的理解。这种研究其实是建立在研究者自以为是的，人类应该共有的某些特性基础上的，然而这种先入为主的"共性"却未必可靠。但用纯本位视角，则可以直接用其文化逻辑进行解释，不必借助其他文化思维。正如中医原理自成体系一样。其次在于目的不同，体察感知法目的在于获得纯本位视角，是一种途径或手段。如果纯本位视角已经获得，这种方法就可以不必再用。但由于纯本位视角获得不易，实际很可能不得不反复去体察和感知，并且常常要综合多种体验才能得一感知，所以虽说最终可以放弃，实际却是无法放弃的。

那么，羌人研究羌文化是否仍然需要这种方法呢？从理论上说可以不需要，但事实上，接受了现代教育而研究羌文化的羌人，其认知方式实际主要属于现代文化体系，已不再是羌文化体系，他们虽有羌人血统，但缺乏羌文化根基，因此仍然需要重新体察和感知，只是他们进入角色应该较快较容易。故而提倡羌人研究羌文化。或有问，羌人研究羌文化会否因熟悉而缺乏敏感，又或有情感偏向而不够客观呢？这是完全可能的，但相对而言，对羌文化已经熟悉的研究者，其客观性可以通过其他方式习得和弥补；而对羌文化不熟悉者，虽则敏感，但要真正了解一种异文化，恐怕穷其一生都难以做到。两弊相较取其轻，在非物质文化遗产研究中，显然羌人研究羌文化更为有利。

三、有为与无为：增强基层组织与利用宗族

前面说过，阿尔村传统活动办不起来，缺乏组织是一个重要原因。那么，增强基层组织的非物质文化遗产保护意识便是改变这种状况的一个有效手段。方法可以有多种。比如，一是在非物质文化遗产具有全民性质的村落，如阿尔村（以下各条均以此为前提），村干部的工作职责中专门设立非物质文化遗产保护条款，并由乡镇主管领导经常检查监督执行情况；二是村级干部增设一名非物质文化遗产专职干部，如副村长，并且必须由对保护非物质文化遗产热情高者担任，最好为村中德高望重的老者；三是在非物质文化遗产保护的重点村落，村长的人选可以考虑民选与审核相结合的办法，由对非物质文化遗产保护有高度热情者担任，任职期间须定期或不定期考核，若无所作为或常与村民意愿不合，可以提前改选；四是可以单独设立非物质文化遗产保护专门机构或对以上各条的监督机构；五是强化并充分利用和发挥宗族组织的原有管理作用。

上述第五点因存在一些不同意见，故有必要稍微展开讨论一番。有人担心利用宗族组织会使得宗族势力抬头，导致只认本家，不认国家法令政策，甚至造成宗族之间冲突，如械斗，会严重危害国家、集体及个人利益，不利社会安定团结。

客观而言，这种担心夸大了宗族组织的危害性，也歪曲了宗族组织的本来面目。过去政权交替时期打击宗族组织是有特定背景的。因为，事实上由宗族关系构成的组织是一种中性组织，其主要职能在于维持地方秩序，确保稳定平衡。宗族组织维持稳定

的依据一般是当前的国家法律和主流意识观念，故而也可以说是一种亲政府的组织。在革命时代，宗族组织可能成为阻止革命的力量，但在和平时期，却是维持社会安定的自循环、可再生的社会资源。（图9-4-3-1）

图9-4-3-1：百家夺寨2010年还大愿标语：感恩共产党 感恩湛江市 欢庆羌历年！

从阿尔村及其他村落乡规民约都可以看出，宗族组织以拥护政府为准则，总体而言并不以挑衅国家权威和威胁国家安全为目的。虽然有的宗族订立的土规比国法严苛，但其目的是为了更好地维持稳定，主要作用在于威慑，以防微杜渐，实际极少付诸行动。

宗族管理体系可谓中国几千年文化培育出来的特有社会管理网络，有了这种管理网络，政府的负担可以大大减轻，政府只要稍加引导，适当监督，宗族组织便可发挥强大而有效的作用。在非物质文化遗产保护工作方面同样如此。有研究表明，宗族组织甚至在经济建设中也起着重要作用，如：

> 在经济合作关系中，血缘关系起着重要的联合作用。根据对四川、浙江及河北省一些村的调查表明，在所调查的856户家庭中，血缘姻亲家庭之间的合作户数占户数的76.2%，而与非亲属之间家庭的合作仅占总户数的23.8%。而且，重要的经济合作多发生在亲属家庭之间，尤其是男系家族之间。近

年来，农村许多地方（包括发达地区与不发达地区）出现了大量同姓、同宗的经济联合体。值得注意的是，在商品经济比较发达的温州地区，这种经济联合体比较多。[①]

血缘关系在市场经济条件下的出现并能对经济合作产生重要联合作用，这说明宗族组织不是某一制度下的特定产物，而是一种自然存在的人类文化现象，它随着社会环境的改变而相应地自我调整以适应变化了的生存条件，更多地以积极主动配合新环境的正面形象出现，逐渐形成新的平衡稳定状态，维持新的秩序。宗族组织的这一特性也说明它不会消失，而会通过文化迁移的方式由传统向现代转移过渡。

因此，对宗族组织这种既无法强行清除，又有利于国家建设的宝贵资源，政府实应转变观念，充分利用，因势利导。实际上，现在的村民自治也表现出逐渐向宗族管理的方向发展。对于这种倾向，壅塞和压制将耗费国家大量精力和资源，也无法完全根除，显然不是良策，较好的策略应是采用大禹治水的方式进行导引。由于许多非物质文化遗产与宗族网络相依相附，因而，对宗族现象的正面回应也是解决非物质文化遗产保护诸多难题的重要方法。

此外，宗族伦理思想向现代化的文化迁移和渗透，也很有可能正是化解现代化侵略性的一种有效手段。原因是，基于西方文化体系的现代化困境在某种程度上可称为伦理困境，在西方人的

[①] 陈吉元、陈家骥、杨勋主编：《中国农村社会经济变迁（1949—1989）》，山西经济出版社1993年版，第644—645页。

观念中，"伦理社会"是一种理想的文明社会。1893年，赫胥黎在牛津大学有过一次著名的演讲，题为《进化论与伦理学》。后来对中国社会思想有深巨影响的译作，严复的《天演论》，即据此演讲译成。赫胥黎在演讲中就说："社会进步意味着处处阻止宇宙过程，并代之以所说的伦理过程。"他的演讲表达了这样的意思，即人类文明和社会进步是通过伦理本性不断战胜宇宙本性、伦理过程取代宇宙过程来实现的。[①] 然而，西方文化长于进取，短于伦理，难以建立长期稳定谐和的伦理社会。现代性危机的出现不能不说与西方文化的这种性格特点大有关联。而伦理，却恰是中国文化之所长，而中国的宗族组织，其思想核心正是伦理道德观念。

四、需要提醒的几个问题

对阿尔村非物质文化遗产进行保护，还有以下几个方面需要提起注意：

一是保护和培养传承人不能简单化、模式化，必须根据具体项目依其传承规律而为。比如，阿尔村下坛释比的传承就颇为特殊，无论学习和使用都有严格的年龄、婚育要求。这种传承便不能以年轻人为主要培养对象，更不可从小培养。

二是具体的保护方案应多征求和充分尊重当地羌人的意见和心愿，意见明显不一致时不宜盲动。

2009年，地方政府于阿尔寨和巴夺寨各建了一座新的羌碉，

---

① 参见〔英〕赫胥黎：《进化论与伦理学（全译本）》，宋启林等译，北京大学出版社2010年版，第34页。及该书第4页之宋启林《导读二》。

2010年春,汶川县根据《阿坝藏族羌族自治州羌族文化生态保护实验区实施方案》的安排,在巴夺寨中心地带动工修建一座释比文化传习所,建筑面积1000㎡,投资达290万元人民币。以上举措可表明地方政府对阿尔村羌文化的重视。不过,阿尔村民对此却另有说法:

> 余世华:我们的要求是,一,如果是真正保护羌文化,让我们传承羌文化,那么,第一个是阿尔和巴夺的羌碉(按:指两座老碉),经过那么多次的大地震都没有垮,只不过有些地方垮了一些,没有保护和没有修缮。另外的话,庙子是原来还愿的地方,现在没了,在别的地方做的话不合适。因为那是晚上做的,不是白天做的,晚上必要要有柴火,还要有个遮风遮雨的地方。所以一个是庙子修建,另外一个把两个羌碉重新修。①
>
> 朱忠福:文体局去年修碉的时候,(我)给他们建议过,以前建碉就必须建庙,建庙就必须建碉。他说要下去翻资料,我反映了,他们一直都还没动,特别是城隍庙,完全该整的,都没动。
>
> 朱金龙:如果传习所上搞个啥活动,老百姓就不得给你来自发性,庙子上搞个啥活动,老百姓就自发性地愿意捐物捐款,传习所他就不给,庙子嘛,上千年或者几代人的祖先都在,好像有一种思想的嘛。老百姓信仰庙子,不信仰这个传习

---

① 根据2010年8月19日访谈余世华录音整理。

所，你喊他传习所烧一炷香，他凭什么烧香？……那根老碉差点拆了，我们可以修复，本来自己会砌嘛。恢复起来其实要不了好多资金。……一般先建庙。庙子建好了，过羌历年。①

陈兴亮：传习所，好；庙子，更好！庙子，碉是一套嘛，要建，等于是说，一家一户在使用的东西一样嘛。庙子修啰，碉修啰，全部修完啰，思想全部安定，这下再把狮子补起来，耍起来，就全部满意，大家就耍得高兴。跳的跳，唱的唱，那就巴实了撒。先把庙子修了。庙子修了，十月初一就啥子都有，这露天坝坝咋个做嘛。修完了，下雨也好，下雪也好，大家有个遮头。是不是吗？……大庙子小庙子全部给我们建设下，其他嘛不做都可以，但是庙子我们永远要保持。②

从政府的大力投资和羌民的热切要求可以看出，经过多年的宣传和推动，保护文化遗产已经深入人心，但在保护什么和如何保护问题上，村民们与地方政府的意见分歧颇大。由前文研究和分析可知，庙和碉在羌人世界中有其特有的文化功能和文化内涵，不仅仅是作为一种建筑存在，而是连结一个家族，整个村寨与过去，与未来，与宇宙自然等关系的一个枢纽。因此，保护庙和碉就不仅仅是保留了建筑技艺，而是保护了羌文化的思想内核，具有凝聚当地群体的巨大作用。有了这样一个场所，羌文化才有中心，才能回还其运转的轨道。所以尽管十几年没集体还大愿，尽

---

① 根据 2010 年 8 月 21 日下午采访朱金龙、朱忠福录像整理。
② 根据 2010 年 8 月 23 日上午采访陈兴亮录像整理。

管大大小小的各种庙子和两座老碉废弃了几十年，但在当地羌人心中地位却依然没变。显然，政府对此认识不足。盲目的投资不但使有限的保护资金没有发挥应有的作用，还破坏了文化生态和自然环境。实际上只要花少许投资修缮老羌碉和山神庙，羌文化活态传承的诸多难题便可迎刃而解。当然，这与国家对此类活动具有封建迷信性质的观念未改有关，也说明学界未能及时跟进廓清人们认知上的障碍，为政府的决策提供依据和参谋。

值得一提的是，2011年7月中旬阿尔村爆发了一场泥石流，传习所底层全被淹没，而羌民住房却均无受损。我们不应怀疑传习所是按照标准选址的，但显然这些标准在情况复杂的羌区，不如羌人传统经验周密、完善。从中也可以得到启示，缺乏深入研究的盲目保护，尽管出于善意，结果却很可能事与愿违。

三是发展现代教育应与维持羌文化传统教育相结合。

阿尔村小学始建于1944年，校址位于巴夺寨，建校以来教学从未废止。2008年"5·12汶川大地震"，校舍部分垮塌。2008年8月，一家名为"东方家园"的公司通过中国教育发展基金会捐赠650万元人民币，原址重建阿尔小学。2009年12月21日汶川县政府向文化部汇报的《汶川县羌族文化生态保护实验区建设情况汇报》中称"在全县拆并村级小学中，因龙溪乡阿尔小学保留了羌语特色教学而被保留外，其余村小一律并入乡镇中心小学"。但到了2010年4月1日，汶川县教育部门便把阿尔小学3—6年级全部并入八九公里外的山下龙溪中心小学，学生人数骤减。2010年11月22日，汶川县政府出台文件《关于教育工作有关问题》，其中第一条为：

关于阿尔小学资源整合问题。由于阿尔小学生源少，未发挥学校的功能，为避免资源浪费，按照全县校点布局方案，龙溪乡人民政府负责将阿尔小学与龙溪中心校（按：即龙溪中心小学）整合，村小房屋建筑等国有资产移交给阿尔村，教育设施设备移交给龙溪乡中心学校（按：即龙溪中心小学），务必于11月30日前完成。①

由于多数村民和全体家长极力反对，未能如期实施。但其后教师被调离，阿尔小学名存实亡。

教育部门"撤点并校"其实由来已久，从20世纪80年代中期起便已陆续进行。其间，撤点并校政策因存在诸多问题而放缓了实施，汶川更由于多为山区，路途遥远和其他多种原因而没有在乡镇真正执行，因此村校建制基本未变。2008年地震后汶川的许多学校需要重建，为节约资金、整合资源，才大力推行撤点并校政策。阿尔村小学被逐步撤并就是在这样的背景下发生的。实际上在上述事件之前，龙溪中心小学与阿尔村民之间就发生过冲突。原因是龙溪中心小学在并走阿尔小学3—6年级后不久，专门派车到阿尔小学，欲将教学设备一起运走，阿尔村民意识到这有取消阿尔小学的迹象，于是群起设障堵截，才把教学器材留住。

以上现象究竟孰是孰非呢？在当前的时代背景下，应该认为是地方政府和教育部门在推行撤点并校政策时缺乏非物质文化遗产保护意识，未能充分考虑羌文化保护的问题，也未能认识到羌

---

① 摘自2010年11月22日汶川县人民政府办公室《领导批示·第23期》。

文化的传承有其特殊性。在多次冲突中，阿尔村的村民已反复申明他们反对撤校的主要原因是担心小学生离家住校后羌语及其他羌文化会丢失。

阿尔村人的担心并非没有根据。因为山下龙溪乡政府所在地，羌语几近消失，绝大部分羌民已不会说羌语，龙溪中心小学的羌语教学也不正常、不完善，在学校里更无法接触其他羌文化。可以想象，即使羌语教学完善，也必将由于非羌语大环境的影响而流于形式。或者再退一步，难道掌握羌语就等于掌握羌文化全部了吗？有人可能会反驳，校中课间也常常组织师生跳羌藏锅庄舞蹈，不也有羌文化吗？只要对羌文化稍有了解便知道，这种娱乐性的歌舞和羌文化的实质相去甚远。而对娱乐歌舞的偏爱其实恰是现代文明审美观、价值观的具体表现。

还有人会说，阿尔村人担心羌文化丢失是借口，因为他们还提出了许多现实问题，比如安全、伙食、卫生、费用太高、幼童生活自理能力差等等，这些现实问题才是主因。其实不然。阿尔村人提出的现实问题当然是事实，也是应该考虑的问题，但还不止此，这些问题同时也是阿尔村人为使反对的理由更充分而提出的，以达其保护羌文化之目的。这一点，只有长期接触，并经历事件始末才能体会阿尔村民维护他们自己文化的愿望之强烈。这种愿望的成因比较复杂，一部分是由于他们远离城镇，生活习性与外界相去较远，并不如常人认为的那样十分羡慕山下生活；一部分是受进山考察的学者影响；还有就是近几年非物质文化遗产保护宣传的结果等等。也就是说，村民们明白说出来的原因未必就是其背后真正主要的原因。前面强调"体察感知"，原因也在于此，客观得到的证据并不等于客观事实，需要主观去体悟。

说偏远的阿尔村民维护羌文化是受非物质文化遗产保护工作影响也是有根据的，阿尔村是羌族文化生态保护实验区的试点和重点，几年间阿尔村已接待过无数的为保护非物质文化遗产而来的官员、学者、学生、志愿者、商家、国际组织等，可以说保护羌文化的意识已经深入阿尔村每一个人的心里。一次闲聊，话并不太多的余世荣忍不住对保护羌文化和羌语问题发表了一通很长的议论：

> 结婚这些事情，解放过后，在五八、五九年那个时候都还在做，兴老规矩，过后这些规矩，都没有了。五六十岁的这些人都还记得，了解这些情况，是怎样做的。现代三十多岁四十岁这些，对这一些的话，就根本不懂了。所以，对这个事情，我说党中央和国务院和各级人民政府，对这个民族的风俗习惯还是非常之尊重，特别是我们这个羌文化。人家相当之重视和挽救，但恰恰有些时候，我们这个地方的一些人，虽然是属于边远山区的人，好像以为他的思想觉悟很高，其实那些人，他们把自己民族和自己的语言丢掉了，有啥意思嘛。没有多大意思。没有多大意思！国家付出这么大的精力来挽救我们的羌民族和羌文化的这些风俗习惯，为啥子嘛？还是为了保护我们这个羌民族。但我们这的有些人还是对这些事情不能够很好地理解。他以为他会说几句羌话，也会说几句汉话，他以为他很不得了。你其实啥子不得了嘛。你就是半句汉语说不来，都不存在（按：不存在即没关系），但

羌语必须应该是畅通无阻地说出来。在我们阿尔村，要说整个羌语完整地说得出来的大概找不到几个了。（笔者：哦？只有几个人？）是说完整的羌语。七十多岁和八十岁这些年纪的人他就能够把羌语说得整个完整，以下的这些，懂不懂？懂一点，但是要他把整个的羌语全部说完整，大概他就不行。我现在有一种看法，就是我们这个地方，生下来的小孩，他刚刚能够说话的时候，有的人就要教汉语，这个实际上他就错了。为什么他错了啊？这个汉语，他到了七岁或者五六岁，一个是五六岁的进幼儿园，老师对他教的是汉语嘛，对不对？他到了七八岁，进一年级的时候，他对汉语就更懂了。那么你从小就教了汉语，对羌语一句都没教的话，他出去读书，一直到读书毕业，（虽然）有些时候回家里来，（比如）放假啊，回来以后他们爹妈说羌话，他可能在耳朵上听得到一点，但是他就说不出来，甚至有些时候爹妈说的这一句话究竟是啥子意思他都不懂。所以在我们这个阿尔村，现在就存在小娃娃会说羌话的人很少了。他懂不懂呢？懂一句，但是啥子意思就不能理解。对这些，我们早还是跟他们说过，既然我们是个正宗的羌族嘛，应该首先要把自己的子女，教他们说羌语。汉语很容易学，他只要一进学校以后，他就会说汉语啰。你在学校上没得个羌语老师，学生娃娃咋可能把羌语学得到呢？我们还是多次说过这些事情。……继续下去，羌族就要变成汉族。我们龙溪乡只不过阿尔村和马灯、垮坡村、还有俄布村，这几个村好像打了一个羌族村，其余的联合村、布兰村、大门寨，还有龙溪村，这些百分之九十的人全部说汉话，可以说二十多岁三十岁那些，羌语一句都不懂。挂个名，我是羌族，你羌族你会说两句羌话不？可以说你半句都说不出来。这个羌话是最重要，……不要以为，哦哟，这个娃娃以后汉话都不会说，读书就不得行，不至于！在我们这个村，从解放后一直到现在，出去工作的，县一级嘛，县级干部，县委副书记还是有撒，科级干部、局级干部这些多撒。他们同样是直到现在还是会说羌语嘛，人家都还说得非常之流利。当时他们在我们这些地方读书的时候，他们白天进学校跟老师说汉话，晚上回来在家里跟爹妈一起说羌语，人家就对的撒。县级、县团级干部有好几块（按：几块即几个）嘛，人家同样还是能够出去。那你现在从小就喊他说汉话，他就当个省委书记啊？那不可能的事。这个，始终，命运，还有是你自己自身能力强不强，你文化知识高与低，首先还是靠你自己个人，对不对？学了羌语以后把你的汉语这些妨误了，大概没这回事吧。①

朱光亮谈他学下坛经的经历时话题也时而会忍不住转到羌语上：

（经文）就口头传嘛。……还有些羌语话，是没听到过的羌语话，恼火的嘛，念不实在的嘛。现在一般的人，你说我们来数钱，一元钱，两元钱……，十元，汉话咧他就一百两百都数得起，当地我们的羌语话，喊他数，十块钱都不得行。

---

① 根据2010年8月18日午后与余世荣闲谈录音整理。

有些记性好的咧，五块，六块满了音就变了，就念不出来，我们就得行。我三五年生的嘛，原来是尽说羌语话。汉话，你下街街买个啥子东西嘛，就吼（按："吼"在此为"讲"之义）点汉语就是。哪里（像）现在那样，哎哟，娃娃（开始）就教汉语。读书的人要学，但是我们这儿出去的老师七十几八十几的那些，当老师的，（包括）退休，死了的那些，从来就不教汉话，人家就读书，读书就学到了汉话。学到啰，羌语话就忘记，不说羌语话，舌头就短，咬不实在。懂不懂？全部懂，啥子话都懂，就是说不巴实。现在这些只学汉话，说羌语话就咬口。懂得到吗？懂，一分一厘瞒不到他，但说不来的嘛，我们这里寨子上有几家人的娃娃，啊呀，学汉话。和他说话咧，他啥子都懂，就不跟你说羌话，说的汉话。我说他们，先要学羌语，羌语学会啰，汉语自己就能学到。他说，学到汉话，读书要聪明一些。我说读书聪明，聪明个啥子。……那些汉语该不该教？该教。（但）我们羌族人的嘛，主要是羌话，汉族人嘛就说汉话。这些事，有些恼火。①

而一些较年轻的村民则说自己"以前哪里重视羌文化哦，后来搞保护了，还有你们开始研究了以后呢，大家七说八说，才开始重视了"。

保护非物质文化遗产，一个常提的话题是希望加强人们保护本民族文化的文化自觉意识。可以说，阿尔村人保护羌文化的意

---

① 根据2010年8月20日上午采访朱光亮录像整理。

识已经从不自觉走向了自觉,或者说原来不太强,现在得到了加强。可如此难得而可贵的意识,却为一些缺乏文化自觉的国家工作人员掐灭了。所以前文指出非物质文化遗产保护当前的主要问题仍然是意识问题,就包括这种情况。

那么,阿尔小学事件应该怎么处理呢?首先,应尽快恢复阿尔小学的教学。然后,可以考虑充分利用阿尔小学的资源,把阿尔小学发展成另一个中心小学,生源主要是周围羌寨的适龄学生,把阿尔小学作为保护羌文化的一个基地。既如此,就要加强阿尔小学的教师队伍。另外,这些执教的教师可以是流动的,也可以是长期固定的,他们一方面是老师,教授学生外界的知识,一方面又是学生,要积极学习和了解羌文化,变成对羌文化的价值有较深层次的认识和真正尊重羌文化的教师。那样,当他们离开阿尔村后,也就能在其他地方对人们,包括学生、家长和其他教师,以至社会,应该如何看待羌文化进行引导,甚至可以开展羌文化的教学活动。

从阿尔村的教学历史看,村寨设校是有利于羌文化的保护和传承的。前面提到的被老辈们批评的部分年轻人,虽说过去心里不太热爱羌文化,但由于村中有一间完全小学,使之整个童年期都不必离开阿尔村,于是有机会长期接受羌文化教育,所以他们的羌文化水平仍然很高。由前文对羌文化的研究可知,羌文化的教育主要是实践,通过听、看、模仿、操作等方法,在长期的熏陶中习得。阿尔村人上面的言论也反映出,过去在村中设小学的方法,现代教育和羌文化教育两者都能兼顾。

以上意见甚至可以推而广之,在一些较为重要的保护区域试行。这种教育就不仅仅是教育的问题，还肩负着保护非物质文化遗产和延续中华文脉的历史重任。不过，现在需要面对的另一个问题是，就算人们已有了保护意识，但如果地方没有权力根据实际情况进行调整，那么，阿尔小学仍然难逃被架空的命运。

因此建议，对于文化遗产较为完整、集中和重要的文化生态保护实验区，国家应该在政策上有所倾斜，使这些重点区域的各职能部门在遇到与保护文化遗产相关的具体问题时，有根据实际情况灵活处理的权力。或者有申请特殊政策的较为通畅的渠道，而不应仍然实行全国统一的政策，或难以调整，以免因地区差别而以多样性为显著特征的文化遗产在保护方式上趋同和单一化，违背了维护文化多样性这一原则。

此外，还要指出一个认识上的误区，即以现代教育体系的学历标准来判断羌人文化水平高低是片面的，在羌文化方面，阿尔村羌人均有很高的文化水平。例如，余世荣虽然只有小学三年级文化程度，但其羌文化水平在阿尔村却是首屈一指的。人们若无此认识，在推行现代教育时就会常常意识不到要兼顾保持羌人自成一格的传统教育模式，而会有意无意地改变之，甚或以禁绝、铲除为成绩和荣耀，这将使羌人的羌文化水平急剧下降，严重威胁羌文化的承传。

当然，有了前面的研究和分析，在保护羌文化方面可以提出的具体意见远不止以上这些，实际上针对每一具体保护行为都可以有所建议，限于篇幅和文体，在此只能择其要者而言之。

结语　回归自然

一

至此，阿尔村羌文化，这从远古走来的文明，其形貌，其特质，其形成，其承继，其演变，已尽述如前。而贯穿这诸多问题的主脉，演绎出其百态千姿的根本原因，则可以概括为"自然性"，亦可说是"自然而成"。这也正是本论文以"自然"为母题的原因。

不过，还需要说明，这"自然"，实包含有以下三层含义：一是羌文化不是按照人的某种主观意志和理想人为建构起来的，而是羌人生活的点滴累积落成；二是羌文化是处理，或说反映人与自然万物之间相依相存关系的一种文化，人在自然在，反之亦然，自然在人也就在；三是人及其文化实乃自然产物之一种，并无所谓的"人化自然"和"自在自然"之区分，"人化自然"不过是"自在自然"之一态，"自在自然"则是人及其他所有自然物"'人'化自然"之集合。人与自然难分彼此，并非像某些理论认为的那样人独立于自然，高于万物而存在，也并非只有人才有思想，才有文化，才有审美，才有社会，只是人自身无法逾越的生理上的局限阻碍了人对其他自然物及其行为的理解而已。有幸的是人还有超离物质形态的意识，使人有可能通过其他方式获得一定程度的感知。羌人则对此有着深刻的认识，并充分地利用着，这使他们超越了人，超越了物质，与自然融为了一体。

以上这些，与其说是为解释羌文化而发生，毋宁说是解读羌文化过程之发现，是羌文化给予的启示。

二

前文对阿尔村羌文化面临之困境，及解困之对策也做了分析和探讨。在此，还想沿着羌文化的自然特性，进一步说明和强调，也正是羌文化的自然性，决定了这种文化具有地域性、特殊性和多样性。

如是说，目的乃提醒人们注意，在羌文化研究中，以往研究的绝大部分是把所谓的"羌族"作为一个整体来看待，将不同地域独特的文化形态视为全体"羌族"共有的、有代表性的文化产物，忽视，甚至无视生存环境、羌人来源、文化地缘等诸方面的差异可能对羌文化产生的深巨影响，人为地建构出一种"羌族文化"，使人产生了许多错觉，对研究分析造成不少干扰，影响了研究结论的准确性及可信度。最为危险的是在非物质文化遗产保护中许多人误以为这种人为拼凑而成的"羌族文化"便是真实的羌文化，常常将其强加于差别明显的羌人居住区，使得有些保护措施偏离实际情况，产生了破坏效应。

"羌族"这一称谓，具有某种统一和整体的含义，这是在特定的历史背景下被赋予的，有其特定的价值和意义。但在文化研究中，却应清醒地看到其内部形态的复杂和多样，尤其在强调文化多样性的非物质文化遗产保护中，更须特别谨慎，不应简单化、规范化。

为避免保护中的张冠李戴、以偏概全，笔者主张，在非物质文化遗产保护中，应尽量少用或不用已经有较为固定含义的"羌族"来定义羌人的文化，代之以较为宽泛的"羌文化"或"羌区文化"，若有必要使用"羌族"一词时，则要充分考虑其适用范围，并加明确说明和着重强调。在未对羌区各地文化作深入辨析比较之前，应淡化其文化形态上的同一性，而应突出其基于自然性、因地制宜生存原则而表现出的差异性、多样性。相应地，保护羌文化的方法也应结合实际，不能是单一的，而应是具体的、多样的。

三

另外，关于传统与现代的问题，还需要补充一点，即，一种具有自然性的文化，往往是历史割不断的文化。这，可以结合中国传统文化整体来看。因为羌文化本就是中国传统文化的重要组成部分，又都具有自然性的特点。

多少年来，人们已经习惯于把传统视为一已然过去之物，取而代之的是全新的，迥异于传统的现代，并认为，过去的将一去不复返，未来将是一片崭新的天地。由是，随着近代的开始，随着清王朝的覆没，中国之传统也就戛然而止。其后的所谓"传统"，只不过是过去的一种遗绪，也是一种不合时宜的存在，因而，过去的所有一切，于时人眼内，自进入近代开始，便全线衰落，在人们的话语论调中，在学术研究的历史分期里，无一不是如此。但笔者以为，这样的论断，恐怕下得太早了点。

并不是要勉力为传统说话，也不是要为保护非物质文化遗产立言，只是，人类的文明，怎么可能就这么简单地截断重造呢？一种历史悠久的文明，又怎么可能如此不堪挫折呢？假若真是如此，那中华文明、羌文化又如何能够走出重重困厄，延续至今？虽然，19世纪人们惊呼中华古国遭遇的是"数千年未有之大变局"，但想想，过去的数千年，难道真的如此单纯吗？这数千年的文明和历史，又难道是自始而终的吗？从战国的离乱、南北朝的混战，到元、清的易主，无论是时长，还是烈度，抑或文化的冲突，都甚于近世。当其时，又有多少人不深感"大变局"之来临？我们岂能因那为时势而造的夸张文辞遮蔽了双眼、束缚了手脚、限制了思维？实际上，过去数千年的历史，正是形塑中华文明的历史，也是华夏儿女在顺境里思考，在逆境中拼搏，从而选择和创造文化的历史，因此，和羌文化一样，中华文明是在大大小小无数的"变局"中择选、锤炼而成，深积着、饱含着生命力和人类的生存智慧与顽强精神。应该说，这是一种只有心法，没有定式的文明，而其心法就是自然性。故而，要判断这些传统是否真的凋亡，只看区区一二百年的历史，实在太短，还须"风物长宜放眼量"。即使这期间有着剧烈的形变，谁又能说不是一种顺应自然的、能进能退、能张能弛、能屈能伸、善于应变的古老文化的躲闪、腾挪,以退为进的智慧呢?这样看,具有自然性的文化就是最富生命力的文化,而这种文化的历史,就是"抽刀断水水更流"的历史,是"野火烧不尽,春风吹又生"的历史,也就是割不断的历史。

因此,有自然性的文化,是不会在现代的巨大压迫之下彻底断流的,相反,违背了自然的现代,未来却不甚长远,也不甚光明。非物质文化遗产保护的提出,正是现下人类在未来走向上开始重新取舍抉择的反映,是对现代的质疑。

在非物质文化遗产急需抢救、急需保护的语境里,强调传统文化生命力之顽强,是否自相矛盾、背离主旨了呢?其实不然,如果对传统与现代没有准确、客观、清醒的认识,不能还复传统文化应有的地位,传统文化就无法堂堂正正、光明正大地进入人们的生活和思想,保护下来的非物质文化遗产也就多是现代的附庸,无法将"现代"导入正轨。一旦现代的积弊集中爆发,大局之稳定必将难以维持,那就会给人类造成巨大灾难。而由于合乎自然之道的传统的散失,"礼失求诸野"的过程就会很漫长很艰难,这样,苦难的过程也就会相应地变得很长。因此,看到非物质文化遗产内在的生命力,并不是说可以随之自生自灭,反而是知其可贵,更需敬重和珍惜。

当然,从大历史的角度看,传统与现代,并不是一种对立的关系。任何文化,都是历史地产生,历史地存在,也是历史地变化着的。所谓的现代,不过是传统的现时表现而已,传统与现代并无实质性的区别,那些一定要把现代与传统截然分开的想法和努力,在表面上短期内或许可能,但在本质上,应该说,是无法实现的,至少从长远看是如此。

四

尽管笔者已经五进阿尔村,尽管前前后后累计已经和阿尔村羌人朝夕相处了整整四个月,尽管阿尔村的许多山峦、人物,以至沟沟坎坎已经熟然于胸,然而明显地,纵使是针对一个偏远的、闭合的村寨,要真正深透完整地认识其文化,这些仍然是远远不够的。还记得,每次去,总会有许多的新发现;每次去,也都会感到认识又深入了一层。但其实,这些新发现和深入认识,只不过是对自己过去诸多误识一次又一次的纠正再纠正、澄清再澄清罢了,很难说现在看到的"本相"就是真的本相,更不知那远未弄清楚的许多问题背后包含着的本相又将有多少会推翻自己已得出的结论,于是也就无法想象下一次再去,又将深入多少,又将自我否定和纠正几何?羌文化之博大、深邃、复杂、玄奥,由此可知。

建立在如此浅薄知见基础上的研究,自然也只能是蜻蜓点水似的,尤其是文中所提的一些个人见解,更是甚不成熟,甚不完善。实际上,这些仅仅是笔者在求解自己脑海里无数困惑的过程中,限于自己的认识水平,无法在自己现有知识体系内找到合适答案的情状之下不得不为的做法。笔者深知前人认知的深透,也明知井底之蛙的狭隘,但在自己见识有所增广之前也只好如此。因此,此书不过是笔者的一种自我解惑罢了。除此以外,由于笔者自身才力薄疏,积累不丰,识见单弱,文字功底又甚浅,以致常常思竭词穷，言不达意所在多是。然在现有条件下，也只能点到为止，仓促而草率地成书了。

　　有以上这许多问题和困难却依然执拗地坚持愚见，根本的支撑力应该是来自调查中累渐叠加的实感和体认。记得自己初次赴羌，即将离开阿尔村之时曾感言："我劝世人慎善举，须知羌山水自成。"没想到这一判断始终未改，还在一次次的往返中得到强化和放大，以致根深蒂固，挥之不去。就让这基于朴素的直觉和虽经过了三年反复推敲验证仍自觉不成熟的研究作为后学的笔者在中国非物质文化遗产保护这个学术新领域的一次初步尝试和大胆探索吧。并不奢望这些不成熟的、自我释疑的想法和意见能说明和解决什么实际问题，如果不期遇地引起和自己有类似困惑之士的注意，进而有所警惕和反思，去寻求更为准确的答案，拟订更为妥善的保护方略，这粗莽行文便因之而获得价值矣。

参考文献

一、中文书籍

（汉）司马迁：《史记》，中华书局1959年版。

（汉）许慎：《说文解字》，九州出版社2001年版。

（北魏）郦道元注：《水经注疏》，杨守敬、熊会贞疏，段熙仲点校，江苏古籍出版社1989年版。

（南朝宋）范晔：《后汉书》，中华书局1965年版。

（宋）欧阳修、宋祁：《新唐书》，中华书局2000年版。

（元）脱脱等：《宋史》，中华书局2000年版。

（明）《明实录》，台北"中央研究院"1962年影印原北平图书馆藏本。

（明）宋濂：《元史》，中华书局1976年版。

（清）《理番厅志》，清同治五年（1866）本。

（清）《清高宗实录》，中华书局1985年影印本。

（清）陈克绳：《保县志》，毕成裕校注，阿坝州地方志编纂委员会，1998年。

（清）严可均辑：《全后汉文》，许振生审订，商务印书馆 1999 年版。

（清）张廷玉等：《明史：简体字本》，中华书局 2000 年版。

（清）李锡书：《汶志纪略》，罗晓林、兰玉蓉、张通霞等校注，汶川县史志编纂委员会办公室，2004 年。

（清）顾炎武：《日知录集释（全校本）》，黄汝成集释，栾保群、吕宗力校点，上海古籍出版社 2006 年版。

梁启超：《饮冰室合集：专集之八十六》，中华书局 1936 年版。

赵尔巽等：《清史稿》，中华书局 1977 年版。

鲁迅：《鲁迅全集》第八卷，人民文学出版社 1981 年版。

陈鼓应注译：《庄子今注今译》，中华书局 1983 年版。

陈鼓应：《老子注译及评介》，中华书局 1984 年版。

马长寿：《氐与羌》，上海人民出版社 1984 年版。

冉光荣、李绍明、周锡银：《羌族史》，四川民族出版社 1985 年版。

章太炎：《章太炎全集（五）：太炎先生文录续编》，上海人民出版社 1985 年版。

杨伯峻编著：《春秋左传注（修订本）》，中华书局 1990 年版。

程俊英、蒋见元：《诗经注析》，中华书局 1991 年版。

四川省阿坝藏族羌族自治州汶川县地方志编纂委员会编：《汶川县志》，民族出版社 1992 年版。

王康、李鉴踪、汪青玉：《神秘的白石崇拜：羌族的信仰和礼俗》，四川民族出版社 1992 年版。

陈吉元、陈家骥、杨勋主编：《中国农村社会经济变迁

（1949—1989）》，山西经济出版社1993年版。

周锡银、刘志荣：《羌族》，民族出版社1993年版。

孙农斋主编：《四川省地图册》，成都地图出版社1995年版。

《理县志》编纂委员会编纂：《理县志》，四川民族出版社1997年版。

四川省阿坝藏族羌族自治州茂汶羌族自治县地方志编纂委员会编：《茂汶羌族自治县志》，四川辞书出版社1997年版。

祝世德：《汶川县县志》，罗晓林校注，阿坝州地方志编纂委员会，1997年。

费孝通：《乡土中国 生育制度》，北京大学出版社1998年版。

费孝通主编：《中华民族多元一体格局（修订本）》，中央民族大学出版社1999年版。

祝世德：《大禹志》，罗晓林校注，汶川县史志办，1999年。

和志武、钱安靖、蔡家麒主编：《中国各民族原始宗教资料集成：纳西族卷·羌族卷·独龙族卷·傈僳族卷·怒族卷》，中国社会科学出版社2000年版。

卢丁、〔日〕工藤元男主编：《羌族社会历史文化研究：中国西部南北游牧文化走廊研究报告之一》，四川人民出版社2000年版。

徐平、徐丹：《东方大族之谜：从远古走向未来的羌人》，知识出版社2001年版。

赵德馨：《中国近现代经济史：1842—1949》，河南人民出版社2003年版。

何斯强、蒋彬主编：《羌族：四川汶川县阿尔村调查》，云南大学出版社2004年版。

龙溪乡人民政府：《汶川县龙溪乡志（1911—2000）》，内部资料，2004年印刷。

萧一山：《清史大纲》，上海古籍出版社2005年版。

杨伯峻译注：《孟子译注》，中华书局2005年版。

徐平：《文化的适应和变迁：四川羌村调查》，上海人民出版社2006年版。

陈兴龙：《羌族释比文化研究》，四川民族出版社2007年版。

费孝通：《江村经济》，上海人民出版社2007年版。

焦虎三：《云端的阿尔村：一个羌族村寨的田野记录》，重庆出版社2007年版。

秦和平、冉琳闻编著：《四川民族地区民主改革大事记》，民族出版社2007年版。

汶川县史志编纂委员会编：《汶川县志（1986—2000）》，巴蜀书社2007年版。

冯骥才、向云驹：《羌族文化学生读本》，中华书局2008年版。

蒋彬主编：《民主改革与四川羌族地区社会文化变迁研究》，民族出版社2008年版。

李鸣：《碉楼与议话坪：羌族习惯法的田野调查》，中国法制出版社2008年版。

李鸣：《羌族法制的历程》，中国政法大学出版社2008年版。

秦和平编：《四川民族地区民主改革资料集》，民族出版社2008年版。

四川省少数民族古籍办公室主编：《羌族释比经典》，四川民族出版社2008年版。

星云大师:《六祖坛经讲话》,新世界出版社2008年版。

中国科学院地理科学与资源研究所编制:《汶川地震区域简明地图册》,星球地图出版社2008年版。

杨伯峻译注:《论语译注》,中华书局2009年版。

《中国少数民族社会历史调查资料丛刊》修订编辑委员会四川省编辑组编:《羌族社会历史调查》,民族出版社2009年版。

张曦主编:《持颠扶危:羌族文化灾后重建省思》,中央民族大学出版社2009年版。

贾银忠主编:《中国羌族非物质文化遗产概论》,民族出版社2010年版。

田青:《捡起金叶:田青"非物质"·"原生态"文论集》,文化艺术出版社2010年版。

赵曦:《神圣与亲和:中国羌族释比文化调查研究》,民族出版社2010年版。

周毓华编著:《白石·释比与羌族》,中国文联出版社2010年版。

阿尔村人编著:《阿尔档案》,文物出版社2011年版。

二、论文

伧父(杜亚泉笔名):《中华民国之前途》,《东方杂志》1912年第8卷第10期。

高劳(杜亚泉笔名):《革命战争之经过及其失败》,《东方杂志》1913年第10卷第3期。

王纲：《"湖广填四川"问题探讨》，《社会科学研究》1979 年第 3 期。

顾颉刚：《从古籍中探索我国的西部民族：羌族》，《社会科学战线》1980 年第 1 期。

耿静：《羌族研究综述》，《贵州民族研究》2004 年第 3 期。

阮宝娣：《羌族释比与释比文化研究》，中央民族大学 2007 年博士学位论文。

常倩：《近百年来羌族史研究综述》，《贵州民族研究》2009 年第 3 期。

邓宏烈：《国内外羌族宗教文化研究评述》，《中央民族大学学报（哲学社会科学版）》2010 年第 1 期。

孔又专、吴丹妮：《各为其功 筚路蓝缕：羌民族宗教、文化研究百年（一）》，《阿坝师范高等专科学校学报》2010 年第 2 期。

孔又专、吴丹妮：《百家争鸣 渐成显学：羌民族宗教、文化研究百年（二）》，《阿坝师范高等专科学校学报》2010 年第 3 期。

巫宇军：《继承并培育文化自觉：中国非物质文化遗产保护的现时思考》，《团结报》2010 年 10 月 30 日。

赵旭东、黄承伟、盛燕：《震后羌族非物质文化遗产的现状与保护：以羌族"瓦尔俄足节"为例》，《中国农业大学学报（社会科学版）》2010 年第 27 卷第 1 期。

三、译著

〔德〕卡·马克思：《马克思恩格斯全集》第十三卷，人民出版社 1962 年版。

〔英〕W. C. 丹皮尔：《科学史：及其与哲学和宗教的关系》，李珩译，张今校，商务印书馆 1975 年版。

〔美〕艾恺：《世界范围内的反现代化思潮：论文化守成主义》，贵州人民出版社 1991 年版。

〔美〕葛维汉：《羌族的习俗与宗教》，耿静译，饶锦校，李绍明审订，载李绍明、周蜀蓉选编：《葛维汉民族学考古学论著》，巴蜀书社 2004 年版。

〔美〕爱因斯坦：《狭义与广义相对论浅说》，杨润殷译，胡刚复校，北京大学出版社 2006 年版。

〔英〕牛顿：《自然哲学的数学原理》，赵振江译，商务印书馆 2006 年版。

〔英〕布罗尼斯拉夫·马林诺夫斯基：《西太平洋上的航海者》，张云江译，九州出版社 2007 年版。

〔美〕保罗·拉比诺：《摩洛哥田野作业反思》，高丙中、康敏译，王晓燕校，商务印书馆 2008 年版。

〔美〕雷·斯潘根贝格、黛安娜·莫泽：《科学的旅程：插图版》，郭奕玲、陈蓉霞、沈慧君译，陈蓉霞校，北京大学出版社 2008 年版。

〔英〕赫胥黎：《进化论与伦理学（全译本）》，宋启林等译，北京大学出版社 2010 年版。

四、法规文件

联合国教科文组织:《保护非物质文化遗产公约(2003)》,中国非物质文化遗产网·中国非物质文化遗产数字博物馆,http://www.ihchina.cn/Article/Index/detail?id=11668,2003—12—08。

参见《中华人民共和国非物质文化遗产法》第三条,中国非物质文化遗产网·中国非物质文化遗产数字博物馆,http://www.ihchina.cn/Article/Index/detail?id=11569,2011—02—28。

后　记

　　能勉强草出此书，对于性钝智愚、事事后知后觉的我来说，实在是万幸，在此之前我无时不在哀叹这是自己无法完成的任务。然而，文字行至此处，我却还远没有完成的感觉。除了因为那不堪回首的日日夜夜余悸仍在，更因为这言不及义、论证甚不充分严密的"满纸荒唐言"让我唯想重新来过，可是"大限"逼至，却不得不赤条条地"示众"了。心中是无尽的惶恐。

　　选题之缘起书中已有交待，但我实在不知自己为何胆敢涉足这完全陌生的领域，选择这远远超出自己能力的题目。转变只在一夜之间，念头突然袭至，不是没有犹豫，但决心何以下得如此之快？是因为无知而无畏？是源于恩师田青先生先前有意无意的几次提及？又或是先生对我的新选择不假思索的、没表示出反对的"肯定"和当即联系的"支持"？但先生分明是允许我反悔的，可我又为何自踏上此途便无回头的哪怕一闪念？直到进入写作阶段才发现，我对自己的能力实在太缺乏判断力。

　　我由工科转入音乐学，后又转向艺术学，如此大跨度而且频繁地转换专业，根基之浅薄可想而知，按六年前初见先生时，先生第一句话的说法,是"靠着考试上来的"。尔后证明,我这考试的本领也极其有限,能够继续从师,全赖先生垂怜不弃。"自己缺什么自己知道",这是六年前先生开给我的"书目"。乍闻此言,凛然一惊,扪心问去,哪里是"缺"的问题,而是一无所有。几年来我揣着这张"书单",时时数点,看有所增进否。青春过尽始思书,白手起家片瓦无,说不出的是窘困和苦楚。"字无百日功",这是第一次随师兄师姐们与先生共餐时听到的教诲,随即成为了自己坚持的定心石,也是渺茫但可憧憬的一线希望和想象。然而基础实在太差,无论是文字表达,还是知识储备,或是材料组织能力,都远不足担此选题之任,论文的艰难相当部分就是源于此,即使有想法也说不清证不明。"大胆写。说过头了可以改,实在不行可以删。""做学问要有风骨。"类似的话是先生常说的,对我影响至深。行文中自己在对冒出的一些不合常理的念头"大骇"的同时还敢"胡说",勇气和动力就来自这里。

先生指导方式与众不同,极少专门的上课。有人认为这是先生太忙之故。其实非也,即使"不忙",也是如此。有时提问,也不作答,"自己悟去"。讲究体悟。这怕是最具中国传统意味的传承方式了。禅宗就不必说了,子曰"不愤不启,不悱不发"。大概也是此义。与余明海关键处"指破一下"道理亦通。不过这"启"、"发"和"破"却须自己多学多思多揣摩,待时机成熟,闻机而破。"学而不思则罔,思而不学则殆"该也含有此理。一年里与先生面晤次数虽不多,然必有所得。去岁写作开笔不畅,几经反复,踌躇无计之时,适逢教师节与先生共聚,席间先生与新入学同门之间的对答化去了我心中一结,写作才得以长驱而进。现代教育提倡寓教于乐，中国传统教育却寓教于事，于具体生活中，根据实际情景言传与身教，先生所持正是此法。因此先生即使正式上课，也多是"故事会"，以当下现实实例为剖析对象，直观可感。我想，先生传授的应该主要是思想和方法，而非知识。不知别人如何，此法看来很是适合我这反应极其迟钝之人，因为先生每指出一个问题自己总要苦思甚久，短则半月，长则数年。若短时间大量接触新思想新知识，我的榆木脑瓜只怕应接不暇，反应不过来，要食而不化了。

"语法错误，这是不允许的！"先生很随和，但对学业要求很严，有时批评，语气还很重，不过最严厉的是："做人应该宽容。"淡缓的语调，我却如芒在背，最感惶恐，因为先生从我文章的措辞看出了隐藏不住的自己品性深处的丑劣一面，可我又常不自知，先生道"那更麻烦"。这是他最为蹙眉和担忧的地方。自进入中国艺术研究院，我的认知乃至人格都有了根本性的变化，许多是颠覆性的，但在这一点上，改变虽也不小，却始终感觉未能得"道"，似乎很近，又似乎很远。

六年矣，追随先生，岁月悠悠如水，然而学问依旧无成，做人至今未正。难哉，求学问道！敢有须臾懈怠乎？！

由于自己定力太差，不得不逃遁隐匿，避居一寓写作。可不辞而别、音讯俱断却导致先生牵挂担忧多时，心中甚为歉疚，由此也更真切地感知了先生的爱徒如子之心。每念及此，木讷的我更是感而无言。

"没有师父，哪里有我嘛"，这是我在阿尔村听到的最为难忘、最有同感的话。阿尔村人总是这样，语言质朴，却每含深意，一语中的。原本怀着"拯救"之"使命"前往，结果是自己受教无穷。

阿尔村对我的影响，远不是完成一篇博士学位论文那么简单，它在我面前打开了一部大书，展示出一个崭新的、深广的思想维度。我人性上有许多难以涤除的缺陷和弱点，有些就是为羌文化"化"去的。

中国艺术研究院的文化氛围让我得以渐渐地"变化气质"，不断完善人格，向往宽厚与善良。在当代社会，这种环境已是难得之净土。可此理想似乎处于彼岸，须努力追求。诚然，能有所追求乃人生之大乐事，但似也是永远无法抵达目的地一般的苦旅。生活在现代社会中的人总是以各种方式表达自己从善之愿，这在汶川大地震及其后几年人们的行为和言论中已得到了充分的表现。但在阿尔村，他们并无高调的善举，也有争吵，也有矛盾，也有私心和许多的抱怨，不过这些都无法掩抑其心性的善良之光。他们对待事物在行为和态度上的没有区别心——不管形貌美与否、也不管人、兽抑或草木——先是让我惊诧，接着困惑，进而惭愧，最终，不知从何时起，我发现过去自己看不顺眼的许多人和物，也可亲可爱可敬可重起来。恩师让我修持的"宽容"之心，努力多年无大进展，却不想就这样有了一点"破"的感觉。再回到城市中，看到的世界竟也与前不同了。同样的事物，不同的认知，居然有天壤之别。农民工或是铁道线上的筑工，我承认过去心底对他们或多或少有些嫌、避，只是口中不敢说。心里虽常能"自觉而坚决地"抵制，可是这个幽灵却挥之不去。有一天在回京的列车上，我惊奇地发现，车窗外坐在铁轨上的那许多憨厚地笑着，满身尘土油污的工人，在自己眼中尽皆显露出了心灵手巧的能工巧匠之真身。是的，他们在现代环境中显得似乎稚拙，但在他们生长的土地上哪一个不是足智多谋的好把式？

我见过余世荣三叔用一个普通塑料薄膜袋捕获的野松鸡；也见到余正国一个人完成了一栋两层楼所有建筑工种的作业，包括电线排布安设，水管的规划埋填，化粪池的设计建造，等等，全部是靠着自学和观察思考，这个只读到初二的小伙子甚至自己摸索着用电脑敲出了几十万字的《阿尔档案》文稿。朱光亮大爷则能雕会凿，猎枪、口弦、唢呐……，没有他不会做不会修的，甚至不管什么，只要他见过一次两次，就都能给你依样做出一个来。畎亩中、火塘边，不知有多少阿尔村人传授我知识，使我常常对他们的奇思妙想和聪慧惊叹不已；也聊他们的生活，知道了他们中许多人有过走南闯北的经历。闲谈间我忽然醒悟，城市里来自乡间的许多人，并不是生活无着的落魄无能之辈，相反，绝大多数是当地精力充沛、身有长技的能人。

"山人自有妙计"，是古代隐者高士清高自信的自我表达，少年时的我最为喜爱，认为那既是超然物外的写照，也是智慧的象征，其境界至今仍令自己悠然神往，但自接触羌文化，我便不由自主地把它与羌人联系了起来。

说起来，带我前往阿尔村的，民族为藏族，却整天穿梭在羌人间的汶川县文化馆羌文化研究专家高荣金也是这种多才多艺之士。初见之时他正在用电脑软件娴熟地处理采集回来的羌歌，后来更见识了他美术、书法、音乐、舞蹈、设计等方面的杰出才能，甚至于在腊月二十九深黑的夜，他驾着突然坏了离合，因年关节到而寻修无门的摩托车，以高超的驾驶技巧载着我硬是登山上了阿尔村。我的第一次阿尔村之行因之而抹上了一点传奇的色彩。而除了陪我共度春节，他在村里，或在王家把锅熬煮糯糊，或在余家挥毫书写春联……如同回到自己家里一般，则为我上了生动而深刻的一课。

　　回忆的涟漪荡开，阿尔村经历的一幕幕又历历眼前。我不由再次想起了在北京工作，春节回家前听说家里住有所谓的"专家学者"，电话里叫家人把我赶出去，大年初五却因我醉卧不起为我熬粥的美丽的正萍姑娘；想起了初次相见就直面指责我等采访者不断骚扰村民，却对阿尔村羌文化保护无所作为、毫无建树的陈兴亮嬢嬢，后来杀了年猪竟意外地专门邀我赴宴；想起了最怕熬夜，十点就要休息的余世华大叔，不知多少次与我长谈至夜里一二点，反复催他睡觉，却说"不困"；想起了在大会上讲话出口成章，但平日话语不多的朱金龙姑父，默默地为我四处了解哪些人家打算教牛；想起了最难推辞的，每次探访都要我必须留下吃饭的余世荣三叔；想起了当我外出回来，房东一家不在，无门而入时，一边从工地上跑过来一边解下腰间一大串钥匙，要我自己去他家里休息、喝水的王世林大哥；想起了在电站值班时脚趾骨工伤折断，手术出院后不久的马永清老师，瘸拐着陪我从阿尔村攀爬至高高的自牙寨，却只轻描淡写地说"也要锻炼的嘛"；想起了与朱金勇校长讨论的畅快和他夜里跑回家给我拿草鞋时的情景；想起了见我什么都要拍照，主动提出带我去看一些"老古董"的朱忠术、陈峻青等；想起了初时常令我难堪，后来不再把我当外人的许多泼辣、调皮、能干、极其善良的阿尔村姑娘们……

　　不断浮于脑际的还有汶川县史志办的兰玉蓉老师，如此慷慨地无偿提供了这么多的资料，包括一些不便外传的档案材料，当我手里提着新买的专门用来装书的沉沉的旅行袋时，心中是说不出的感怀；还有理县史志办儒雅的于小涛老师，把自己案头的一部《理县志》私人相赠，虽然只是两三分钟的短暂接触，但我至今仍能真切地感受到这位学者前辈的宽厚情怀，每次捧抚这部志书，心头总是沉甸甸的……

我这"百无一用"的书生，竟得到了如此多的、列不完说不尽的厚待，可是由于自己的拙笨，拙著却未能完全描写出我心中的阿尔村和羌文化，最担心的是，因自己所知太浅太少和理解的片面，书中会有歪曲事实和张冠李戴的地方。因此，在心里还有深深的歉意和不安。

这次写作之困难是如此的刻骨铭心，不仅超出了以往任何时候，也远远超出了想象。古人说的愁肠百结、柔肠寸断、胸中块垒、绞尽脑汁、心力交瘁……在过去一直以为是文学层面的比喻、想象和夸张，现在才知道原来尽是——具象的生理病变的写实。而头疼，止不住的头疼，是每次思维进入写作时的例行反应，紧随而来的是被撕裂的苦痛和喘不过气来的巨大压迫。

同门师姐宋本蓉的一声"坚持"让自己从惊恐、慌乱、虚浮中醒觉，得能沉静下心，咬紧牙关。可自己意志力太弱，受不了长期孤独的坚持。偶尔上网，看到同窗的留言，我才知道原来这么多的同学背转了身在奋力苦战：

郭小青："最后冲刺！埋头苦干写论文！"（音乐学）

李晶："闭关。"（红楼梦研究）

张红霞："无限期地写论文。"（设计艺术学）

刘舜强："忙……"（博物馆学）

税静："不活了。"（美术学）

汪静渊："整整一个月，每天连续工作十一个小时，论文还是写不完。"（音乐学）

…………

最富戏剧性的是电影学的——

谢阳："这就是无尽的地狱。改改改改改，不要逼我啦～"

这些过目就无法忘记的留言，其实是不断给我鼓励和动力的源泉。许多现实中来往实际极少的同学在心里因之而变得格外清晰、鲜活、亲切，同时也敬意油生。我想，同学之间，这种无言砥砺生发的，可能只有自己才知道的情谊最真挚、恒长、深刻吧。

同门又是同学的台湾学者耿甫郭大哥，自己论文甫毕，便无比仗义地修改起我那章法全无、目不忍睹的"英文摘要"来（还有他那位不知姓名的外籍朋友），则是要特别感谢的！古道热肠，这我们四处追寻的传统文明之精神，原来，有时就在身边！

巫宇军

2012年4月于北京新源里西一楼

后记之后记

2009年秋季，我踏入中国艺术研究院，正式开始"非物质文化遗产保护研究"专业的博士研究生学业。

2019年夏天，我坐在赣南师范大学音乐学院的教室里，为这本完成于2012年的博士论文撰写出版付印前的最后一段文字。

我不知道，南对北的呼应，夏与秋的衔接，不长不短刚好十年，是否是命运的有意安排。但回首往昔，无论是茫然艰难的调查、研究和写作，还是波折漫长的出版过程，我都深深体会到了成事之不易。我想，如果是命运的有意安排，那一定是为了提醒我记住"十年磨一剑"的古训。

然而，审读着校样，我却犹豫、忐忑，以至惶恐、退缩起来，甚至不断萌生放弃出版此书的念头。博士毕业后，我没再细读此作，现在才发现，原文不少地方文字艰涩拗口，词不达意，甚至标点符号也有许多错误。更重要的是，有些调查材料，过去虽反复核实，现在看来却仍然有误，而今又难以一一标注。

在本书"结语"中我提到，每次去阿尔村，都是对自己过去误识的澄清和纠正。博士毕业后，我有幸进入中央音乐学院博士后流动站，继续进行羌族传统文化保护研究，最终选定的研究对象仍然是阿尔村。这段研究经历再次重演和印证了以上"结语"所言。博士后研究期间，我又三进阿尔村，不但看到了许多过去未见过的现象，弄清了许多过去不明白的问题，更发现和纠正了过去的许多片面认识。但是，我的博士后出站报告《羌族释比音乐的功能、变迁与保护策略研究——以四川汶川阿尔村为例》却已于2016年先行出版，已对博士论文中的错误做了修正或说明。我担忧的是，现在出版这个带着错误信息的文本，会不会造成混乱和误解？

出于这种担心，以及对自己文字的过于熟悉和不满意，勉强完成上篇的审校后，我无力再继续。此时，内子李志红主动接手过去，帮我校完了下篇，发现了不少错误，提出了修改意见，还说了许多鼓励的话。

考虑再三，最终还是觉得，拙著尽管有缺陷，但仍应面世。毕竟，经过了这么多年，这已不仅仅是我个人的事情，里面还包含了许多人的期待、关爱、帮助，乃至心血。

至于本书存在的错误，我则决定放弃消除两书所有不一致，呈现"完美"文本的打算。原因是我无法保证新获得的材料一定是唯一正确的，所谓修订，很可能陷入新的片面和错误而不自知。而且本书已自成体系，虽然很多地方还是一种尝试性的探索，不成熟不完善，须进一步推考，但基本观点至今都未改变，相反在博士后研究中得到了验证和加强，一些枝节上的偏差似不影响本书逻辑的内在一致和完整，过多过细的修改，反而可能出现纰漏。再次，两书存在差异也并非毫无价值。非物质文化遗产的真实性问题，曾经是学界热议的话题。许多学者基于非物质文化遗产的流变特性，从历时的角度阐述了真实性于非物质文化遗产保护之困难。其实，从共时的角度看，即使是同一时空同一文化事件的亲历者，不同的人感受也可能是不同的，甚至同一人在不同时间，面对相同人、事、物追忆叙说，其记忆也很可能不一样，甚至价值判断截然相反。他们提供的信息也就因之而存在差异。我在同一村寨对同一群体先后调查得到的不同信息，恰为此提供了一个样本。这不但体现了现实中文化的复杂性，值得思考和探讨，还提醒我们，在调查和研究时务必十分审慎，来不得一丝一毫的草率马虎，更不能想象编造，否则，就难以洞悉现象之本质，可能导出与事实不相符的结论，保护也就很可能变成了破坏。除此以外，我也不愿"美化"已经成为历史的文本。真实地保留这些记录着自己错误的文字，能接受世人的批判，也能时刻警醒自己。希望自己由此学会直面自身的缺点，承担相应的责任。因此，本书除因故而做的个别删改以及更正了一些明显的错误外，基本上保持了博士学位论文的原样。

在此，就两个文本的关系和差异做些说明。本书是对阿尔村传统羌文化的全局式系统研究，《羌族释比音乐的功能、变迁与保护策略研究——以四川汶川阿尔村为例》一书则选择其中一种文化类型进行深入剖析。实际上本书是后者的基础，甚至可以说是"引言"。后者提供了更多更完整的现实个案，特别是还大愿和忧事，均有整个流程的详细描述。本书在调查时因条件所限，有些活动和环节只能取自口述，部分程序与现实存在出入。就目前掌握的材料和研究的情况看，凡两书内容上不一致的地方，若无特别说明，均以《羌族释比音乐的功能、变迁与保护策略研究——以四川汶川阿尔村为例》一书为准。当然，要获取更准确可靠的信息，最好的方法是亲自实地考察。在此诚恳地欢迎读者批评指正。

　　文章千古事，得失寸心知。这个不成熟的、一个学子在踉跄求知过程中留下的歪斜的小小足印，就要离我而去，进入其独自的生命轨迹了。哦不，应该说，这个自写作开始就已具备独立品格、不由我做主的文心书魂，就要开启其生命旅程了。记得进入下篇写作时我对着不断涌现、我行我素、无法驾驭的"另类"思维说："我不知道你将带我去往何处，但无论去哪里，我唯一能做的是顺应你，追随你，无论结果如何，我都将承受，也愿意承受。"我一直认为，是阿尔村，是羌文化，是冥冥中一股独特的力量在导引着我前行，而前行的方向，是良心的指向。我相信，那是客观和事实的归宿。

　　但首先遭受这些特异逻辑冲击的，却是我至为敬重的导师田青先生和担任答辩评委的刘魁立、刘梦溪、祁庆富、张庆善、王列生诸位先生。至今我仍无法忘却答辩前先生们的担忧和为我能顺利通过答辩而做的努力、引导，以及答辩会上的宽容、肯定。去年，惊闻祁庆富先生辞世，我难以相信。祁先生是我博士论文的开题、答辩和隐名评审专家，几乎见证了论文的整个成长过程，给予了许多指点和建议。万没想到，这位自称是中国艺术研究院答辩会"四大恶人"之首、充满活力的可爱的先生这么快永远离开了我们，中国又少了一位能够果敢直言的非物质文化遗产保护专家。缅怀之余，希望祁先生在天堂里继续护佑我国的非物质文化遗产长传不断。在此，我衷心祝愿仍然活跃在学术界的其他几位先生健康长寿!

  本书得能出版,实蒙众多师长的相助。最初始于黄忆南老师的提议,紧接着是恩师田青先生的推荐和湛如法师的慈悲接纳,因之,本书被列入了"华林博士文库"。此后,多得王丽娜老师奔波协调,中途姚慧师姐还仗义地牵线搭桥、化解困局。临近出版,又幸承中国昆曲古琴研究会助力排除意外。最终,经商务印书馆编辑老师的细心编校,方能因缘具足,促成此果。心中感激之情无以言表!吾唯有珍惜此缘,奋力向前!

巫宇军 谨记

2019 年 8 月于江西赣州